慶応 5年ぶり6度目の甲子園出場

第105回全国高校野球選手権記念神奈川大会

笑顔で優勝行進する慶応の選手たち

目　　次

編集協力／一般財団法人神奈川県高等学校野球連盟

９回表慶応１死二、三塁。渡辺千が逆転の３ランを放つ

春夏連続の甲子園出場を果たし喜ぶ慶応ナイン

陸の王者 力で再臨
慶応 春夏甲子園へ
勝利目前で暗転 横浜涙

慶応 6−5 横浜

【慶	応】	打	得	安	点	振	球	犠	盗	失	①	②	③	④	⑤	⑥	⑦	⑧	⑨
⑧	丸田	5	2	2	1	1	0	0	0	0	一ゴ		中3		三振		左安		二遊失
⑥	八木	3	0	2	1	0	0	2	1	0	一2		中犠		中安		捕邪		投犠
⑦	渡辺千	2	1	1	3	1	3	0	0	0	三振		四球		四球		四球		左本
⑨	加藤	5	0	0	0	1	0	0	0	0	遊ゴ		三振		遊ゴ		三ゴ		遊ゴ
③	延末	4	1	3	0	0	1	0	1	0		遊ゴ		中安		右安		四球	右安
⑤	福井	4	0	1	0	2	0	1	0	0		三振		一犠		三飛		三振	左安
④	大村	3	0	1	0	0	0	0	0	0		左飛		投ゴ		一安			
H	清原	1	0	0	0	1	0	0	0	0								三振	
4	宮尾	1	0	0	0	1	0	0	0	0									三振
②	渡辺憩	2	1	0	1	1	1	1	0	0			三失	敬遠		右犠		三振	
①	小宅	2	0	0	0	0	0	1	0	1			投犠		遊ゴ	遊ゴ			
1	鈴木	0	0	0	0	0	0	0	0	0									
H	安達	1	0	1	0	0	0	0	0	0									左安
R	村上	0	0	0	0	0	0	0	0	0									
R	足立	0	1	0	0	0	0	0	0	0									
1	松井	0	0	0	0	0	0	0	0	0									
	計	33	6	11	6	8	5	5	2	1									

【横	浜】	打	得	安	点	振	球	犠	盗	失	①	②	③	④	⑤	⑥	⑦	⑧	⑨
⑥	緒方	4	0	1	0	1	1	0	0	1	左安		中飛			三振	三ゴ		四球
⑦	上田	3	1	0	0	0	1	0	0	0	左飛		捕邪			四球	一ゴ		
7	荻原	0	0	0	0	0	0	0	0	0									
H	山崎	1	0	0	0	0	0	0	0	0									遊飛
②	椎木	3	1	1	0	1	1	0	0	0	中安			三ゴ		死球	三振		
③	栗山	2	0	0	0	0	0	0	0	0	遊飛			中飛					
3	小泉	2	1	1	1	0	0	0	0	0						右安		中飛	
⑧	阿部	3	0	0	1	0	1	0	0	0	投ゴ			遊飛		遊ゴ		死球	
⑨	萩	3	1	1	1	0	1	0	0	0		遊ゴ			左本	敬遠		投ゴ	
①	杉山	4	0	1	1	1	0	0	0	0		三振			投ゴ	中2		遊ゴ	
⑤	稲坂	2	0	0	0	1	0	0	0	1		一ゴ			三振				
5	青木宏	1	0	0	0	1	0	0	0	0						三振			
H	井上	1	0	0	0	0	0	0	0	0									左飛
④	峯	4	1	1	1	1	0	0	0	1			一ゴ		三振		右本		中飛
	計	33	5	6	5	6	5	0	0	3									

投手	回	打	投	安	振	球	失	責
小宅	6⅔	27	82	6	5	3	5	5
鈴木	2	7	32	0	1	1	0	0
松井	1	4	17	0	0	1	0	0
杉山	9	43	138	11	8	5	6	2

【戦評】

慶応の渡辺千が九回に3ラン。土壇場の逆転劇で頂点に立った。3－5とリードされた九回、先頭の代打安達が左前打で出塁し、続く丸田の二ゴロが失策に。送って1死二、三塁とし、渡辺千が高めのチェンジアップを左翼スタンドに運んだ。劣勢の中、見事な集中力だった。先発小宅は七回に5点目となるソロ本塁打を打たれた後に交代。後続の鈴木、松井が3イニングを無安打に抑えたのが大きかった。

横浜はエース杉山が完投。六回に勝ち越しの適時二塁打を自ら放つなど投打に活躍した。遊撃緒方も再三の好守。九回の失策は微妙な判定で、攻守にレベルの高さを見せた好ゲームだった。

26日（横浜スタジアム）

	1	2	3	4	5	6	7	8	9	計
慶応	0	0	2	0	0	1	0	0	3	6
横浜	0	0	0	0	1	3	1	0	0	5

先発した慶応の小宅

▽本塁打　萩（小宅）峯（小宅）渡辺千（杉山）
▽三塁打　丸田▽二塁打　八木、杉山▽併殺　横1（椎木－峯）八木
▽残塁　慶10、横6
▽審判　江崎、清水、江藤、井上、来福、坂上、上田
▽試合時間　2時間44分（中断19分）

6回裏横浜2死一、三塁。勝ち越しの適時二塁打を放ち塁上で喜ぶ杉山

3回表慶応1死二塁。丸田が先制の適時三塁打を放つ

7、8回に登板した慶応鈴木

4回表慶応2死一、三塁。三走延末がホームスチールを狙うもタッチアウト。捕手椎木

最終回に登板した慶応の松井

5回裏横浜無死。萩が左越えにソロ本塁打を放つ

優勝を逃しがっくりする横浜ナイン

167チーム熱戦に幕
全国の舞台に期待

閉会式
7月26日
横浜スタジアム

熱戦を終えて笑顔を見せる慶応の選手たち

61年ぶりの単独優勝を果たし、ナインに胴上げされる慶応の森林監督

準優勝した横浜

３位表彰を受ける東海大相模と横浜商

優勝し表彰される慶応の選手たち

準優勝した横浜の村田監督（左）と高山部長

優勝した慶応の森林監督（左）と赤松部長

5回を2失点でまとめた横浜先発の切無沢

横浜3連覇王手 切無沢が大仕事

Y校 躍進の夏終わる

横浜 12－2 横浜商

悲願の3連覇に王手を掛けるセミファイナルで、横浜の苦労人が大仕事をやってのけた。先発切無沢が5回2安打2失点。決勝を見据え、背番号1の杉山を休ませるプランに十二分に応えた。

初回は「自分のペースで投げられなかった」と制球を乱して2失点。ベンチでチームメートから「おまえらしいピッチングをしてくれ」と声をかけられ、「次の回で降板してもいい」と我に返った。

130キロ台の直球と切れのあるスライダーを軸に、二回以降は無安打に封じた。母・尚子さんの母校を相手に好投し「2年半、つらいことも苦しいこともあったからうれしかった」と大歓声に浸った。

入学以来、同じ左腕の杉山の背中を見てきた。「1年夏からエースで最初は憧れ」。自身は打撃投手の役回りだったが「(昨秋)自分の代になってから頑張ってついていこうと思った」。自主的に他の投手より走り込みやトレーニングを増やした。その姿にグラウンドで指導に当たる渡辺元智・元監督も目を見張ったという。

村田浩明監督(37)は「はい上がってきた選手が準決勝で投げてくれて感動した。スタンドの選手の希望」と目を潤ませた。切無沢は「あとは杉山に任せた。堂々と投げてほしい」。運命の一戦を大エースに託した。

▽二塁打 椎木▽暴投 堀切▽残塁 Y1、横6
▽審判 奥津、飯田、橋本、萩野、池田、中村
▽試合時間 1時間39分

24日(横浜スタジアム)　(6回コールド)

	1	2	3	4	5	6	計
横浜商	2	0	0	0	0	0	2
横浜	0	7	1	0	1	3X	12

【Y	校】	打	得	安	点	振	球	犠	盗	失
⑧	三枝木	2	0	0	0	1	1	0	0	0
⑤	小幡	3	1	1	0	1	0	0	0	0
③	田口	3	1	0	0	2	0	0	0	0
⑦	鈴木健	2	0	1	1	0	0	0	0	0
⑨	笠原	2	0	0	1	1	0	0	0	0
⑥	佐藤	2	0	0	0	0	0	0	0	0
④	嶋田	2	0	0	0	0	0	0	0	0
②	畔上	2	0	0	0	0	0	0	0	0
①	川又	1	0	0	0	0	0	0	0	0
1	堀切	1	0	0	0	0	0	0	0	0
	計	20	2	2	2	5	1	0	0	0

【横	浜】	打	得	安	点	振	球	犠	盗	失
⑥	緒方	2	0	0	1	1	2	0	0	0
⑦	上田	2	0	0	2	1	0	2	0	0
②	椎木	3	2	2	1	0	1	0	0	0
③	小泉	3	1	0	0	0	0	0	0	0
H	栗山	1	0	1	1	0	0	0	0	0
R	荻原	0	1	0	0	0	0	0	0	0
⑧	阿部	2	2	1	2	0	2	0	0	0
⑨	萩	3	1	1	0	0	1	0	0	0
⑤	稲坂	3	3	3	2	0	1	0	0	0
④	峯	1	1	1	1	0	1	1	0	0
①	切無沢	0	1	0	1	0	1	1	0	0
H	金刺	0	0	0	1	0	0	1	0	0
1	青木朔	0	0	0	0	0	0	0	0	0
	計	20	12	9	12	2	9	5	0	0

投手	回	打	投	安	振	球	失	責
川又	1 0/3	9	39	1	1	5	5	5
堀切	4 1/3	25	74	8	1	4	7	7
切無沢	5	18	57	2	2	1	2	2
青木朔	1	3	16	0	3	0	0	0

2回裏横浜無死満塁。緒方が死球で勝ち越し点を挙げる

6回裏横浜1死満塁。稲坂がコールドを決める中前適時打を放つ

2回裏横浜2死二、三塁。阿部が右前に2点適時打を放つ

1回表1死二、三塁。鈴木健が左前に先制の適時打を放つ

25年ぶりの準決勝で敗れた横浜商ナイン

先発した横浜商の川又

6回表慶応2死三塁。加藤が左越えに2ランを放つ

慶応 延末、加藤 連続アベック弾

東海まさかのコールド負け

慶応	12－1	東海大相模

初球のチェンジアップはタイミングが合わず、大胆にバットが空を切る。準々決勝で3ランを放っている延末の思考は鋭く巡り始めた。

「これまでの落ちる球に対応できていなかった。空振りだったので次も来るかな」。初回2死一、三塁、配球を読み切り、変化球が高めに浮いたのを見逃さなかった。右中間スタンドに突き刺し、張り詰めた雰囲気を打開した。

4番に座った2年加藤は六回2死三塁、甘く入ったカーブを左中間スタンドへ。「勝負しているんです」と大会前に延末から打撃成績の競い合いを持ちかけられた加藤。2試合連続のアベック弾に満足げな笑顔がこぼれた。

激戦が予想されたが、ふたを開けてみれば3本塁打12得点。森林貴彦監督(50)は「誰も想定していなかったと思う」と苦笑するが、確かな勝算があった。

選抜大会直前の3月上旬、練習試合を東海と組んだ。慶応は福井の本塁打などで東海の主戦子安から5得点。「直球は対応できるが、あとはチェンジアップかなと。5点は取れる」。指揮官のもくろみ通りに、やや高めの球でカウントを取りに来た隙は東海にとって命取りとなった。

24日（横浜スタジアム）（6回コールド）

	1	2	3	4	5	6	計
慶応	3	0	2	4	0	3	12
東海大相模	0	0	0	0	0	1	1

【慶応】		打	得	安	点	振	球	犠	盗	失
⑧	丸田	3	4	3	1	0	1	0	0	0
⑥	八木	2	1	1	1	1	1	1	0	0
⑦9	渡辺千	4	1	2	3	0	0	0	0	0
⑨	加藤	3	2	2	3	0	1	0	0	0
1	鈴木	0	0	0	0	0	0	0	0	0
③	延末	4	1	2	3	0	0	0	0	0
⑤	福井	4	0	0	0	0	0	0	0	0
④	大村	3	1	1	0	1	0	0	0	0
②	渡辺憩	3	1	2	0	0	0	0	0	1
①7	小宅	3	1	1	1	0	0	0	0	0
	計	29	12	14	12	2	3	1	0	1

【東海】		打	得	安	点	振	球	犠	盗	失
⑧	山内	3	0	0	0	0	0	0	0	0
⑨	持丸	3	1	2	0	0	0	0	1	0
⑥	及川	3	0	0	0	0	0	0	0	0
⑤	板垣	2	0	1	1	0	1	0	0	0
③	松本	3	0	0	0	1	0	0	0	0
④	安達	2	0	0	0	0	0	0	0	0
⑦	中村	2	0	1	0	1	0	0	0	0
②	木村	2	0	0	0	1	0	0	0	0
①	子安	1	0	0	0	0	0	0	0	0
1	塚原	0	0	0	0	0	0	0	0	0
H	鈴木	1	0	0	0	0	0	0	0	0
1	福田	0	0	0	0	0	0	0	0	0
	計	22	1	4	1	3	1	0	1	0

投手	回	打	投	安	振	球	失	責
小宅	5	18	65	2	3	1	0	0
鈴木	1	5	12	2	0	0	1	1
子安	3⅓	18	60	7	2	2	8	8
塚本	1⅔	8	29	3	0	1	1	1
福田	1	7	21	4	0	0	3	3

▽本塁打　延末（子安）　渡辺千（子安）　加藤（福田）
▽三塁打　八木▽二塁打　丸田2、延末、持丸、板垣
▽併殺　東1（板垣－松本）小宅＝二回▽残塁　慶3、東4
▽審判　湯本、松本俊、諏訪、勅使河原、古沢、藤原
▽試合時間　1時間47分

3回表慶応1死一塁。渡辺千が中越え2ランを放つ

5回2安打無失点と好投した慶応の小宅

1回表慶応2死一、三塁。延末が先制の右越え3ランを放つ

4回表慶応2死満塁。加藤の適時打で三走に続き二走八木も本塁を狙うが好返球でタッチアウト

6回裏東海大相模2死二塁。板垣が中越え適時二塁打を放ち1点返す

東海大相模先発の子安

まさかの6回コールド負けに肩を落とす東海大相模ナイン

25年ぶりの４強を決め喜ぶ横浜商ナイン

Y校25年ぶり4強「応援の力もらった」

日藤エース奮闘も及ばず

横浜商　3－2　日大藤沢

九回2死二塁。横浜商（Y校）の一塁手・田口が地をはうようなゴロを捕球し一塁ベースを踏むと、青く染まる三塁側応援席のボルテージは最高潮に達した。

1998年夏の東神奈川大会以来、実に25年ぶりのベスト4進出。決勝打の佐藤は「試合前にスタンドのみんなから頑張れという応援をもらっていたので期待に応えられた」。胸を張って今大会5度目の校歌を横浜スタジアムに響かせた。

8強唯一の公立校として望んだ大一番。日大藤沢の主戦佐藤快を前に「生命線である左打者の外角を狙おう」と意思統一した。初回から小幡、田口、鈴木健と上位打線の左打者が3連打で畳みかけ、1－1の五回には同じ3人の連打で無死満塁の絶好機を演出した。

しかし、代打角田が右飛球で倒れ、飛び出していた一走鈴木健で併殺。勝ち越しムードはしぼんだかに見えたが、続く佐藤が局面を打開する。緊張で硬くならないよう体を小刻みに動かしながら、2球目を引っ張った。ドライブしたような打球が左翼を襲い、佐藤は一気に三塁まで到達。2人が生還し、「ほっとした」と笑顔がはじけた。

▽三塁打　嶋田、佐藤▽二塁打　田上、佐藤快、矢島▽併殺　日2（中里－宗形）角田＝五回（田上－半田－宗形）角田＝七回
▽残塁　日9、Y8
▽審判　岩田、安部、佐藤、出浜
▽試合時間　2時間10分

21日（横浜スタジアム）

日大藤沢	1	0	0	0	0	0	1	0	0	2
横浜商	0	1	0	0	2	0	0	0	×	3

【日	藤】	打	得	安	点	振	球	犠	盗	失
⑨	中里	3	1	1	0	1	1	1	0	0
③	宗形	3	0	0	1	0	0	2	0	0
⑤	牧原賢	4	0	0	0	0	0	0	0	0
⑥	田上	4	0	1	1	0	0	0	0	1
②	斎藤	3	0	0	0	0	1	0	0	0
④	半田	2	0	0	0	0	2	0	0	0
⑦	奥道	2	0	0	0	0	1	1	0	0
⑧	矢島	3	1	2	0	0	1	0	0	0
①	佐藤快	2	0	1	0	0	0	0	0	0
1	坂本	0	0	0	0	0	1	1	0	0
	計	26	2	5	2	1	7	5	0	1

【Y	校】	打	得	安	点	振	球	犠	盗	失
⑧	三枝木	3	0	0	0	0	1	0	0	0
⑤	小幡	4	1	2	0	0	0	0	0	0
③	田口	4	1	2	0	1	0	0	0	0
⑦	鈴木健	4	0	4	0	0	0	0	0	1
⑨	笠原	2	0	0	0	1	0	0	0	0
H9	角田	2	0	0	0	0	0	0	0	0
⑥	佐藤	4	0	1	2	0	0	0	0	0
④	嶋田	4	1	1	0	0	0	0	0	0
②	畔上	4	0	1	1	1	0	0	0	0
①	川又	3	0	0	0	1	0	0	0	0
1	堀切	0	0	0	0	0	0	0	0	0
	計	34	3	11	3	4	1	0	0	1

投手	回	打	投	安	振	球	失	責
佐藤快	5	25	64	9	1	1	3	3
坂本	3	10	41	2	3	0	0	0
川又	6 0/3	27	103	5	0	5	2	2
堀切	3	11	37	0	1	2	0	0

1回表日大藤沢2死三塁。先制の適時二塁打を放ちガッツポーズする田上

5回裏横浜商2死二、三塁。佐藤が勝ち越しの左越え三塁打を放つ

7回表日大藤沢1死二、三塁。宗形の右犠飛で三走矢島が生還

7回途中まで投げ、5安打2失点だった横浜商の川又

1点差で競り負けた日大藤沢ナイン

健闘及ばず準決勝進出を逃した相洋の選手たち

相洋 名門打倒ならず「全部見られていた」

攻守にそつなし横浜

横浜 5－0 相洋

「相手に全部見られていた感じです」と、相洋・高橋伸明監督（38）。競り合いこそが相洋の野球。だが四回、八回と、横浜の萩、上田にいずれも初球をスタンドに運ばれ、リードを広げられた。

「2点差ならうちのリズムだった。ホームランが本当に痛かった」と指揮官は続ける。主将の捕手・渡辺は「（初球は）とりあえずの変化球。もっと最初から攻めるべきだった」。投手の配球が分析され、そこを一発で仕留められた。

春の雪辱を期した横浜の気合はいつも以上に十分だった。「襲いかかってくるのは分かっていたが、やられてしまった。相手の力が何枚か上だった」と渡辺。細かなデータ分析に加えて、走塁、守りのそつのなさ。勝機を見いだすのは難しかった。

ただ名門を本気にさせたのは、春に続いて今大会も見せてきた相洋の実力の高さがあったからこそ。「県内出身者で横浜、東海大相模を倒そう」という高橋監督の熱意の元に集まってきたナインは、相洋を新たなステージに引き上げた。渡辺は「夏に勝たなきゃ意味が無いんだと、今日負けて実感した」と話した。

21日（横浜スタジアム）

	1	2	3	4	5	6	7	8	9	計
横浜	0	1	1	2	0	0	0	1	0	5
相洋	0	0	0	0	0	0	0	0	0	0

▽本塁打　萩（中島）上田（大場）▽二塁打　緒方、椎木、小西▽併殺　相2（永野－川嶋）杉山＝二回、（永野－小西－川嶋）上田＝五回

▽残塁　横8、相10

▽審判　福寿、永田、松下、小笠原

▽試合時間　2時間19分

【横浜】		打	得	安	点	振	球	犠	盗	失
⑥	緒方	5	0	2	1	0	0	0	0	0
⑦	上田	5	1	2	1	1	0	0	0	0
②	椎木	4	0	1	0	1	1	0	0	0
③	小泉	3	1	1	0	0	2	0	0	0
⑧	阿部	4	1	2	0	0	0	0	0	0
⑨	萩	4	1	2	3	0	0	0	0	0
①	杉山	4	0	2	0	0	0	0	0	0
⑤	稲坂	3	0	1	0	1	0	0	0	0
5	青木宏	1	0	0	0	0	0	0	0	0
④	峯	4	1	0	0	0	0	0	0	0
	計	37	5	13	5	3	3	0	0	0

【相洋】		打	得	安	点	振	球	犠	盗	失
④	永野	5	0	1	0	0	0	0	0	0
⑨	本多	4	0	0	0	2	0	0	0	0
②	渡辺	3	0	0	0	0	1	0	0	0
③	川嶋	4	0	1	0	1	0	0	0	0
⑥	小西	4	0	1	0	1	0	0	0	1
⑤	高麗	4	0	0	0	0	0	0	0	0
⑦	二宮	4	0	2	0	0	0	0	0	0
R	田川	0	0	0	0	0	0	0	0	0
⑧	土屋	3	0	2	0	1	1	0	0	0
①	中島	1	0	1	0	0	1	0	0	0
R	栗城	0	0	0	0	0	0	0	0	0
1	大場	1	0	0	0	0	1	0	0	0
	計	33	0	8	0	5	4	0	0	1

投手	回	打	投	安	振	球	失	責
杉山	9	37	131	8	5	4	0	0
中島	5	22	70	9	2	1	4	4
大場	4	18	70	4	1	2	1	1

3回表横浜1死一塁。緒方の左越え適時二塁打で一走峯（中央）が生還

4回表1死二塁。萩が左中間に2ランを放つ

6回から登板した相洋の大場

先発した相洋の中島

8安打完封勝利した横浜主戦の杉山

8回途中まで1失点と好投した東海大相模の子安

東海エース力投 八回途中1失点

ノーシード桐光の夏終幕

東海大相模	4－1	桐光学園

頼りになる背番号1の背中が戻ってきた。東海大相模の先発子安が八回途中まで1失点の力投。二回に先制点を許したが、「いつもはそこから大量失点するが、絶対に断ち切ると粘れた」と課題だった立ち上がりを克服し、そのまま上昇気流に乗った。

昨秋の県大会4回戦で桐光学園を完封した子安。「相手も対策してくる。高さを間違えないようにした」と140キロ台の直球を低めに丁寧に集めた。序盤こそ長打を立て続けに浴びたが、即席の〝切り札〟が自らを救った。

三回1死から桐光・綾部に三塁打を許し、窮地で左の強打者の森を迎える。初球に選んだのはこの日に初めて投げたカットボール。見事にタイミングを外し、一飛に仕留めた。「(背番号10の)高橋に握りを教えてもらい、きょうのブルペンで投げて良かった。ぶっつけ本番」と強心臓だ。投球練習から、ショートバウンドでもいいくらいの気持ちで低めに放り続けた。

「子安の出来に懸かっている」と送り出した原俊介監督(45)も、「ここ最近では一番良かった」と目を細める。変化球を多様した中盤は4イニングで三者凡退に打ち取った。八回に足をつるアクシデントで降板したが、2番手の1年福田を最後まで鼓舞した。

▽三塁打　磯貝、綾部▽二塁打　白鷹、中村龍、松本、子安、山内、持丸▽併殺　東1(及川－安達－松本)中村(桐)＝一回▽残塁　桐5、東7▽審判　後藤、江崎、三橋、勅使河原▽試合時間　2時間22分

【桐	光】	打	得	安	点	振	球	犠	盗	失
⑧	矢竹	4	0	2	0	0	0	0	1	0
⑨	綾部	4	0	1	0	0	0	0	0	0
⑥	森	3	0	1	0	0	1	0	0	1
②	中村	3	0	0	0	1	1	0	0	0
④	白鷹	4	1	1	0	1	0	0	0	0
⑤	中川	4	0	0	0	0	0	0	0	1
③	工藤	2	0	0	0	1	0	0	0	0
H	吉成	1	0	0	0	0	0	0	0	0
3	緒方	0	0	0	0	0	0	0	0	0
⑦	磯貝	3	0	1	1	2	0	0	0	0
①	中平	3	0	0	0	1	0	0	0	0
	計	31	1	6	1	6	2	0	1	2

【東	海】	打	得	安	点	振	球	犠	盗	失
⑧	山内	4	0	1	1	0	0	0	0	0
⑨	持丸	3	1	2	0	0	1	0	1	0
⑥	及川	4	0	0	0	0	0	0	0	0
⑤	板垣	4	1	1	0	0	0	0	0	0
③	松本	3	1	1	0	0	1	0	0	0
④	安達	2	0	1	1	0	0	2	0	0
⑦	中村龍	3	0	1	1	0	0	0	0	0
7	長尾	1	0	1	1	0	0	0	0	0
②	木村	4	0	0	0	0	0	0	0	0
①	子安	2	1	1	0	1	1	0	0	0
1	福田	0	0	0	0	0	0	0	0	0
	計	30	4	9	4	1	3	2	1	0

投手	回	打	投	安	振	球	失	責
中平	8	35	136	9	1	3	4	2
子安	7⅓	26	87	5	5	1	1	1
福田	1⅔	7	21	1	1	1	0	0

20日（横浜スタジアム）

	1	2	3	4	5	6	7	8	9	計
桐光学園	0	1	0	0	0	0	0	0	0	1
東海大相模	0	1	0	0	1	0	0	2	×	4

最後まで投げ抜いた桐光学園の中平

２回表桐光学園２死三塁。
磯貝が先制の中越え適時三塁打を放つ

２回裏東海大相模１死二塁。中村龍が同点の適時二塁打を放つ

８回裏東海大相模２死二、三塁。長尾が左前適時打を放ち
４点目を挙げる

準決勝進出を逃した桐光学園ナイン

3回裏慶応1死一、二塁。延末が右越えに3ランを放つ

横浜創学館完敗「やることやった」

慶応　圧巻の長打攻勢

慶応	7−2	横浜創学館

【創学館】		打	得	安	点	振	球	犠	盗	失
⑧	今井	5	0	1	0	1	0	0	0	0
④	山越	4	0	0	0	1	0	1	0	0
⑥	小室	5	0	1	0	0	0	0	0	0
③	本山	4	0	2	0	1	1	0	0	0
⑨	塩田	4	1	1	0	1	0	0	0	0
⑦	稲田	4	1	1	0	0	0	0	0	0
⑤	橋本	2	0	1	0	0	1	0	0	0
H	武井	1	0	1	0	0	0	0	0	0
R	源	0	0	0	0	0	0	0	0	0
5	畑尾	0	0	0	0	0	0	0	0	0
②	宇野	2	0	1	1	0	2	0	0	1
①	鈴木	2	0	0	1	2	1	0	0	0
H	二馬	1	0	0	0	0	0	0	0	0
1	塚原	0	0	0	0	0	0	0	0	0
	計	34	2	9	2	6	5	1	0	1

【慶応】		打	得	安	点	振	球	犠	盗	失
⑧	丸田	4	2	2	0	0	1	0	1	0
⑥	八木	3	0	2	1	1	1	1	0	0
⑨	加藤	3	2	2	3	0	0	0	0	0
1	鈴木	0	0	0	0	0	0	0	0	0
7	山本	1	0	0	0	1	0	0	0	0
H	安達	1	0	0	0	0	0	0	0	0
1	松井	0	0	0	0	0	0	0	0	0
⑤	福井	3	1	1	0	0	1	0	0	0
③	延末	3	1	1	3	2	1	0	0	0
⑦9	渡辺千	4	0	0	0	0	0	0	0	0
④	大村	4	0	2	0	1	0	0	0	0
②	渡辺憩	3	1	1	0	1	1	0	0	0
①717	小宅	4	0	0	0	0	0	0	0	0
	計	33	7	11	7	6	5	1	1	0

投手	回	打	投	安	振	球	失	責
鈴木	7	35	124	9	6	5	7	7
塚原	1	4	14	2	0	0	0	0
小宅	5	20	61	4	2	1	0	0
鈴木	⅔	7	21	2	1	3	2	2
小宅	2⅓	9	30	2	2	1	0	0
松井	1	4	19	1	1	0	0	0

横浜創学館は0－7の六回2死満塁、8番宇野から2者連続の押し出し四球で2点を返した。だが、途中から再登板した慶応の主戦小宅を打ち崩せず、主将小室は「やることをやった。単純に慶応高校が自分たちより技術的も上だった」と目を真っ赤に腫らした。

新チーム発足以降、昨秋の県大会は準決勝で横浜、今春は準々決勝で東海大相模にコールド負け。悔しさをばねに小室は厳しい練習の先頭に立ち続け、チームも粘り強さが出てきたという。

九回2死には左中間を破る二塁打で意地を見せ、「どんな劣勢でも気持ち的に強くなれた。チームの成長だったと思う」と締めくくった。

▽本塁打　延末（鈴木）加藤（鈴木）
▽二塁打　八木、丸田2、大村、武井、小室
▽残塁　横11、慶8
▽審判　高田、瀬良垣、上田、来福
▽試合時間　2時間23分

20日（横浜スタジアム）

横浜創学館	0	0	0	0	0	2	0	0	0	2
慶応	0	0	4	3	0	0	0	0	×	7

QUARTER FINAL 準々決勝　横浜創学館×慶応

8回表創学館1死二塁。宇野の中前打で二走源が本塁を狙うもタッチアウト

3回裏1死一、二塁のピンチにマウンドで声をかけ合う横浜創学館の鈴木（左）と主将小室

4回裏慶応2死三塁。加藤が2ランを放つ

準決勝進出ならず。がっくり肩を落とす横浜創学館の選手たち

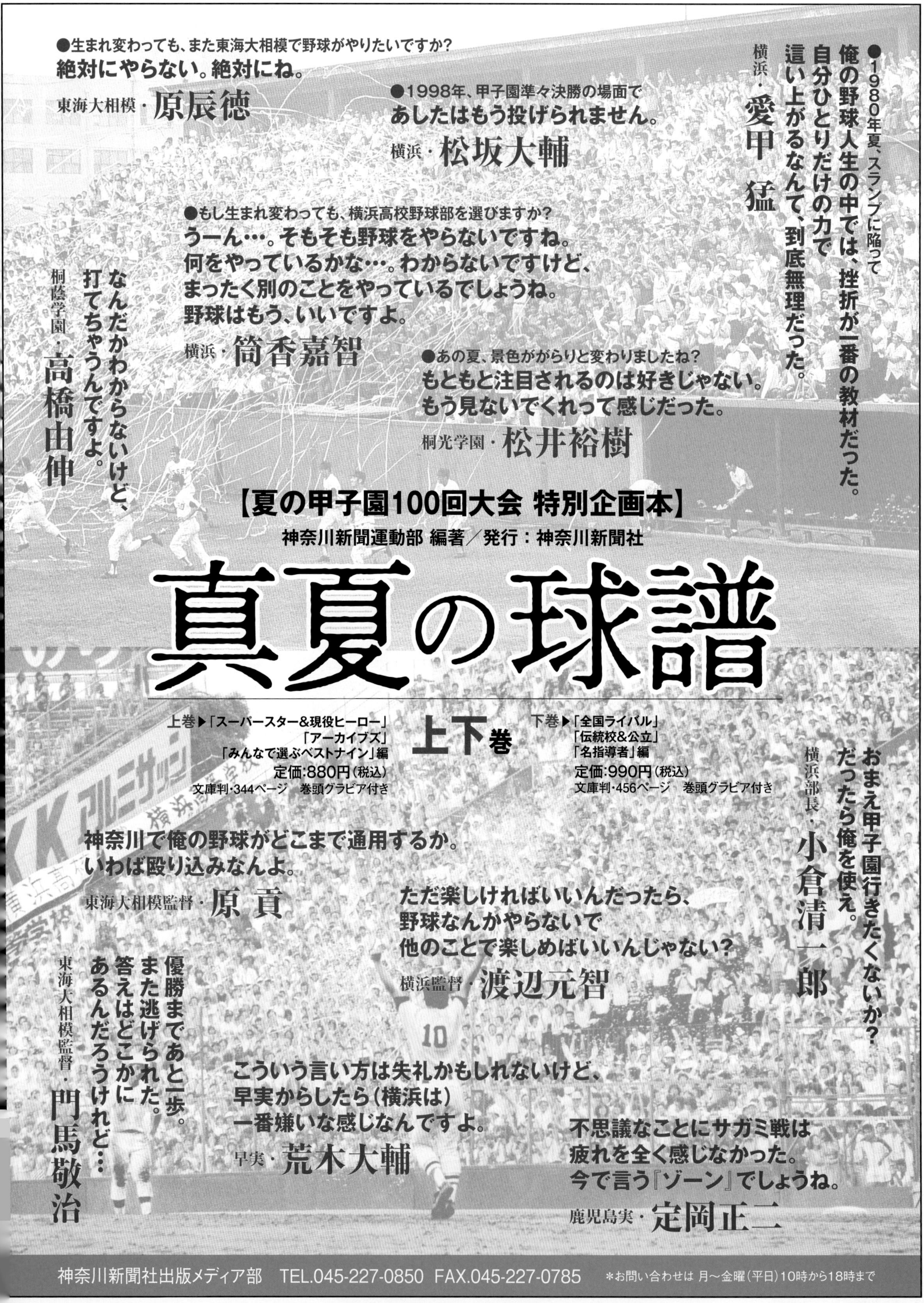

●1980年夏、スランプに陥って
俺の野球人生の中では、挫折が一番の教材だった。
自分ひとりだけの力で
這い上がるなんて、到底無理だった。
横浜・愛甲 猛
●生まれ変わっても、また東海大相模で野球がやりたいですか?
絶対にやらない。絶対にね。
東海大相模・原辰徳
●1998年、甲子園準々決勝の場面で
あしたはもう投げられません。
横浜・松坂大輔
●もし生まれ変わっても、横浜高校野球部を選びますか?
うーん…。そもそも野球をやらないですね。
何をやっているかな…。わからないですけど、
まったく別のことをやっているでしょうね。
野球はもう、いいですよ。
横浜・筒香嘉智
なんだかわからないけど、
打てちゃうんですよ。
桐蔭学園・高橋由伸
●あの夏、景色ががらりと変わりましたね?
もともと注目されるのは好きじゃない。
もう見ないでくれって感じだった。
桐光学園・松井裕樹
【夏の甲子園100回大会 特別企画本】
神奈川新聞運動部 編著/発行:神奈川新聞社
真夏の球譜
上下巻
上巻▶「スーパースター&現役ヒーロー」
「アーカイブズ」
「みんなで選ぶベストナイン」編
定価:880円(税込)
文庫判・344ページ 巻頭グラビア付き
下巻▶「全国ライバル」
「伝統校&公立」
「名指導者」編
定価:990円(税込)
文庫判・456ページ 巻頭グラビア付き
おまえ甲子園行きたくないか?
だったら俺を使え。
横浜部長・小倉清一郎
神奈川で俺の野球がどこまで通用するか。
いわば殴り込みなんよ。
東海大相模監督・原 貢
ただ楽しければいいんだったら、
野球なんかやらないで
他のことで楽しめばいいんじゃない?
横浜監督・渡辺元智
優勝まであと一歩。
また逃げられた。
答えはどこかに
あるんだろうけれど…
東海大相模監督・門馬敬治
こういう言い方は失礼かもしれないけど、
早実からしたら(横浜は)
一番嫌いな感じなんですよ。
早実・荒木大輔
不思議なことにサガミ戦は
疲れを全く感じなかった。
今で言う『ゾーン』でしょうね。
鹿児島実・定岡正二
神奈川新聞社出版メディア部 TEL.045-227-0850 FAX.045-227-0785
*お問い合わせは 月～金曜(平日)10時から18時まで

優 勝

慶応高校ナインらの喜びの声

森林貴彦監督
（日本一には）13連勝くらいしないとたどり着けない。そのうちの7連勝。神奈川の単独代表としての責任や期待を力に変えて準備をして甲子園に臨みたい。

赤松衡樹部長
笑顔をテーマに1年やってきて、成長が見られた大会。甲子園でも同じ野球をやりたい。

①小宅雅己（2年）
今日も緊張しなかった。1勝もできなかった甲子園の借りを返したい。

②渡辺憩（3年）
投手へのリードに努めたい。頑張って甲子園で優勝したい。

③延末藍太（3年）
（渡辺千の逆転弾に）良いところを持っていかれた。すごいなと思う。

◎④大村昊澄（3年）
全員が諦めなかった。野球の神様がいるんだなと思った。

⑤福井直睦（3年）
準決、決勝で打てなかった気持ちを忘れず、甲子園でいい打撃をしたい。

⑥八木陽（3年）
（打順2番で）中軸につなぐことが自分の役割。甲子園でも続けたい。

⑦渡辺千之亮（3年）
チームに貢献できた。全国の舞台でも、心の底から野球を楽しみたい。

⑧丸田湊斗（3年）
（九回、内野ゴロのセーフに）どこかで積んだ徳がそこで生きたと思う。

⑨加藤右悟（2年）
（4番の）重みはなかった。前後に良い先輩がいたので楽に打てた。

⑩鈴木佳門（2年）
九回の逆転3ランがうれしすぎた。まだ3年生と甲子園で野球ができる。

⑪松井喜一（3年）
みんな泣いていた。自分もマウンドで優勝したんだなって実感した。

⑫笠井達弥（3年）
横浜に勝ててうれしい。甲子園でもブルペンで投手を落ち着かせたい。

⑬安達英輝（3年）
（九回先頭で出塁し）鼓舞する姿は（WBCでの）大谷選手を意識した。

⑭宮尾青波（3年）
形はなんでもいいので、甲子園ではチームに貢献できるように頑張る。

⑮清原勝児（2年）
もう一度あの場所（甲子園）に立てるのはうれしい。日本一を達成したい。

⑯飯田康太郎（3年）
甲子園ではみんなが想像しないような投球をしたい。強気で投げたい。

⑰山本海（3年）
大会前に調子を上げて臨んだ。途中出場などの機会で結果が出てうれしい。

⑱村上迅太（3年）
とてもうれしい。甲子園でもチームのために何ができるかを考えたい。

⑲足立然（2年）
（負傷し、表彰式欠席）
ラッキーだった。これからもチームを助けるプレーをしていきたい。

⑳加賀城祐志（3年）
甲子園でも緩急をつけた投球で打者を打ち取っていきたい。

大鳥遥貴記録員（3年）
甲子園に戻れてうれしい。歴史的な試合ができてよかった。

（◎が主将）

優勝までの足跡

▽2回戦	12-2（5回コールド）	白山
▽3回戦	7-0（7回コールド）	津久井浜
▽4回戦	10-0（8回コールド）	県相模原
▽5回戦	8-1（7回コールド）	市ケ尾
▽準々決勝	7-2	横浜創学館
▽準決勝	12-1（6回コールド）	東海大相模
▽決勝	6-5	横浜

決勝ルポ

土壇場で逆転3ラン

――慶応

白球が青空に近づくほど、歓声と悲鳴は高まり、交錯した。これぞ千両役者。大観衆が見守る中、大輪の笑顔が咲き乱れたのは、3―5の土壇場九回1死二、三塁だ。

「負ければ高校野球で最後の打席になる。どんな結果でも全力で楽しんでやろう」。慶応の渡辺千は脈々と引き継がれる信念を思い浮かべ、すっと肩の力を抜いた。「センター前でもいいから当てる意識」。右打者の鬼門となっていた横浜・杉山のチェンジアップは、快音を残し、左翼スタンドに吸い込まれた。

春季県大会で5本塁打13打点と相手をのみ込んできたスラッガーは、もがいていた。怖いもの知らずだった春とは違う。大会前には複数の体調不良者が出て、チームとしてもまとまりを欠いた。「自分が打たないといけない」。押しつぶされそうな重圧が本来の迫力を失わせた。

悩める3年生を救ったのは指揮官であり、仲間だ。森林貴彦監督（50）から「今が一番底だから、もう下がることはない。上がっていくだけだ」と励まされ、メンバーを外れた3年生が打撃投手を務めてくれた。打率3割を優に超える打者が並ぶ打線に「自分が打たなくても、つなげば打ってくれる」と開き直れた。

クライマックスは、これまでの軌跡を体現したかのような全5打席。第1打席はチェンジアップで空振り三振も、四球を三つ選び、変化球に目は慣れた。指揮官の「予感していた」という言葉もうなずける2試合連続アーチに「勝負所で一本出せたのは成長」と渡辺千。もみくちゃにされながらヒーローの特権でもある愉悦に浸った。

さあ、次は春に悔しさを味わった聖地再臨だ。「自分のスイングを貫いて緊張する間もないくらい楽しみたい」。胸を張って、誰もが憧れる黒土を踏もう。

（藤江　広祐）

決勝ルポ

まさか 泣き崩れる緒方 ——横浜

緒方が泣き崩れた。ハイレベルな攻防の勝敗を分かつ大きなワンプレー。3連覇をつかみかけていた横浜にとっては、あまりに酷な判定だ。

2点リードの九回無死一塁。慶応・丸田のゴロを二塁峯がさばき、二塁へ送球。遊撃緒方は「いつも通りの形で入った」と併殺プレーを狙った。

捕球とともに右足でベースを蹴り、土ぼこりが舞う中、一塁へ送球したように見えた。しかし、判定は緒方の今大会初失策でオールセーフに。横浜側が確認を求めるも、審判団が集まることはなく「（足がベースから）離れている」と告げられたという。その直後、まさかの3点本塁打でひっくり返された。

六回に勝ち越して完全に主導権を握っていただけに村田浩明監督（37）も動揺を隠せない。「生きるか死ぬかの試合。あれをセーフと言われたら一生懸命やっている高校生はどうなのか。野球人生の中で一番大きかったプレー」。緒方は「何とも言えない。悔しい」と複雑な胸中を口にした。

エース杉山とともに、1年夏から名門の看板を背負い続けてきた。決勝でも初回に不動の1番打者として士気を上げる安打を放てば、五回2死一、二塁のピンチはスーパープレーで救った。「（配球が）チェンジアップだったので三遊間に来るかも」と予測。強いゴロを横っ飛びで好捕し、素早い反転で二塁を封殺してみせた。

高校ラストゲームが非情な幕切れ。緒方は「3年間やりきれた。最初は周りが見えなくてキャプテンシーもなかったけど、みんなが支えてくれた」と3年生に感謝。ただ「最後に監督を甲子園に連れて行きたかった」とも。受け入れがたい結末だろうが、神奈川が誇る強者の底力は強烈だった。

（松村　祐介）

―功績を残した指導者―

日本高野連「育成功労賞」

2023年度　七條　義夫さん（慶応高前野球部長）

７月７日に横浜スタジアムで行われた第105回全国高校野球選手権記念神奈川大会開会式で、長く慶応高校の硬式野球部長を務めた七條義夫さん（63）が、日本高野連から育成功労賞を受賞した。毎年100人を超える文武両道の「慶応ボーイ」たちを陰で支えて20年余り。

その功績に大きな拍手が送られた。
（2023年７月８日付　紙面から）

育成功労賞を受賞した七條義夫さん

都道府県功労賞を受賞した栗原悟（写真右）さんと一緒に記念撮影

育成功労賞受賞をスタンドで祝福する慶応の野球部員たち

（写真はすべて７月７日　横浜スタジアム）

2023年神奈川大会の勝敗表

182校（167チーム）参加

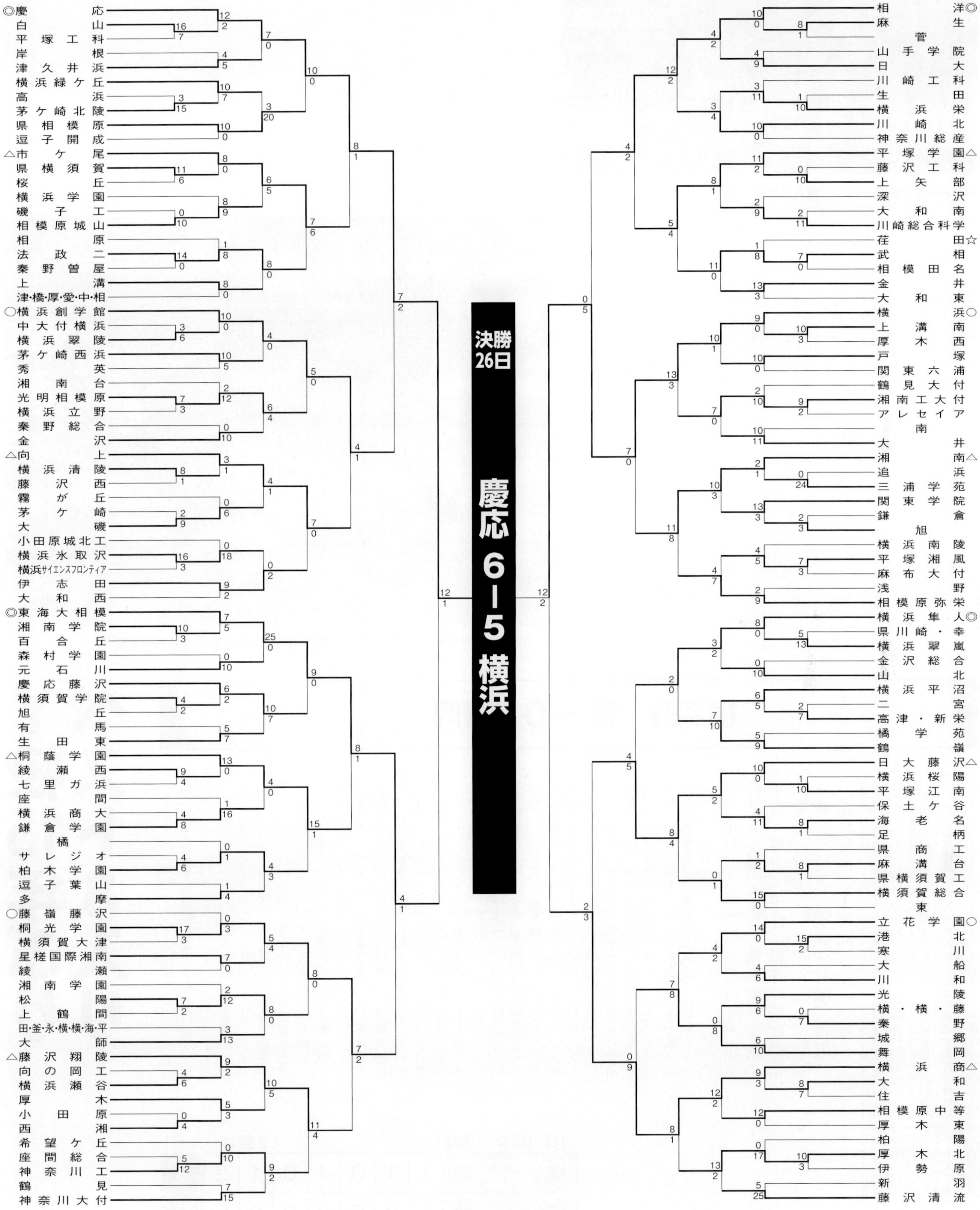

◎＝第1シード　○＝第2シード　△＝第3シード　☆＝選手宣誓校

健闘及ばず７回コールドで敗れた舞岡ナイン

１回表横浜商2死一、二塁。笠原の中前適時打で二走三枝木が先制の生還

横浜商　9―0　舞岡

Y校15年ぶりベスト8入り

Y校ナインのバットから、快音が止まらない。第3シードの横浜商は13安打9得点の猛攻でコールド勝ち。15年ぶりのベスト8進出を決めた。

本領は四回だった。7番嶋田、8番畔上の連続二塁打で効率よく1点を奪うと、リードオフマン三枝木が右中間へ三塁打を放って突き放す。下位から上位へ圧巻の5連打で4点を奪った。3打点の三枝木は「一人一人が初球から振っていった結果」と誇る。5連打のうち3本はファーストストライクを狙い打った。

この春、ナインは〝全国基準〟の打撃に大きな衝撃を受けた。県大会4回戦で、東海大相模に4―8で敗戦。負けた悔しさよりも、各打者の1球で仕留める集中力とスイングの速さに言葉を失った。主将畔上は「圧倒的な差を見せつけられた。あれから全員の意識が変わった」と語る。

「勝ち進むにつれてチャンスの場面は減っていく。積極的なスイングの意識が重要になる」（三枝木）。強敵との一戦を経験していたからこそ、全員が徹底できた。4回戦に続いてスタメン入りした背番号19の5番笠原が、初回に初球を捉えて先制点を奪ったことも、打線の起爆剤となった。

いよいよ、久しぶりの準々決勝が迫る。菅沼努監督（63）が「彼らの力なら勝ち進めると思っていた。あと三つ勝つだけ」と言えば、三枝木は「ここで満足していたら駄目」とかぶとの緒を締め直す。古豪復活へ、のろしは上がった。

▽三塁打　三枝木▽二塁打　嶋田、畔上、小幡▽犠打　鈴木健▽失策　小幡、畔上、中込、福井▽妨害出塁　賀野（畔上）

▽審判　松下、安武、菅原、古沢

▽試合時間　1時間51分

【Y	校】	打	安	点	振	球
⑧	三枝木	5	2	3	0	0
⑤	小　幡	5	3	2	0	0
③	田　口	4	0	0	0	0
⑦	鈴木健	2	1	1	0	1
⑨	笠　原	4	2	1	2	0
⑥	佐　藤	4	0	0	0	0
④	嶋　田	3	1	0	0	1
②	畔　上	2	2	1	0	2
①	川　又	2	1	0	0	0
1	鈴木隼	0	0	0	0	0
H	小松原	1	0	0	0	0
1	風　本	1	1	1	0	0

犠	盗	失	併	残	打	安	点	振	球
1	0	2	1	8	33	13	9	2	4

【舞	岡】	打	安	点	振	球
②	飯　田	4	0	0	1	0
⑥	森　太	3	1	0	0	0
⑦	中　込	2	0	0	1	1
①3	築　井	2	0	0	0	1
⑧	馬　場	3	2	0	1	0
⑨	賀　野	2	1	0	0	0
③	須　田	3	0	0	1	0
1	吉　田	0	0	0	0	0
⑤	沼　沢	2	0	0	1	0
H	西　郷	1	0	0	0	0
④	福　井	2	1	0	1	0
H	鈴　木	1	0	0	0	0

犠	盗	失	併	残	打	安	点	振	球
0	0	2	1	7	25	5	0	6	2

投手	回	打	安	振	球	責
川　又	3	13	3	3	1	0
鈴木隼	1	5	1	2	0	0
風　本	3	10	1	1	1	0
築　井	6	32	11	2	3	6
吉　田	1	6	2	0	1	0

18日（等々力球場）　（7回コールド）

横浜商	1	1	0	4	0	1	2	9
舞岡	0	0	0	0	0	0	0	0

1点差で敗れ肩を落とす横浜隼人ナイン

完投勝利し笑顔を見せる日大藤沢の佐藤快

日藤エース粘って完投

日大藤沢　5―4　横浜隼人

「絶対にここでは負けられない」。5－4の九回2死。日大藤沢のエース佐藤快が投じた112球目は鋭いライナーで遊撃田上のグラブの中に収まった。4失点で今大会初完投。アウトを確認した後、左腕はマウンドでぐっと拳を握った。

三回まで1安打無失点と最高の滑り出しだったが、風向きが変わったのは2－0の四回2死満塁。「アウトコースを狙われた」と横浜隼人打線に2連打3失点で逆転を許す。だが、もちろんひるまない。「仲間の打線が打ってくれてうれしかった。だから頑張れた」。その裏に斎藤の2点打と半田の適時打で逆転。2点のリードを再び得た。「次はインコースを投げるからどんどん攻めるぞ」。捕手斎藤にそう声をかけると、「左特有のクロスファイヤー」で五回以降は1失点。最後まで僅差を守り切った。

3回戦以降、チームは公立校との接戦を繰り広げてきた。横須賀総合戦の救援を含む3度登板したエースも、「常にこっちの流れに持ってこられるように」と強い気持ちで向かっていった。「完封するつもりだったが、4点は取られすぎた」とライバル私学を抑えた力投にも背番号1は満足しない。「まだまだ通過点。次も一戦必勝です」。これがエースの矜持だ。

▽二塁打　中里▽犠打　林、高橋、城島、佐藤快▽盗塁　菊地2、作間▽失策　林、斎藤▽審判　安部、橋本、来福、小島▽試合時間　2時間46分

【隼	人】	打	安	点	振	球
⑧	林	4	1	0	0	0
③	高橋	3	1	0	1	0
④	菊地	3	2	1	0	1
⑤	久保	3	1	0	0	1
⑨	嬉野	4	0	0	0	0
②	城島	3	1	1	0	0
⑥	岩城	4	1	1	1	0
①	石橋	1	0	0	0	0
H	山野井	1	1	1	0	0
R	作間	0	0	0	0	0
1	難波	0	0	0	0	0
1	新井	1	0	0	0	0
1	山口	1	0	0	0	0
⑦	大八木	4	1	0	0	0
犠盗失併残						
3 3 1 0 6		32	9	4	2	2

【日	藤】	打	安	点	振	球
⑨	中里	4	1	2	0	1
③	宗形	5	1	0	2	0
⑤	牧原賢	5	2	0	1	0
⑥	田上	4	1	0	2	1
②	斎藤	2	1	2	0	3
④	半田	4	3	1	0	1
⑦	奥道	3	0	0	0	2
⑧	矢島	4	1	0	2	0
①	佐藤快	3	2	0	0	0
犠盗失併残						
1 0 1 1 14		34	12	5	7	8

投手	回	打	安	振	球	責
石橋	3	17	5	3	4	2
難波	⅔	7	4	0	1	2
新井	3⅓	14	3	4	1	0
山口	1	5	0	0	2	0
佐藤快	9	37	9	2	2	4

18日（等々力球場）

	1	2	3	4	5	6	7	8	9	計
横浜隼人	0	0	0	3	0	0	1	0	0	4
日大藤沢	0	2	0	3	0	0	0	0	×	5

2回裏満塁のピンチを無失点で切り抜け盛り上がる湘南ベンチ

1回裏横浜2死一、三塁。阿部が先制の中前打を放つ

横浜　主戦杉山　6回9奪三振

横浜　7—0　湘南

横浜はエース杉山が6回4安打の快投。「75点くらい。真っすぐは良かったが、四球を出してしまった。修正して次に臨みたい」。大会終盤へ向けギアが上がってきた。

最速145キロ左腕は酷暑のマウンドでも、付け入る隙を与えなかった。四回2死一、三塁では高めの直球で空振り三振。左打者にはスライダー、右打者にはチェンジアップを効果的に配して9個の三振を奪った。

「湘南は力以上の力を発揮してくるチーム。怖さしかなかった」とエースに託した村田浩明監督（37）。上々の投げっぷりに「少し力感が抜けてきたかな。次はベストで来るんじゃないか」と目を細める。

打線も先発全員の13安打。杉山自身二塁打2本で活気付け「この夏は打てる投手を目指している。もともと打撃は得意だし、打てば楽になるので」と波に乗っている。

中2日で迎える準々決勝は、春に敗れた相洋との再戦だ。

「一度負けた相手には絶対に負けられない。久々に横浜スタジアムで野球ができる喜びを感じてプレーしたい」と背番号1。雪辱の一念を胸に1年ぶりのマウンドに戻る。

18日（バッティングパレス相石スタジアムひらつか）　（7回コールド）

湘　南	0	0	0	0	0	0	0	0
横　浜	1	0	0	3	1	0	2X	7

【湘　南】		打	安	点	振	球
⑧	須藤	3	1	0	1	0
②	豊原	3	1	0	2	0
⑦	藤崎	1	0	0	1	0
17	鈴木	2	1	0	1	0
③	安西和	3	1	0	0	0
⑨7	湯川	3	0	0	1	0
1	村田	0	0	0	0	0
⑤	千北	3	0	0	2	0
①9	中島	3	0	0	0	0
⑥	遠嶋	1	0	0	1	1
④	小沢	2	0	0	1	0

犠	盗	失	併	残	打	安	点	振	球
0	0	2	2	4	24	4	0	10	1

【横　浜】		打	安	点	振	球
⑥	緒方	2	2	2	0	3
⑤	稲坂	4	2	0	0	0
②	椎木	4	1	1	0	0
③	小泉	2	1	1	1	2
⑧	阿部	2	2	1	0	1
H	荻原	1	0	0	1	0
1	切無沢	0	0	0	0	0
⑨	萩	3	1	0	0	1
①7	杉山	4	2	0	0	0
⑦8	上田	3	1	1	0	1
④	峯	2	1	0	0	0

犠	盗	失	併	残	打	安	点	振	球
2	1	1	0	11	27	13	6	2	8

投手	回	打	安	振	球	責
中島	1⅔	7	3	0	2	1
鈴木	5	26	7	2	6	4
村田	⅓	4	3	0	0	2
杉山	6	22	4	9	1	0
切無沢	1	3	0	1	0	0

▽三塁打　緒方▽二塁打　杉山2、萩、豊原▽犠打　峯2▽盗塁　阿部▽失策　鈴木、中島、稲坂▽暴投　中島、鈴木
▽審判　諏訪、藤原、大庭、太田
▽試合時間　2時間5分（中断4分）

8回表相洋無死。本多が右越えにソロ本塁打を放つ

9回を投げ抜いた平塚学園の駒井

相洋　4—2　平塚学園

意気上がる相洋「夏も横浜倒す」

3－2と追い上げられた八回。先頭打者で2ストライクと追い込まれた相洋・本多はバットを短く持ち、「強い打球を打とう」。低めのスライダーを叩いた打球は快音を残して右翼芝生席に。相洋らしい駄目押しの一発だった。

今大会は2番と3番で起用されてきた本多。2番の役目も「バントとかではなくて、強い打球で次につなぐこと」。この日は三回の先制タイムリー、五回には左翼線二塁打と役目を存分に果たし「これまで打ち上げてしまうことが多かったが、今日は良かった」と、仕上がりぶりにうなずいた。

次戦で戦う横浜の緒方と同じオセアン横浜ヤング出身。「横浜に入学してレギュラー争いを」と考えたこともあったが「神奈川出身の選手だけで横浜を倒そう」という高橋伸明監督（38）の熱い思いに惹かれて相洋を選んだ。

春の県大会は横浜とのタイブレークを制し、その勢いで東海大相模も破って関東大会に出場。本多は「いい思いをした」と振り返るが、今戦う相手はそうした成功体験そのものでもある。「夏も横浜を倒して、春がまぐれではなかったことを証明したい」。主将の渡辺も「ここまでたどりついた。あと2日、やってきたことを徹底して準備したい」と気合を入れ直した。

18日（バッティングパレス相石スタジアムひらつか）

相洋	0	0	3	0	0	0	0	1	0	4
平塚学園	0	0	0	1	0	1	0	0	0	2

【相洋】		打	安	点	振	球
④	永野	4	0	0	0	1
⑨	本多	4	3	2	0	0
②	渡辺	1	0	1	0	2
③	川嶋	3	1	1	1	0
⑤	高麗	4	0	0	3	0
⑥	小西	4	1	0	1	0
⑦	二宮	4	0	0	0	0
7	田川	0	0	0	0	0
⑧	土屋	4	0	0	0	0
①	中島	2	1	0	1	0
H	鳴海	1	0	0	0	0
1	大谷	0	0	0	0	0
1	大場	1	1	0	0	0

犠	盗	失	併	残	打	安	点	振	球
2	1	1	1	6	32	7	4	6	3

【平学】		打	安	点	振	球
④	松本梗	4	2	0	1	0
②	石井	3	0	0	0	0
⑥	美登	4	2	2	0	0
⑤	田部	4	0	0	0	0
③	竹中	4	0	0	1	0
⑦	沢田	2	1	0	0	2
R	榊原	0	0	0	0	0
⑨	海老原	3	0	0	0	0
⑧	難波	3	0	0	1	0
①	駒井	3	0	0	1	0

犠	盗	失	併	残	打	安	点	振	球
2	0	0	0	5	30	5	2	4	2

投手	回	打	安	振	球	責
中島	6	23	4	2	0	2
大谷	1	3	0	1	1	0
大場	2	8	1	1	1	0
駒井	9	37	7	6	3	4

▽本塁打　美登（中島）、本多（駒井）▽三塁打　川嶋▽二塁打　本多▽犠打　渡辺、川嶋、石井、海老原▽盗塁　本多▽失策　永野▽捕逸　渡辺▽審判　清水、三橋、永田、小林▽試合時間　2時間6分

6回表2死二、三塁のピンチでマウンドに集まる藤沢翔陵の選手たち

6回表桐光学園2死二、三塁。磯貝が勝ち越しの2点二塁打を放つ

桐光逆転勝ち 三年生が躍動

桐光学園　7－2　藤沢翔陵

意地だ。敵失で同点とした六回2死二、三塁。直球をたたいた桐光学園・主将磯貝の打球は、風にも味方され左中間を深々と破った。「最後決めるのは3年生」。先発メンバー唯一の最上級生がたぎらせたプライドだ。3回戦の星槎国際湘南戦でも土壇場で同点打を放った磯貝に、野呂雅之監督（62）は「大事なところで活躍してくれる」と信頼を口にした。

打のヒーローが磯貝なら、マウンドで流れを呼んだのも3年生。先発の法橋から三回途中に救援した右腕工藤は、130キロ程度のスライダーやカットボールを軸に四、五回を無失点。「どんな場面でもいくと思っていた。役割は果たせた」。

今季は下級生が主体のチーム。頼れる後輩たちだが「昨秋もこの春も3年生は出られず、一番悔しい思いをしていた」（工藤）と歯がゆさも。その思いに応えるように、3番手の中平も4回1安打無失点とエースの貫禄を示してみせた。

「ライバル校と呼ばれる学校との対戦が続く。終盤の強さだけでなく、初回から攻めて行く」と磯貝。揚々と横浜スタジアムに乗り込む。

▽二塁打　中村2、梅沢、平本、中川、磯貝、白鷹、工藤▽犠打　綾部、磯貝、勝呂、福田、鍵渡▽盗塁　矢竹、吉成▽失策　梅沢、勝呂▽暴投　法橋▽ボーク　牧口
▽審判　湯本、小笠原、川瀬、池田
▽試合時間　2時間32分

【桐　光】	打	安	点	振	球
⑧　矢竹	5	1	0	0	0
⑨　綾部	3	0	0	1	1
⑥　森	4	1	0	1	1
②　中村	4	2	2	0	1
④　白鷹	5	1	1	1	0
⑤　中川	5	2	0	0	0
③　緒方	2	0	0	0	0
H　吉成	1	0	0	0	0
1　中平	0	0	0	0	1
⑦　磯貝	3	1	2	1	0
①　法橋	1	0	0	0	0
13工藤	3	2	1	0	0
犠盗失併残					
2 2 0 1 8	36	10	6	4	4

【翔　陵】	打	安	点	振	球
⑧　菊地	3	0	0	0	1
⑨　平本	4	1	1	0	0
⑥4玉城	4	0	0	1	0
⑤　梅沢	4	1	0	1	0
②　勝呂	3	1	0	0	0
⑦1福田	2	1	0	0	0
③　中武	3	0	0	0	0
①6上田	3	1	0	0	0
④　鍵渡	1	0	0	1	0
1　牧口	0	0	0	0	0
7　藤渡	1	0	0	1	0
犠盗失併残					
3 0 2 0 3	28	5	1	4	1

投手	回	打	安	振	球	責
法橋	2⅔	8	2	0	0	2
工藤	3	12	2	2	1	0
中平	4	12	1	2	0	0
上田	6⅔	32	9	4	2	3
牧口	⅔	4	1	0	1	1
福田	1⅔	6	0	0	1	0

18日（サーティーフォー保土ケ谷球場）

桐光学園	1	0	0	0	0	3	2	1	0	7
藤沢翔陵	0	1	1	0	0	0	0	0	0	2

2回表桐蔭学園1死二塁。宇都が中前に同点適時打を放つ

2回裏東海大相模1死。木村が左中間に勝ち越し本塁打を放つ

東海　理想を体現
10大会連続8強

東海大相模　8—1　桐蔭学園

理想に着々と近づきつつある。8点を積み重ねた東海大相模は山内、持丸の1、2番が火付け役としてフル回転。今大会5犠打といぶし銀の活躍が光る持丸は「安打でかえそうという欲をなくせている」とまさに仕事人の顔つきだ。

桐蔭学園の先発長浜は、今春の県大会で苦しめられた技巧派左腕タイプ。先頭の山内が二遊間を破る中前打で出塁すると、持丸がバットを寝かせる。「事前の情報で投手が三塁方向に下る癖があった」。一塁方向に押し込んで転がし敵失を誘い、1死満塁から松本の三ゴロで先制点をもぎ取った。

2－1の四回にも山内の中前打に、持丸がバント安打でつなぎ及川の遊ゴロで追加点。緩い変化球を引きつけながら、低い打球で得点圏を演出した。

4回戦に続いて4安打の山内は、9打数連続安打と快音が止まらない。大会記録にあと2安打に迫ったが「練習通りセンター返しを意識しているだけ」。原俊介監督（45）も「山内が出塁しないと先制点は取れないとずっと言ってきた。1打席目のセンター前こそチームの柱になる打撃」と思考は重なる。

昨春の準々決勝で県内公式戦の連勝を「59」で止められた桐蔭に雪辱し、夏は10大会連続の8強入り。「安打だけが全てじゃない」。浸透する泥くさい意識が点を線にしている。

18日（サーティーフォー保土ケ谷球場）　（7回コールド）

桐蔭学園	0	1	0	0	0	0	0	1
東海大相模	1	1	0	2	3	1	×	8

▽本塁打　木村（長浜）
▽二塁打　山内2、板垣、木村、松本
▽犠打　持丸、安達▽失策　中野、高橋▽暴投　高橋
▽審判　萩野、五十嵐、勅使河原、米屋
▽試合時間　2時間23分（中断12分）

【桐	蔭】	打	安	点	振	球
⑤	影山	3	0	0	2	0
H	池上	1	0	0	1	0
④	古宮	3	2	0	1	0
⑥	佐藤	2	1	0	0	1
③	中野	3	1	0	1	0
②	米倉	2	0	0	1	1
⑧	永野	3	1	0	1	0
⑨	萩原	3	1	0	1	0
⑦	宇都	3	1	1	0	0
①	長浜	2	0	0	1	0
1	山本	0	0	0	0	0
1	長南	0	0	0	0	0
H	野本	1	0	0	0	0

犠	盗	失	併	残	打	安	点	振	球
0	0	1	0	6	26	7	1	9	2

【東	海】	打	安	点	振	球
⑧	山内	4	4	1	0	0
⑨	持丸	3	1	0	0	0
⑥	及川	4	0	1	0	0
⑤	板垣	2	1	0	0	2
③	松本	4	2	2	0	0
④	安達	3	1	0	0	0
⑦	中村龍	4	1	0	0	0
1	福田	0	0	0	0	0
②	木村	3	2	3	0	0
①	高橋	2	1	0	0	1
7	長尾	0	0	0	0	0

犠	盗	失	併	残	打	安	点	振	球
2	0	1	1	8	29	13	7	0	3

投手	回	打	安	振	球	責
長浜	4⅓	25	9	0	2	4
山本	⅔	4	3	0	0	1
長南	1	5	1	0	1	1
高橋	6	25	7	8	2	1
福田	1	3	0	1	0	0

８強進出ならず。がっくり肩を落とす向上の選手たち

２回表横浜創学館１死満塁。先制の２点適時打を放った宇野

創学館守り勝ち
再三窮地しのぐ

横浜創学館　4－1　向上

力に頼らずとも、ロースコアで守り勝つ―。横浜創学館は理想通りの試合運びで5回戦を突破。2打点の主将小室は「打つべき人間が打って逃げ切る自分たちの野球ができた」と汗を拭った。

二～七回まで得点圏に走者を進められるも、盤石の継投は崩れない。六回から救援した主戦鈴木は力強い直球で内外角を攻めながらチェンジアップで泳がせる。4回無失点と役割を果たし、「走者が出ても落ち着いて自分の投球ができた」。昨年から経験を積んだ山越と小室の二遊間は鉄壁で、苦しいピンチは二併殺で切り抜けた。

ここまで4戦1失点。堅い守りで勝機を見いだすのが今季の必勝パターンだ。

森田誠一監督は「もともとそんなに打てるチームじゃないので、強豪とのオープン戦もこういう勝ち方をしてきている。ワンチャンス、ツーチャンスで（得点して）守っていこうとずっと言ってきた」とうなずく。

3大会連続の8強入りで、準々決勝は春の王者・慶応と激突する。小室は「ロースコアで自分たちの野球に持ち込めば勝ちきれると思う。しっかり強気でいきたい」と意気込んだ。

▽二塁打　本山、塩田、松沢、金子
▽犠打　今井、山越、小室、二宮2
▽盗塁　石居、金子▽失策　今井、金子、二宮
▽審判　飯田、原、瀬良垣、金川
▽試合時間　2時間20分

【創　学　館】	打	安	点	振	球
⑧　今　井	3	1	0	0	1
④　山　越	3	2	0	0	1
⑥　小　室	3	1	2	1	1
③　本　山	4	1	0	2	0
⑨　塩　田	3	1	0	0	1
⑦　稲　田	3	0	0	0	1
⑤　橋　本	4	0	0	0	0
②　宇　野	4	2	2	0	0
①　塚　原	2	0	0	0	0
1　鈴　木	2	0	0	0	0

犠	盗	失	併	残	打	安	点	振	球
3	0	1	2	8	31	8	4	3	5

【向　　上】	打	安	点	振	球
⑧　石　居	4	1	0	1	1
⑨　金　子	4	2	1	1	0
⑥　武　富	4	0	0	0	0
③　松　沢	4	1	0	2	0
②　寒河江	4	1	0	0	0
⑦　前　泊	3	2	0	1	1
⑤　松　根	2	0	0	0	0
H　香　川	1	0	0	0	0
5　飯　田	1	0	0	0	0
④　遠　藤	2	1	0	0	2
①　二　宮	1	0	0	0	0
H　広　田	1	0	0	0	0

犠	盗	失	併	残	打	安	点	振	球
2	2	2	1	9	31	8	1	5	4

投　手	回	打	安	振	球	責
塚　原	5	22	6	2	3	1
鈴　木	4	15	2	3	1	0
二　宮	9	39	8	3	5	3

18日（サーティーフォー相模原球場）

横浜創学館	0	2	0	0	0	0	1	0	1	4
向　　上	0	0	0	0	1	0	0	0	0	1

7回コールド負けを喫し悔しがる市ケ尾の選手たち

1回裏慶応2死満塁。大村が左前に2点適時打を放つ

慶応　8—1　市ケ尾

慶応　投打盤石「チーム一つに」

慶応の主将大村のバットが振れてきた。1点を先制した直後の初回2死満塁、「決していい当たりではないけど自分らしいヒット」と三遊間を破る2点タイムリー。五回には一、二塁間を破る適時打を放つなど3安打3打点を記録した。

4回戦までの3試合は無安打。「引退した3年生に打撃投手をやってもらったり、トスを上げてもらったりした。みんなの努力の結果の3安打」と感謝し「やっとチームが一つにまとまっている実感がある。絶対に日本一になるんだというのが形になってきた。さらに結束力を高めて日本一に向けて頑張りたい」と意気込んだ。

▽三塁打　八木▽二塁打　渡辺千、杉山、堀川▽犠打　延末、山本▽盗塁　福井▽失策　犬丸▽審判　江藤、後藤、岩男、土屋▽試合時間　1時間53分

【市ケ尾】		打	安	点	振	球
⑧	高槻	2	0	0	0	1
⑥	杉山	3	1	0	0	0
⑤	杉田	3	1	0	0	0
③	犬丸	3	0	0	0	0
①	木沢	0	0	0	0	0
H	丸山	1	0	0	1	0
1	堀川	1	1	0	0	0
1 9	古川	1	0	0	0	0
⑦	二井	3	1	0	1	0
④	松本	3	2	0	0	0
②	藤原	2	0	0	0	0
H	北脇	1	1	1	0	0
2	古沢	0	0	0	0	0
⑨	山口	2	0	0	1	0
H	高橋	1	0	0	0	0
1	佐藤	0	0	0	0	0
1	高原	0	0	0	0	0
1	原田	0	0	0	0	0

犠	盗	失	併	残	打	安	点	振	球
0	0	1	1	5	26	7	1	3	1

【慶応】		打	安	点	振	球
⑧	丸田	3	1	0	0	0
1	飯田	0	0	0	0	1
⑥	八木	3	1	0	1	1
⑨8	渡辺千	4	1	2	1	0
③	延末	2	1	1	0	1
R	村上	0	0	0	0	0
⑦9	山本	3	2	0	0	0
⑤7	福井	3	1	1	0	1
④	大村	3	3	3	0	1
②	渡辺憩	4	1	0	0	0
①	松井	1	1	0	0	0
H 5	宮尾	2	0	0	0	0
H	清原	0	0	1	0	1

犠	盗	失	併	残	打	安	点	振	球
2	1	0	2	8	28	12	8	2	6

投手	回	打	安	振	球	責
木沢	1	8	4	0	1	3
堀川	4	17	7	1	0	2
古川	1	5	0	1	2	0
佐藤	⅓	2	0	0	1	1
高原	⅓	2	0	0	1	0
原田	0/3	2	1	0	1	0
松井	4	13	3	3	0	0
飯田	3	14	4	0	1	1

18日（サーティーフォー相模原球場）　（7回コールド）

	1	2	3	4	5	6	7	計
市ケ尾	0	0	0	0	0	0	1	1
慶応	3	2	0	0	2	0	1X	8

Y校・初スタメン笠原3安打

【厚木北】		打	安	点	振	球
⑧	山田	3	1	0	1	0
⑤	村田	2	0	0	1	0
H5	牧方	1	0	0	0	0
④	二瓶	3	1	0	0	0
②	高岸	3	2	0	0	0
⑨	鏡	1	1	0	0	0
1	阿部龍	2	1	0	0	0
⑦	北川	3	0	0	2	0
⑥	山本	2	0	0	0	0
③	村沢	2	0	0	1	0
①9	森見	1	0	0	0	0
9	佐藤	1	0	0	0	0
犠盗失併残	0 1 1 0 2	24	6	0	5	0

【Y校】		打	安	点	振	球
⑧	三枝木	4	1	0	0	0
⑤	小幡	4	3	0	0	0
③	田口	3	1	2	0	1
⑦	鈴木健	3	1	1	0	0
⑨	笠原	3	3	1	0	1
⑥	佐藤	2	1	0	0	0
④	嶋田	4	1	1	0	0
②	畔上	3	0	0	0	0
①	堀切	3	1	2	0	0
犠盗失併残	3 1 0 1 7	29	12	7	0	2

投手	回	打	安	振	球	責
森見	2	10	3	0	1	2
阿部龍	4⅓	24	9	0	1	5
堀切	7	24	6	5	0	1

7回裏横浜商無死二塁。笠原が右越え適時二塁打を放つ

第3シード横浜商（Y校）は七回コールド勝ちで2年連続のベスト16入り。盤石な試合運びが光り、打線は「5番・右翼」で初スタメンの笠原が3安打1打点でけん引した。「前日（15日）に（スタメン入りを）言われて緊張して寝られなかったけど、今日は気持ち良く寝られそう」と心地いい汗を拭った。

先頭の二回、相手の先発右腕のファーストストライクを逃さず右前へと運び、先制点のランナーとなった。背番号19の3年生は重圧に感じることなく「ウキウキと前向きに」とイメージした6－1の七回無死二塁。今度は2番手右腕の真っすぐを右翼線へ引っ張って適時二塁打を放ち、最後はサヨナラの走者となった。

これで15大会ぶりとなる夏のベスト8も射程圏内に入った。「1回盛り上がったら、止められないのが今年のチーム特長」と笠原。お家芸の「ワイワイ野球」は今年も健在だ。

▽三塁打　田口▽二塁打　堀切、小幡、笠原2、高岸、鈴木健▽犠打　鈴木健、佐藤（Y）2▽盗塁　山田、嶋田▽失策　山本▽暴投　堀切2
▽審判　熊倉、米原、鈴木、田畑、堀川、實方
▽試合時間　1時間48分

16日（横須賀スタジアム）　（7回コールド）

厚木北	0	0	0	0	0	0	1	1
横浜商	0	2	1	3	0	0	2X	8

舞岡　創部初16強「泣きそう」

【立花】		打	安	点	振	球
⑨	福沢	3	2	1	0	2
④	関水	5	1	0	0	0
⑥	三浦	4	2	2	1	2
⑤	小長谷	5	2	1	1	1
⑧	竹下	4	2	1	1	1
⑦	服部	3	1	1	1	2
7	荒瀬	0	0	0	0	0
③	西坂	5	1	1	0	0
②	前原	4	1	0	0	1
①	伊藤	1	0	0	0	0
1	佐藤	2	0	0	2	0
犠盗失併残	4 0 1 1 14	36	12	7	6	9

【舞岡】		打	安	点	振	球
②	飯田	5	2	3	1	0
⑥	森太	5	1	0	0	0
⑦	中込	4	0	0	0	1
①	築井	5	2	0	1	0
⑧	馬場	3	0	0	1	0
⑨	賀野	3	3	1	0	2
③	須田	4	2	1	2	0
⑤	沼沢	5	1	1	2	0
④	福井	4	2	0	1	0
犠盗失併残	3 3 0 1 9	38	13	6	8	3

投手	回	打	安	振	球	責
伊藤	4⅔	23	9	1	1	5
佐藤	5 0/3	21	4	7	2	1
築井	10	49	12	6	9	6

延長10回サヨナラ勝ちを決め、喜ぶ舞岡ナイン

「打倒私立を達成できて泣きそうになりました」。サヨナラの本塁を踏んだ舞岡の主戦築井は歓喜に沸き立つナインを見渡し、快挙を実感した。

6－6で迎えた延長十回タイブレーク。立花学園の攻撃を押し出し死球の1失点にとどめると三塁側スタンドの応援はさらに熱を帯びた。相手の暴投で同点。2死二、三塁から沼沢は三ゴロに倒れたかと思われたが、送球は大きく一塁手の頭上にそれ、2時間34分の激闘に終止符が打たれた。

序盤に主将飯田の3点三塁打などで流れを引き寄せたが、七回に築井が4連打を浴び、3点を奪われ逆転を許した。心が折れかけたが「根性で乗り切ろう」（築井）と奮い立ち、10回160球を投げきった。

秋春は地区予選で敗退。「自分が伸びればついてくる」と築井は先頭に立ち、練習でも人一倍汗を流した。

37年前に4回戦を戦った相手も同じ立花学園（当時松田）だった。築井は「37年前に達成できなかったことを自分たちの代で達成できるよう、過去に負けてしまった先輩たちに良いプレーを見せたかった」

1976年の創部以来初の16強入り。未踏の5回戦へ気負いも、失うものもない。「行けるところまで行く。歴史に残るかな」と築井。夏空に最高の笑顔が輝いた。

▽三塁打　飯田▽二塁打　前原、賀野、築井2、福沢、飯田▽犠打　福沢、関水、伊藤、佐藤、馬場2、須田▽盗塁　中込、築井、賀野▽失策　小長谷▽暴投　佐藤
▽審判　青木、斉藤、赤坂、神宮
▽試合時間　2時間34分

16日（バッティングパレス相石スタジアムひらつか）　（延長10回、10回からタイブレーク）

立花学園	1	0	1	1	0	0	3	0	0	1	7
舞岡	0	3	0	1	1	0	1	0	0	2X	8

理想の野球体現し大健闘

【日	藤】	打	安	点	振	球
⑨	中里	3	0	0	1	2
③	宗形	4	2	1	0	0
⑤	牧原賢	5	2	0	1	0
⑥	田上	5	2	4	0	0
②	斎藤	4	1	1	0	0
⑦	杉山	2	0	0	0	1
7	奥道	1	0	0	0	1
④	半田	4	1	0	0	0
⑧	矢島	4	1	1	1	0
①	三宿	0	0	0	0	0
H	牧原寛	1	0	0	1	0
1	坂本	1	0	0	1	0
H	熊沢	1	1	0	0	0
1	佐藤快	1	1	0	0	0

犠	盗	失	併	残					
2	4	1	0	7	36	11	7	5	4

【横須総】		打	安	点	振	球
⑥1	浅羽	5	2	0	1	0
②	相川	5	0	0	2	0
⑤	佐藤拓	3	3	1	0	2
③	小浜	4	1	1	2	0
⑨	岩崎	4	1	1	0	1
⑦	宇田川	4	0	0	1	0
④	水戸部	4	2	0	1	0
⑧	山本善	4	1	0	2	0
①	鈴木	2	0	0	1	0
1	伊藤	1	0	0	0	0
6	益子	0	0	0	0	0

犠	盗	失	併	残					
2	4	3	0	10	36	10	3	10	3

投手	回	打	安	振	球	責
三宿	2	10	4	0	0	2
坂本	5	23	4	8	3	1
佐藤快	2	8	2	2	0	0
鈴木	7 0/3	28	5	4	2	2
伊藤	1 0/3	8	4	1	1	2
浅羽	1	6	2	0	1	2

9回表日大藤沢無死満塁。宗形の中犠飛で三走矢島が勝ち越しの生還

シード校撃破まであとアウト三つだった。横須賀総合は九回に2点差を逆転されたが、それまではゲームを支配。「挑戦者の気持ちを最初の展開で持ち込むことができた」と言う主将小浜に涙はなし。その理由が初回の攻撃に凝縮されていた。

1打席目から全員がファーストストライクを狙い、日大藤沢の右腕に圧力をかけた。

1死二塁。3番佐藤拓が初球からフルスイング。フルカウントから6球目の直球を捉え、先制の適時三塁打を放つ。なおも1死三塁で主砲小浜も真っすぐを振り抜き、中犠飛。ともすれば早打ちは淡泊な打撃になりがちだが、佐藤拓は「相手はいい投手ばかり。初球から腹をくくった」

追い求めたのは、「強く振る力」（小浜）。昨秋と今春の県大会で地区予選敗退に終わった後、一人当たり1日500球のティー打撃を課すなど打力アップに励んだ。

久保翔太郎監督（32）が「年間通してやってきたことを出しきってくれた」と褒めたたえたように、目指してきた野球を体現し、「3年間で一番長い夏にできてよかった」と小浜。数カ月もあれば球児は信じられないほど伸びる。これもまた夏の醍醐味（だいごみ）だ。

▽三塁打　佐藤拓▽二塁打　岩崎、浅羽、熊沢、半田▽犠打　宗形、斎藤、小浜、鈴木▽盗塁　宗形2、田上、斎藤、浅羽2、佐藤拓2▽失策　半田、相川、水戸部、伊藤▽暴投　鈴木、坂本▽捕逸　斎藤
▽審判　松本、井上、実方、堀川、田畑、米原
▽試合時間　2時間34分

16日（横須賀スタジアム）

日大藤沢	0	0	0	0	0	1	0	1	6	8
横須賀総合	2	0	1	0	1	0	0	0	0	4

鶴嶺　2年生エースが熱投

【鶴	嶺】	打	安	点	振	球
⑦	市川	4	0	0	0	0
④	仲沢	4	1	0	2	0
⑧	田野	3	2	0	0	1
②	鈴木	3	0	0	1	1
⑥	遠藤	4	0	0	2	0
③	日高	3	0	0	0	0
H	野一色	1	0	0	1	0
⑨	饗庭	2	1	0	0	1
H	山上	1	0	0	1	0
⑤	山田	3	0	0	2	0
①	上川	3	0	0	2	0

犠	盗	失	併	残					
0	0	1	0	7	31	4	0	11	3

【隼	人】	打	安	点	振	球
⑦	大八木	4	0	0	0	0
③	高橋	4	1	0	0	0
④	菊地	3	0	0	0	0
⑤	久保	3	1	1	0	1
⑨	嬉野	3	2	0	0	0
②	城島	2	0	0	0	0
⑧	林	3	2	0	0	0
R8	関水	0	0	0	0	0
①	山口	1	0	0	0	0
H	加藤	1	0	0	1	0
1	難波	0	0	0	0	0
H	岡本	1	0	0	0	0
1	新井	0	0	0	0	0
1	石橋	0	0	0	0	0
⑥	岩城	3	0	0	1	0

犠	盗	失	併	残					
3	2	0	0	6	28	6	1	2	1

投手	回	打	安	振	球	責
上川	8	32	6	2	1	1
山口	5	19	3	4	1	0
難波	2	7	1	2	0	0
新井	1 0/3	5	0	2	2	0
石橋	1	3	0	3	0	0

7回裏失策で1点を先制されマウンドに集まる鶴嶺の選手たち

口を真一文字に結んだ表情が実に雄弁だ。8回2失点完投。その見事な投球にも、鶴嶺の2年生エース上川にやりきったなどの感情はつゆほども見受けられない。

「横浜隼人打線は直球に強いが、変化球を見せながらも、あえてインコースの真っすぐで勝負する」（捕手鈴木）。伸びのある130キロ台の速球に懸けた紙一重の作戦が当たった。「とにかく腕を振って攻める」という右腕は相手のバットをことごとく差し込んだ。

同じ2年の遊撃手のエラーで均衡を破られた七回。なおも1死二、三塁のピンチが最大の見せ場だった。「ミスの後だったので絶対に抑えてやるという気持ちでした」。後続を三飛と空振り三振に封じてみせた。

最も悔やんだのは八回。2死二塁で迎えた4番に高めの直球を中越えに運ばれた。試合をほぼ決定付けられる大きな1点に「振りが鋭かった」と私学強豪の力を認めた。

▽二塁打　林、久保▽犠打　菊地、嬉野、城島▽盗塁　嬉野、林▽失策　遠藤
▽審判　岩田、岡村、米屋、鈴木
▽試合時間　2時間18分

16日（サーティーフォー保土ケ谷球場）

鶴嶺	0	0	0	0	0	0	0	0	0	0
横浜隼人	0	0	0	0	0	0	1	1	×	2

湘南 乱打戦制す

【弥	栄】	打	安	点	振	球
⑥	長峰	5	2	2	0	1
④	山中	1	1	0	0	0
H5	井上	4	1	0	0	0
③	高橋	5	2	1	1	1
②	千田	5	0	0	1	0
⑧	角方	5	3	1	1	0
⑦	福地	5	3	1	0	0
⑨	尾崎	3	1	0	0	1
H	荒井	1	0	0	0	0
⑤4	落合	5	3	1	1	0
①	木持	0	0	1	0	0
1	富樫	1	0	0	0	0
H	伊藤	0	0	1	0	1
1	児玉	1	1	0	0	0
H	安藤	1	0	0	0	0

犠	盗	失	併	残	打	安	点	振	球
2	0	2	0	13	42	17	8	4	4

【湘	南】	打	安	点	振	球
⑧	須藤	4	3	3	0	0
②	豊原	3	2	1	1	2
⑤	千北	3	1	0	0	1
③	安西	3	2	4	0	2
①7	村田	4	1	1	0	0
7	藤崎	0	0	0	0	0
⑦	湯川	2	0	0	0	0
1	鈴木	2	1	1	1	0
⑨	中島	4	2	0	0	0
⑥	遠嶋	5	0	0	1	0
④	小沢	4	3	0	0	0

犠	盗	失	併	残	打	安	点	振	球
5	2	1	0	9	34	15	10	3	5

投手	回	打	安	振	球	責
木持	2⅔	19	9	0	2	8
富樫	1⅓	8	0	1	2	0
児玉	4	17	6	2	1	2
村田	4⅔	28	12	1	2	8
鈴木	4⅓	20	5	3	2	0

最後の打者を三振に打ち取り笑顔を見せる鈴木（右）と豊原の湘南バッテリー

湘南は同じ県立校の雄・相模原弥栄と予想外の乱戦となった。「2点に抑えて4点取る、ロースコアの勝負かと思っていた」と川村靖監督（61）も苦笑い。序盤に9点を奪うも5回に打者一巡の猛攻で一挙5点を奪われ、1点差に迫られた。「6点差をつけられても向かってくる。さすがだった」と相手をたたえた。

ただ猛攻を受けながらも同点までは許さなかったあたりが、今年の湘南の強み。打線は終盤に貴重な追加点を挙げ、五回途中から救援した鈴木も無失点で応えた。

第3シードとして臨んだ大会で5回戦進出を決め、シード校の責任を果たした。次は横浜が待つ。指揮官は「きょうもミスはあったが、ミスを恐れず、一丸となってぶつかっていきたい」と意気込みを語った。

▽本塁打　須藤（木持）
▽三塁打　安西▽二塁打　高橋、福地、児玉、豊原、落合▽犠打　山中、木持、須藤、千北、村田、湯川、中島▽盗塁　豊原、小沢▽失策　長峰2、千北
▽審判　菅原、松岡、春日、宮崎
▽試合時間　2時間30分

16日（藤沢八部球場）

	1	2	3	4	5	6	7	8	9	計
相模原弥栄	0	1	2	0	5	0	0	0	0	8
湘　　南	3	2	4	0	0	0	1	1	×	11

横浜 主戦杉山5回3失点

【湘	工 大】	打	安	点	振	球
⑥	内山	3	0	0	0	0
⑧9	佐藤諒	2	1	0	1	1
②	府川	3	2	0	0	0
③	鳥屋	3	1	1	0	0
⑨	佐藤優	2	2	2	0	0
8	山崎	0	0	0	0	0
⑤	小林空	1	0	0	1	0
④	霧生	2	0	0	1	0
①	小泉	1	0	0	1	1
1	酒井	0	0	0	0	0
⑦	高林	1	0	0	1	0
H	福田	1	0	0	0	0
7	小島	0	0	0	0	0

犠	盗	失	併	残	打	安	点	振	球
1	0	2	0	4	19	6	3	5	2

【横	浜】	打	安	点	振	球
⑥	緒方	4	2	3	0	0
⑤	稲坂	2	1	0	0	2
②	椎木	3	2	1	0	1
③	小泉	3	1	0	0	0
⑧	阿部	2	2	3	0	1
⑨	萩	3	1	3	0	0
⑦	井上	3	0	0	1	0
①	杉山	3	3	1	0	0
④	峯	2	1	1	0	0

犠	盗	失	併	残	打	安	点	振	球
1	1	0	0	4	25	13	12	1	4

投手	回	打	安	振	球	責
小泉	3⅓	24	9	1	4	4
酒井	1	6	4	0	0	3
杉山	5	22	6	5	2	3

3回表湘南工付２死一、三塁。佐藤優が左中間に２点三塁打を放ち３－０とする

夏のマウンドに1年から上がり続けている王者横浜のエースも人の子だったか。4回戦で今大会初登板の杉山は5回6安打3失点。自身も3安打と打線が活発で五回コールドの圧勝を収めたが、左腕は「緊張から自分の投球ができなかった」と反省した。

三回2死無走者から四球を与え、連打で先制を許すと、右打者に直球を中堅前へ鋭くはじき返される。想定外の引っ張りの打球は、右中間寄りのシフトを敷いた中堅手の横を抜けて三塁打となり、さらに2点を失った。ストレートを狙い打たれた格好だ。

「杉山のキャリアと夏の大会を考え、4回戦での初登板となったが、うまくいかないことは絶対にあると話していた。夏の大会はやはり違いますね。でも、これからは大丈夫でしょう」と村田監督。エースも「修正できたのはよかった」と気持ちを切り替えていた。

▽本塁打　椎木（酒井）
▽三塁打　佐藤優、阿部、杉山▽二塁打　椎木、杉山、緒方、阿部▽犠打　小林空、峯▽盗塁　峯▽失策　小林空、霧生▽暴投　小泉
▽審判　深沢＝坂上（四回裏交代）、坂上＝鈴木（四回裏交代）、臼井、増田
▽試合時間　1時間30分

16日（サーティーフォー保土ケ谷球場）　（5回コールド）

	1	2	3	4	5	計
湘南工大付	0	0	3	0	0	3
横　　浜	0	0	3	9	1X	13

武相 主砲3ランも届かず

完投勝利しガッツポーズする平塚学園の駒井

武相の4番布川が8回に一時同点となる3ラン。それまで無安打だったが、チャンスの場面に「思い切っていけ」と豊田圭史監督（38）に送り出された。

「あれで吹っ切れた」という布川は3ボール1ストライクから直球を振り抜いた。手応えありの打球は中堅の頭を越えてスタンドに吸い込まれた。

もともとパワーに定評はあったが安定感や守備に難があり、昨秋も今春も大事な試合で起用されることはなかった。県春季大会が終わって「強いチームとの試合にも出してもらえるよう」、自らの欠点を埋めるべく猛練習を重ねた。豊田監督も「夏を迎えて打つ力が飛び抜けた」と評価する。

夏は1、2回戦は6番だったが、3回戦で4番を打ち、強豪・平塚学園との試合も4番で迎えた。この試合でも一時は起死回生となる一発を放った。それでも勝利には届かず、布川は「勝ちたかった。次に進みたかった」と涙を見せた。

▽本塁打　布川（駒井）
▽二塁打　田部、仲宗根、海老原、石井、竹中、駒井▽犠打　仲宗根、石井▽失策　菅原
▽審判　佐藤、瀬間、谷、新井
▽試合時間　2時間8分

16日（藤沢八部球場）

武　　相	0	0	1	0	0	0	0	3	0	4
平塚学園	2	0	0	0	1	0	1	1	×	5

【武	相】	打	安	点	振	球
⑨	岡本	3	0	0	1	1
③	平野	4	2	1	1	0
②	吉崎	4	1	0	0	0
⑦	布川	4	1	3	1	0
⑤	菅原	4	0	0	0	0
⑧	伊芸	4	1	0	1	0
R	斎藤	0	0	0	0	0
⑥	仲宗根	3	2	0	1	0
①	仲間	1	0	0	0	1
1	永嶋	1	0	0	0	0
1	難波	0	0	0	0	0
H	武岡	1	0	0	0	0
④	広橋	3	0	0	0	0
H	浦橋	1	0	0	0	0

犠	盗	失	併	残					
1	0	1	0	5	33	7	4	5	2

【平	学】	打	安	点	振	球
④	松本梗	5	2	0	0	0
②	石井	2	2	0	0	1
⑥	美登	3	0	1	1	1
⑤	田部	4	2	2	0	0
③	竹中	4	1	0	0	0
⑦	沢田	4	0	0	1	0
⑨	海老原	4	2	0	0	0
⑧	難波	4	1	0	0	0
①	駒井	4	1	1	0	0

犠	盗	失	併	残					
1	0	0	0	8	34	11	4	2	2

投手	回	打	安	振	球	責
仲間	4 ⅓	20	6	1	1	2
永嶋	2 ⅔	12	3	0	1	1
難波	1	5	2	1	0	1
駒井	9	36	7	5	2	4

相洋二宮「やっと貢献」

5回裏相洋２死二塁。土屋の適時打で二走高麗が生還しコールドを決める

相洋の8番・二宮が2本の長打で存在感を示した。189センチ、96キロという堂々の体躯。三回、適時二塁打を左翼フェンス際まで運ぶと、五回は右中間を深々と破る三塁打。持ち味の長打力を発揮し、「やっとチームに貢献できた」と顔をほころばせた。

ここまでの2試合で5番に抜てきされながら無安打。「自分がやらなきゃという力みがあった。下位から3年生につなごうと意識したら、いい形でバットが出た」。相手投手との相性を考えての打順変更だったが、プラスの力に変換して好結果につなげた。

左翼の守備でも左中間の飛球を好捕。2年生右腕大谷を「助かった」と安堵（あんど）させ、自信を取り戻した大砲は「2年生の投手3人がここまで活躍してきた。同学年だからやっぱり自分が助けないといけない」と汗を拭った。

▽三塁打　二宮▽二塁打　二宮、永野、小野沢▽犠打　宮川、石井、川嶋、土屋、鳴海▽盗塁　永野、小西、川嶋、高麗▽失策　小野沢、小西、川嶋2▽暴投　叶内
▽審判　松本、石井、増田、早川
▽試合時間　1時間39分

16日（等々力球場）　（5回コールド）

川　崎　北	0	1	0	0	1	2
相　　洋	0	0	6	0	6X	12

【川崎	北】	打	安	点	振	球
⑥1	小野沢	3	1	0	1	0
③	三浦	3	1	1	0	0
⑤	遠藤	3	1	0	0	0
⑧	飯塚	3	0	0	2	0
①7	叶内	3	0	0	0	0
⑨	大高	1	0	0	0	1
④6	宮川	0	0	0	0	1
②	沢口	2	0	0	0	0
⑦1	石井	0	0	0	0	0
1	千場	1	0	0	1	0
1	篠原	0	0	0	0	0
4	尾尻	0	0	0	0	0

犠	盗	失	併	残					
2	0	1	1	6	19	3	1	4	2

【相	洋】	打	安	点	振	球
④	永野	4	3	0	0	0
⑥	小西	3	2	0	0	1
⑨	本多	4	1	0	1	0
②	渡辺	1	0	0	0	3
③	川嶋	2	0	2	0	1
⑤	高麗	2	2	4	0	2
⑧	土屋	3	1	1	0	0
⑦	二宮	2	2	1	0	1
①	大谷	2	1	1	1	0
H	鳴海	0	0	1	0	0

犠	盗	失	併	残					
3	4	3	0	8	23	12	10	2	8

投手	回	打	安	振	球	責
叶内	2 ⅓	19	7	2	4	4
石井	⅔	2	0	0	1	0
千場	1 ⅓	8	3	0	1	3
篠原	⅓	4	1	0	2	3
小野沢	0/3	1	1	0	0	0
大谷	5	23	3	4	2	1

藤沢翔陵 止まらない打線

【神	工】	打	安	点	振	球
④	渋谷	4	0	0	1	0
⑦8	深川聖	4	0	0	0	0
⑨	武井	4	1	0	1	0
②	坂内	4	3	1	0	0
⑧	城本	4	2	0	0	0
1	本田	0	0	0	0	0
7	松橋	0	0	0	0	0
③	石井	1	0	0	1	0
171	三宅	2	0	0	1	0
①3	岩崎	3	1	2	1	0
⑤	清水	3	0	0	1	0
5	相沢	0	0	0	0	0
⑥	上村	3	1	0	1	0
犠盗失併残						
1 0 2 0 5		32	8	3	7	0

【翔	陵】	打	安	点	振	球
⑧	菊地	3	2	0	0	2
⑨	平本	3	2	1	0	0
④	玉城	4	3	4	0	1
⑤	梅沢	5	3	3	1	0
②	勝呂	4	1	1	1	0
①	福田	4	1	0	1	0
⑦	藤渡	2	0	0	1	2
③	中田	2	0	0	1	0
H	中武	1	1	0	0	1
⑥	上田	3	1	1	0	0
犠盗失併残						
3 2 2 1 7		31	14	10	5	6

投手	回	打	安	振	球	責
岩崎	3 ⅔	21	9	2	1	5
三宅	3 ⅓	15	4	3	3	3
本田	⅓	2	0	0	1	1
三宅	0/3	2	1	0	1	0
福田	8	33	8	7	0	3

8回裏藤沢翔陵1死満塁。梅沢が右中間に2点二塁打を放ちコールドを決めた

16強入りを懸けたこの日も打線が止まらなかった。初回1死二塁で主将の3番・玉城が「序盤に点を取って投手を楽にしたかった」と右翼線へ先制の適時三塁打。玉城は第3、4打席でも適時打を放って大暴れ。中軸の役割を果たし、相手に主導権を渡さなかった。

11得点で8回コールド勝ちを決めた藤沢翔陵。今大会ここまで1試合平均10得点と打線が爆発しているが、新チーム発足時は守備中心のチーム作りを掲げていたという。

川俣浩明監督は「でも守りだけでは勝てない。春頃から打ち込みを（やってきた）。」と打撃練習の成果が今大会、実を結んでいる。

次の相手は昨夏、延長14回タイブレークの激闘の末に勝利した桐光学園となり、指揮官は「相手はリベンジの気持ちで来ると思う。それ以上の気持ちで臨みたい」と士気を高めた。

▽三塁打　玉城、梅沢、菊地▽二塁打　梅沢2、玉城、中武▽犠打　石井、平本2、上田▽盗塁　平本、上田▽失策　清水、上村、玉城、上田▽暴投　三宅▽ボーク　三宅▽審判　中村、大橋、岩男、下地▽試合時間　2時間21分

16日（保野公園・横浜薬大スタジアム）　（8回コールド）

神奈川工	0	1	1	0	0	2	0	0	4
藤沢翔陵	3	1	0	1	0	2	0	4X	11

公式戦初マウンドで好投

【桐	光】	打	安	点	振	球
⑧	矢竹	5	2	0	1	1
⑨	綾部	4	3	3	0	0
④	白鷹	2	1	2	0	2
R4	皆川	0	0	0	0	0
②	中村	3	0	0	0	2
2	野村	0	0	0	0	0
⑤	中川	5	3	0	1	0
③1	工藤	2	1	0	0	0
⑦	磯貝	1	0	0	1	2
H7	中嶋	1	0	0	0	0
H7	吉成	1	1	1	0	0
⑥	鈴木真	3	1	2	0	0
①	加賀	3	1	0	0	0
3	緒方	1	1	0	0	1
犠盗失併残						
7 5 0 2 11		31	14	8	3	8

【松	陽】	打	安	点	振	球
⑥	山本	3	0	0	2	1
⑨	萩原蓮	3	0	0	2	0
⑦	柏木	4	2	0	0	0
⑤	米田	3	0	0	1	1
①	菊地	3	0	0	3	0
③	時津	3	0	0	1	0
④	藤本	3	0	0	0	0
②	植松	2	1	0	1	1
⑧	秋本	2	0	0	1	0
犠盗失併残						
2 0 3 0 4		26	3	0	11	3

投手	回	打	安	振	球	責
加賀	5	16	1	5	1	0
工藤	4	15	2	6	2	0
菊地	9	46	14	3	8	8

5回1安打5奪三振と好投した桐光学園の加賀

桐光学園は1年の加賀が公式戦初の先発マウンドに。だが浮ついた様子は一切無く、5回を1安打5奪三振。四回に出した1安打の走者は併殺に取る、完璧な内容だった。

「今日（16日）の朝に先発だと言われた。テンポ良く投げてリズムをつくろうと思った」と加賀。野呂監督は「ある程度やってくれると期待したが、思った以上に制球が良かった」と評価した。併殺シーンに触れ、「中学時代（調布シニア）は野手もやっていてフィールディングがいい。併殺が多く、球数が少ない投手です」と目を細めた。

ノーシードから頂点をうかがう桐光。シード校よりも1試合多く、ここまで激戦を勝ち上がってきた。加賀は「エースの中平さんや先輩投手陣が投げ過ぎにならないように、自分が試合を作って休んでもらいたい」と一角を担う自覚は十分。172センチでまだ体も細身な1年生は「球速を上げて、変化球の精度も高めたい」と向上心にあふれている。

▽二塁打　中川3、矢竹▽犠打　綾部、白鷹、工藤3、鈴木真2、萩原蓮、秋本▽盗塁　矢竹、綾部、磯貝、吉成、鈴木真▽失策　山本3▽審判　池田、福寿、久保寺、祝▽試合時間　2時間16分

16日（サーティーフォー相模原球場）

桐光学園	0	1	1	3	0	1	0	0	2	8
松陽	0	0	0	0	0	0	0	0	0	0

桐蔭主砲・中野が大活躍

【桐	蔭】	打	安	点	振	球
⑤	影山	2	0	0	0	2
1	小林	0	0	0	0	0
H7	吉原	1	1	0	0	0
④3	野本	3	1	0	0	1
⑥	石野	4	3	2	0	1
③	中野	3	2	3	0	1
4	古宮	0	0	0	0	0
⑧	永野	3	2	2	0	0
H9	萩原	0	0	0	0	1
⑨	宇都	2	0	1	0	1
1	長浜	0	0	0	0	0
②	米倉	3	3	1	0	0
⑦8	平山	3	1	2	0	0
①	熊ノ郷	2	1	1	0	0
H5	池上	2	1	1	0	0

犠	盗	失	併	残	打	安	点	振	球
4	3	0	2	9	28	15	13	0	7

【柏	木】	打	安	点	振	球
⑧	前田	3	2	0	1	0
②	花井	2	0	0	1	1
①9	長嶋颯	3	0	0	0	0
③	長嶋拓	1	0	0	1	1
⑦	大内	0	0	0	0	2
⑨	石井	0	0	0	0	1
H	大坪	1	0	0	1	0
9	三橋	0	0	0	0	0
1	上島	0	0	0	0	0
1	斉藤	0	0	0	0	0
⑤	石野	2	0	0	1	0
⑥	金子	2	1	0	1	0
④	宮川	0	0	0	0	0
H	小舘	1	0	0	1	0
4	升田	1	0	0	1	0

犠	盗	失	併	残	打	安	点	振	球
0	2	2	0	5	16	3	0	8	5

投手	回	打	安	振	球	責
熊ノ郷	3	15	1	6	5	1
小林	1	3	1	2	0	0
長浜	1	3	1	0	0	0
長嶋颯	4⅓	35	14	0	6	9
上島	⅓	3	1	0	1	0
斉藤	⅓	1	0	0	0	0

3打数2安打3打点と活躍した桐蔭学園の中野

4番が打って走っての大活躍だ。桐蔭学園は2点を先制した二回、なおも2死二、三塁の好機で、2回戦で本塁打を放っている中野。外角のスライダーを右中間に運ぶ適時2点二塁打でリードを広げた。四回にも左翼線へ適時二塁打を放ち、この日も持ち前の長打力でチームに貢献した。

五回には失策で出塁し、後続の犠飛で三進。直後、相手投手がタイムをかけず背を向けた瞬間を逃さなかった。身長185センチの巨体を揺らして本盗に成功。「自分は足が速くないが、だからこそチャンスを狙いにいった」と、してやったりだ。

次戦の相手は東海大相模。「4番としてチームが勝つ一打や打点を決めたい」と闘志を燃やした。

▽二塁打　熊ノ郷、石野（桐）2、中野2、米倉▽犠打　野本、宇都、米倉、平山▽盗塁　野本、石野（桐）、中野、前田、花井▽失策　石野（柏）、金子▽暴投　長嶋楓2、熊ノ郷▽捕逸　花井
▽審判　奥津、鈴木、長谷川、長井
▽試合時間　1時間47分

16日（保野公園・横浜薬大スタジアム）　（5回コールド）

桐蔭学園	0	5	0	5	5	15
柏木学園	0	0	1	0	0	1

松本、板垣がアベックHR

【慶	応 藤】	打	安	点	振	球
④	後藤	3	1	0	0	0
⑦	西脇	3	0	0	2	0
③	山本	3	1	0	0	0
⑨	小林	3	1	0	1	0
⑤	岩下	2	0	0	1	0
H	杉山	1	0	0	0	0
②	中川	2	0	0	0	1
⑧	山下	2	1	0	0	0
①	高垣	2	0	0	1	0
⑥	鈴木朗	2	0	0	1	0

犠	盗	失	併	残	打	安	点	振	球
0	0	3	0	3	23	4	0	6	1

【東	海】	打	安	点	振	球
⑧	山内	4	4	0	0	0
⑨	持丸	3	1	2	0	0
⑥	及川	4	0	1	1	0
⑤	板垣	4	3	1	0	0
③	松本	4	2	3	0	0
④	安達	3	1	0	0	0
⑦	中村龍	3	1	0	0	0
②	木村	3	1	2	1	0
①	高清水	1	1	0	0	0
H	中村桜	1	0	0	0	0
1	塚本	0	0	0	0	0

犠	盗	失	併	残	打	安	点	振	球
2	2	0	2	5	30	14	9	2	0

投手	回	打	安	振	球	責
高垣	6	32	14	2	0	8
高清水	5	18	4	5	1	0
塚本	2	6	0	1	0	0

2回裏東海大相模無死1塁松本が左中間に先制2ランを放つ

東海大相模の5番松本と4番板垣がアベックホームランを放った。軟投派の相手投手に対して「スライダーのタイミングで待って、ストレートはファールでいい」との指示。二回の松本の本塁打はまさにそれで、甘く来たストレートを、ややタイミングがずれながらも出したバットで左中間へフェンスオーバーした。

2回戦で苦戦した後、選手たちは改めて話し合った。「やめようと言っていたのに、相手と自分たちの力を比較して、勝てるだろうと思ってしまう気持ちがまだあった。今は1イニング、1イニングを」と松本。今大会初本塁打の板垣が「本塁打よりもその前の打席の中前打がいいバッティングだった」と振り返るあたりにも、メンタルの変化がうかがえる。

「ここからは瞬時の反応が求められてくる。きょうの打撃の成功した感覚は大きい」と原監督。次戦はベスト8を懸けた桐蔭学園戦。板垣は「いい相手が続く。上位打線がつながらなければ点は入らない」と気合を入れた。

▽本塁打　松本（高垣）板垣（高垣）
▽三塁打　山内▽犠打　持丸、高清水▽盗塁　山内、板垣▽失策　後藤、小林、中川▽暴投　高清水
▽審判　出浜、江藤、阿部、森口
▽試合時間　1時間47分

16日（サーティーフォー相模原球場）　（7回コールド）

慶応藤沢	0	0	0	0	0	0	0	0
東海大相模	0	4	1	3	0	1	×	9

向上 投打かみ合い快勝

【向　上】		打	安	点	振	球
⑧	石　居	5	1	0	0	0
⑨	金　子	5	1	0	0	0
⑥	武　富	4	2	2	0	0
③	松　沢	5	2	1	0	0
②	寒河江	2	2	2	0	0
⑦	前　泊	1	0	1	1	2
①	百　瀬	3	2	0	0	1
1	大　森	0	0	0	0	0
⑤	飯　田	3	1	0	0	1
④	遠　藤	2	1	0	0	1
H4	堀	1	0	0	0	0

犠	盗	失	併	残	打	安	点	振	球
4	4	0	0	9	31	12	6	1	5

【伊志田】		打	安	点	振	球
④	橋　立	3	0	0	2	0
⑥	池　田	3	1	0	0	0
①31	西ケ谷	2	1	0	1	0
⑧	松　岡	3	0	0	1	0
⑤13	三　浦	3	0	0	0	0
②	間　部	3	0	0	0	0
⑨	今　園	2	0	0	0	0
H	菊　池	1	0	0	0	0
③	阿　部	1	0	0	1	0
1	福　原	0	0	0	0	0
5	船　本	1	1	0	0	0
H	熊　沢	1	0	0	0	0
⑦	市　川	2	0	0	1	0
H	越　路	1	0	0	1	0

犠	盗	失	併	残	打	安	点	振	球
1	0	2	2	3	26	3	0	7	0

投　手	回	打	安	振	球	責
百　瀬	7	24	3	6	0	0
大　森	1	3	0	1	0	0
西ケ谷	4 0/3	21	6	1	4	4
福　原	2/3	5	2	0	1	0
三　浦	2 1/3	11	3	0	0	2
西ケ谷	1	3	1	0	0	0

5回表向上無死三塁。武富の適時三塁打で三走金子が生還

向上は3回戦で完封した2年生右腕百瀬が7回無失点の快投。打線も小刻みに加点して突き放し、2安打2打点の寒河江は「自分たちの打撃をつなぐ意識でできた」と手応えを口にした。

勝機をつかんだのは1－0の三回だ。主砲松沢の適時打に続き、寒河江も一気呵成（かせい）の三塁打。変化球をコンパクトに右翼へ運び「点が入らないと投手も安心できないと思う。あそこで一本打てて良かった」とはにかんだ。

守りでも百瀬の直球を最大限に引き出して許した安打はわずか3本。扇の要は「できるプレーを100％発揮し、一戦一戦勝ち上がりたい」と力を込めた。

▽三塁打　寒河江、金子、武富▽二塁打　寒河江、百瀬▽犠打　武富、寒河江2、前泊、西ケ谷▽盗塁　金子、武富、松沢、寒河江▽失策　池田、西ケ谷▽暴投　西ケ谷
▽審判　斉藤、内田、湯本、石田
▽試合時間　2時間5分

16日（大和スタジアム）　（8回コールド）

向　上	0	1	2	0	2	0	1	1	7
伊志田	0	0	0	0	0	0	0	0	0

横浜創学館 主戦鈴木が好投

【光　明】		打	安	点	振	球
③	明　智	3	0	0	1	1
⑥	伊　藤	4	1	0	1	0
⑤	向　出	4	0	0	2	0
⑦	エ　ゼ	4	3	0	1	0
⑨	パーサン	4	0	0	1	0
④	冨　田	3	0	0	2	0
H	佐　藤	1	0	0	0	0
⑧	中　津	3	1	0	0	0
②	鶴　島	2	0	0	1	0
①	林　崎	0	0	0	0	0
H	高橋聖	1	0	0	1	0
1	馬　場	1	0	0	0	0
1	柏　原	1	0	0	1	0

犠	盗	失	併	残	打	安	点	振	球
1	1	2	1	6	31	5	0	11	1

【創学館】		打	安	点	振	球
⑧	今　井	5	1	0	1	0
④	山　越	5	1	0	0	0
⑥	小　室	3	1	0	0	2
③	本　山	3	1	1	0	1
⑨	塩　田	4	1	0	0	1
⑦	稲　田	3	1	0	2	1
⑤	宮　本	3	0	0	1	0
5	畑　尾	1	0	0	0	0
②	宇　野	2	2	2	0	1
①	鈴　木	3	1	1	1	1

犠	盗	失	併	残	打	安	点	振	球
2	0	3	0	12	32	9	4	5	7

投　手	回	打	安	振	球	責
林　崎	2	12	5	0	0	2
馬　場	3 2/3	19	2	4	7	2
柏　原	2 1/3	10	2	1	0	0
鈴　木	9	33	5	11	1	0

2回裏横浜創学館2死二塁。左前適時打を放ち笑顔の鈴木

酷暑のマウンドにも横浜創学館のエース鈴木は準備万端だった。思うように点差が開かない展開にも、慌てず騒がずスコアボードに「0」を並べていった。散発の被安打5、死球1、奪三振11という数字以上の安定感と力強さ。ひ弱な右腕はもう、いなかった。

春先から体重が10キロ増。「コメとおかずの両方、お母さんに頼んで増やしてもらって」。下半身が安定すると球威も制球力も増した。体幹がうまく使えるようになって肩肘の負担が減り、以前より疲れを感じなくなるという効果もあった。

昨秋は準決勝で横浜に1－11、今春は準々決勝で東海大相模に2－13と大敗し、未熟さを思い知らされた。技量の差はもとより、立ち上がりから四球を連発するなど、甲子園常連校を前に「最初から力負けをしていた」。

2年生右腕が本当に手に入れたかった、ぶれない体に宿るぶれない心。最高気温35度の炎天下、111球を投げ終えて「スタミナはまだ大丈夫」と言い切る日焼けした顔が実に頼もしかった。

▽二塁打　小室▽犠打　鶴島、本山、宇野▽盗塁　向出▽失策　エゼ、宮本2、畑尾▽暴投　林崎、馬場
▽審判　田山、上田、斎藤、高木
▽試合時間　2時間21分

16日（等々力球場）

光明相模原	0	0	0	0	0	0	0	0	0	0
横浜創学館	0	2	0	0	2	0	0	1	×	5

市ケ尾 14年ぶり16強

【法政二】		打	安	点	振	球
③	石原	5	1	0	0	0
④	田中優	5	1	0	0	0
⑤	桜井	4	0	0	0	1
②	三木	5	2	2	2	0
⑦	片貝	4	2	0	1	1
R	安川	0	0	0	0	0
⑨	吉川	2	1	0	0	1
⑧	茶木	3	2	2	0	1
H	久保田	1	0	0	1	0
①	児玉	1	0	0	1	0
H	星野	1	0	0	1	0
1	二瓶	0	0	0	0	0
1	内田	3	0	0	1	0
⑥	佐藤	3	1	1	1	1

犠	盗	失	併	残	打	安	点	振	球
2	2	0	0	11	37	10	5	8	5

【市ケ尾】		打	安	点	振	球
⑧	高槻	5	0	0	1	0
⑥	杉山	4	3	0	0	1
⑤	杉田	3	2	1	1	1
③	犬丸	4	0	0	3	1
⑨	古川	5	0	0	0	0
⑦	二井	4	2	2	1	1
④	松本	3	1	0	2	2
②	藤原	3	1	0	1	1
①	木沢	3	2	3	1	0
1	原田	0	0	0	0	0
1	堀川	1	1	0	0	0

犠	盗	失	併	残	打	安	点	振	球
1	1	2	0	12	35	12	6	10	7

投手	回	打	安	振	球	責
児玉	3	15	5	5	1	1
二瓶	1⅓	12	4	1	4	6
内田	3⅔	16	3	4	2	0
木沢	6⅓	31	9	6	1	3
原田	⅓	5	0	1	4	0
堀川	2⅓	8	1	1	0	0

接戦を制し抱き合う市ケ尾先発の木沢①と最後の打者を右飛に打ち取った堀川の両投手

第3シード市ケ尾は競り合いを制して過去最高に並ぶ5回戦進出。投打に躍動したエース木沢は「後続の原田、堀川がしのいでくれて頼もしかった」と破顔した。

3－1の五回1死満塁。「監督から適当にやってきなと声を掛けられて肩の荷を下ろした状態で入れた」。走者一掃の中越え三塁打で自らを助けると、本職のマウンドでも貫禄を見せた。

右横手から「最大の武器」と誇る高めの直球は威力抜群。疲れの見えた七回に失策絡みでビッグイニングをつくられるも、及第点の投球だった。

2009年以来の16強入りを果たし、次戦は春の王者慶応だ。背番号1は「自分は投げるか分からないが、できることを最大限見つけて全力で戦う」と誓った。

▽三塁打　杉山、二井、木沢▽二塁打　杉山、田中優、片貝2、木沢、石原▽犠打　吉川2、杉田▽盗塁　茶木2、松本▽失策　杉山2▽暴投　内田
▽審判　井上、栗田、田村、小西
▽試合時間　2時間56分

16日（大和スタジアム）

法政二	0	0	0	1	0	0	5	0	0	6
市ケ尾	0	0	1	0	6	0	0	0	×	7

たたえ合う県相の二枚看板

【慶応】		打	安	点	振	球
⑧	丸田	5	3	3	0	0
1	鈴木	0	0	0	0	0
⑥	八木	4	1	4	2	0
⑦8	渡辺千	4	0	0	1	1
⑨	加藤	4	2	0	0	0
③	延末	4	1	0	0	0
⑤	福井	4	3	0	0	0
②	渡辺憩	3	0	2	0	1
④	大村	2	0	1	0	1
①	小宅	3	1	0	0	0
H	清原	0	0	0	0	1
R	村上	0	0	0	0	0
7	山本	0	0	0	0	0

犠	盗	失	併	残	打	安	点	振	球
2	0	1	2	5	33	11	10	3	4

【県相】		打	安	点	振	球
⑧	前田	4	1	0	0	0
⑨	金城	4	0	0	3	0
②	佐藤	4	1	0	1	0
⑤151	近藤	4	3	0	0	0
①313	小林	4	1	0	1	0
⑦	山本	1	0	0	0	0
7	杉本	2	1	0	0	0
⑥	榎本	3	1	0	1	0
③5	関	3	0	0	0	0
35	大塚	0	0	0	0	0
④	福田	3	1	0	0	0

犠	盗	失	併	残	打	安	点	振	球
0	0	2	0	8	32	9	0	6	0

投手	回	打	安	振	球	責
小宅	7	27	7	6	0	0
鈴木	1	5	2	0	0	0
小林	4⅓	18	4	3	1	2
近藤	3 0/3	14	4	0	1	3
小林	⅓	4	1	0	2	3
近藤	⅓	3	2	0	0	1

8回表慶応2死満塁。丸田が2点適時打を放つ

県相模原の主戦小林と右腕近藤は二枚看板としてマウンドを守ったが、慶応の猛攻に屈した。先発した小林は「序盤は自分の投球ができたが、やっぱりと強かった」と涙ながらに力の差を認めた。

四回途中まで1失点でしのいだ小林。五回1死から二塁打を打たれ、近藤に継投するも、2ランスクイズを決められた。八回にも互いに登板したが、5失点と食い止められなかった。近藤は「高校3年間で一番良い直球を投げられたが、強かった」と小林と同じ言葉で振り返った。

入学してから上級生の試合に帯同し、1年夏には2人そろってベンチ入り。常にエースの座を争ってきた。「近藤と2回交代してボールを渡し合い協力できた」と小林。近藤も「小林と一緒に慶応を倒せそうな雰囲気をつくれた」とたたえ合う。「お疲れ様」と「ありがとう」。切磋琢磨したライバルを思い、また涙があふれた。

▽三塁打　八木▽二塁打　丸田、小宅、福井▽犠打　八木、大村▽失策　福井、榎本、福田
▽審判　高田、沖永、藤橋、石岡
▽試合時間　2時間28分

16日（バッティングパレス相石スタジアムひらつか）　（8回コールド）

慶応	0	0	1	0	2	2	0	5	10
県相模原	0	0	0	0	0	0	0	0	0

帰ってきた
高校野球 神奈川グラフ

1976年創刊号から2007年号まで一挙32冊復刊!!

スタンドから見たあの日も　仲間とプレーしたあの日も
夢叶えた人も　夢破れた人も　憧れのあの人も
それぞれの忘れられないあの夏。
高校野球神奈川グラフ。創刊から約半世紀　あの夏の記憶が甦る

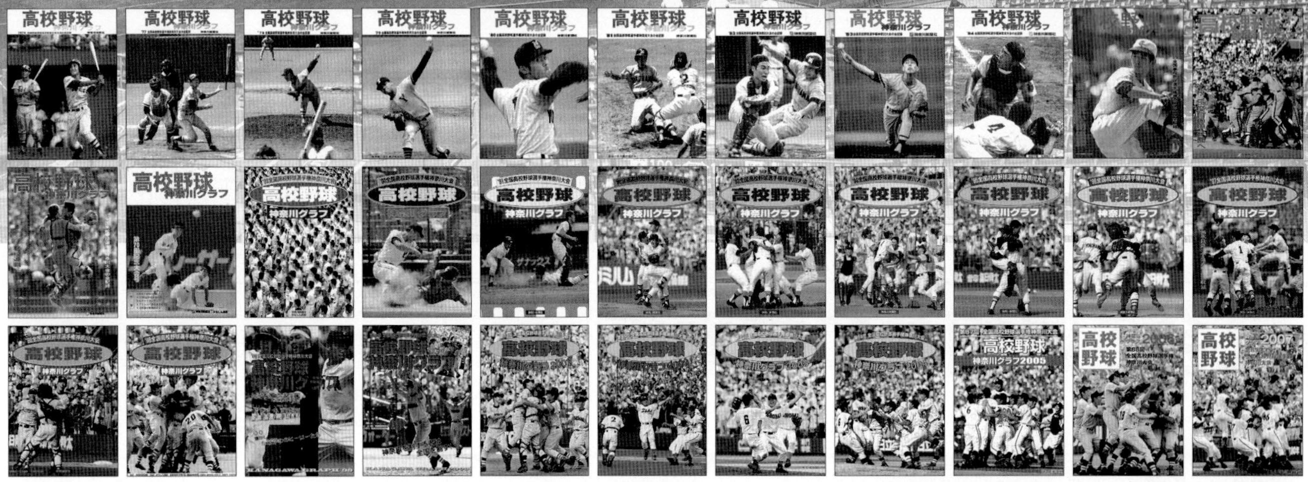

開催年	1976 昭和51年	1977 昭和52年	1978 昭和53年	1979 昭和54年	1980 昭和55年	1981 昭和56年	1982 昭和57年	1983 昭和58年	1984 昭和59年	1985 昭和60年	1986 昭和61年
優　勝	東海大相模	東海大相模	横浜	横浜商	横浜	横浜	法政二	横浜商	桐蔭学園	藤嶺藤沢	横浜商
準優勝	向上	横浜商	横浜商	横浜	桐蔭学園	東海大相模	日大	横浜	向上	横浜	横浜
3　位	多摩	桐蔭学園	桐蔭学園	日大藤沢	武相	日大藤沢	横浜	法政二	綾瀬	山北	津久井浜
	武相	法政二	武相	藤沢商	鎌倉学園	日大	横浜商	相洋	関東六浦	桐蔭学園	藤沢商
活躍した選手	村中　秀人（東海大相模）	中田　良弘（横浜）	三ツ木哲夫（横浜）	宮城　弘明（横浜商）	愛甲　猛（横浜）	片平　保彦（横浜）	高田　誠（法政二）	三浦　将明（横浜商）	志村　亮（桐蔭学園）	相川　英明（横浜）	関川　浩一（桐蔭学園）
	津末　英明（東海大相模）	長谷部淳一（横浜商）	吉田　博之（横浜）	和田　護（日大藤沢）	安西　健二（横浜）	山中　博一（横浜）	阿波野秀幸（桜丘）	中村　大伸（横浜商）	蒲谷　和茂（関東六浦）	大島　公一（法政二）	五味　孝（東海大相模）
	原　辰徳（東海大相模）	渋井　敬一（桐蔭学園）	中島　浩人（横浜商）	曽利田勝二（横浜）	善波　達也（桐蔭学園）	大石　滋昭（南）	荒井　幸雄（横浜商）	山本　昌広（日大藤沢）	高橋　智（向上）	大立　良夫（藤嶺藤沢）	宮川　雄一（津久井浜）

開催年	1987 昭和62年	1988 昭和63年	1989 平成元年	1990 平成2年	1991 平成3年	1992 平成4年	1993 平成5年	1994 平成6年	1995 平成7年	1996 平成8年	1997 平成9年
優　勝	横浜商	法政二	横浜	横浜商	桐蔭学園	桐蔭学園	横浜商大	横浜	日大藤沢	横浜	桐蔭学園
準優勝	東海大相模	鎌倉学園	日大藤沢	神奈川工	横浜	横浜	横浜	日大藤沢	慶応	日大藤沢	横浜商
3　位	鎌倉学園	横浜	山北	桐蔭学園	武相	日大藤沢	山北	横浜商工	横浜	武相	鎌倉学園
	法政二	横浜商	横浜商	川崎北	横浜商	横浜商	日大藤沢	湘南	横浜商大	藤嶺藤沢	横浜
活躍した選手	仙田　聡（横浜商）	小林　由浩（法政二）	鈴木　尚典（横浜）	武藤　孝司（横浜商）	高木　大成（桐蔭学園）	副島　孔太（桐蔭学園）	斉藤　秀光（横浜商大）	矢野　英司（横浜）	尾形　佳紀（日大藤沢）	松井　光介（横浜）	浅井　良（桐蔭学園）
	若田部健一（鎌倉学園）	渡辺　功児（桐蔭学園）	河原　隆一（横浜商）	河原　純一（川崎北）	高橋　由伸（桐蔭学園）	平馬　淳（横浜）	福田　香一（横浜商大）	紀田　彰一（横浜）	佐藤　友亮（慶応）	阿部　真宏（横浜）	平野　恵一（桐蔭学園）
	門馬　敬治（東海大相模）	今関　勝（大楠）	石井　貴（藤嶺藤沢）	川村　丈夫（厚木）	部坂　俊之（横浜）	吉田　道（東海大相模）	高橋　光信（横浜）	多村　仁（横浜）	原　俊介（東海大相模）	森野　将彦（東海大相模）	上地　雄輔（横浜）

開催年	1998 平成10年	1999 平成11年	2000 平成12年	2001 平成13年	2002 平成14年	2003 平成15年	2004 平成16年	2005 平成17年	2006 平成18年	2007 平成19年
優　勝	（東）横浜	桐蔭学園	横浜	横浜	桐光学園	横浜商大	横浜	桐光学園	横浜	桐光学園
準優勝	桐光学園	桜丘	桐光学園	桐光学園	東海大相模	横浜	神奈川工	慶応	東海大相模	東海大相模
3　位	（西）平塚学園	横浜	県商工	桐蔭学園	平塚学園	桐光学園	横浜商大	日大	桐蔭学園	慶応
	東海大相模	桐光学園	横浜商大	東海大相模	桐蔭学園	東海大相模	横浜隼人	東海大相模	横浜商大	横浜
活躍した選手	松坂　大輔（横浜）	由田慎太郎（桐蔭学園）	小澤　晃弘（横浜）	松浦　健介（横浜）	円谷　英俊（横浜）	内　竜也（県川崎工）	涌井　秀章（横浜）	山室公志郎（桐光学園）	福田　永将（横浜）	菅野　智之（東海大相模）
	長田秀一郎（鎌倉学園）	石井　裕也（横浜商工）	筑川利希也（東海大相模）	山口　鉄也（横浜商）	早坂　圭介（横浜商工）	成瀬　善久（横浜）	石川　雄洋（横浜）	中林　伸陽（慶応）	高浜　卓也（横浜）	田中　広輔（東海大相模）
	館山　昌平（日大藤沢）	長崎　元（平塚学園）	小山田貴雄（県川崎工）	内藤　雄太（横浜商工）	栂野　雅史（桐蔭学園）	荒波　翔（横浜）	田澤　純一（横浜商大）	黒羽根利規（日大藤沢）	秋山　翔吾（横浜創学館）	大田　泰示（東海大相模）

＊1998年は記念大会のため、優勝校が２校　　裏表紙＝横浜（東）、表表紙＝平塚学園（西）

Amazon限定 書籍発売！

定価 **3,500**円（税込）

購入方法　＊Amazonのみ

❶ Amazonにアクセス ････▶

❷ Amazonの内検索窓で

▼

復刻版神奈川グラフ

＊書店での販売、神奈川新聞社での直販はいたしません
＊初版本とは一部異なる部分があります。
　詳細はAmazonの商品ページをご確認ください

2008年号以降は、初版在庫がございます

お問い合わせは

神奈川新聞社デジタルビジネス部

TEL.045-227-0704　月～金曜（平日）10時から18時まで。

厚木北　1番山田が快足披露

厚木北の1番山田が自慢の快足を披露。初回無死で立て続けに盗塁を決め、一気に自軍ペースに引き込んだ。

四球で出塁すると2番村田の2球目に二盗。3番の3球目には村田とともに重盗を決め、先制のホームを踏んだ。

プレーボール直前、相手捕手の二塁送球タイムを計測し、投手のクイック動作も見て「いける」と確信したという。二、四回にも二盗を決めて計4盗塁。「想定より相当速かった」と敵将をうならせた。

次戦は第3シードY校。頼れるリードオフマンは「ヒットや四球で出塁し、自信のある足を生かしたい」と再現を誓った。

▷二塁打　大井、北川、村沢、高岸、佐藤（厚）山田▷犠打　二瓶、鏡、山本2▷盗塁　山田4、村田2、二瓶、佐藤（厚）▷失策　二瓶、村沢、今泉、栄、柴山、佐藤（清）▷暴投　今村、森見
▷審判　星野、鈴木、佐藤、藤田
▷試合時間　2時間6分

【厚 木 北】		打	安	点	振	球
⑧	山田	4	2	0	0	1
⑤	村田	2	0	0	1	2
H5	牧方	1	0	0	0	0
④	二瓶	4	3	4	0	0
②	高岸	4	1	1	1	1
⑨	鏡	1	0	0	1	0
9	佐藤	3	2	2	0	0
⑦	北川	4	3	3	0	0
⑥	山本	2	0	1	1	0
③	村沢	4	1	1	0	0
①	森見	3	1	0	1	0
H	阿部珀	0	0	0	0	1
R	石橋	0	0	0	0	0
1	阿部龍	0	0	0	0	0
犠盗失併残	4 8 2 1 7	32	13	12	5	5

【清 流】		打	安	点	振	球
④	今泉	4	2	0	0	0
⑥	栄	4	1	0	0	0
⑧	大井	2	1	0	0	2
③	田中	4	0	0	2	0
①7	柴山	3	1	1	0	0
⑨	広江	3	0	0	1	0
⑦	平田	0	0	1	0	1
1	今村	0	0	0	0	0
H	工藤	1	1	0	0	0
1	柴田	1	0	0	0	0
②	佐藤	2	0	0	0	0
H	金本	1	0	0	0	0
⑤	川戸	3	1	0	1	0
犠盗失併残	0 0 4 1 8	28	7	2	4	3

投手	回	打	安	振	球	責
森見	6	25	6	3	2	1
阿部龍	1	6	1	1	1	0
柴山	3⅔	19	6	3	2	3
今村	1	8	4	1	1	4
柴田	3	14	3	1	2	0

3回戦を突破して笑顔で校歌を歌う厚木北の選手たち

14日（大和スタジアム）　（7回コールド）

厚木北	3	0	3	5	0	0	2	13
藤沢清流	2	0	0	0	0	0	0	2

Y校　12得点で快勝

横浜商がようやく本領発揮だ。硬さを見せた初戦を糧に9安打12得点で快勝。投打に盤石の勝ちっぷりだった。

初回に2番小幡の適時打で先制すると、なお1死満塁で6番佐藤だ。差し込まれながらも右翼へ走者一掃の三塁打を放つと、三回には猛攻の足掛かりとなる左翼線二塁打。2回戦では簡単にフライを上げて乗り切れなかっただけに「昨日もひたすらライナーを打つ練習をしてきた」と手応えを口にする。

初戦で2回3失点の主戦川又も2回を完璧に封じて復調。佐藤は「ベンチ外のメンバーも一つになって甲子園へ行く」と誓った。

▷三塁打　佐藤、三枝木▷二塁打　鈴木健、佐藤、鈴木隼▷犠打　野口、小幡▷盗塁　三枝木2▷失策　松野、西辻、畔上
▷審判　出浜、高田、一居、青木
▷試合時間　1時間38分

【相 中 等】		打	安	点	振	球
⑧	吉田	2	0	0	1	1
⑤	佐々木	2	0	0	1	0
①	林	2	0	0	1	0
③	小南	2	0	0	1	0
②	肆矢	2	0	0	1	0
④	神山	2	0	0	1	0
⑥	松野	1	1	0	0	1
⑨	野口	0	0	0	0	1
R	伊藤秀	0	0	0	0	0
⑦	西辻	2	1	2	0	0
犠盗失併残	1 0 2 0 2	15	2	2	6	3

【Y 校】		打	安	点	振	球
⑨8	三枝木	2	2	3	0	2
⑤	小幡	3	1	1	0	0
⑧	寺島	2	0	0	0	0
H9	角田	1	0	0	0	0
⑦	鈴木健	3	3	3	0	0
③	田口	2	0	0	0	1
⑥	佐藤	3	2	3	0	0
④	嶋田	1	0	0	0	2
②	畔上	1	0	0	0	2
①	川又	1	0	0	0	0
1	鈴木隼	1	1	2	0	0
H	花方	1	0	0	0	0
1	河野	0	0	0	0	0
犠盗失併残	1 2 1 1 5	21	9	12	0	7

投手	回	打	安	振	球	責
林	4	29	9	0	7	11
川又	2	6	0	3	0	0
鈴木隼	2	6	1	1	1	0
河野	1	7	1	2	2	0

1回裏横浜商無死二塁。小幡が先制の右前適時打を放つ

14日（藤沢八部球場）　（5回コールド）

相模原中等	0	0	0	2	2	
横浜商	4	1	5	2	×	12

舞岡 37年ぶり4回戦進出

舞岡の快進撃が止まらない。3回戦は攻守に光陵を圧倒し、七回コールド勝ち。過去の最高成績に並ぶ、37年ぶりの4回戦進出を成し遂げた。

立役者は右腕エース築井だ。変化球を狙われ6失点した2回戦とは見違えるような投球。バッテリーを組む主将飯田と相談し、伸びのある直球で押しまくった。四回までは完全試合ペースで、降板した六回までに許した走者は1人だけ。「変化球も挟み、配球がうまくいった」と本人も納得の内容だった。

打線も好調だ。三回には制球に苦しむ相手投手を捉え、打者10人を送る猛攻で一挙4点。六回は相手のミスにつけ込み、2長短打で4点を加えた。「長打力のある中軸がいい形で機能している」と武田知己監督（27）も目を細める。

「慌てず、自分ができることをする。エラーしても下を向かない」。指揮官のアドバイス通り、選手たちは最後まで落ち着いてプレーしていた。

次の相手は第2シード立花学園。「打倒私立を果たしたい」と先輩たちが果たせなかった5回戦進出へ、築井の右腕が切り開く。

6回裏舞岡1死満塁。暴投で三走沼沢が生還

【光陵】	打	安	点	振	球
⑧ 小崎	2	0	0	0	1
③ 高尾	3	1	0	0	0
⑥5 大河	3	0	0	0	0
⑤4 大沼	3	0	0	1	0
⑨ 田中	2	1	0	0	1
①7 星	3	0	0	2	0
⑦6 熱海	2	0	0	1	0
② 田代	2	0	0	0	0
④ 小川	1	0	0	1	0
1 田崎	1	0	0	0	0

犠	盗	失	併	残	打	安	点	振	球
0	0	0	2	3	22	2	0	5	2

【舞岡】	打	安	点	振	球
② 飯田	2	0	0	0	2
⑥ 森太	3	2	0	0	0
⑦ 中込	2	1	2	1	2
①31 築井	4	2	2	0	0
⑧ 馬場	3	0	1	0	0
⑨ 賀野	2	1	0	0	1
9 鈴木	0	0	0	0	0
③ 須田	3	1	1	0	0
13 吉田	0	0	0	0	0
⑤ 沼沢	0	0	0	0	3
④ 福井	1	0	1	0	1

犠	盗	失	併	残	打	安	点	振	球
3	3	0	1	6	20	7	7	1	9

投手	回	打	安	振	球	責
星	2 2/3	16	4	0	5	4
田崎	3 1/3	16	3	1	4	4
築井	6	18	1	4	0	0
吉田	2/3	5	1	0	2	0
築井	1/3	1	0	1	0	0

▷三塁打　中込▷犠打　森太、馬場、福井▷盗塁　飯田、森太、須田▷暴投　田崎2▷審判　斉藤、古川、小川、藤川▷試合時間　1時間58分

14日（横須賀スタジアム）　（7回コールド）

光陵	0	0	0	0	0	0	0	0
舞岡	0	0	4	0	0	4	×	8

「逆転の川和」あと一歩

一塁に思い切りヘッドスライディングし、しばらく立ち上がれなかった。

2－4の九回2死一、三塁。川和の主将で4番馬場が、1球で一ゴロに仕留められた。2番名久井、3番秦の両2年生が連打で追いすがり、合言葉の「逆転の川和」が現実味を帯び始めていた。だからキャプテンは、あっという間に終わった最後の打席が、悔しくてたまらなかった。

「あんなに何回もチャンスをもらったのに…」。七回は2死二、三塁の絶好機で三ゴロに倒れた。今春は本塁打も放った頼れるリーダーは5打数ノーヒット。仲間たちに「申し訳ない、申し訳ない」と何度も繰り返し、泣きじゃくった。

でも、出場14人のうち半数が下級生の若いチームが昨夏ベスト4の第2シードを追い詰めたのは、馬場ら3年生の支えがあったから。馬場とバッテリーを組んだ名久井は「優しい3年生がいたから、僕たちはただプレーするだけだった」と感謝する。

10年率いた前任者に代わり、今年就任した平野太一監督（38）も「指導者が代わって選手も難しかっただろうが、よくやった」と教え子たちを誇った。

謝罪の言葉ばかりだった馬場は、最後は前を向いて後輩たちに言った。「ありがとう。来年は必ず、もっと上へ行ってくれ」。試合前、真っ白だったキャプテンのユニホームは、誰よりも泥だらけだった。

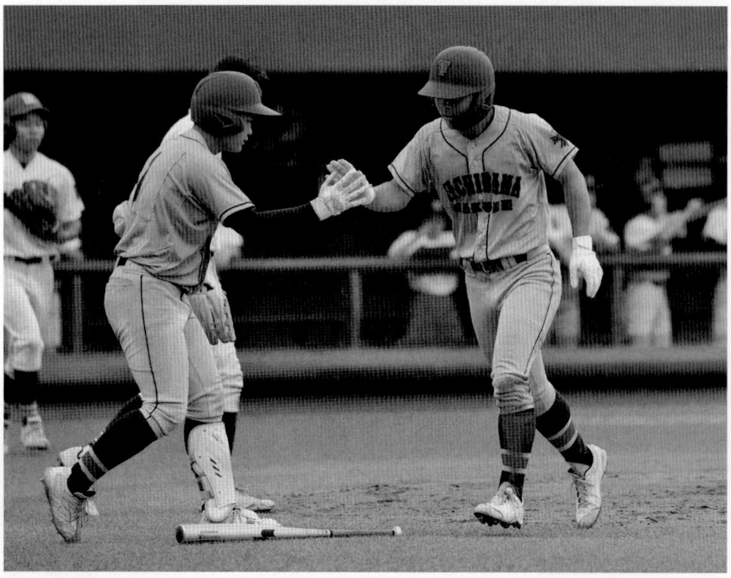

4回表立花学園1死二、三塁。前原の左犠飛で三走竹下が勝ち越しの生還

【立花】	打	安	点	振	球
⑨ 福沢	4	1	0	0	1
④ 関水	4	0	0	0	0
⑥ 三浦	3	1	0	0	1
⑤ 小長谷	3	0	0	1	1
⑧ 竹下	3	3	2	0	1
⑦ 服部	2	0	0	0	0
③ 西坂	4	1	1	1	0
② 前原	3	1	1	1	0
① 佐藤	2	0	0	2	0
1 伊藤	2	0	0	1	0

犠	盗	失	併	残	打	安	点	振	球
3	1	1	1	6	30	7	4	6	4

【川和】	打	安	点	振	球
⑧ 山崎	4	0	0	1	1
①7 名久井	4	3	1	0	1
③ 秦	5	2	0	0	0
② 馬場	5	0	0	2	0
④ 北村	2	1	0	0	2
⑨ 関向	3	0	0	2	0
1 浜岡	1	0	0	0	0
⑦ 永沢	2	0	0	1	0
H79 矢川	2	0	0	1	0
⑥ 隅田	1	0	0	0	2
H 守田	1	1	0	0	0
R 川原田	0	0	0	0	0
⑤ 佐藤	1	0	0	1	1
H 田村	1	0	0	0	0

犠	盗	失	併	残	打	安	点	振	球
1	2	1	0	11	32	7	1	8	7

投手	回	打	安	振	球	責
佐藤	5 0/3	23	2	7	6	0
伊藤	4	17	5	1	1	1
名久井	7 1/3	31	6	5	3	3
浜岡	1 2/3	6	1	1	1	0

▷三塁打　竹下▷二塁打　福沢、三浦、名久井▷犠打　服部2、前原、佐藤（川）▷盗塁　服部、秦、北村▷失策　西坂、名久井▷暴投　佐藤、伊藤▷審判　阿部、小笠原、萩野、安重▷試合時間　2時間34分

14日（等々力球場）

立花学園	0	1	0	1	0	0	0	2	0	4
川和	1	0	0	0	0	0	0	0	1	2

水戸部 歓喜のサヨナラ打

ひりつく投手戦に終止符を打ったのは横須賀総合の２年生・水戸部だ。九回２死満塁、１ボールからの２球目を捉えて左翼の頭上へ。「詰まっていたので捕られるかと思ったけど、抜けてくれて良かった」。顔をくしゃくしゃにして先輩たちのもとへ駆け寄った。

屈辱を晴らした。直前の打者に申告敬遠が与えられたのは２度目。七回２死二塁も前打者の宇田川が歩かされたが、レフトフライに倒れていた。「そこで打てなかったのが悔しくて」。再び自らとの勝負を選ばれた土壇場九回。執念だった。

打のヒーローが水戸部ならば、白熱の攻防の主役はもちろんエース伊藤だ。無四球７安打完封。九回１死一、二塁の窮地も三ゴロ併殺に切ってサヨナラ劇を呼び込んだ。

「苦しい展開だったが、粘り強くバックのみんなが声を掛けてくれた」。夢中で投げ抜いた90球。だが、今は自身の投球よりも水戸部への祝福だ。「本当に、抱きしめてあげたいです」。ムードは最高潮に達している。

【麻　溝　台】打安点振球
⑦　北　川４１０００
④　広　瀬３００００
③　座　間４１０００
⑤　稲　野４１０１０
⑨　野　本４１０００
②　土　屋３００１０
Ｈ　愛　沢１００００
２　斎　藤０００００
⑥　富　岡３１０００
①　荒　井３２０００
⑧　　井　１００１０
犠盗失併残――――
３００１６30７０３０

【横　須　総】打安点振球
⑥　浅　羽４２０００
②　相　川４１０００
⑤　佐藤拓４１０１０
③　小　浜４２０００
⑨　岩　崎４１０００
⑦　宇田川２０００２
④　水戸部４１１００
⑧　山本善３００００
①　伊　藤３００２０
犠盗失併残――――
０００１７32８１３２

投　手回　打安振球責
荒　井８⅔34８３２１
伊　藤　９33７３００

サヨナラ勝ちを決め喜ぶ横須賀総合ナイン

▷二塁打　相川、小浜▷犠打　広瀬、井２
▷審判　小池、久保寺、安田、鈴木
▷試合時間　１時間45分

14日（藤沢八部球場）

麻溝台	0	0	0	0	0	0	0	0	0	0
横須賀総合	0	0	0	0	0	0	0	0	1X	1

日藤・牧原賢、本盗で突破口

海老名先発のサブマリン攻略に苦しんでいた日大藤沢は「日頃から隙を突いたプレーを狙っている」という３番牧原賢が本盗で突破口を開いた。

０－０の四回１死。チーム初安打で出塁すると、２死から放った斎藤の中前打で一気に三塁へ。直後に生まれた一瞬の隙を見逃さなかった。

一塁側を向いてロジンバッグに手をやり、一息つく相手右腕。「行けると思った」。忍者のように気配を消してスタートを切りホームスチール。続く杉山の適時打で加点して流れを引き寄せた。

「野球勘が非常に高い」と山本秀明監督（53）の信頼は厚い。2020年のドラフト３位でソフトバンク入りした兄・巧汰の背中を追い、一つ上の寛汰とともに日大藤沢へ。同じ２年夏に３本塁打を放って脚光を浴びた長兄は尊敬する存在だ。

「（ベンチ入りできず）スタンドに行く３年生もいる。とにかく思い切りやれ」。そんな助言を胸に２年目の夏に臨んでいる。「三兄弟で日藤に入っているので絶対に甲子園に行きたい」と牧原賢。憧れの聖地まで全力疾走を貫く。

【海　老　名】打安点振球
⑧　友　永３１００１
③　高　井４１２２０
⑥　斉　藤４００１０
①　工　藤４２０００
⑤　小　山３００２１
⑦　角　谷３００２１
⑨　小　幡４１０００
②　高　橋４２０００
④　後　藤３１０１０
犠盗失併残――――
００４１６32８２８３

【日　　　藤】打安点振球
⑨　中　里５００１０
③　宗　形３００１１
⑤　牧原賢４１０００
⑥　田　上４００００
②　斎　藤４２０００
⑦　杉　山３２１００
Ｒ７奥　道１００００
④　半　田３１００１
⑧　矢　島３２２１０
①　佐藤快４００１０
１　亀　山０００００
犠盗失併残――――
１４１１８34８３４２

投　手回　打安振球責
工　藤８　37８４２３
佐藤快８⅔33７８３２
亀　山　⅓２１０００

4回裏日大藤沢2死二塁。杉山の左前適時打で二走斎藤がガッツポーズで生還

▷犠打　矢島▷盗塁　宗形、牧原賢、斎藤、矢島▷失策　高井、小山３、田上
▷審判　橋本、岩男、八木野、田沢
▷試合時間　２時間４分

14日（保野公園・横浜薬大スタジアム）

海老名	0	0	0	0	0	0	0	2	0	2
日大藤沢	0	0	0	2	0	2	0	1	×	5

主将、コールド阻止の一打

「最後の打席になるかもしれない」。4点を追う九回無死、横浜平沼の主将山形は力いっぱいフルスイングした。白球は左中間に伸び、一塁ベースを蹴る。「どうしたらチームを鼓舞できるか」。春先に自身がテレビで興奮したあのシーンを思い返した。

走りながらヘルメットを豪快に取る。二塁ベースに到達すると、ベンチに向かって両手を3度振り上げた。ワールド・ベースボール・クラシック（WBC）日本代表の大谷翔平（エンゼルス）が準決勝で見せたアクションをまねて見せた。

「ベンチもすごく盛り上がってくれた」と山形。その後、チームメートがつないで自ら本塁に帰ってきた。七回には8点差でコールド負けも頭をよぎったが、一挙4得点と怒濤（どとう）の追い上げで阻止。山形は「最後にみんなで力を出せた。負けたけど、僕としては悔いなく終われた」と笑顔で振り返った。

▽三塁打　猪田、仲沢、鈴木▽二塁打　遠藤、山形▽犠打　田中暖、鈴木▽盗塁　市川3、田野2、遠藤、山上、マクドネル▽失策　寺久保、山田▽捕逸　寺久保▽審判　小林、井上、西村、田中▽試合時間　2時間31分

14日（サーティーフォー相模原球場）

横浜平沼	0	1	0	0	0	0	4	1	1	7
鶴嶺	1	1	0	7	0	0	0	1	×	10

2回裏鶴嶺2死二塁。猪田が右越え2点適時三塁打を放つ

	【平沼】	打	安	点	振	球
②5	寺久保	4	1	0	0	1
⑧	田中暖	4	3	3	0	0
⑨1	平尾	5	2	1	1	0
①2	山形	5	3	2	0	0
③	新井	5	1	0	2	0
⑦	吉川	5	0	1	0	0
⑤9	高見沢	5	0	0	1	0
④	西	3	1	0	0	2
⑥	岩田	3	2	0	0	1

犠	盗	失	併	残	打	安	点	振	球
1	0	1	0	10	39	13	7	4	4

	【鶴嶺】	打	安	点	振	球
⑦	市川	5	2	1	0	0
④	仲沢	3	1	1	0	0
4	若山	2	1	0	1	0
⑧	田野	1	0	0	0	2
H	内田	1	0	0	1	0
8	饗庭	0	0	0	0	1
②	鈴木	4	2	4	0	0
③	野一色	3	1	0	0	0
3	日高	0	0	0	0	0
H	佐久間	1	0	0	0	0
3	熊沢	1	0	0	0	0
⑥	遠藤	5	3	1	0	0
⑨	山上	3	1	1	1	0
9	渡部	1	0	0	0	0
⑤	山田	4	1	1	0	0
①	猪田	2	1	1	1	0
1	マクドネル	0	0	0	0	1
1	原田	1	0	0	0	0

犠	盗	失	併	残	打	安	点	振	球
1	8	1	1	8	37	13	10	4	4

投手	回	打	安	振	球	責
山形	3⅔	19	7	1	1	3
平尾	4⅓	23	6	3	3	3
猪田	4	18	6	1	0	1
マクドネル	2⅓	13	5	1	2	4
原田	2⅔	13	2	2	2	1

山北 第1シードに大健闘

「山北旋風」の再来を予感させる大健闘だった。九回に追いつかれ、タイブレーク方式の延長に突入した十回1死満塁。マウンドに集まった山北の内野陣に、主将の小宮が語りかけた。

「ここまで来たら楽しもう」。しかし、エース右腕久保谷が「全ての力を込めた」と言う125球目は中堅松崎の頭上を越えていった。

第1シード校に肉薄する好ゲームだった。久保谷が直球を軸に丁寧に四隅に配して試合をつくり、無失策のバックが盛り立てた。

1点を追った八回無死一、三塁。5番小宮が二塁強襲の適時打で同点に追いつき、犠打野選を挟んだ無死満塁で7番山口の遊ゴロの間に勝ち越し。その裏の守備も無失点に抑え、「このままいけば勝てるんじゃないかと思った」（小宮）。八回途中に相手エースの石橋を引っ張りだした。

〝山の子ナイン〟で親しまれ、過去3度ベスト4に入った県立校。手のひらの金星はこぼれ落ちたが、キャプテンの目に涙はない。「誇ることができる試合。3年間で一番のベストゲームだった」。

▽二塁打　城島、大八木、石橋▽犠打　升沢、河野太、久保谷、大八木、菊地2、嬉野、関水▽盗塁　升沢、久保▽失策　高橋、山口（隼）▽捕逸　山野井▽審判　江藤、菅原、安藤、石田▽試合時間　3時間8分

14日（バッティングパレス相石スタジアムひらつか）　（延長10回、10回からタイブレーク）

山北	0	0	0	0	0	0	0	2	0	0	2
横浜隼人	0	0	0	0	0	1	0	0	1	1X	3

10回裏1死満塁。嬉野が中前にサヨナラ適時打を放つ

	【山北】	打	安	点	振	球
③	近藤	5	0	0	0	0
⑧	松崎	4	0	0	0	1
②	栃久保	5	1	0	1	0
⑥	升沢	3	1	0	1	1
⑤	小宮	5	1	1	2	0
④	河野太	2	0	0	0	2
⑦	山口	3	1	1	0	2
①	久保谷	1	0	0	0	2
⑨	波多野	3	0	0	3	1

犠	盗	失	併	残	打	安	点	振	球
3	1	0	1	13	31	4	2	7	9

	【隼人】	打	安	点	振	球
⑦	大八木	4	1	1	1	0
③	高橋	4	1	0	0	1
④	菊地	3	0	0	0	0
⑤	久保	2	1	0	0	3
⑨	嬉野	4	2	2	0	0
⑥	城島	3	1	0	1	1
②	山野井	4	1	0	0	0
①	沼井	1	0	0	1	0
1	新井	1	0	0	0	0
H	岡本	1	0	0	0	0
1	山口	0	0	0	0	0
1	石橋	1	1	0	0	0
⑧	関水	2	1	0	0	1

犠	盗	失	併	残	打	安	点	振	球
5	1	2	0	12	30	9	3	3	6

投手	回	打	安	振	球	責
久保谷	9⅓	41	9	3	6	2
沼井	4⅓	18	2	2	5	0
新井	1⅔	8	0	0	2	0
山口	1⅓	9	2	1	1	0
石橋	2⅔	8	0	4	1	0

相模原弥栄が逆転勝ち

相模原弥栄は2―0とリードした五回、2死を取ってから満塁とされたところで、2年生セカンドの山中が痛恨のエラー。そこから2連打を浴び、2―4と試合をひっくり返された。

ベテラン鶴岡英一監督（64）が「これは、このままいっちゃうかも」と覚悟した中盤の大きなミス。だが3年生たちは「山中は一番守備が上手くて、今まで山中のお陰で勝ってきた。取り返してやる」（千田）と燃えた。

七回無死三塁から、その千田が中前タイムリー。さらに同点として1死一、三塁。主将の角方が勝ち越し2点三塁打を放った。「少し焦りはあったが、うちのモットーは〝オールオッケー〟。エラーしても取り返せばいい」と角方。「最高の打球だった。なぜか負ける気はしていなかった」と振り返った。

特別大会を含めて3年連続で16強入りしている県立の雄。秋、春と結果を出せずに苦しむこともあったが、最後の夏はここで負けるわけにはいかない。

4回戦の相手は第3シード湘南。千田は「投手陣がいいと聞いているが、打力には自信がある」。強い県立校にあこがれて横浜都筑シニアから弥栄の門を叩いた角方は、「自分たちが県立ナンバー1だと思っている。投打に圧倒したい」と意気込んだ。

▽三塁打　角方2、高橋▽二塁打　斎木、高橋▽犠打　長峰、落合、尾崎、木持▽盗塁　角方▽失策　山中▽審判　池田、諏訪、上園、高木▽試合時間　2時間17分

7回裏相模原弥栄1死一、三塁。角方が勝ち越しの2点適時三塁打を放つ

14日（サーティーフォー保土ケ谷球場）

平塚湘風	0	0	0	0	4	0	0	0	0	4
相模原弥栄	0	1	0	1	0	0	5	0	×	7

	【湘風】	打	安	点	振	球
⑧	剣持	5	0	0	0	0
④	斎木	5	3	0	0	0
⑥	山本	4	0	0	1	0
⑨3	三沢	3	2	0	0	1
③1	遠藤	4	0	0	0	0
⑦	田口	4	2	1	0	0
②	関屋	4	1	1	0	0
⑤	高田	4	0	0	2	0
①	中島	1	0	0	0	0
H	葛西	1	1	0	0	0
1	西脇	1	0	0	0	0
9	河崎	1	0	0	1	0

犠	盗	失	併	残	打	安	点	振	球
0	0	0	0	7	37	9	2	4	1

	【弥栄】	打	安	点	振	球
⑥	長峰	2	1	1	0	2
④	山中	3	1	0	1	0
H5	井上	2	0	0	0	0
③	高橋	4	2	0	0	1
②	千田	3	1	1	0	2
⑨7	福地	4	1	0	0	1
8	赤間	0	0	0	0	0
⑤4	落合	1	0	0	0	3
⑦	荒井	1	0	0	0	0
H9	尾崎	2	0	1	0	1
⑧7	角方	4	3	3	0	0
①	児玉	2	0	0	1	0
H	笹川	1	0	0	0	0
1	木持	0	0	1	0	0

犠	盗	失	併	残	打	安	点	振	球
4	1	1	0	12	29	9	7	2	10

投手	回	打	安	振	球	責
中島	4	20	3	2	5	2
西脇	2 0/3	11	3	0	3	2
遠藤	2	12	3	0	2	3
児玉	6	29	9	1	1	0
木持	3	9	0	3	0	0

3回戦　関東学院×湘南 ／ 大井×湘南工大付 ／ 横浜×戸塚

湘南―関東学院で兄弟対決

兄弟が分かれて対戦した湘南―関東学院戦。結果は兄の第3シード湘南がコールドで4回戦へ駒を進めた。

中島兄弟の兄・悠斗は西本郷中から湘南、2歳離れた弟の壮は中学校から関東学院へ進学。普段は練習で2人とも帰宅が遅いため、あまり会話しないという。

ともに12日の2回戦を勝って対戦が実現。「最初で最後のチャンス」と兄は喜び、緊張気味だった弟も「やってやろう」と覚悟を決めた。

両親は「楽しんで来い」と息子たちを送り出した。スタンドでは母が最後の夏となる悠斗の三塁側で試合を見守り、その光景を目に焼き付けた。

兄は先制点につながる犠打を決めたものの無安打。「納得できるプレーができなかった」と悔やむ兄に対し、弟はチーム唯一の2安打を放った。

試合後、悠斗は「いい思い出になった。まだ2年間あるので、これから成長してほしい」と敗れた弟を気遣った。呼応するように壮は「もっと守りを鍛えて、来年は主力で活躍できるようになりたい」。心で通じ合っていた兄弟の絆は深い。

▽本塁打　豊原（萩原）
▽三塁打　安西和▽二塁打　須藤2▽犠打　中島（関）遠嶋▽盗塁　須藤2、湯川▽失策　中島（関）豊田、前泊、萩原2▽暴投　鈴木、萩原、江原2▽ボーク　萩原
▽審判　斉藤、古沢、石井、菅原
▽試合時間　2時間24分

14日（横須賀スタジアム）　（7回コールド）

関東学院	2	0	0	1	0	0	0	3
湘南	0	2	0	2	1	4	1X	10

4回裏湘南2死二塁。右中間への安打がランニング本塁打となり笑顔で生還する豊原

【関東学】	打	安	点	振	球
⑥伊沢	3	0	0	1	1
⑦97中島	4	2	0	1	0
④豊田	3	1	0	0	0
⑤前泊	3	1	1	0	0
③荒井	1	0	0	0	2
①89萩原	3	1	0	1	0
⑨井上	2	1	0	1	0
1江原	0	0	0	0	1
②一柳	2	0	1	1	1
⑧78片渕	3	0	0	2	0
犠盗失併残 0 0 5 1 5	24	6	2	7	5

【湘南】	打	安	点	振	球
⑧須藤	5	4	1	0	0
②豊原	3	1	2	0	1
⑤千北	2	0	0	1	2
③安西和	4	1	0	0	0
①鈴木	4	2	2	0	0
⑦湯川	2	0	0	1	1
H7宮下	1	0	0	0	0
⑨中島	3	0	0	0	0
⑥遠嶋	3	0	1	1	0
④小沢	2	1	0	0	2
犠盗失併残 2 3 0 0 7	29	9	6	3	6

投手	回	打	安	振	球	責
萩原	3⅔	20	4	2	4	3
江原	3	17	5	1	2	3
鈴木	7	29	6	7	5	3

湘南工大4大会連続4回戦

湘南工大付は七回コールドで4大会連続の4回戦進出。無失策の守備で相手打線を無失点に抑え、4－0の七回には代打平野の3点二塁打で試合を決めた。主将内山は「序盤は打撃がうまくいかなかったが、守備で粘れて攻撃につなげられた」と手応えを口にした。

勝利への雰囲気作りでチームで徹底しているのは、ハイタッチだ。「エラーや打てない時でも明るい雰囲気を作るようにしている」とキャプテン。次戦は昨夏の王者・横浜と対す。「ロースコアでワンチャンスをものしたい」と意気込んだ。

▽二塁打　府川、霧生、秋山、平野▽犠打　加瀬、内山、佐藤諒、佐藤優2▽盗塁　小倉、吉川、府川2、鳥屋、霧生2、山崎、高林▽失策　大溝▽暴投　秋山▽ボーク　大溝
▽審判　祝、安武、小島、大場
▽試合時間　1時間47分

14日（バッティングパレス相石スタジアムひらつか）　（7回コールド）

大井	0	0	0	0	0	0	0	0
湘南工大付	0	1	1	0	0	0	5X	7

3回裏湘南工大付1死三塁。佐藤諒の中犠飛で三走高林が生還

【大井】	打	安	点	振	球
⑦斎藤	3	0	0	0	1
④加瀬	2	0	0	0	0
⑨田中	2	1	0	0	1
⑥51秋山	2	1	0	0	1
⑧小倉	2	1	0	0	1
⑤35渋谷	3	0	0	1	0
③松栄	3	2	0	0	0
R6吉川	0	0	0	0	0
②小島	3	0	0	3	0
①3大溝	3	0	0	2	0
犠盗失併残 1 2 1 1 7	23	5	0	6	4

【湘工大】	打	安	点	振	球
⑥内山	2	0	0	0	1
⑧佐藤諒	3	2	1	0	0
②府川	4	1	0	0	0
③鳥屋	2	2	0	0	2
⑨佐藤優	1	0	0	0	1
⑤小林空	3	0	0	0	0
H平野	1	1	3	0	0
④霧生	3	2	1	0	0
①小林尚	2	0	0	1	0
H小野	1	1	0	0	0
R山崎	0	0	0	0	0
⑦高林	2	1	0	0	0
H宇久田	1	0	1	0	0
犠盗失併残 4 7 0 1 6	25	10	6	1	4

投手	回	打	安	振	球	責
大溝	6⅓	29	9	1	2	4
秋山	⅓	4	1	0	2	3
小林尚	7	28	5	6	4	0

横浜・井上が3安打

横浜は2戦連続コールド勝ちで4回戦進出。7番の井上は3安打をマークするなど2試合で計5安打と絶好調だ。「これまで背番号を争ってきたので、この試合に懸けている」と気迫をみなぎらせた。

井上は二回に右前打を放つと、四回の第2打席では右中間を深々と破る三塁打。六回にも快音を響かせ、3打席いずれも本塁に生還した。

昨夏の主力だった岸本（明大）と同じ静岡裾野シニア出身の2年生。1年春にベンチ入りを果たしたが、夏はメンバー外となり、甲子園ではスタンドで声をからした。新チームとなった秋は中軸を任され、県大会の決勝戦では勝ち越し打を放った。それでも名門の激しいレギュラー争いもあり、今春は再び試合に出られなかった。

迎えた自身初の夏の神奈川大会は背番号15ながら先発出場を果たし、「緊張よりワクワクしている」。村田浩明監督（36）から「がむしゃらさが彼の良さ。チームで一番バットを振っている」と評される左の好打者は「春の大会を見ても7番にチャンスが回ることが多い。そこで一本出せるかどうか」と目をぎらつかせた。

▽三塁打　井上▽二塁打　鈴木、井手▽犠打　椎木、道添、大島▽盗塁　上田▽失策　山口、西村
▽審判　三橋、内田、荒井、高田
▽試合時間　1時間59分

14日（サーティーフォー相模原球場）　（7回コールド）

横浜	1	2	0	1	0	4	2	10
戸塚	0	0	0	0	0	0	1	1

6回表横浜1死満塁。緒方が左前に2点適時打を放つ

【横浜】	打	安	点	振	球
⑥緒方	3	1	2	1	1
⑤稲坂	3	0	0	0	0
H荻原	1	1	1	0	0
13山崎	0	0	0	0	0
②椎木	3	0	2	0	0
2橋本	0	0	0	0	0
③小泉	2	0	0	0	1
4峯	1	1	0	0	0
⑧阿部	4	1	0	0	0
⑨萩	3	0	0	0	0
H7上田	1	1	0	0	0
⑦9井上	4	3	0	0	0
①鈴木	2	2	3	0	0
H3栗山	2	2	2	0	0
1紺野	0	0	0	0	0
④5青木宏	3	0	0	0	1
犠盗失併残 1 1 0 1 5	32	12	10	1	3

【戸塚】	打	安	点	振	球
⑥加藤	4	1	0	0	0
⑤道添	2	1	0	1	0
⑦青木	3	0	0	1	0
⑨工藤	1	0	0	1	0
H9山口	2	1	0	0	0
③西村	2	0	0	1	0
2井手	1	1	0	0	0
⑧甲斐	2	1	0	0	1
②1太田	2	1	0	0	1
④芳本	2	0	0	0	0
H大島	0	0	1	0	0
①3大久保	3	1	0	0	0
犠盗失併残 2 0 2 0 6	24	7	1	4	2

投手	回	打	安	振	球	責
鈴木	5	18	4	3	1	0
山崎	1⅓	4	0	1	0	0
紺野	⅔	6	3	0	1	1
大久保	5⅓	28	8	1	3	7
太田	1⅔	8	4	0	0	2

武相 5回無安打リレー

武相はともに180センチ超の長身2投手が光った。右腕難波、エース永嶋とつないで5回無安打リレー。4大会連続で3回戦負けだった重い扉をこじ開けた。2年難波は「投げるたびに状態が上がっている。モチベーションも上がってます」と笑顔があふれた。

初戦も先発した背番号18は、角度のついた直球にカットボールを織り交ぜて打ち取り、「積極的に腕を振れた。ただ、最後までマウンドにいたかったけど」と苦笑い。五回に救援した大黒柱の永嶋は、10球全て直球を投じて3人で終わらせる貫禄のピッチング。「強気で攻めた」と、こちらも充実の表情を見せた。

ともに最速140キロの速球が生命線だ。難波は先輩の投球に「えぐい」とひと言。永嶋も後輩の頑張りに「刺激をもらっている」と感謝する。

目指すは55年ぶりの甲子園出場。4回戦で対する平塚学園との一戦に、背番号1は「いつでも先発する準備はできている」と静かに闘志を燃やした。

▽三塁打　広橋▽犠打　伊芸、仲宗根、広橋▽失策　増子▽捕逸　原田
▽審判　川瀬、鈴木、井上、高味
▽試合時間　1時間4分

14日（等々力球場）　（5回コールド）

金　井	0	0	0	0	0	0
武　相	1	4	4	2	×	11

1回裏武相1死三塁。吉崎の内野ゴロの間に三走岡本が先制の生還

【金　井】	打	安	点	振	球
⑨8 押　尾	2	0	0	1	0
④ 淵　脇	2	0	0	0	0
⑤ 加藤恒	1	0	0	0	1
② 原　田	2	0	0	0	0
③ 片　山	1	0	0	0	0
H 荒　田	1	0	0	0	0
⑦ 磯　崎	0	0	0	0	1
H 児　玉	1	0	0	0	0
⑥ 増　子	2	0	0	0	0
⑧ 加藤真	1	0	0	0	0
1 木　林	0	0	0	0	0
①9 広　瀬	1	0	0	1	0
犠盗失併残 0 0 1 0 1	14	0	0	2	2

【武　相】	打	安	点	振	球
⑨ 岡　本	2	0	1	0	1
9 高　橋	0	0	0	0	0
⑧ 伊　芸	2	0	0	0	0
1 永　嶋	0	0	0	0	0
② 吉　崎	3	1	1	0	0
⑦ 布　川	2	0	0	0	1
⑤ 菅　原	1	1	0	0	2
③ 武　岡	3	3	2	0	0
R8 斎　藤	0	0	0	0	0
⑥ 仲宗根	1	1	3	0	1
① 難　波	2	2	1	0	0
H3 平　野	1	0	1	0	0
④ 広　橋	1	1	2	0	0
H4 嶋　内	1	0	0	0	0
犠盗失併残 3 0 0 0 4	19	9	11	0	5

投手	回	打	安	振	球	責
広　瀬	2⅔	15	5	0	4	8
木　林	2	12	4	0	1	0
難　波	4	13	0	2	2	0
永　嶋	1	3	0	0	0	0

監督の絶妙タイム後に快打

平塚学園の7番海老原が3長打2打点と活躍。二回に先制の本塁を踏み、五回には試合を決定付ける2点適時三塁打を放った。

五回は4点リードしてなお一、二塁。2ボール1ストライクとなったところで八木監督がタイムを取り、ベンチに呼び寄せて「欲を出さず力を抜け」。指示通り、力を抜いて捉えた打球は中堅手を越えて2走者を返した。

海老原は「（アドバイスで）視野が広くなった。センターから右に打つイメージ通りの打撃ができた」と指揮官に感謝。「上位に回す役割を果たせた。百点のでき」と充実の表情で話した。

▽三塁打　海老原2▽二塁打　海老原、星野、松本梗
▽犠打　石井、沢田、諸戸▽失策　山田2
▽審判　高橋、土屋、岡田、飯田
▽試合時間　1時間47分

14日（大和スタジアム）　（7回コールド）

平塚学園	0	1	1	0	4	0	2	8
川崎総合科学	0	0	0	0	1	0	0	1

3打数3安打2打点と活躍した平塚学園の海老原

【平　学】	打	安	点	振	球
④ 松本梗	5	3	2	0	0
② 石　井	4	2	0	0	0
⑥ 美　登	2	1	0	1	2
⑤ 田　部	4	1	0	0	0
③ 竹　中	4	2	0	0	0
⑦ 沢　田	3	1	2	0	0
⑨ 海老原	3	3	2	0	1
⑧ 難　波	4	0	1	1	0
① 三　村	2	0	0	1	0
H 松本煌	1	0	0	0	0
1 小　原	1	0	0	1	0
1 風　間	0	0	0	0	0
犠盗失併残 2 0 0 0 9	33	13	7	4	3

【川 総 科】	打	安	点	振	球
⑧ 星　野	3	1	1	0	1
⑥ 田　中	3	1	0	0	0
④ 山　田	3	0	0	1	0
① 景　山	2	1	0	1	1
② 倉　田	3	1	0	0	0
⑨ 諸　戸	1	0	0	1	0
H9 林	1	0	0	0	0
③ 芥　田	3	1	0	0	0
⑤ 津波古	3	0	0	1	0
⑦ 渡　辺	3	1	0	1	0
犠盗失併残 1 0 2 0 6	25	6	1	5	2

投手	回	打	安	振	球	責
三　村	5	20	5	4	1	1
小　原	1⅔	6	0	1	1	0
風　間	⅓	2	1	0	0	0
景　山	7	38	13	4	3	5

川崎北・三浦が逆転2ラン

169センチ、96キロのフルスイングから放たれた弾道が99メートルの左翼フェンスをあっという間に越えていく。横浜栄との公立対決を制し、川崎北が3回戦突破。逆転2ランの3年三浦は「めっちゃ気持ちよかったです」と破顔した。

両エースの投げ合いが続き、1点を追う7回2死一塁だ。2球続いた内角スライダーに自然と体が反応。うれしい公式戦初本塁打が試合を決める一発となった。

春までは4番を任されることも多かったが「チャンスで空回りしていた」という。新チームでは打撃主任として日々の練習メニューを考案。課題の精神面も大きく成長し、川村太志監督（32）は「春から一番伸びたバッター。チームを引っ張る経験が力になっている」と目を細める。

目標はベスト16入り。春準優勝の相洋との大一番へ、三浦は「次がヤマ場。しっかり勝っていきたい」と表情を引き締めた。

▽本塁打　三浦（山本）
▽二塁打　小野沢、沢井、上里、三浦▽犠打　畑山、三浦、尾尻▽盗塁　吉川2、上里▽失策　遠藤
▽審判　金川、中原、早川、水原
▽試合時間　2時間17分

14日（保野公園・横浜薬大スタジアム）

横　浜　栄	0	1	1	0	0	1	0	0	0	3
川　崎　北	1	0	1	0	0	0	2	0	×	4

7回裏川崎北2死一塁。三浦が左越えに逆転2ランを放つ

【横 浜 栄】	打	安	点	振	球
⑥ 吉　川	3	0	0	0	1
④ 畑　山	2	1	0	0	1
② 上　里	4	2	1	0	0
① 山　本	3	0	0	1	1
③ 大　神	4	2	0	1	0
⑤ 沢　井	4	2	1	0	0
⑨ 白　鳥	4	1	1	0	0
⑦ 浅　野	4	0	0	1	0
⑧ 今　岡	3	0	0	0	0
H 国　松	1	0	0	1	0
犠盗失併残 1 3 0 0 6	32	8	3	4	3

【川 崎 北】	打	安	点	振	球
① 小野沢	3	3	0	0	1
③ 三　浦	3	2	3	0	0
⑤ 遠　藤	4	1	1	0	0
⑧ 飯　塚	4	1	0	0	0
⑦ 叶　内	3	0	0	0	1
⑨ 大　高	2	0	0	1	1
9 石　井	0	0	0	0	1
⑥ 宮　川	4	2	0	0	0
② 沢　口	3	0	0	1	1
④ 尾　尻	3	0	0	0	0
犠盗失併残 2 0 1 2 8	29	9	4	2	5

投手	回	打	安	振	球	責
山　本	8	36	9	2	5	4
小野沢	9	36	8	4	3	3

相洋　得意の接戦制す

第1シードなのに、コールド勝ちよりも接戦が似合う。今夏の相洋はそんなチームだ。

初回、先発左腕中島のボールが落ち着かず、2安打1四球で1死満塁に。タイムリーで1点を奪われたが、その後2連続三振で切り抜けた。

高橋伸明監督（38）はそこを評価して言う。「1点で抑えたことがよかった」。みなぎるのは、春の県大会、関東大会と強豪を相手に積み重ねてきた、競れば負けないという自信だ。

攻めにも接戦を望む姿勢は表れる。初戦は10－0で五回コールド勝ちした打線を、「（大量点の後は）潜在的に打とうという打撃になってしまう」（高橋監督）と、あえて入れ替えた。

求めるのは長打よりも状況に応じた打撃、そして走塁。二回、1死二塁から浅い右前打で一気に本塁に還ってきた二走の主将・渡辺は「走塁で試合は変わる」。高橋監督も「点を取れるのは、しっかり走れているとき。ずっと練習してきた」と、その攻撃にうなずいた。

スコアから見れば、4－2の厳しい試合。だが心配顔の選手は1人としていない。「1点差こそ自分たちの展開。今日はミスなくできた」と、むしろ生き生きとした表情の渡辺。六回2死満塁のしびれる場面で継投した大場は「メンタルが強いと自分でも思う。厳しい試合にはもう場慣れした。絶対に甲子園に行きたい」と力を込めた。

▽二塁打　渡辺、玉野、高麗▽犠打　岩永、二宮、土屋▽失策　小島、佐藤、永野▽暴投　大場▽審判　後藤、原、藤橋、仙田▽試合時間　2時間25分

4回裏相洋無死一塁。渡辺が中越えに勝ち越しの適時二塁打を放つ

【日	大】	打	安	点	振	球
⑧	小島	5	3	0	1	0
⑥	福吉	4	0	0	0	1
⑨	大竹	5	1	0	0	0
⑤	佐藤	4	0	0	1	0
③	豊田	3	1	1	0	1
⑦	玉野	3	1	0	1	1
②	岩永	3	0	0	3	0
①	永谷	3	0	0	2	1
④	平田	2	0	1	1	1
H	田中	1	0	0	1	0

犠	盗	失	併	残	打	安	点	振	球
1	0	2	0	10	33	6	2	10	5

【相	洋】	打	安	点	振	球
⑥	小西	4	1	1	1	0
④	永野	4	0	0	0	0
⑨	本多	4	1	0	0	0
②	渡辺	2	2	1	0	2
⑦	二宮	3	0	0	1	0
③	川嶋	4	2	2	0	0
⑧	土屋	3	0	0	0	0
⑤	高麗	3	1	0	0	0
①	中島	2	1	0	1	0
1	大場	1	0	0	0	0

犠	盗	失	併	残	打	安	点	振	球
2	0	1	0	6	30	8	4	3	2

投手	回	打	安	振	球	責
永谷	8	34	8	3	2	4
中島	5 ⅔	26	5	6	4	2
大場	3 ⅓	13	1	4	1	0

14日（サーティーフォー保土ケ谷球場）

日大	1	0	0	0	0	1	0	0	0	2
相洋	0	1	0	2	0	0	1	0	×	4

神奈川工5年ぶり4回戦

11安打9得点と打線が躍動し5年ぶりに4回戦出場を果たした神奈川工。「2番・左翼」で先発し1安打1犠打の深川聖将と、ベンチでチームを鼓舞した弟・由将は二卵性の双子だ。

幼い頃からキャッチボールに明け暮れ、小学5年で本格的に野球を始めた。中学時代は共に平塚ボーイズでプレーし「成長期が来たのが早かった」と先に活躍したのは由将だったという。聖将は「毎日こつこつ練習して追い付こう」と一番近くのライバルの存在を原動力にした。

父・悟さん（48）も佐賀商で夢を追った元高校球児。高3春の選抜大会に出場し、ベンチ入りこそかなわなかったが、アルプススタンドで聖地を体感した。「兄弟で甲子園を目指してほしい」という思いは名前にも表れる。横浜商だった4学年上の長男は甲聖さん（21）。由来はもちろん「甲子園」「聖地」から。そして聖将と、「甲」を逆さまにして由将だ。

「刺激を与えられる良い関係」と聖将。由将は「どんな時も声を切らさない」と最後まで一緒に駆け抜ける。

▽三塁打　渋谷▽二塁打　坂内▽犠打　深川聖、坂内、三宅2▽盗塁　和田▽失策　和田、小野、佐々木惇▽暴投　鈴見▽審判　坂上、神之田、納谷、高橋▽試合時間　1時間58分（中断8分）

5回表神奈川工2死二塁。坂内が中越え適時二塁打を放つ

【神	工】	打	安	点	振	球
④	渋谷	4	1	1	0	1
⑦9	深川聖	3	1	0	0	1
⑨	武井	4	2	0	0	0
H7	松橋	1	0	0	0	0
②	坂内	2	1	1	1	1
⑧	城本	4	1	1	0	0
③	石井	3	2	1	0	1
⑤	清水	2	0	0	0	1
H	後藤	1	0	0	0	0
5	相沢	0	0	0	0	0
⑥	上村	3	2	2	0	1
①	三宅	2	1	1	0	0

犠	盗	失	併	残	打	安	点	振	球
4	0	0	0	9	29	11	7	1	6

【神大	付】	打	安	点	振	球
⑨	富原	4	0	0	0	0
⑤	浅尾	3	0	0	0	0
④	和田	3	3	1	0	0
②	小野	3	1	0	1	0
⑧	神林	0	0	0	0	0
8	綾部	2	0	0	1	1
③1	鈴見	3	0	1	0	0
⑦	岡本	2	0	0	1	1
①	佐々木惇	1	0	0	0	0
3	堀	1	0	0	0	1
⑥	福島	2	0	0	0	1

犠	盗	失	併	残	打	安	点	振	球
0	1	3	0	5	24	4	2	3	4

投手	回	打	安	振	球	責
三宅	7	28	4	3	4	2
佐々木惇	4 ⅔	26	6	1	5	5
鈴見	2 ⅓	13	5	0	1	2

13日（バッティングパレス相石スタジアムひらつか）　（7回コールド）

神奈川工	2	0	0	0	5	1	1	9
神奈川大付	0	0	0	1	1	0	0	2

大会初、満塁弾の応酬

大会史上初となる満塁本塁打の応酬—。技巧派左腕同士の投手戦になるかと思われたが、八回の攻防で大きく試合が動いた。

4点を追う八回、厚木は疲労が見えだした藤沢翔陵の福田を捉え、四球と2安打で一死満塁の好機をつくった。打席に入ったのは5番中村だ。高めに浮いた直球を逃さず反応した。鋭く振り抜いた打球が追い風にも乗って左翼フェンスを越えていく。本人も驚く一撃で試合を振り出しに戻した。

裏の翔陵の攻撃。勢いづく厚木を沈黙させたのが主砲梅沢だった。チーム内では「不動の四番打者」といわれるほど信頼は厚い。3番玉城の左前適時打で6－5とした同回一死満塁の場面。

継投した森下の2球目だ。狙い通りの高めストレートを強くたたくと、くしくも打球は厚木の中村と同じ軌道を描き、感触通りに左翼芝生席へ着弾した。

球史にも残るまさかの〝満弾返し〟で華々しく勝利した翔陵。ただ、主将玉城は「中盤に突き放せなかったことがピンチを招いた」と浮かれる様子はない。

▽本塁打　中村（福田）　梅沢（森下）▽三塁打　平本▽二塁打　田中、内之浦、勝呂、梅沢2▽犠打　菊地、勝呂▽失策　内之浦▽審判　斎藤、松本、青木、荒井▽試合時間　2時間12分

8回表厚木1死満塁。中村が左越えに満塁本塁打を放ち笑顔で生還

【厚	木】	打	安	点	振	球
②	玉木	4	1	0	0	1
⑧	堺	4	1	0	2	0
①9	田中	4	1	0	0	0
③	安永	4	2	0	1	0
⑤	中村	4	3	4	1	0
⑨	宇野	2	0	0	0	0
H91	森下	2	0	0	0	0
④	岸	4	1	0	1	0
⑥	内之浦	4	1	1	1	0
⑦	矢島	4	1	0	1	0

犠	盗	失	併	残	打	安	点	振	球
0	0	1	0	5	36	11	5	7	1

【翔	陵】	打	安	点	振	球
⑧	菊地	3	1	0	0	1
⑨7	平本	3	1	2	0	2
④	玉城	5	2	2	0	0
⑤	梅沢	5	3	5	1	0
②	勝呂	4	1	0	0	0
①9	福田	4	0	1	0	1
⑦3	篠崎	2	0	0	0	2
③	中田	1	0	0	1	0
7	藤渡	3	0	0	1	0
1	牧口	0	0	0	0	0
⑥	上田	2	2	0	0	2

犠	盗	失	併	残	打	安	点	振	球
2	0	0	1	8	32	10	10	3	8

投手	回	打	安	振	球	責
田中	7	34	8	2	5	5
森下	1	8	2	1	3	5
福田	8	34	11	6	1	5
牧口	1	3	0	1	0	0

13日（横須賀スタジアム）

厚木	0	1	0	0	0	0	0	4	0	5
藤沢翔陵	0	0	3	0	0	1	1	5	×	10

松陽エース完投勝利

松陽が5年ぶりに4回戦進出を決めた。先発のエース菊地はスライダーの切れが抜群で、二回には3者連続三振を記録するなど、コールドにより7回完投勝利を挙げた。

ここまで全3試合を1人で投げ切るなど、好調を維持。その一因に菊地は「脂肪が増えると直球の切れが悪くなる」と、公式戦前から好物の揚げものを断っていることを明かした。「自分は（頭髪を）丸刈りにしていない分、そういう（食事管理）部分で気合を示したい」と言い、「揚げ物断ち」のヘルシーフードは自らを律する意味合いも含まれている。

スタンドで応援した母・美幸さんも勝利後、「今から買い物にいかなきゃ」と笑顔で夜の献立を思案していた。菊地の好きな食べ物は「唐揚げ」。しかし、勝ち続ける左腕が大好物を口にできるのはまだ先のようだ。

▽三塁打　山本▽二塁打　奥寺▽犠打　米田、菊地、藤本▽失策　佐藤克、庄司、石井▽審判　田村、跡部、藤田、伊藤▽試合時間　1時間38分

5回表松陽1死一、三塁。藤本がスクイズを決め三走米田が生還

13日（大和スタジアム）　（7回コールド）

松陽	4	0	0	0	3	1	0	8
大師	0	0	0	0	0	0	0	0

【松陽】		打	安	点	振	球
⑥	山本	3	1	0	0	1
⑨	萩原蓮	4	1	0	2	0
⑦	柏木	4	2	1	1	0
⑤	米田	3	0	0	0	0
①	菊地	3	0	0	1	0
③	時津	4	2	2	0	0
④	藤本	3	1	2	0	0
②	植松	4	2	1	2	0
⑧	秋本	3	1	0	0	0

犠盗失併残
3 0 0 0 6 31 10 6 6 1

【大師】		打	安	点	振	球
③	簑輪	3	0	0	0	0
④	佐藤克	3	0	0	2	0
⑧	奥寺	3	1	0	0	0
②	庄司	2	1	0	0	1
⑦	木下	3	1	0	0	0
⑤	佐藤優	3	0	0	2	0
①	大竹	2	0	0	1	0
⑨	松本	2	0	0	1	0
⑥	石井	2	0	0	0	0

犠盗失併残
0 0 3 0 3 23 3 0 6 1

投手	回	打	安	振	球	責
菊地	7	24	3	6	1	0
大竹	7	35	10	6	1	2

桐光・主将、起死回生の一打

星槎国際湘南2点リードで迎えた九回2死二、三塁。桐光学園の主将磯貝が打席に入る。三塁ベンチでは星槎の土屋恵三郎監督（69）が1球ごとバッテリーにサインを送り、一塁側の桐光・野呂雅之監督（62）は静観の構え。フルカウントから浮いた直球を右前にはじき返す。起死回生の一打で振り出しに戻した。

桐光打線は三～八回まで無得点。姜は八回終了時で150球を超え「疲れはあった。勝っていたので絶対に抑えてやると思った」。勝利への気迫は、要所でわずかな力みとなった。

桐光の勝負強さは健在だ。延長タイブレークで決勝打を放った3番森はそれまで3三振。「何とか1点を取る打撃を」と切り替えて一、二塁方向にきっちりゴロを転がした。外野陣の逆方向寄りに敷いたシフトもはまるなど、3試合無失策の守備が好救援の主戦中平をもり立てた。

▽二塁打　佐藤、久保倉、近藤▽犠打　中村、工藤、磯貝、宮沢2、橋口▽盗塁　矢竹、綾部2、磯貝▽失策　宮沢▽暴投　姜▽審判　松本、大橋、土田、谷▽試合時間　3時間19分

接戦を制し喜ぶ桐光学園ナイン

13日（サーティーフォー相模原球場）　（延長10回、10回からタイブレーク）

桐光学園	1	1	0	0	0	0	0	0	2	1	5
星槎国際湘南	0	1	0	1	0	0	0	2	0	0	4

【桐光】		打	安	点	振	球
⑧	矢竹	6	3	1	2	0
⑨	綾部	4	3	0	0	2
⑥	森	6	1	1	3	0
②	中村	2	0	1	0	3
④	白鷹	4	0	0	1	0
H5	中川	2	1	0	0	0
③	工藤	3	1	0	0	1
⑤	野村	3	1	0	1	0
5	鈴木真	1	0	0	0	0
H	鈴木景	1	0	0	1	0
4	皆川	0	0	0	0	0
⑦	磯貝	4	3	2	0	0
①	法橋	2	1	0	0	0
1	中平	3	0	0	0	0

犠盗失併残
3 4 0 0 17 41 14 5 8 6

【星槎】		打	安	点	振	球
④5	大川	5	0	0	1	0
⑧4	近藤	5	2	0	0	0
⑥	宮沢	3	0	0	0	0
⑨	佐藤	3	1	0	1	2
⑦	橋口	4	2	1	0	0
②	久保倉	4	3	2	0	0
③	磯崎	4	1	1	1	0
①	姜	4	0	0	0	0
⑤	鯨岡	2	0	0	0	0
H	山田	1	0	0	1	0
8	吉原	1	0	0	1	0

犠盗失併残
3 0 1 1 9 36 9 4 5 2

投手	回	打	安	振	球	責
法橋	3⅓	15	4	0	1	2
中平	6⅔	26	5	5	1	2
姜	10	50	14	8	6	4

柏木学園エース3試合完投

まるで別人のようだった。柏木学園の右腕エース、長嶋颯が3試合連続の完投勝利を収めた。

初回に3連続の長短打を含む4安打で3点を失う。「（連投の）疲れと緊張で足が動かなかった」。上ずった球を外野に運ばれてしまった。

「無理に上半身で投げず、全身で投げるように」。ベンチに戻り、上原幸太監督（45）の言葉で目が覚めた。それから投球フォームが滑らかになり、緩急を駆使しながらリズムを取り戻した。

三回以降は21人の打者を一人も出さず。多摩の飯島佑監督（36）も「バッテリーにうまくかわされてしまった」と脱帽した。

これで前年と同じ4回戦進出。「シード校（桐蔭学園）の壁は厚いが、ここまでたどり着いたことを誇りに、思いきり向かってほしい」。指揮官も、鍛え上げた大黒柱に全幅の信頼を置いている。

▽三塁打　水上▽二塁打　大内、長嶋拓、上島▽犠打　羽田、長嶋颯、石野、上島▽盗塁　梅原、冨永、上島、金子2▽失策　鈴木煌、大場、前田▽審判　瀬良垣、飯島、実方、橋本▽試合時間　2時間

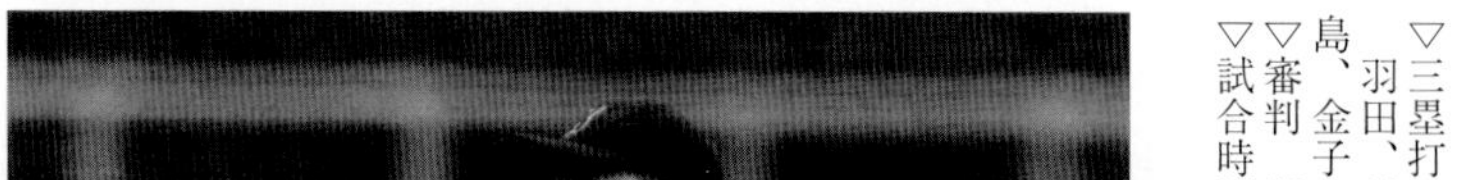

4安打で完投勝利した柏木学園の長嶋颯

13日（横須賀スタジアム）

多摩	3	0	0	0	0	0	0	0	0	3
柏木学園	1	0	0	0	0	3	0	0	×	4

【多摩】		打	安	点	振	球
④	水上	4	1	0	1	0
③	梅原	3	1	1	0	1
⑤	阿野	4	1	0	0	0
⑦	羽田	2	0	0	1	0
H	田島	1	0	0	0	0
②	松崎	4	1	1	0	0
⑧	鈴木煌	4	0	0	2	0
⑥	大場	2	0	0	2	1
①	谷岸	3	0	0	3	0
⑨	冨永	2	0	0	0	1

犠盗失併残
1 2 2 0 3 29 4 2 9 3

【柏木】		打	安	点	振	球
⑧	前田	3	1	0	0	2
④	芦野	3	0	0	1	0
H	大坪	0	0	0	0	1
4	宮川	0	0	0	0	0
H	斉藤	1	0	0	1	0
4	升田	0	0	0	0	0
①	長嶋颯	4	0	0	0	0
③	長嶋拓	3	2	0	0	1
⑦	大内	4	2	1	2	0
⑤	石野	3	0	1	0	0
②	花井	3	1	0	1	1
⑨	石井	1	0	0	0	0
H9	上島	2	1	1	0	0
⑥	金子	4	2	0	0	0

犠盗失併残
3 3 1 0 11 31 9 3 5 5

投手	回	打	安	振	球	責
谷岸	8	39	9	5	5	3
長嶋颯	9	33	4	9	3	2

3回戦　桐蔭学園×鎌倉学園 ／ 慶応藤沢×生田東 ／ 元石川×東海大相模

桐蔭・中村は初先発初完封

九回2死となり桐蔭学園の先発中村は帽子を取って深呼吸した。鎌倉学園の奥永を二ゴロに差し込ませ、公式戦初先発をわずか97球の完封勝利で締めた。

クイック投法を織り交ぜ間合いを巧みに操った。スリークオーター気味の腕の振りから「自信がある」というスライダーを打者の膝元に投げ打ち気をそらした。

大阪府出身の中村。「関西から来たので、気持ちで勝負する」と精神面の強さがうりだ。4－0の五回に3安打を浴び、2死満塁の窮地で鎌倉学園の好打者・武井を迎えた。捕手が出した変化球のサインに一度首を振り、投じたのは直球。一邪飛に沈め、一塁側ベンチに向かって吠えた。

まだ発展途上の右腕。この日有効だったスライダーは昨年の主戦山口（法大）から教わったものだ。「同期の投手と比べても球が強くないので何か変えないといけない」と2学年上の宇田川（桐蔭横浜大）に助言を求めて、タイミングをずらす投球術を学んだ。

▽二塁打　米倉▽犠打　古宮2、藤井▽盗塁　古宮、佐藤、米倉▽失策　杉山、武井▽暴投　面本、若松▽審判　福寿、田中、瀬間、井上▽試合時間　2時間28分

13日（バッティングパレス相石スタジアムひらつか）

桐蔭学園	0	0	1	0	3	0	0	0	0	4
鎌倉学園	0	0	0	0	0	0	0	0	0	0

6安打で完封勝利しガッツポーズする桐蔭学園の中村

【桐蔭】		打	安	点	振	球
⑤	影山	5	1	0	0	0
④	古宮	3	1	0	0	0
⑥	佐藤	5	4	1	0	0
③	中野	5	2	2	0	0
⑦	宇都	2	2	0	0	2
H7	平山	1	0	0	0	0
⑧	永野	5	1	1	2	0
②	米倉	5	2	0	2	0
⑨	萩原	4	0	0	1	1
①	中村	3	0	0	3	1

犠	盗	失	併	残	打	安	点	振	球
2	3	0	1	13	38	13	4	8	4

【鎌学】		打	安	点	振	球
⑨	杉山	4	1	0	1	0
④	藤井	2	1	0	0	1
⑥	武井	4	0	0	0	0
③	高橋	4	0	0	0	0
⑦	松山	4	1	0	0	0
⑧	奥永	4	0	0	0	0
⑤	北野	3	1	0	0	0
①	面本	1	0	0	0	0
H1	若松	2	1	0	0	0
②	福島	3	1	0	1	0

犠	盗	失	併	残	打	安	点	振	球
1	0	2	0	6	31	6	0	2	1

投手	回	打	安	振	球	責
中村	9	33	6	2	1	0
面本	5	27	10	5	2	4
若松	4	17	3	3	2	0

打ち合いを慶応藤沢が制す

慶応藤沢が両軍26安打と打ち合いの一戦を制した。六回1死満塁から走者一掃となる決勝タイムリー三塁打を放った後藤は「変化球を逆らわずに打てた」と顔をほころばせた。

五回には6連打を許して3点を奪われたが「打ち合いになるのは分かっていた」。昨夏も主力として出場しているリードオフマンに焦りはなかったという。

チームとしては7大会ぶりの4回戦進出だ。次の相手は昨夏敗れた東海大相模。「先輩たちの敵を取りたい。守りを固めていけたら」と堂々と強豪に挑む。

▽本塁打　山本（三枝）▽三塁打　三枝、岩下、山本、後藤▽二塁打　岩下、高垣▽犠打　岩下、高垣、鈴木朗、堀江▽失策　西脇、岩下、鈴木朗2、鈴木琉、堀江2、渡辺▽暴投　鈴木征▽審判　下地、内山、林、正力▽試合時間　2時間55分

13日（サーティーフォー相模原球場）

慶応藤沢	1	0	0	1	3	5	0	0	0	10
生田東	0	0	4	0	3	0	0	0	0	7

6回表慶応藤沢1死満塁。後藤が走者一掃の三塁打を放ち逆転に成功

【慶応藤】		打	安	点	振	球
④	後藤	5	1	3	1	0
⑦	西脇	5	2	1	0	0
③	山本	5	2	3	0	0
⑨	小林	5	2	1	0	0
R9	滝口	0	0	0	0	0
⑤	岩下	3	3	0	0	1
②	中川	5	2	1	0	0
⑧	山下	4	2	1	0	1
①	杉山	1	0	0	1	0
1	斉藤	0	0	0	0	0
H	渡辺	0	0	0	0	1
R	西村	0	0	0	0	0
1	高垣	2	1	0	0	0
⑥	鈴木朗	4	0	0	3	0

犠	盗	失	併	残	打	安	点	振	球
3	0	4	1	8	39	15	10	5	3

【生田東】		打	安	点	振	球
⑧	三浦	5	1	0	0	0
④	滝田	4	0	0	2	1
⑥1	鈴木征	5	2	1	0	0
②16	鈴木琉	5	2	1	1	0
③	菅原	5	1	1	2	0
⑨	柳楽	3	1	0	2	2
⑤	堀江	3	1	1	1	0
①2	三枝	4	2	1	0	0
⑦	渡辺	4	1	1	1	0

犠	盗	失	併	残	打	安	点	振	球
1	0	4	0	8	38	11	6	9	3

投手	回	打	安	振	球	責
杉山	2⅔	12	4	3	0	3
斉藤	1⅓	7	1	2	1	0
高垣	5	23	6	4	2	3
三枝	5	22	8	3	1	5
鈴木琉	2⅔	14	6	1	1	4
鈴木征	2	9	1	1	1	0

4安打5打点、東海・主将が活躍

猛攻の東海大相模を4安打5打点の主将及川がけん引した。まずは初回1死2塁。チームの約束事だったセンター返しで先制すると、打線は一気に活気づく。同じ回の第2打席では相手左腕の直球を完璧に捉えてバックスクリーン右へ飛び込む特大のソロを放った。

初戦の湘南学院戦では終盤までリードを許すよもやの展開で「前回の反省を生かして気を緩めずにいこうと思った」。

千葉・佐倉シニアでは全国制覇を経験。東海の門馬敬治・前監督（現岡山・創志学園監督）から「おまえが来たら絶対に主力で使ってやるから」と熱心に誘われて神奈川へ。

見据える目標は言わずもがなの日本一。「今回は長打が多かったので、次は低い打球を徹底して欲を出さずにやっていく」。大勝にも緩みを見せず、まずは神奈川の頂へ導く。

▽本塁打　及川（梶）▽三塁打　板垣、山内、安達、渡辺、及川▽二塁打　松本、鈴木（東）▽犠打　持丸、板垣▽盗塁　山内、持丸、長尾、及川3、板垣、中村龍▽失策　黒川2、奥田、佐藤、鈴木（元）梶、磯崎▽暴投　梶、林田、高橋▽捕逸　佐藤▽審判　湯本、乗松、望月、青柳▽試合時間　1時間39分

13日（横浜スタジアム）　（5回コールド）

元石川	0	0	0	0	0	0
東海大相模	10	0	11	4	×	25

1回裏ピンチにマウンドに集まる元石川の選手たち

【元石川】		打	安	点	振	球
⑧	黒川	2	0	0	1	0
7	香渡	0	0	0	0	0
⑤	真田	2	0	0	0	0
①31	林田	2	0	0	0	0
④13	奥田	2	0	0	2	0
②	佐藤	2	1	0	1	0
⑥	鈴木	2	0	0	0	0
⑨19	梶	2	1	0	1	0
⑦8	磯崎	2	0	0	0	0
③9	高橋	1	0	0	0	0
4	夏目	0	0	0	0	0

犠	盗	失	併	残	打	安	点	振	球
0	0	7	0	2	17	2	0	5	0

【東海】		打	安	点	振	球
⑧	山内	4	2	1	0	1
⑨	持丸	2	1	1	0	1
H9	長尾	1	1	1	0	0
⑥4	及川	5	4	5	0	0
⑤	板垣	4	2	2	1	0
③	松本	2	2	1	0	1
H7	中村桜	1	0	0	0	0
④3	安達	4	2	3	0	0
⑦	中村龍	2	1	1	0	1
6	日賀	1	1	0	0	0
②	木村	3	1	1	0	0
H2	渡辺	1	1	1	0	0
①	高清水	1	1	2	0	0
H	鈴木	1	1	0	0	1
1	塚本	0	0	0	0	0
H	百井	1	0	0	0	0
1	高橋	0	0	0	0	0

犠	盗	失	併	残	打	安	点	振	球
2	8	0	0	3	33	20	19	1	5

投手	回	打	安	振	球	責
林田	⅓	7	4	0	2	5
梶	1⅔	19	10	1	1	7
奥田	1	6	2	0	1	2
林田	1	8	4	0	1	4
高清水	3	10	1	3	0	0
塚本	1	3	0	1	0	0
高橋	1	4	1	1	0	0

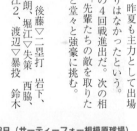

伊志田エース初完封

無失策のバックに支えられ、伊志田の右腕西ケ谷が公式戦初完封だ。3大会ぶりの4回戦進出の立役者となった3年生は「調子が良かったし、守備にも助けられてリズムよく投げられた」と117球の熱投を振り返った。

上位打線には厳しいコースを突き、下位に対しては力で押す。カットボールで相手のタイミングも外しながら事前に描いたイメージ通りの投球で散発3安打。走者が得点圏に進んだのは3度のみと危なげなかった。

1年秋からエース番号を託されている。今春に一時制球難に陥ったが、佐々木章太監督（40）のアドバイスを参考にインステップ寄りのフォームに変更して好転のきっかけをつかんだという。目標のベスト16入りへ、「良い投球でチームを引っ張り、打撃でも自分が打って勝たせたい」と頼もしかった。

▽三塁打　松岡▽二塁打　谷岡▽犠打　今園、西ケ谷
▽盗塁　佐藤、松岡▽失策　若命▽捕逸　間部
▽審判　岡村、湯田、小西、壷井
▽試合時間　1時間58分

13日（横浜スタジアム）

	1	2	3	4	5	6	7	8	9	計
横浜氷取沢	0	0	0	0	0	0	0	0	0	0
伊志田	0	0	0	1	0	0	1	0	×	2

3回戦を突破し笑顔の伊志田ナイン

【氷取沢】		打	安	点	振	球
⑧	佐藤	4	1	0	0	0
⑦	小田	3	0	0	0	0
H	島村	0	0	0	0	1
7	二瓶	0	0	0	0	0
⑨	田村	2	0	0	1	0
H9	高崎	2	0	0	0	0
⑤	若命	3	0	0	1	1
③	石原	4	0	0	1	0
⑥	三羽	4	1	0	0	0
②	谷岡	3	1	0	0	0
①	政氏	2	0	0	1	0
1	津村	1	0	0	0	0
④	石井	2	0	0	1	1

犠盗失併残
0 1 1 0 6　30 3 0 5 3

【伊志田】		打	安	点	振	球
④	橋立	4	1	0	1	1
⑨	今園	3	0	0	0	1
⑤	三浦	3	0	0	0	1
⑧	松岡	2	2	0	0	2
①	西ケ谷	3	0	0	0	0
⑦	市川	3	0	0	1	1
⑥	池田	4	2	1	1	0
②	間部	4	0	0	0	0
③	阿部	3	1	0	1	1

犠盗失併残
2 1 0 0 12　29 6 1 4 7

投手	回	打	安	振	球	責
政氏	5	23	4	3	4	1
津村	3	15	2	1	3	0
西ケ谷	9	33	3	5	3	0

向上の2年生右腕12K完投

最後の打者を中飛に仕留めるとマウンド上でグラブをたたき、ようやく安堵の表情を浮かべた。向上の背番号10、2年生右腕の百瀬が、2桁安打で勝ち上がってきた大磯打線から堂々の12奪三振。最終回に1点失ったが公式戦初という9回を投げ切り、平田隆康監督も「継投も考えていたが、ストライク先行でいいボールが行っていた」と納得の表情だった。

最速141キロの速球を主体に切れのいいスライダー、カットボールをセットポジションからテンポよく織り交ぜた。計8安打を許したものの要所ではギアを上げ、8回までは三塁を踏ませなかった。初めて連打を許した四回1死一、二塁のピンチでは、三振、詰まらせた中飛で切り抜けた。百瀬は「打たせて取り、守備からいいリズムを作ろうと意識した」。三回二死では二走をけん制で刺すなど、マウンドさばきも冷静だった。初戦で完投した主戦二宮に続く存在として、強豪私学に頼もしい2年生右腕が名乗りを上げた。

▽本塁打　石居（鈴木祐）
▽二塁打　高村、百瀬2、藤田、後藤▽犠打　遠藤、石居▽盗塁　小泉、前泊、遠藤▽失策　高村、鈴木祐、今田、高木、松沢▽暴投　鈴木祐
▽審判　石原、高田、関、横山
▽試合時間　1時間59分

13日（保野公園・横浜薬大スタジアム）

	1	2	3	4	5	6	7	8	9	計
大磯	0	0	0	0	0	0	0	0	1	1
向上	0	3	0	0	0	0	1	0	×	4

8安打12奪三振で完投勝利した向上の百瀬

【大磯】		打	安	点	振	球
④	藤田	3	1	0	2	1
⑥	高村	4	1	0	1	0
⑧	山中	4	2	0	0	0
②	藤平	4	1	0	0	0
⑨	山田	4	1	0	2	0
⑤7	後藤	4	1	1	1	0
①	鈴木祐	4	0	0	3	0
③	鈴木峻	3	0	0	2	0
⑦	今田	2	1	0	1	0
H5	高木	1	0	0	0	0

犠盗失併残
0 0 4 1 6　33 8 1 12 1

【向上】		打	安	点	振	球
⑥	武富	4	1	0	0	0
⑨	水島	3	0	0	0	0
H	香川	0	0	0	0	1
R	小泉	0	0	0	0	0
9	安達	0	0	0	0	0
③	松沢	4	2	0	0	0
⑦	前泊	3	1	0	0	1
②	寒河江	4	0	0	0	0
⑤	松根	2	0	1	0	0
H	広田	1	0	0	1	0
5	飯田	1	0	0	0	0
①	百瀬	4	3	1	1	0
④	遠藤	1	0	0	0	2
⑧	石居	3	1	2	0	0

犠盗失併残
2 3 1 1 8　30 8 4 2 4

投手	回	打	安	振	球	責
鈴木祐	8	36	8	2	4	2
百瀬	9	34	8	12	1	1

光明相模原・エゼ特大アーチ

スター誕生を予感させる一発だ。5－3の七回1死の光明相模原の攻撃。2ボール1ストライクから相手左腕の外角直球を主砲エゼが仕留め、打球は大きな放物線を描いて保土ケ谷のバックスクリーンへ飛んでいく。チームの勝利を決定付ける特大アーチにベンチは「エゼ、ありがとう」と大盛り上がり。公式戦初本塁打に背番号7は白い歯をのぞかせた。

スタンドで見守ったナイジェリア人の父・ウバカさんも「すごくうれしい。初めて見た」と満面の笑みだ。

引地台中の軟式野球部出身。一般入学で県内強豪の門をたたくも、今春までは主力ではなかったという。

しかし、ダイヤの原石だ。毎朝5時に起き、指揮官らと厳しいランメニューやウエートトレーニングをこなし、6月から主砲の座をつかんだ。特大アーチを見た指揮官も「彼が打つと空気が変わる」と大きくうなずく。野球を始めたのは小学5年時。「バッティングが好き」と語る17歳はスラッガーへの大きな一歩を踏んだ。

▽本塁打　エゼ（安藤）
▽二塁打　広岡、丸山、向出、パーサン、中津、佐々木▽犠打　二見、冨岡▽盗塁　中津、向出▽暴投　安藤2
▽審判　五十嵐、増子、田中（向田）、春日
▽試合時間　2時間28分

13日（サーティーフォー保土ケ谷球場）

	1	2	3	4	5	6	7	8	9	計
金沢	0	0	1	2	0	0	0	0	1	4
光明相模原	0	0	0	3	2	0	1	0	×	6

7回裏光明相模原1死。ソロ本塁打を放ったエゼジョサイアが笑顔でホームイン。迎えるは次打者明智

【金沢】		打	安	点	振	球
⑨	広岡	5	2	2	0	0
④	本多	5	2	0	0	0
⑧	高橋	4	1	0	1	0
⑥	内山	4	1	0	1	0
⑦	丸山	4	1	2	1	0
②	広田	3	0	0	1	1
③	山口	3	1	0	0	1
①	二見	1	0	0	0	0
1	安藤	2	0	0	0	0
⑤	杉山	2	0	0	0	1
H	佐々木	1	1	0	0	0

犠盗失併残
1 0 0 0 7　34 9 4 4 3

【光明】		打	安	点	振	球
⑥	伊藤	5	0	0	0	0
⑧	中津	4	2	0	0	1
⑤	向出	4	1	0	2	1
⑦	エゼ	4	2	2	1	0
③	明智	3	0	0	2	1
④	冨岡	3	1	0	2	0
①	佐藤	3	2	1	0	0
1	柏原	1	0	0	1	0
②	鶴島	2	0	0	1	2
⑨	パーサン	2	1	2	0	2

犠盗失併残
1 2 0 0 9　31 9 5 9 7

投手	回	打	安	振	球	責
二見	3⅔	18	5	3	2	3
安藤	4⅓	21	4	5	5	3
佐藤	5	22	6	3	1	3
相原	4	16	3	1	2	1

3回戦　茅ケ崎西浜×横浜創学館 ／ 上溝×法政二

横浜創学館・塚原が初完封

横浜創学館の右腕塚原が公式戦初完封で４回戦に導いた。散発５安打、無四球と丁寧な投球が光った背番号10は「勝てたことがうれしいし、自信にもつながる」と表情を崩した。

ピンチにも動じることはなかった。３点リードの七回２死一、三塁では右打者の外角に得意のスライダーを連続で投じ、最後もバットに空を切らせた。「ローゲームだったので１点もやれなかった」。ゴロアウトも16を数えるなど、低めへの制球がさえた。

１年秋と２年春に右肘を痛め、２年時には野球部を辞めることさえ頭をよぎったという。サポートしてくれた母親には反抗期で冷たい態度を取ったこともあったが、「お母さんが支えてくれた」と塚原。これまでの感謝を伝えるマウンドでもあった。

▷二塁打　今井２、橋本▷犠打　水谷▷盗塁　山越、小室２、稲田、橋本▷失策　稲沢、山岸▷暴投　後藤
▷審判　永田、小島、来福、榎本
▷試合時間　１時間53分

【西	浜】	打	安	点	振	球
③	青木	4	2	0	0	0
⑧	水谷	3	1	0	0	0
⑦	太田	3	0	0	0	0
H	守屋	1	1	0	0	0
①	後藤	4	0	0	0	0
⑥	手塚	3	1	0	1	0
⑨	稲沢	3	0	0	1	0
②	山岸	3	0	0	1	0
⑤	阿部	3	0	0	1	0
④	葛西	3	0	0	2	0

犠	盗	失	併	残	打	安	点	振	球
1	0	2	0	4	30	5	0	6	0

【創	学 館】	打	安	点	振	球
⑧	今井	4	2	0	0	0
④	山越	3	0	0	0	1
⑥	小室	4	2	3	0	0
③	本山	3	0	0	0	1
⑨	塩田	4	0	0	0	0
⑦	稲田	3	1	0	0	1
⑤	橋本	4	2	1	0	0
②	宇野	3	0	0	0	0
①	塚原	3	0	0	0	0

犠	盗	失	併	残	打	安	点	振	球
0	5	0	1	6	31	7	4	0	3

投手	回	打	安	振	球	責
後藤	8	34	7	0	3	4
塚原	9	31	5	6	0	0

５安打完封勝利した横浜創学館の塚原

13日（等々力球場）

	1	2	3	4	5	6	7	8	9	計
茅ケ崎西浜	0	0	0	0	0	0	0	0	0	0
横浜創学館	1	0	1	0	0	1	1	0	×	4

９年ぶり法政二４回戦へ

法政二は３試合連続コールド勝ちで、2014年以来の４回戦進出を果たした。主将三木は「ここまで良い形で試合ができているので、しっかりやれば勝てると思っていた」と胸を張った。

２点を先制した初回以降、緩急を操る右横手の相手エースを打ちあぐねたが、四回に敵失と６短長打を絡めて一挙６点を奪ってゲームを決めた。

次戦はタイブレークを制し、勝ち上がってきた第３シードの市ケ尾とぶつかる。ここまで打率４割５分５厘、４打点をマークする三木は「次の試合も４番として役割を果たしたい」と表情を引き締めた。

▷三塁打　内田▷犠打　鈴木温、工藤、石原、田中優、茶木▷盗塁　石原、桜井、片貝、田中吟▷失策　鈴木涼、梶山、鈴木温
▷審判　藤原、岸本、宇野、檀上
▷試合時間　１時間31分

【上	溝】	打	安	点	振	球
⑥	菅原	3	0	0	1	1
③	大谷	2	2	0	0	1
②	山下	3	0	0	2	0
⑤	箕輪	3	0	0	1	0
⑧	星野	3	0	0	1	0
④	鈴木涼	3	1	0	0	0
⑨	梶山	3	1	0	1	0
①	鈴木温	1	0	0	1	1
⑦	工藤	2	0	0	0	0

犠	盗	失	併	残	打	安	点	振	球
2	0	3	0	7	23	4	0	7	3

【法	政 二】	打	安	点	振	球
③	石原	1	0	1	0	2
3	小峰	0	0	0	0	0
④	田中優	3	1	0	1	0
4	安川	0	0	0	0	0
⑤	桜井	4	1	1	0	0
②	三木	4	1	1	1	0
⑦	片貝	4	2	1	0	0
⑨8	吉川	3	0	0	0	1
⑧	茶木	1	0	0	1	0
H	久保田	1	0	0	0	0
1	高名	0	0	0	0	0
①	内田	2	1	3	0	0
H	山田	1	1	0	0	0
R	鈴木	0	0	0	0	0
9	星野	0	0	0	0	0
⑥	佐藤	2	0	0	0	0
H6	田中吟	1	1	0	0	0

犠	盗	失	併	残	打	安	点	振	球
3	4	0	0	7	27	8	7	3	3

投手	回	打	安	振	球	責
鈴木温	6	33	8	3	3	2
内田	5	18	2	7	1	0
高名	2	10	2	0	2	0

４回戦進出ならず。がっくり肩を落とす上溝の選手たち

13日（等々力球場）　（７回コールド）

	1	2	3	4	5	6	7	計
上溝	0	0	0	0	0	0	0	0
法政二	2	0	0	6	0	0	×	8

市ケ尾 十回サヨナラ勝ち

第3シードの市ケ尾は延長タイブレーク十回で相模原城山にサヨナラ勝ち。主将の松本は「今年のチームスローガンは底力。最後は競り勝てた」と胸を張った。

試合中盤にリードされ、追いかける展開が続いたが「チャンスは必ず来ると思っていた」と松本。1点ビハインドの九回2死一、二塁から同点に追いつき、再び1点を追う延長十回には無死満塁からサヨナラ打を放った。自らのバットで試合を決めた3番・杉田は「コンパクトにセンター前に打つことだけを考えた」と劣勢にも冷静さを失っていなかった。

4回戦進出は2年連続。松本は「スタンドとベンチ全員で勝ち取った勝利なので次につなげていきたい」と意気込んだ。

▽三塁打　二井、松本▽二塁打　杉山、二井2、森元▽犠打　高槻、藤原▽盗塁　岡部、古川、松本▽失策　浅井
▽審判　松下、金子、真保、杉山
▽試合時間　2時間35分

13日（藤沢八部球場）　（延長10回、10回からタイブレーク）

相模原城山	0	0	0	2	0	0	2	0	0	1	5
市 ケ 尾	0	0	2	0	0	0	0	1	1	2X	6

10回裏市ケ尾無死満塁。杉田の中前適時打で二走高槻（左）がサヨナラの生還。

【城	山】	打	安	点	振	球
①	岡部	5	1	1	0	0
⑥	永井	5	1	0	1	0
⑨	馬場	4	0	0	1	0
H9	高橋	1	0	0	0	0
③	浅井	3	2	0	0	2
⑦	森元	3	1	2	1	2
⑤	井上翔	4	1	1	1	1
④	竹内	5	2	0	2	0
⑧	大森	3	0	0	0	1
②	山口	4	1	1	0	0

犠	盗	失	併	残	打	安	点	振	球
0	1	1	2	10	37	9	5	6	6

【市ケ	尾】	打	安	点	振	球
⑧	高槻	4	0	1	1	0
⑥	杉山	3	2	1	0	2
⑤	杉田	5	1	2	0	0
③	犬丸	4	1	0	0	0
①9	古川	4	1	0	0	0
⑨	山口	2	0	0	0	0
1	堀川	1	0	0	0	0
2	藤原	0	0	0	0	0
④	松本	4	1	0	0	0
②	古沢	2	0	0	1	0
H	北脇	1	0	0	0	0
1	木沢	0	0	0	0	1
⑦	二井	4	4	2	0	0

犠	盗	失	併	残	打	安	点	振	球
2	2	0	1	8	34	10	6	2	3

投手	回	打	安	振	球	責
岡部	9⅔	39	10	2	3	2
古川	4	20	5	1	3	2
堀川	3	12	4	1	1	2
木沢	3	11	0	4	2	0

打線爆発、県相模原コールド

自慢の打線が爆発し、相模原が2試合連続でコールド勝ち。特に2番金城と3番佐藤は計9打点の大活躍だった。

まずは同点で迎えた二回2死満塁で金城。内角直球を引っ張り、レフトオーバーの適時3点二塁打でゲームの主導権を握った。「自分は2番（打者）。後ろの主将（佐藤）につなげる気持ちで」と臨んだ打席で最高の結果をもたらした。

金城が信頼を寄せる佐藤が圧巻の打撃を見せたのは六回だ。二死満塁で甘く入った真ん中付近の直球をフルスイングすると、打球は左翼スタンドへ消える満塁弾。佐藤は「やってきたことが結果で出た」と喜んだ。

次戦の相手は今春のセンバツ出場校、慶応。佐相眞澄監督（64）は「失うものは何もない」と静かに闘志を燃やす。強豪相手にも変わらぬフルスイングで挑む。

▽本塁打　佐藤（田口）
▽三塁打　佐藤▽二塁打　近藤2、福山、金城2、三好2、佐藤、榎本、小林2▽犠打　近藤、山本、榎本2、吉田、上田▽盗塁　前田、金城、白保▽暴投　小林
▽審判　中込、菅原、渡辺、米屋
▽試合時間　2時間26分

13日（大和スタジアム）　（6回コールド）

県相模原	1	5	1	3	2	8	20
横浜緑ケ丘	1	0	0	0	2	0	3

6回表県相模原2死満塁。佐藤が左越えに満塁本塁打を放つ

【県	相】	打	安	点	振	球
⑧	前田	4	3	0	0	1
⑨	金城	4	2	4	0	1
②	佐藤	5	3	5	0	0
⑤1515	近藤	3	3	3	0	1
⑦	山本	3	0	1	0	0
H	杉本	1	1	0	0	0
R7	白保	0	0	0	0	0
①31	小林	5	4	2	0	0
⑥	榎本	2	2	3	0	1
③	大塚	0	0	0	0	0
5	関	3	1	0	0	0
1	新盛	0	0	0	0	0
5	吉田	1	0	1	0	0
3	木村	0	0	0	0	0
④	福田	4	2	1	0	0

犠	盗	失	併	残	打	安	点	振	球
5	3	0	0	6	35	21	20	0	4

【緑ケ	丘】	打	安	点	振	球
③	橋本	4	0	0	2	0
⑤	伊藤	1	0	0	1	2
④	内田	3	2	0	0	0
⑦	福山	1	1	0	0	2
①	田口	2	0	1	0	1
⑥	三好	3	2	1	1	0
⑨	平山	2	0	0	1	1
②	上田	2	0	0	1	0
⑧	松岡	2	0	0	2	0
H	吉田	1	0	0	1	0

犠	盗	失	併	残	打	安	点	振	球
1	0	0	0	7	21	5	2	9	6

投手	回	打	安	振	球	責
小林	⅔	4	1	1	1	1
近藤	3⅓	14	2	6	3	0
新盛	⅓	4	1	0	2	2
近藤	1⅓	5	1	2	0	0
小林	⅓	1	0	0	0	0
田口	6	44	21	0	4	20

慶応・飯田4回パーフェクト

慶応は初先発の背番号16・飯田が4回パーフェクト。3投手の無失点リレーにつなげ、「やるからには全力でと思っていた。楽しく投げられた」と満足げに振り返った。

春の県大会3回戦以来の公式戦先発マウンド。初回から最速139キロの直球で押し、三ゴロ、見逃し三振、遊飛で三者凡退に切る。四回2死には切れ味抜群のスライダーで空振りを奪い、毎回の4奪三振でエース小宅にマウンドを託した。「期待通り」と森林貴彦監督（50）もうなずく。

今春の選抜大会はベンチ入りしたが、登板機会に恵まれなかった。

東京・慶応中等部軟式野球部出身の右腕は、「どんな形でも長いイニングを任される投手になりたい」と激しい競争に勝ち抜き、夏のメンバーを勝ち取った。

小宅、鈴木、松井の三枚看板がそろう陸の王者の投手陣はハイレベルだが、右腕は誓う。「あの3人を越える投手になって、ハマスタのマウンドに立ちたい」

▽二塁打　八木2、渡辺千2、加藤、福井▽犠打　大村、飯田、小宅▽盗塁　宮尾▽失策　牧野▽暴投　竹内
▽審判　大庭、長井、井上、向田
▽試合時間　1時間52分

13日（サーティーフォー保土ケ谷球場）　（7回コールド）

津久井浜	0	0	0	0	0	0	0	0
慶　応	0	0	2	1	2	1	1X	7

3回裏慶応2死二塁。八木が先制の左中間二塁打を放つ

【津	浜】	打	安	点	振	球
⑤	臼井	3	1	0	0	0
⑨	相楽	3	0	0	2	0
③	菊池	2	0	0	1	1
3	高瀬	0	0	0	0	0
⑦	牧野	3	0	0	3	0
⑥	榎薗	2	0	0	0	1
④	大館	3	1	0	0	0
⑧	左近	3	0	0	0	0
①	竹内	2	0	0	1	0
②	渡辺	2	1	0	0	0

犠	盗	失	併	残	打	安	点	振	球
0	0	1	0	4	23	3	0	7	2

【慶	応】	打	安	点	振	球
⑥	八木	4	2	2	0	0
④	大村	2	0	0	0	1
⑧	渡辺千	4	2	2	0	0
③	延末	3	1	1	1	1
⑨	山本	2	1	0	0	1
5	宮尾	1	1	0	0	0
⑦	福井	4	2	1	0	0
⑤	清原	2	0	0	0	1
9	村上	0	0	0	0	0
②	加藤	3	1	0	1	0
①	飯田	0	0	0	0	0
H	安達	1	0	0	0	0
1	小宅	0	0	0	0	0
1	加賀城	0	0	0	0	0

犠	盗	失	併	残	打	安	点	振	球
3	1	0	1	6	26	10	6	2	4

投手	回	打	安	振	球	責
竹内	6⅔	33	10	2	4	6
飯田	4	12	0	4	0	0
小宅	2	10	3	3	1	0
加賀城	1	3	0	0	1	0

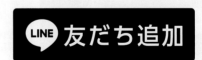

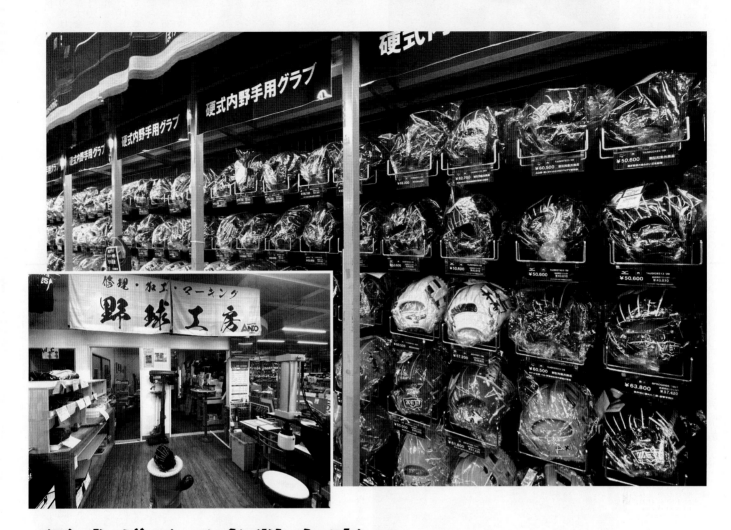

藤沢清流 念願の県大会1勝

昨年は春4強、夏8強と躍進した藤沢清流。「歴代最強」を有言実行したが、ほぼメンバーが入れ替わったチームは昨秋、今春と県大会に進みながらともに初戦敗退。最後の夏は持ち味の打線爆発で大量25点を奪い、ようやく県大会で1勝を挙げた。

「秋、春と負けて、どの相手にもうちはチャレンジャー。この試合も挑戦しよう」とウオーミングアップ前、今泉主将がげきを飛ばすと、打線は一、二回に4点ずつを奪って主導権を握り、六回には打者一巡で大量13得点して試合を決めた。

榎本正樹監督（35）は「冬でずっと伸びて、一つ上の代より野球が上手になってきた。ただ気持ちのコントロールがいまひとつ」と分析する。この試合も初戦ということもあり、記録に表れないミスなどが見られたが受け継いだ強打がカバーした。

ようやくつかんだ県大会での1勝。「次戦も打って勝つ野球で挑戦していきたい」と今泉主将。勝利を自信にして先輩たちのように駆け上がれるか。

▽本塁打　広江（西田）大井（西田）▽三塁打　菊池、大井▽二塁打　広江、佐藤、門倉2、西田3、大井、田中、川戸、平田、今泉2、堺▽盗塁　平田、今泉、栄、工藤、堺▽失策　井竹、田中、大渕▽暴投　越後2、西田▽捕逸　星野▽審判　太田、川瀬、田畑、小川▽試合時間　2時間36分

12日（藤沢八部球場）　（6回コールド）

藤沢清流	4	4	0	2	2	13	25
新羽	2	0	0	2	0	1	5

6回表藤沢清流1死二、三塁。大井が右中間に適時三塁打を放ちサイクル安打を達成

【清流】		打	安	点	振	球
⑦	平田	5	2	3	1	1
④	今泉	5	3	4	1	1
⑧	大井	6	4	5	0	0
R6	井竹	0	0	0	0	0
③	田中	3	1	1	0	3
⑨	広江	4	3	4	0	2
②	佐藤	4	2	2	0	1
⑥	栄	4	2	1	0	0
H	金本	1	1	2	0	0
R8	藤原	0	0	0	0	0
⑤	川戸	5	3	0	1	0
①	越後	2	0	0	0	0
H	工藤	1	0	0	1	0
1	堺	2	2	3	0	0
1	今村	0	0	0	0	0

犠	盗	失	併	残	打	安	点	振	球
0	5	2	1	7	42	23	25	4	8

【新羽】		打	安	点	振	球
⑧	田島莞	4	1	0	0	0
④14	門倉	4	3	0	0	0
⑤	菊池	4	2	2	0	0
①631	西田	4	3	3	0	0
②	星野	4	1	0	1	0
③13	吉野	4	0	0	1	0
⑨	後藤	3	0	0	2	1
⑥46	大渕	2	1	0	1	1
⑦	小嶋	1	1	0	0	2

犠	盗	失	併	残	打	安	点	振	球
0	0	1	1	1	30	12	5	5	4

投手	回	打	安	振	球	責
越後	4	22	9	3	2	4
堺	1⅓	9	3	2	2	1
今村	⅔	3	0	0	0	0
西田	4 0/3	29	12	4	3	8
門倉	1 0/3	9	4	0	2	5
吉野	⅓	4	1	0	2	3
西田	⅔	8	6	0	1	5

積極走塁で厚木北が大量点

厚木北は17点を挙げて5回コールド勝ちを収めた。光ったのは5人で計7盗塁の積極的な走塁。足でチャンスを広げ、二回に5点、四回は10点と2度のビッグイニングをつくった。2盗塁の主将山田は「（盗塁は）全部ノーサイン。自分たちで考えて走塁し、相手を揺さぶることができた」と誇った。

昨秋の新チーム発足後から、本格的な走塁練習を週3日ほど取り入れた。走者を一塁に置いて3球以内に盗塁を試みる練習のほか、三盗や本塁突入などあらゆるケースを想定して足に磨きをかけた。キャプテンは「打線の調子も上がっている。次も積極的に走ってベスト8以上を狙う」と鼻息荒く言った。

▽三塁打　高岸、二瓶▽二塁打　山本▽犠打　山本、北川、上條▽盗塁　二瓶2、鏡、北川、山田2、村沢▽失策　村田、上條、土井、塚越、行武壮▽暴投　野口、行武壮2▽審判　原、鈴木、仙田、古沢▽試合時間　1時間43分

12日（保野公園・横浜薬大スタジアム）　（5回コールド）

厚木北	1	5	0	10	1	17
柏陽	0	0	0	0	0	0

1回表厚木北1死二、三塁。北川が先制の右犠飛を放つ

【厚木北】		打	安	点	振	球
⑥	山本	3	2	1	0	0
④	二瓶	4	2	2	0	0
⑨	鏡	1	1	1	0	2
H	岸田	1	1	1	0	0
R	石橋	0	0	0	0	0
9	佐藤	0	0	0	0	0
⑦	北川	3	1	4	0	0
⑧	山田	2	0	0	1	2
③	村沢	3	1	2	0	0
H	武田	1	0	1	0	0
3	牧方	0	0	0	0	0
⑤	村田	3	1	0	1	1
②	高岸	4	2	2	0	0
①	森見	2	2	2	0	1
1	石川	0	0	0	0	0
1	石井	0	0	0	0	0

犠	盗	失	併	残	打	安	点	振	球
2	7	1	1	3	27	13	16	2	6

【柏陽】		打	安	点	振	球
⑧9	宮原	2	1	0	1	0
④1	上條	1	0	0	0	0
①8	野口	2	0	0	0	0
⑥	鳥海	1	0	0	0	1
⑤	横山	2	0	0	0	0
②	土井	2	0	0	0	0
⑦	清水	1	0	0	0	0
H	市川	1	0	0	0	0
③	品川	1	0	0	0	0
H	金本	1	0	0	0	0
⑨	塚越	0	0	0	0	0
1	行武壮	1	0	0	0	0
14	吉川	0	0	0	0	0

犠	盗	失	併	残	打	安	点	振	球
1	0	4	0	2	15	1	0	1	1

投手	回	打	安	振	球	責
森見	3⅔	13	1	1	1	0
石川	⅓	1	0	0	0	0
石井	1	3	0	0	0	0
野口	2	14	7	1	1	4
行武壮	1⅔	12	2	1	4	0
吉川	⅓	5	4	0	0	0
上條	1	4	0	0	1	1

厚木東 最後の夏終わる

最後の夏に母校の校歌を響かせるナインの願いは届かなかった。本年度をもって廃校となる厚木東は5回コールドの力負けで、主将鈴木空は「応援してくれた卒業生の先輩たちの思いに応えたかった」と肩を落とした。

〝助っ人〟で出場した3年生1人を除けば、野球部員8人は全員1、2年生。すでに廃校も決まっていることから今年の3年生の代は入部ゼロ。昨秋に1年生のみで新チームが再出発したものの、公式戦での白星はいまだない。

1年生ながら先発に抜てきされた安斉は、序盤を最少失点で切り抜けたものの、三回に失策とバント処理のミスなどで7失点。初めての夏の舞台に「球場の雰囲気に飲み込まれ、ふがいない投球をしてしまった」と悔やんだ。

まだ成長途上のチームは厚木商業と統合し、来夏は「厚木王子」の名で新たな歴史を刻むことになる。「最後に厚木東の名で出場できてうれしかった。まず1勝するため、これからしっかりと技術の基礎を積み重ねていく」と鈴木空。有終の美を飾れなかった悔しさは新チームで晴らす。

▽二塁打　曽根、佐々木、肆矢、松野▽犠打　鈴木空、林、神山、野口▽盗塁　佐々木2、小南、神山、野口、西辻▽失策　添田、深瀬、木本、安斎、原田▽ボーク　安斎▽審判　奥津、篠田、斉藤、村上▽試合時間　1時間29分

12日（小田原球場）　（5回コールド）

厚木東	0	0	0	0	0	0
相模原中等	1	0	7	4	×	12

3回裏相模原中等無死三塁。林の投ゴロが野選となり三走佐々木が生還

【厚木東】		打	安	点	振	球
④8	曽根	3	2	0	0	0
②	鈴木空	1	0	0	0	1
⑨1	添田	2	0	0	1	0
③	深瀬	2	0	0	0	0
⑤	森屋	2	0	0	0	0
⑧9	土橋	2	0	0	1	0
⑦	木本	1	0	0	1	0
H	鈴木貴	1	0	0	1	0
①4	安斎	1	0	0	0	1
⑥	原田	2	1	0	0	0

犠	盗	失	併	残	打	安	点	振	球
1	0	5	0	5	17	3	0	4	2

【相中等】		打	安	点	振	球
⑧	吉田	3	1	0	2	1
⑤	佐々木	4	2	1	0	0
①	林	2	0	1	0	0
③	小南	1	1	1	0	2
②	肆矢	3	2	1	0	0
④	神山	2	1	2	0	0
⑥	松野	2	1	2	0	1
⑨	野口	1	1	2	0	1
⑦	西辻	3	0	1	0	0

犠	盗	失	併	残	打	安	点	振	球
3	6	0	0	5	21	9	11	2	5

投手	回	打	安	振	球	責
安斎	3⅓	22	7	2	2	4
添田	⅔	7	2	0	3	1
林	5	20	3	4	2	0

大和　シード校に善戦

敗れたものの、大和の序盤の戦いぶりは見事だった。初回、敵失を利してつくった2死二塁で、4番北原の代打出口が左中間へ先制打。さらに二回には連打と犠打で1死二、三塁とし、三宅がしぶとく右前に運んで主導権を握った。

「急な体調不良で出口に代えたが、よく打ってくれた」と古川監督。投げては2年生右腕浅田が変化球を巧みに操って四回まで2安打1失点と好投し、シード校を大いに苦しめた。浅田は「四回までは通用したので自信になった。最後まで投げきる体力、精神力をつけたい」と涙を拭った。

▽三塁打　小幡▽二塁打　出口、小幡、内田▽犠打　浅田、小高、佐藤、堀切▽盗塁　寺島、鈴木健2、田口、笠原▽失策　浅田、内田、種村、佐藤▽暴投　柴田▽ボーク　堀切
▽審判　後藤、江崎、水谷、土谷
▽試合時間　2時間30分（中断7分）

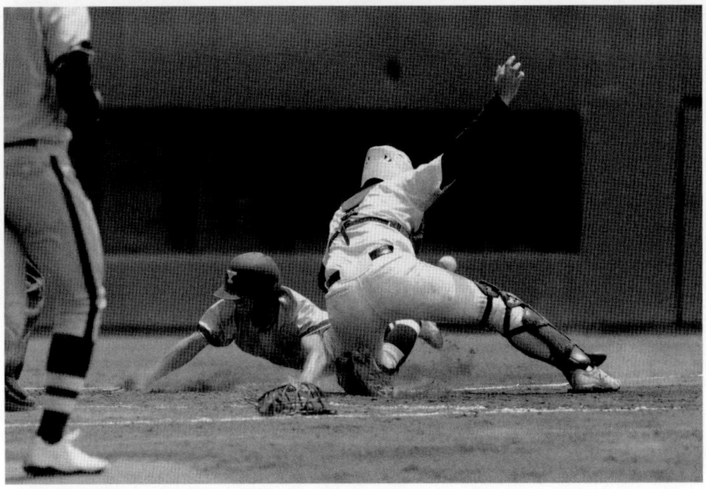

7回裏横浜商2死二、三塁。畔上の適時打で三走に続き二走田口が生還。8点目を挙げる

12日（サーティーフォー相模原球場）

大和	1	2	0	0	0	0	0	0	0	3
横浜商	0	1	0	0	3	2	2	1	×	9

【大	和】	打	安	点	振	球
⑧	杉本	4	0	0	1	0
①6	浅田	3	0	0	0	0
②	内田	4	3	0	0	0
⑤	北原	0	0	0	0	0
H4	出口	2	1	1	0	1
5	種村	0	0	0	0	0
H	本間	1	0	0	1	0
4	横山	0	0	0	0	0
⑨	稲垣	4	1	0	0	0
⑦	松崎	4	1	0	2	0
③	小高	3	0	0	2	0
⑥545	三宅	3	1	2	0	0
④51	柴田	3	0	0	2	0
犠盗失併残	2 0 3 0 4	31	7	3	8	1

【Y	校】	打	安	点	振	球
⑨	三枝木	5	2	1	1	0
⑤	小幡	5	4	3	0	0
⑧	寺島	5	0	0	0	0
⑦	鈴木健	4	2	1	0	1
③	田口	3	1	0	0	2
⑥	佐藤	2	0	0	0	1
H	古川	1	0	0	1	0
6	高橋	0	0	0	0	0
④	嶋田	5	0	0	0	0
②	畔上	2	1	2	0	2
①	川又	0	0	0	0	0
H	笠原	0	0	0	0	1
1	堀切	2	2	0	0	0
1	風本	0	0	0	0	0
犠盗失併残	2 5 1 0 10	34	12	7	2	7

投手	回	打	安	振	球	責
浅田	5	25	6	0	5	4
柴田	3	18	6	2	2	2
川又	2	10	4	2	0	2
堀切	5⅔	19	2	3	1	0
風本	1⅓	5	1	3	0	0

舞岡・飯田が逆転2点本塁打

両チーム22安打の乱打戦を制した舞岡は、1番の主将飯田が逆転の2点ランニング本塁打。3年ぶりの初戦突破に「取られるかなと思ったけど、いい形につながった。自分の代で初戦突破できてよかった」と笑顔で振り返った。

五回に城郷に逆転を許したが、1点を追う六回1死二塁。飯田の放った打球が相手中堅の後ろにそれると、「ランナーコーチャーが腕をぐるぐる回したので、信じた」とホームへ飛び込み、主導権を握り返した。

秋以降は打撃不調に陥り、小林監督とテークバックを改善。夏前には打率4割超をマークするまで復活した。目標の3回戦突破へ「全員で気合いを入れていきたい」と意気込んだ。

▽本塁打　飯田（吉田洋）
▽三塁打　倉本、馬場▽二塁打　中込、築井、吉田智、村川2、阿部、沼沢▽犠打　戸原、手塚、福井▽盗塁　森太、中込、賀野、須田▽失策　金子、戸原、長沢
▽暴投　吉田洋▽ボーク　築井
▽審判　安武、上田、長谷川、阿部
▽試合時間　2時間30分

6回裏舞岡1死二塁。飯田の中越え安打がランニング本塁打となる

12日（サーティーフォー保土ケ谷球場）

城郷	0	0	2	1	3	0	0	0	0	6
舞岡	1	3	0	0	1	2	2	1	×	10

【城	郷】	打	安	点	振	球
②	金子	4	0	0	0	1
④64	村川	4	2	2	0	0
③	阿部	3	1	0	0	1
⑤151	吉田洋	4	1	1	0	0
⑥16	倉本	3	1	2	1	1
⑦585	戸原	2	0	0	0	1
①	荒川	0	0	0	0	0
7	吉田智	4	2	1	0	0
⑨	手塚	3	0	0	1	0
⑧48	長沢	3	0	0	3	1
犠盗失併残	2 0 3 0 4	30	7	6	5	5

【舞	岡】	打	安	点	振	球
②	飯田	5	2	4	1	0
⑥	森太	5	1	0	0	0
⑦	中込	4	3	1	0	1
①	築井	5	1	1	1	0
⑧	馬場	5	2	1	0	0
⑨	賀野	4	3	1	1	1
③	須田	4	0	0	1	0
H	森春	1	0	0	1	0
3	吉田	0	0	0	0	0
⑤	沼沢	3	2	1	1	1
④	福井	3	1	0	1	0
犠盗失併残	1 4 0 0 9	39	15	9	7	3

投手	回	打	安	振	球	責
荒川	1⅓	10	6	0	0	4
吉田洋	5 0/3	24	6	5	2	3
倉本	⅔	5	2	1	1	0
吉田洋	1	4	1	1	0	0
築井	9	37	7	5	5	6

延長制し光陵8年ぶり3回戦

流れが目まぐるしく変わるシーソーゲームを、光陵が延長タイブレークの末に制した。

3－4の九回2死満塁。あとアウト一つで敗北が決まる窮地で、3番手右腕の久保田がそのまま打席に入る。打撃は得意じゃない。でも、相手投手と対した瞬間、最後の夏に懸ける背番号10は「吹っ切れた」。3球目のカーブを中前にはじき返し、試合を振り出しに。「あの打席は何も覚えていない」と笑った。

今春から就任した力久誠監督（28）は、久保田に託した意図を「3年生の気持ちに懸けた」と語る。出場した14人中6人が2年生。先輩の意地を見た下級生が奮起しないわけがなかった。延長タイブレーク十回、先頭星の中前打で勝ち越す。さらに1死満塁で、9番大沼が走者一掃の3点三塁打などで一挙5点。

2015年以来、8年ぶりの夏3回戦進出。監督登録でベンチ入りした国学院大3年の森俊也コーチ（21）は、同校OBで4年前に主将を務めた。初戦敗退に終わった自身の代を超えた後輩たちを誇らしく見つめた。

▽三塁打　大沼▽二塁打　小崎、関川、高尾▽犠打　小崎、大河、田崎、清水、椎野、江藤、田辺2、日下田▽盗塁　田代▽失策　小崎、田崎、笠原、宮村▽暴投　下野▽捕逸　田代
▽審判　高田、熊倉、大中、小江
▽試合時間　3時間23分

9回表光陵2死満塁。久保田が中前適時打を放ち同点とする

12日（保野公園・横浜薬大スタジアム）　（延長10回、10回からタイブレーク）

光陵	1	0	0	0	2	0	0	0	1	5	9
秦野	0	2	0	0	0	0	2	0	0	2	6

【光	陵】	打	安	点	振	球
⑧	小崎	5	2	2	0	0
③	高尾	6	2	1	1	0
⑤	大河	4	1	1	0	0
⑦	熱海	3	0	0	3	2
⑨	田中	4	2	0	2	0
9	柴田	0	0	0	0	0
1	久保田	1	1	1	0	0
①	田崎	1	0	0	0	0
H	内山	1	1	0	0	0
19	星	1	1	1	0	1
⑥	笠原	5	1	0	0	0
②	田代	4	2	0	2	1
④	小川	1	0	0	0	1
H4	大沼	3	1	3	0	0
犠盗失併残	3 1 3 0 10	39	14	9	8	5

【秦	野】	打	安	点	振	球
⑥	清水	3	1	1	1	2
④	椎野	3	1	0	0	2
⑧	塩沢	4	0	0	2	1
③	宮村	4	1	2	2	1
①	下野	2	2	0	0	0
1	江藤	2	1	0	1	0
1	加藤旺	0	0	0	0	0
②	田辺	3	1	0	0	0
⑦	関川	5	2	1	2	0
⑨	日下田	3	0	1	1	0
H	加藤壮	1	1	1	0	0
R	深谷	0	0	0	0	0
⑤	井上	4	2	0	2	0
H	持田	1	0	0	0	0
犠盗失併残	6 0 1 2 13	35	12	6	11	6

投手	回	打	安	振	球	責
田崎	5	21	4	6	2	1
星	2⅔	15	5	4	2	2
久保田	2⅓	11	3	1	2	0
下野	4 0/3	20	5	3	3	3
江藤	5⅓	25	9	5	2	4
加藤旺	⅔	2	0	0	0	0

「逆転の川和」を体現

川和は初回に逆転、効果的に追加点も挙げ初戦を飾った。この「逆転」が今年のキーワードなのだという。

春季地区予選では7点差をひっくり返して初戦を制すと3連勝。県大会でも初戦で逆転勝利を収めた。劣勢の中でも諦めずに戦うメンタリティが武器で「逆転の川和」が合言葉だ。

迎えた夏の初戦でも初回に失策が絡んで1点を失ったが、直後に長短打で3点を奪い逆転した。

これまでと違った精神力が試されたのは最終回。2死一、三塁から連打で2点差とされ、さらに失策で満塁となった。内野陣が集まった円陣で馬場は「あと一つアウトを取るだけ。グッドフェイスでいろ」と呼び掛けた。チームは浮き足立つことなく最後の打者を抑え、リードを守りきった。

▽三塁打　北村、山崎▽二塁打　関向、田村、松本▽犠打　古川、高橋、宮川、名久井、田村、佐藤▽盗塁　山崎、名久井、秦▽失策　岡部、関向、隅田2▽捕逸　宮川
▽審判　萩野、星野、斎藤、安藤
▽試合時間　2時間10分

12日（藤沢八部球場）

大　船	1	0	1	0	0	0	0	0	2	4
川　和	3	0	0	0	0	3	0	0	×	6

1回表大船1死二塁。高橋の右前適時打で二走斉藤が先制の生還

【大　船】		打	安	点	振	球
⑧	斉　藤	4	2	1	0	1
⑦	古　川	3	2	1	0	1
⑨	高　橋	4	2	1	0	0
⑥	井　上	5	1	1	0	0
③	安　村	2	0	0	1	1
H	二　俣	1	0	0	1	0
3	森　谷	0	0	0	0	0
⑤	松　本	4	1	0	1	0
④	初　沢	4	1	0	0	0
②	宮　川	2	1	0	0	1
①	岡　部	3	0	0	0	0
1	与　倉	1	0	0	0	0

犠	盗	失	併	残	打	安	点	振	球
3	0	1	0	9	33	10	3	3	4

【川　和】		打	安	点	振	球
⑧	山　崎	3	1	2	0	2
⑦	名久井	4	1	0	0	0
③	秦	5	1	1	1	0
②	馬　場	4	1	0	0	0
④	北　村	3	2	1	0	1
①	田　村	3	2	1	0	0
1	浜　岡	0	0	0	0	0
⑨	関　向	4	1	1	1	0
9	矢　川	0	0	0	0	0
⑥	隅　田	3	1	0	0	1
⑤	佐　藤	1	0	0	0	2

犠	盗	失	併	残	打	安	点	振	球
3	3	3	1	9	30	10	6	2	6

投手	回	打	安	振	球	責
岡　部	7⅔	36	9	1	5	5
与　倉	⅓	3	1	1	1	0
田　村	7⅔	31	7	2	3	2
浜　岡	1⅓	9	3	1	1	2

立花学園コールド発進

昨夏ベスト4の第2シード立花学園は先発全員安打の16安打14得点でコールド発進。3安打4打点で打線をけん引した7番西坂は「結果ではなく、自分の強みのフルスイングをできた結果」と胸を張った。

初回に3点リードを奪った直後、左越えの適時二塁打で打者12人8得点につなげた。第2打席の二回1死二、三塁。相手右腕のスライダーを「強く低く」ライナーで中前へ運ぶ2点打を放った。

昨夏は創部初の快挙を成し遂げた光景を、スタンドで目に焼き付けた。1日200球をフルスイングするロングティーも欠かさず、主力の座を勝ち取った。見据えるは、神奈川の頂点一択だ。ウルトラな夏にするために「自分の打撃でチームを活気づけたい」と西坂。再び夏のハマスタに返り咲き、輝いてみせる。

▽三塁打　福沢▽二塁打　竹下、関水2、西坂2、服部、荒瀬▽犠打　福沢、小長谷▽盗塁　福沢2、服部
▽失策　市川▽暴投　伊藤
▽審判　内田、堀川、安部、戸田
▽試合時間　1時間24分

12日（サーティーフォー保土ケ谷球場）　（5回コールド）

港　北	0	0	0	0	0	0
立花学園	8	3	1	2	×	14

3安打4打点と活躍し、ガッツポーズで勝利を喜ぶ立花学園の西坂

【港　北】		打	安	点	振	球
⑨6	吉　川	2	0	0	0	0
⑥4	市　川	2	0	0	0	0
⑧	大　野	1	0	0	0	1
⑦	遠　山	2	1	0	0	0
④	田中翼	1	0	0	1	0
1	田中幸	1	0	0	1	0
⑤	鈴　木	2	1	0	0	0
①	井　関	0	0	0	0	0
19	吉　田	1	0	0	1	1
②	高　松	1	0	0	1	0
H	斎	1	0	0	1	0
③	篠　原	2	0	0	0	0

犠	盗	失	併	残	打	安	点	振	球
0	0	1	0	3	16	2	0	5	2

【立　花】		打	安	点	振	球
⑨	福　沢	3	3	2	0	0
④	関　水	2	2	2	0	2
1	芦　川	0	0	0	0	0
⑧	竹　下	4	1	2	0	0
⑥4	三　浦	4	1	1	1	0
⑤	小長谷	2	1	1	0	0
H6	田　畑	1	0	0	0	0
⑦	服　部	2	2	0	0	1
5	前　後	0	0	0	0	0
③	西　坂	3	3	4	0	0
②	前　原	3	1	1	0	0
①	伊　藤	2	1	0	0	0
H7	荒　瀬	1	1	0	0	0

犠	盗	失	併	残	打	安	点	振	球
2	3	0	1	6	27	16	13	1	3

投手	回	打	安	振	球	責
井　関	⅓	5	3	0	1	4
吉　田	1⅔	16	8	0	2	4
田中幸	2	11	5	1	0	3
伊　藤	4	14	1	4	1	0
芦　川	1	4	1	1	1	0

つなぐ意識で横須賀総合大勝

横須賀総合は13安打の猛攻で東に五回コールド勝ちした。相手の守りのミスにも乗じ、残塁はわずか2。そつのない打線が光った。

各打者とも低めのボールを見極め、高めに浮いた球を狙い打った。「うまく打線がつながった」と主将の小浜。自身も2本の3塁打に犠飛と四番の役割をきっちり果たした。

昨夏の大会では、最後の打者だった。その悔しさをバネに、先頭に立ってチームを引っ張ってきた。「次もつなぐ意識を大切に勝利をつかみたい」。

▽三塁打　小浜2、浅羽▽二塁打　相川▽犠打　市川、小浜▽盗塁　佐藤拓▽失策　市川、中山、小堀▽暴投　小林2
▽審判　田沢、上園、佐藤、荒井
▽試合時間　1時間16分

12日（横須賀スタジアム）　（5回コールド）

東	0	0	0	0	0	0
横須賀総合	0	1	5	9	×	15

4回裏横須賀総合2死満塁。浅羽が右越えに走者一掃の適時三塁打を放つ

【東】		打	安	点	振	球
③	柳　川	2	1	0	0	0
④	市　川	1	0	0	0	0
⑤1	岩　本	2	0	0	0	0
②	松　本	2	1	0	0	0
⑨	中　山	2	0	0	0	0
⑧	奥　山	2	0	0	1	0
①5	小　林	1	0	0	0	0
H	岩　田	0	0	0	0	1
R	土　居	0	0	0	0	0
⑦	広　川	2	0	0	0	0
⑥	小　堀	1	0	0	0	0

犠	盗	失	併	残	打	安	点	振	球
1	0	3	1	2	15	2	0	1	1

【横須総】		打	安	点	振	球
⑥	浅　羽	4	3	4	0	0
②	相　川	3	1	1	0	1
⑤	佐藤拓	3	2	1	0	0
③	小　浜	2	2	3	0	0
⑨8	岩　崎	3	1	2	1	0
⑦	宇田川	1	1	0	0	2
④	水戸部	3	1	1	0	0
⑧	山本善	2	0	0	0	0
H9	勝	1	1	0	0	0
①	鈴　木	2	1	0	0	0
H	藤　樫	1	0	0	0	0
R	北　出	0	0	0	0	0
1	山本大	0	0	0	0	0
1	井　上	0	0	0	0	0

犠	盗	失	併	残	打	安	点	振	球
1	1	0	0	2	25	13	12	1	3

投手	回	打	安	振	球	責
小　林	3⅔	19	7	0	2	6
岩　本	1	10	6	1	1	2
鈴　木	4	13	2	0	0	0
山本大	⅔	2	0	1	0	0
井　上	⅓	2	0	0	1	0

2回戦　麻溝台×県商工 ／ 保土ケ谷×海老名 ／ 平塚江南×日大藤沢

七回に麻溝台逆転

2大会ぶりに2回戦を突破した麻溝台はじれずに勝機を待った。相手右腕の緩急にタイミングを外され、六回までわずか2安打。「こういう展開は焦らず慌てずが一番」という阿川弘之監督（58）の我慢が実を結んだのが七回だ。

「左打者には変化球が多い」と読んだ先頭座間が真ん中高めのスライダーを捉えて中越え三塁打。キャプテンが口火を切ると、1死から野本、土屋、富岡の3連打で2点を奪って逆転した。試合序盤から相手投手の配球の傾向を読み、チーム内で共有していたという。

先発飯出の働きも大きい。3年右腕は立ち上がりから変化球に苦しむも、持ち味の力強い直球で押して7回1失点で粘投した。部員46人中、10人と少ない最上級生がチームを引っ張っている。

▽三塁打　座間▽二塁打　野本、座間▽犠打　石井、明日▽盗塁　富岡、飯出▽失策　渡辺
▽審判　金川、土屋、高木、藤川
▽試合時間　2時間7分

【麻溝台】		打	安	点	振	球
⑦	北川	4	0	0	0	0
④	広瀬	4	0	0	0	0
③	座間	4	3	0	0	0
⑤	稲野	4	0	0	0	0
⑨	野本	4	1	1	0	0
②	土屋	4	1	1	1	0
⑥	富岡	3	2	0	0	1
①	飯出	3	0	0	0	0
1	荒井	0	0	0	0	0
⑧	井	3	0	0	0	0

犠	盗	失	併	残	打	安	点	振	球
0	2	0	1	5	33	7	2	1	1

【県商工】		打	安	点	振	球
④	菅沼	4	0	0	1	0
H	玉川	1	0	0	1	0
⑧	宮崎	4	2	0	1	0
1	宇佐美	0	0	0	0	0
H	安田	0	0	0	0	1
⑥	津田	4	1	0	0	1
③	岡本	4	3	0	0	0
⑨8	石井	3	0	0	1	0
⑦	原	3	1	0	1	0
7	渋谷	1	1	0	0	0
⑤	渡辺	4	1	1	1	0
①9	三島	4	1	0	1	0
②	明日	3	1	0	1	0

犠	盗	失	併	残	打	安	点	振	球
2	0	1	0	11	35	11	1	8	2

投手	回	打	安	振	球	責
飯出	7	30	9	7	1	1
荒井	2	9	2	1	1	0
三島	7	27	6	1	1	2
宇佐美	2	7	1	0	0	0

12日（等々力球場）

麻溝台	0	0	0	0	0	0	2	0	0	2
県商工	0	0	0	1	0	0	0	0	0	1

7回表麻溝台1死二塁。土屋の右前適時打で二走野本が勝ち越しの生還

保土ケ谷・主将、攻守に奮闘

保土ケ谷の主将中川が攻守に奮闘。試合後は「悔しいが、最後に1本打てて良かった」と涙を拭った。

終始劣勢も声で仲間を鼓舞し続け、三塁守備では華麗なランニングスローを2度披露。絶不調だった打撃も「この1カ月死ぬほど努力した」という成果を第1打席で発揮し、中前にはじき返した。

1、2年の間は校舎改修工事のためグラウンドを使えず、同期の部員は次々退部した。それでも腐らず、今春まで10人で頑張ってきた。

最後は前打者の同じ西谷中出身の小島佳が併殺に倒れ、4度目の打席に立てなかったが「高校に入ってから頑張っている姿を一番近くで見ていた。彼で終わって良かった」と笑顔で話した。

▽本塁打　友永（佐藤）
▽三塁打　小幡▽二塁打　鈴木、小山、高井、三国谷▽犠打　高橋遥、小幡、大堀▽盗塁　高橋遥、斉藤▽失策　小山2
▽審判　清水、安田、山岡、安保
▽試合時間　2時間0分

【保土谷】		打	安	点	振	球
①	佐藤	3	1	0	0	1
④	三国谷	4	2	2	0	0
②	笹岡	4	1	0	1	0
⑥	三宅	2	1	0	0	2
③	小島一	4	1	1	1	0
⑧	小島佳	4	1	0	1	0
⑤	中川	3	1	0	0	0
⑨	榊原	3	1	0	0	0
⑦	木村	0	0	0	0	0
H7	木下	3	0	0	0	0

犠	盗	失	併	残	打	安	点	振	球
0	0	0	0	8	30	9	3	3	3

【海老名】		打	安	点	振	球
⑧	友永	3	1	2	0	1
③1	高井	4	2	0	0	0
②	高橋遥	2	1	0	0	1
⑤	小山	4	3	2	0	0
⑥	斉藤	4	3	3	0	0
⑦	小幡	3	2	2	0	0
⑨	大堀	3	1	1	0	0
①	鈴木	2	1	0	0	0
H	松浦	1	1	1	0	0
R	綿貫	0	0	0	0	0
1	菊池	1	0	0	0	0
3	橋本	0	0	0	0	0
④	後藤	3	0	0	1	1

犠	盗	失	併	残	打	安	点	振	球
3	2	2	2	7	30	15	11	1	3

投手	回	打	安	振	球	責
佐藤	6	36	15	1	3	11
鈴木	4	15	4	1	0	0
菊池	2⅓	17	5	2	3	1
高井	⅔	1	0	0	0	0

12日（大和スタジアム）　（7回コールド）

保土ケ谷	0	0	0	0	2	1	1	4
海老名	3	4	0	4	0	0	×	11

3安打3打点に守備も光った海老名の斉藤

日藤・斎藤が先制三塁打

28年ぶりの甲子園を目指す日大藤沢には心強い扇の要がいる。初回の満塁機で先制三塁打を放てば、3投手を落ち着いてリードして零封リレーを先導。攻守にわたり存在感を発揮した2年斎藤は「初回にしっかりタイムリーを打てて流れがきた。チームの雰囲気もすごく良かった」と手応えをにじませた。

中学時代はボーイズリーグの湘南クラブで技を磨き、捕手出身の山本秀明監督（53）に教えを請うため入学。昨夏から正捕手を務め「去年は先輩に思い切りやらせてもらったので今年は1年生を自分たちでカバーしたい」と中心選手としての自覚も示す。

「打率6割、盗塁阻止率10割」を掲げる2度目の夏。次戦に向け「接戦になってもしっかり自分たちの野球をやって勝ちきりたい」と力強かった。

▽三塁打　斎藤▽二塁打　半田▽犠打　牧原賢▽盗塁　鯖江、宗形、斎藤、奥道▽失策　平野2、堂埜、豊田、田上▽暴投　倉島
▽審判　古川、横山、豊島、高味
▽試合時間　1時間51分

【江南】		打	安	点	振	球
⑥	鯖江	2	0	0	1	1
④	平野	3	0	0	1	0
⑧	渡辺	3	1	0	0	0
⑤	荘司	3	1	0	0	0
③	柿田	2	0	0	1	1
⑨	植田	2	1	0	0	0
②	堂埜	2	0	0	1	0
①	中井川	1	0	0	0	0
1	倉島	0	0	0	0	0
1	豊田	1	0	0	0	0
⑦	吉田	1	0	0	0	0
H	越地	1	0	0	0	0
7	西川	0	0	0	0	0

犠	盗	失	併	残	打	安	点	振	球
0	1	4	0	5	21	3	0	4	2

【日藤】		打	安	点	振	球
⑨	中里	3	0	0	0	1
③	宗形	1	0	0	0	3
⑤	牧原賢	2	1	1	0	1
⑥	田上	4	2	0	0	0
②	斎藤	2	2	4	0	2
⑦	杉山	4	1	1	1	0
④	半田	4	3	3	0	0
⑧	矢島	3	0	0	1	0
①	坂本	2	0	0	1	0
1	剱持	0	0	0	0	0
H	山口	0	0	0	0	1
R	奥道	0	0	0	0	0
1	三宿	0	0	0	0	0

犠	盗	失	併	残	打	安	点	振	球
1	3	1	1	8	25	9	9	3	8

投手	回	打	安	振	球	責
中井川	1⅓	13	6	0	3	7
倉島	⅔	4	1	2	1	1
豊田	3⅓	17	2	1	4	0
坂本	3⅔	15	2	3	1	0
剱持	1⅓	5	0	1	1	0
三宿	1	3	1	0	0	0

12日（等々力球場）　（6回コールド）

平塚江南	0	0	0	0	0	0	0
日大藤沢	4	4	0	0	1	1X	10

1回裏日大藤沢1死満塁。斎藤が先制の適時三塁打を放つ

鶴嶺140キロ右腕6回6K

鶴嶺の２年生エース上川が、初戦の先発マウンドに。最速141キロを誇る期待の右腕は６回を５安打１失点、６奪三振とまずまずの内容だった。

初回は３外野フライで３者凡退に。二回に死球から長打を浴びて１点を失ったが、その後は走者を背負ってもペースを乱すことなくアウトを重ねた。

春の県大会で日大藤沢に２－３で惜敗するなど、昨夏から登板経験を重ねてきた。この日はストレートとカーブしか投げなかったが、直球は高めで三振を奪い、カーブは大きく横に弧を描く。「春の敗戦を教訓に、今日は力で押すところは押して、打たせるところは打たせられた」と、本人も納得のマウンドだった。

後続の投手陣が２点差まで追い上げられて冷やっとする場面もあったが、「上川の体調にも気をつけて投げさせていく」と山下大輔監督（38）。

中学生時代（伊勢原ボーイズ）、相洋にあと一歩の試合をしたのを見て受験を決めたという上川。目標の打倒強豪私学に向け「まずは４回戦を勝って、その先も」と意欲的だった。

【鶴	嶺】	打	安	点	振	球
⑦	市川	5	3	3	0	0
④	仲沢	3	1	1	1	0
⑧	田野	4	1	2	0	0
②	鈴木	5	1	1	0	0
③	野一色	4	1	1	1	0
3	日高	1	0	0	0	0
⑨	饗庭	3	0	0	0	0
H	山上	1	0	0	0	0
9	渡部	0	0	0	0	0
⑥	遠藤	3	1	0	0	1
⑤	山田	4	1	0	0	0
①	上川	1	1	1	0	1
1	原田	1	0	0	0	0
1	猪田	0	0	0	0	0
犠盗失併残	5 1 0 1 6	35	10	9	2	2

【橘 学	苑】	打	安	点	振	球
⑨89	高橋	3	0	0	1	0
H9	吉岡	2	2	1	0	0
⑥	成宮	5	3	0	0	0
⑤	南雲	4	2	0	0	1
⑦	角田	1	0	0	1	1
H7	平岡	3	2	3	0	0
①91	白石	4	1	0	0	0
⑧18	徳増	4	0	0	2	0
H	板倉	0	0	0	0	1
③	豊田	4	1	1	0	1
②	呉山	4	1	0	1	1
④	渡辺	4	1	0	1	0
犠盗失併残	1 0 3 1 12	38	13	5	6	5

投手	回	打	安	振	球	責
上川	6	26	5	6	3	1
原田	1⅔	13	7	0	1	4
猪田	1⅓	5	1	0	1	0
白石	5⅓	27	8	1	2	6
徳増	⅔	3	1	0	0	1
白石	3	12	1	1	0	1

６回表鶴嶺１死一、二塁。中越え安打がランニング本塁打となり二走遠藤⑥とタッチする市川

▷本塁打　市川（徳増）
▷三塁打　田野、豊田▷二塁打　遠藤、呉山、鈴木▷犠打　仲沢２、田野、饗庭、上川、白石▷盗塁　市川
▷失策　成宮２、渡辺
▷審判　増田、橋本、岩男、石井
▷試合時間　２時間15分

12日（バッティングパレス相石スタジアムひらつか）

鶴嶺	2	1	0	1	0	3	0	0	2	9
橘学苑	0	1	0	0	0	0	1	3	0	5

横浜平沼6年ぶり白星

横浜平沼が接戦を制して６年ぶりに初戦を白星で飾った。九回に高津・新栄の激しい追い上げをかわした主将山形は「すごくしんどかった。これまで夏に勝てなかった悔しさを晴らすことができた」と笑みを浮かべた。

相手エースを五回まで無安打と打ちあぐねたが、打線は外角のコースに狙いを定め、同点の六回２死二塁で４番山形が高めの直球を捉えて勝ち越しの適時三塁打を決めた。山形は「４番なのでチャンスに回ってくる。集中して直球に反応することができた」と振り返った。

エース平尾は緩急巧みに154球の力投。七回１死満塁で投ゴロの併殺に取るなどし、左腕は「ピンチでギアを上げることができた」と手応えを口にした。九回に５連打を浴びて１点差まで追い上げられたが「どれも打ち取った当たりだった」と焦りはなかった。

念願の夏の１勝を挙げ、13人のチームで16強を目指す。平尾は「一つ勝つのが難しいことを感じた。ベストパフォーマンスを出したい」と意気込んだ。

▷三塁打　山形▷二塁打　内田、寺久保、松尾、山形▷犠打　井上、卜部、伊藤、菊池、松尾、寺久保２、岩田、高見沢、西▷盗塁　伊藤、岩田、高見沢、西▷失策　伊藤、松尾、平尾、新井、岩田
▷審判　菅原、小池、河田、北園
▷試合時間　２時間21分

【高 ・	新】	打	安	点	振	球
⑥	井上	4	0	0	1	0
⑦	卜部	2	0	0	0	2
①	伊藤	4	3	1	1	0
②	菊池	2	2	0	0	2
③	内田	5	3	1	1	0
⑨	山田	5	1	1	2	0
⑧	矢野	5	1	1	0	0
⑤	宮本	5	1	0	1	0
④	松尾	3	2	0	0	1
犠盗失併残	5 1 2 2 13	35	13	4	6	5

【平	沼】	打	安	点	振	球
⑤	寺久保	2	1	2	0	0
⑧	田中暖	4	0	0	1	0
①	平尾	4	0	0	0	0
②	山形	4	2	1	0	0
③	新井	2	0	0	2	2
⑦	吉川	4	2	0	0	0
⑥	岩田	2	0	0	0	1
⑨	高見沢	2	1	0	0	1
④	西	1	0	0	1	1
犠盗失併残	5 3 3 1 5	25	6	3	4	5

投手	回	打	安	振	球	責
伊藤	8	35	6	4	5	2
平尾	9	45	13	6	5	3

６回裏横浜平沼２死二塁。勝ち越しの右越え三塁打を放ちガッツポーズする山形

12日（小田原球場）

高津・新栄	0	0	2	0	0	0	0	0	3	5
横浜平沼	0	0	2	0	0	1	1	2	×	6

山北 試合決める６連打

山北は二回に四球を挟む６連打などで一挙７得点して試合を決めた。

０－０の二回無死一塁で７番山口が、さらに一、二塁で続く久保谷もライン際へセーフティーバント。ともにファウルになったが山口は四球を選び、久保谷は右前に運んで好機を広げた。

「打力のあるチームなので簡単にはアウトを与えない。取り組んできたことの成果がでた」と安藤監督。９番波多野のスクイズが内野安打になると、１番近藤から３連続長短打してビッグイニングとした。

２安打３打点の主将小宮は「つないでくれたおかげ。みんな初球の甘い球を積極的に打てていた」と充実の表情だった。

【山　北】		打	安	点	振	球
③	近　藤	4	1	1	0	0
⑧	松　崎	4	2	2	0	0
②	栃久保	3	2	0	1	1
⑥	升　沢	3	0	0	1	0
⑤	小　宮	3	2	3	0	0
④	河野太	2	1	0	0	0
⑦	山　口	2	1	1	0	1
1	桐　生	0	0	0	0	0
①9	久保谷	3	1	1	0	0
⑨7	波多野	3	2	1	1	0

犠	盗	失	併	残	打	安	点	振	球
1	4	1	0	5	27	12	9	3	2

【金 沢 総】		打	安	点	振	球
⑤	玉　川	2	1	0	0	1
⑦	三　戸	3	0	0	1	0
⑥	前原一	2	0	0	0	0
②	久保田	2	0	0	0	0
①9	山　崎	2	0	0	0	0
⑨	越　山	1	0	0	1	0
1	横　地	1	1	0	0	0
④	田　嶋	1	0	0	0	1
③	前原舜	2	0	0	1	0
⑧	東	1	0	0	0	0
H	浅　場	1	0	0	0	0
R	内　藤	0	0	0	0	0

犠	盗	失	併	残	打	安	点	振	球
0	1	3	1	5	18	2	0	3	2

投手	回	打	安	振	球	責
久保谷	4⅓	17	2	2	2	0
桐　生	⅔	3	0	1	0	0
山　崎	2⅓	18	9	1	2	7
横　地	2⅔	12	3	2	0	1

▷三塁打　山口▷二塁打　近藤、栃久保▷犠打　河野太▷盗塁　松崎、栃久保、升沢、河野太、玉川▷失策　小宮、玉川、三戸、横地▷暴投　横地
▷審判　藤橋、伊藤、中原、西村
▷試合時間　１時間32分

２回表山北１死二、三塁。小宮が右前に２点適時打を放つ

12日（大和スタジアム）　（5回コールド）

山　北	0	7	0	3	0	10
金沢総合	0	0	0	0	0	0

横浜隼人・久保「４番の役目」

最終打席で４番の役目を果たした。横浜隼人が５点リードの六回２死満塁。前打席まで無安打だった久保は「引っ張りにいっていた」と反省して入った。３球目の内角低め直球をフルスイング。打球が左中間を抜けると、背番号５は一気に加速。走者一掃の３点適時三塁打となり、コールド勝ちを一気に引き寄せた。

試合後久保は「４番の仕事ができて良かった。一振りで仕留めることができた」と振り返り「長打を出せば流れが変わる。チームの流れを変えるのが４番の仕事」と胸を張った。14年ぶりの頂点を目指す横浜隼人には、頼もしい３年生が打線の中心にいる。

【翠　嵐】		打	安	点	振	球
⑨	大　迫	3	0	0	0	0
②	松　浦	3	1	0	1	0
⑥	海　野	3	0	0	1	0
③	辻	3	0	0	1	0
⑤	寺　島	3	0	0	0	0
⑧	下　村	3	1	0	1	0
①	石　田	2	0	0	1	0
⑦	斉　藤	1	0	0	0	0
④	松　谷	2	0	0	0	0

犠	盗	失	併	残	打	安	点	振	球
1	0	3	0	3	23	2	0	5	0

【隼　人】		打	安	点	振	球
⑧	関　水	3	1	1	0	1
R8	作　間	0	0	0	0	0
③	高　橋	3	1	1	0	1
④	菊　地	4	0	0	0	0
⑤	久　保	3	1	3	0	1
⑨	嬉　野	3	0	0	2	0
⑥	城　島	2	1	0	0	1
②	山野井	2	0	0	0	1
①	山　口	1	0	1	0	1
1	難　波	1	0	0	1	0
1	新　井	0	0	0	0	0
1	石　橋	0	0	0	0	0
⑦	大八木	2	1	1	0	1

犠	盗	失	併	残	打	安	点	振	球
1	1	0	0	6	24	5	7	3	7

投手	回	打	安	振	球	責
石　田	6	32	5	3	7	3
山　口	5	18	2	3	0	0
難　波	1	3	0	1	0	0
新　井	⅔	2	0	0	0	0
石　橋	⅓	1	0	1	0	0

６回裏横浜隼人２死満塁。久保が左中間に走者一掃の適時三塁打を放つ

▷三塁打　久保▷二塁打　下村▷犠打　斉藤、嬉野▷盗塁　城島▷失策　松浦、寺島、松谷
▷審判　高田、久野、浦田、岩男
▷試合時間　１時間37分

12日（横浜スタジアム）　（7回コールド）

横浜翠嵐	0	0	0	0	0	0	0	0
横浜隼人	0	0	0	4	0	4	×	8

相模原弥栄の主砲３安打３打点

相模原弥栄は序盤の大量点を守ってコールド発進。主砲千田は３安打３打点にも「中盤、後半にかけて打線がつながらなかったのは反省点」と頬を引き締めた。

初回１死二、三塁で右前に運ぶと、二回１死一塁では右中間を深々と破る適時二塁打。中軸で計５打点を稼ぎ「前にも後ろにも勝負強いバッターが並んでいる。つなぎの四番の意識で起点になっていきたい」という。

捕手としては四回の２失点も課題で「リードしきれなかった。もう少し声を掛けて引っ張らないと」と先を見据えた。

▷三塁打　高橋▷二塁打　高橋、福地、千田▷犠打　長峰、山中、高橋▷盗塁　井上、千田、落合２、磯▷失策　木下▷暴投　富樫
▷審判　諏訪、金子、安重、池田
▷試合時間　２時間26分

【弥栄】		打	安	点	振	球
⑥	長峰	4	1	2	0	0
④	山中	2	1	1	0	0
5	井上	2	1	0	0	0
③	高橋	3	2	1	0	0
②	千田	3	3	3	0	1
⑨	福地	2	1	1	0	0
H9	尾崎	1	1	0	0	1
⑧7	角方	4	1	1	0	0
⑦	荒井	2	0	0	0	0
7	安藤	1	0	0	0	1
R8	赤間	0	0	0	0	0
⑤4	落合	4	2	0	0	0
①	木持	1	1	0	0	0
H	笹川	1	0	0	0	0
1	鈴木	0	0	0	0	0
1	富樫	2	0	0	1	0
犠盗失併残						
3 4 0 0 8		32	14	9	1	3

【浅野】		打	安	点	振	球
⑥	佐々木	4	1	0	1	0
R	村上	0	0	0	0	0
⑤	平井	3	1	0	0	0
5	大郷	0	0	0	0	1
R	岡野	0	0	0	0	0
④	木下	3	1	0	0	0
H	矢野	1	0	0	1	0
③	新宅	3	0	0	0	1
②	堀	2	1	0	0	1
①	森本	2	0	0	0	1
⑦	鈴木	3	0	1	0	0
⑧	磯	3	2	1	0	0
⑨	八幡	2	0	0	1	1
犠盗失併残						
0 1 1 1 8		26	6	2	3	5

投手	回	打	安	振	球	責
木持	2	7	1	0	0	0
鈴木	1⅓	10	3	2	3	2
富樫	3⅔	14	2	1	2	0
森本	7	38	14	1	3	8

４回表相模原弥栄２死三塁。千田が中前適時打を放つ

12日（サーティーフォー相模原球場）　（7回コールド）

相模原弥栄	3	4	0	1	0	0	1	9
浅野	0	0	0	2	0	0	0	2

平塚湘風・主将が快打

主将による有言実行の一打だった。平塚湘風は初回無死一、三塁で３番山本。内角低めの直球を振り抜き、左中間を破る２点適時二塁打。本塁打を放った１回戦後に語った「本塁打は忘れて、安打を狙うというイメージで」の打撃を１打席目から体現した。後続もつながり一挙４点を奪った。

同点に追いつかれた直後の七回２死三塁。今度は変化球にうまく反応し、二塁手を強襲する鋭い打球を飛ばした。全力疾走の山本は「体が勝手に動いた」と気迫のヘッドスライディング。三走が生還し、値千金の決勝タイムリーとなった。

▷三塁打　浅野▷二塁打　長南、山本、斎木、高田▷犠打　石西、中川２、剣持、河崎▷盗塁　剣持、山本▷失策　浅野、関屋
▷審判　小笠原、桜庭、祝、北林
▷試合時間　２時間11分

【南陵】		打	安	点	振	球
⑧	長南	4	1	0	1	1
⑦	古河	2	1	0	1	0
H3	山田	2	0	0	1	1
⑨7	石西	4	2	0	1	0
②	佐藤	5	1	0	1	0
③9	鈴木匠	3	1	0	1	1
④	大本	3	2	1	0	1
⑥	浅野	3	2	2	0	1
①	青山	0	0	0	0	0
H	早崎	1	0	0	0	0
1	中川	1	0	0	0	0
⑤	斎藤	4	1	0	0	0
犠盗失併残						
3 0 1 2 9		32	11	3	6	5

【湘風】		打	安	点	振	球
⑧	剣持	3	1	0	0	0
④	斎木	4	2	0	1	0
⑥	山本	4	2	3	0	0
③	三沢	3	0	0	0	1
①	遠藤	4	1	0	0	0
⑨	河崎	3	0	0	0	0
⑦	田口	3	1	0	0	1
②	関屋	3	1	2	0	0
⑤	高田	3	2	0	0	0
犠盗失併残						
2 2 1 1 5		30	10	5	1	2

投手	回	打	安	振	球	責
青山	1	9	5	0	1	4
中川	7	25	5	1	1	1
遠藤	9	40	11	6	5	3

完投勝利を喜ぶ平塚湘風の遠藤

12日（横浜スタジアム）

横浜南陵	0	2	0	0	0	1	1	0	0	4
平塚湘風	4	0	0	0	0	0	1	0	×	5

環境克服し関東学院快勝

関東学院は３年が３人だけ。１年が入るまでは全体で11人しかおらず、ぎりぎりの状態だった。しかもグラウンドを使えるのは週に２回で、午後５時から。厳しい環境の中で、試合を想定するなど工夫して練習を重ねてきた。先発した３年は２人だったが、その一人、４番前泊は長打３本を含む４安打５打点の活躍。六回には二死満塁から左中間へ適時打を放ち、コールド勝ちを決めた。

前泊の父親はかつて横浜大洋ホエールズで活躍した前泊哲明さん。この日、父親は仕事で観戦できなかったが「最後の夏に初戦敗退した自分が見られなかった風景を見てこい」と送り出されたという。もう一人の右腕エース萩原は、足のアクシデントで四回途中に無念の降板。しかし、「いつでも登板できるよう、初回から準備していた」という２年の江原が継投し、反撃の機会を与えなかった。

中高一貫教育の関東学院はメンバー同士が早くから顔見知りで、「選手同士の仲はいい」と初めて夏の大会で指揮を執った高岸稔監督（25）。選手たちは伸び伸びとプレーしていた。

【旭】		打	安	点	振	球
④	百瀬	2	1	0	0	1
③	後藤	2	0	0	1	0
⑧	谷口	3	1	0	1	0
⑦	今村	3	0	0	3	0
⑤	木村	2	1	1	0	1
⑥	佐々木	3	0	0	1	0
②	宮島	3	1	0	0	0
⑨	西沢	0	0	0	0	1
1	和久	2	1	0	0	0
1	根崎隼	0	0	0	0	0
9	山口	0	0	0	0	0
①91	小林	2	0	0	1	0
犠盗失併残	1 4 3 0 5	22	5	1	7	3

【関東学】		打	安	点	振	球
⑥	伊沢	5	2	1	1	0
⑧	片渕	4	1	0	1	0
H	赤松	1	0	0	0	0
④	豊田	3	1	0	1	2
⑤	前泊	5	4	5	0	0
③	荒井	3	2	1	0	1
①	萩原	2	1	0	0	0
1	江原	1	0	0	0	0
⑨	井上	3	1	1	1	1
②	一柳	4	2	2	1	0
⑦	中島	3	2	0	0	1
犠盗失併残	1 1 2 0 10	34	16	10	5	5

投手	回	打	安	振	球	責
小林	2 2/3	16	8	3	0	4
和久	2 2/3	19	6	2	3	1
根崎隼	1/3	3	1	0	1	0
小林	0/3	2	1	0	1	0
萩原	3 1/3	17	4	3	2	2
江原	2 2/3	9	1	4	1	0

3回裏関東学院2死二、三塁。前泊が左越えに勝ち越しの2点適時二塁打を放つ

▷三塁打　前泊▷二塁打　片渕、前泊２▷犠打　後藤、江原▷盗塁　百瀬、谷口、和久２、中島▷失策　後藤、木村、佐々木、伊沢、井上▷暴投　江原、和久
▷審判　井上、栗田、田山、小林
▷試合時間　２時間35分

12日（横須賀スタジアム）（6回コールド）

旭	0	1	1	1	0	0	3
関東学院	2	0	3	0	0	8X	13

湘南 魅せた３連続バント

バントは、単なる送りバントではない。

湘南は三回、無死一塁から３者連続でバント。１つ目が投手の失策を誘い、２つめが成功して１死二、三塁。そして３つ目は４番・安西和がプッシュ気味に一塁前に。「ストライクスクイズ」の難しいサインを見事に決めただけでなく、それが野選となり勝機はさらに拡大した。

「まぁ、そんなに打てないからね」と川村靖監督（61）は言う。ただ、状況に応じて絶妙に転がすバントは、ともすれば安打以上に昨夏８強メンバーも残る三浦学苑の守備陣に重圧をかけた。

守っても勝負所で隙がない。３併殺に２つのけん制アウト。７安打の相手走者を次々と仕留めた。見せたのは三回２死二塁。ショートへの内野安打の間に一気に本塁を狙った二走を、遊撃からの送球を受けた一塁手が即座に本塁に転送して失点を許さなかった。

バントや内野のボール回しを大きな武器に変えた。積み重ねてきた練習によってシードを手にしたことがよく分かる夏の初戦だ。

【三浦学】		打	安	点	振	球
⑦	小鷹	4	0	0	0	0
⑥	金井	4	1	0	0	0
⑤	西元	3	0	0	0	1
⑨1	星	4	2	0	0	0
③	米田	4	2	0	0	0
②	原田	3	0	0	0	0
⑧	加来	2	0	0	0	0
H9	石井	1	0	0	1	0
④	佐藤	2	1	0	1	0
H4	宮本	1	1	0	0	0
①	松本	2	0	0	2	0
H	鈴木	1	0	0	0	0
R8	小菅	0	0	0	0	0
犠盗失併残	0 2 1 0 4	31	7	0	4	1

【湘南】		打	安	点	振	球
⑧	須藤	3	1	0	1	1
②	豊原	2	0	0	1	0
⑤	千北	3	0	0	1	0
③	安西和	3	0	1	2	0
①	村田	4	1	1	0	0
⑦	湯川	2	0	0	1	0
⑨	中島	3	1	0	0	0
⑥	遠嶋	2	0	0	0	1
④	小沢	3	1	0	0	0
犠盗失併残	5 1 3 3 6	25	4	2	6	2

投手	回	打	安	振	球	責
松本	7	29	4	5	2	0
星	1	3	0	1	0	0
村田	9	32	7	4	1	0

3回裏湘南1死二、三塁。安西和のスクイズバントで三走須藤がガッツポーズで生還

▷二塁打　米田２、宮本▷犠打　豊原２、千北、安西和、湯川▷盗塁　西元、佐藤、中島▷失策　松本、千北、安西和、小沢
▷審判　早川、江藤、阿部、斉藤
▷試合時間　２時間10分

12日（バッティングパレス相石スタジアムひらつか）

三浦学苑	0	0	0	0	0	0	0	1	0	1
湘南	0	0	2	0	0	0	0	0	×	2

大井悲願の単独勝利

九回2死一、二塁の守備。最後の打者が放った打球は大井の左翼・斎藤のグラブの中へ。20年ぶりの単独出場での初戦突破にナインは飛び跳ねてはしゃぐ。主将渋谷は「（監督の）木村先生から『この先、単独で勝つことはないだろう』と言われたので、統合前にい歴史をつくれた」と興奮気味だ。

3年後に小田原城北工との統合を控えた大井ナインは最大6点差の劣勢。しかし、諦めない。

七回に相手の暴投や2番加瀬の適時打で7－8。八回に同点に追い付いた直後の1死二塁。2年松栄が振り抜いた打球は中前に落ちた。大逆転の勝ち越しタイムリーに殊勲者は満面の笑みだ。

試合中には右翼・田中の顔に打球が直撃して鼻血を出し、キャプテンも足がけいれん。そんな不測の事態にも心を乱さず、チーム方針「全力疾走」を貫いたのが勝因だ。

▽三塁打　細田、津戸▽二塁打　細田▽犠打　渋谷、大溝、小林、永野、谷口、竹森、沖▽盗塁　加瀬、秋山、小倉3、渋谷2、永野2、細田、谷口、竹森、沖2▽失策　斎藤、田中、渋谷2、津戸、牧野、竹森、沖2▽暴投　大溝、永野▽捕逸　沖▽審判　堀川、田中、杉山、三橋▽試合時間　2時間46分（中断14分）

11日（いせはらサンシャイン・スタジアム）

大　　井	0	1	0	1	0	0	5	4	0	11
南	1	0	2	1	1	3	0	0	2	10

８回表大井２死一、三塁。敵失で三走小島が本塁を突く

【大　井】		打	安	点	振	球
⑦	斎　藤	4	0	1	1	1
④	加　瀬	5	1	1	0	0
⑨	田　中	4	1	0	1	1
⑥1	秋　山	4	2	0	0	1
⑧	小　倉	4	1	0	0	1
⑤	渋　谷	3	1	2	0	1
③	松　栄	5	3	2	0	0
②	小　島	2	0	1	0	2
①	大　溝	1	0	0	1	0
6	吉　川	0	0	1	0	2

犠	盗	失	併	残	打	安	点	振	球
2	7	4	0	5	32	9	8	3	9

【　南　】		打	安	点	振	球
⑥	津　戸	5	1	1	0	1
⑦	小　林	4	1	1	0	0
①91	永　野	4	1	1	0	0
⑨13	細　田	4	3	2	0	1
R	立　花	0	0	0	0	0
③	牧　野	4	0	0	1	0
1	石　村	0	0	0	0	0
9	他力野	1	1	0	0	0
⑧	持　田	3	0	0	0	2
④	谷　口	3	1	0	0	1
⑤	竹　森	3	1	3	1	0
5	川　端	0	0	1	0	1
②	沖	3	1	1	0	1

犠	盗	失	併	残	打	安	点	振	球
5	7	5	1	9	34	10	10	2	7

投手	回	打	安	振	球	責
大　溝	5	23	6	0	1	4
秋　山	4	23	4	2	6	4
永　野	7⅓	34	8	3	6	8
細　田	0/3	1	0	0	1	0
石　村	⅔	4	0	0	2	0
永　野	1	4	1	0	0	0

湘南工大付2試合連続完投

真夏の炎天下にたぎる闘志が勝った。湘南工大付のエース小泉は1回戦から続く完投で鶴見大付を下した。猛暑日に見舞われた小田原球場で115球を投げ抜いた右腕は「スタンドからの応援も、部員たちの気持ちも背負っている。暑さに負けようとは思わなかった」と涼しい顔で振り返った。

試合前から榊淳一監督から完投を指示された背番号1。指揮官の信頼に応えるように切れのある直球で内野ゴロを量産。終盤もスタミナ切れを感じさせず「最後まで全力を出し切ろう」と八、九回も直球で押し込んで三者凡退で締めた。

昨秋は体調不良でほとんど出場できず、今年の春は予選敗退。悔しさからトレーニング量を2倍に増やしてスタミナをつけ完投能力を手に入れた。最後の夏に「直球に自信がある。神奈川4強を目指す」と意気込んだ。

▽三塁打　茂木▽二塁打　田口、中島、小林、鳥屋▽犠打　佐藤優2、霧生、小島、高林、佐藤、小関▽盗塁　佐藤諒、高野▽失策　内山、佐藤（鶴）▽暴投　高野▽審判　金子、石原、藤田、井上▽試合時間　2時間25分

11日（小田原球場）

湘南工大付	0	3	1	1	0	0	0	2	3	10
鶴見大付	0	0	0	1	0	1	0	0	0	2

９回表湘南工大付２死満塁。鳥屋が走者一掃の適時二塁打を放つ

【湘工大】		打	安	点	振	球
⑥	内　山	6	2	1	1	0
⑧	佐藤諒	6	3	0	2	0
②	府　川	4	1	0	1	2
③	鳥　屋	3	3	3	0	3
3	小　野	0	0	0	0	0
⑨	佐藤優	4	0	1	0	0
⑤	小　林	4	1	2	0	1
④	霧　生	4	1	1	0	0
①	小　泉	3	3	0	0	2
⑦	小　島	2	0	1	0	0
H	宇久田	1	0	0	0	0
7	高　林	0	0	0	0	0

犠	盗	失	併	残	打	安	点	振	球
5	1	1	1	13	37	14	9	4	8

【鶴大付】		打	安	点	振	球
④	小　池	3	1	0	0	1
⑥	佐　藤	3	1	0	0	0
①7	高　野	4	1	0	0	0
⑤	茂　木	2	1	0	0	1
5	奥　野	1	0	0	0	0
⑧	小　関	3	0	1	1	0
②	中島大	4	2	0	0	0
③	鈴　木	4	0	0	0	0
⑨	田　口	4	1	0	0	0
⑦	山　福	2	0	0	0	1
1	北　沢	0	0	0	0	0
H	斎　藤	1	0	0	0	0

犠	盗	失	併	残	打	安	点	振	球
2	1	1	0	7	31	7	1	1	3

投手	回	打	安	振	球	責
小　泉	9	36	7	1	3	1
高　野	8	43	11	4	7	5
北　沢	1	7	3	0	1	3

戸塚・大久保、抜群の制球力

戸塚の右腕エース大久保が躍動した。抜群の制球力を武器に、緩急を交えて関東学院六浦打線を四回までわずか1安打。五回コールド勝ちにつなげた。

2年だった昨夏も初戦を完投したが、涙をのんだ。「チームを勝たせるのが真のエース」と心に決め、主将にもなって臨んだ今大会。「初戦なので緊張したが、いつも通りの投球ができた」と胸を張った。

「昨夏からチームの大黒柱。期待通りだった」。今年から指揮を執るOBの本郷監督も全幅の信頼を置く。

次は強豪横浜との対戦。「気持ちを前面に押し出して気迫の投球をしてほしい」。5年前に主将で捕手を務めた指揮官の期待に応えるように、「強い相手に勝つため鍛えてきた。全力で抑えたい」。準備は上々だ。

▽三塁打　青木▽犠打　平塚▽盗塁　加藤、道添、青木、甲斐2、芳本▽失策　加藤、簗田、平塚、石渡、梶間▽審判　本間、岩男、橋本、八木野▽試合時間　1時間19分

11日（横須賀スタジアム）　（5回コールド）

戸　　塚	3	0	1	2	4	10
関東学院六浦	0	0	0	0	0	0

１回表戸塚無死一、二塁。青木の右中間２点適時三塁打で二走加藤⑥に続き一走道添（中央）が生還

【戸　塚】		打	安	点	振	球
⑥	加　藤	3	1	0	0	1
⑤	道　添	3	2	3	0	1
⑦	青　木	3	2	2	0	1
⑨	工　藤	3	1	1	1	0
H	山　口	1	0	0	0	0
9	今　村	0	0	0	0	0
③	西　村	3	1	1	0	0
1	織　田	0	0	0	0	0
⑧	甲　斐	3	1	0	1	0
②	太　田	3	0	0	0	0
④	芳　本	3	2	0	1	0
①3	大久保	1	1	0	0	2

犠	盗	失	併	残	打	安	点	振	球
0	6	1	0	6	26	11	7	3	5

【関東六】		打	安	点	振	球
⑤	簗　田	2	0	0	1	0
⑨	小笠原	2	0	0	0	0
④	森　山	2	1	0	0	0
⑥	西　村	2	0	0	0	0
①	丸　田	2	0	0	0	0
②	平　塚	1	0	0	0	0
⑧	石　渡	2	0	0	1	0
③	増　田	2	0	0	2	0
⑦	梶　間	1	0	0	0	0

犠	盗	失	併	残	打	安	点	振	球
1	0	4	2	2	16	1	0	4	0

投手	回	打	安	振	球	責
大久保	4	14	1	2	0	0
織　田	1	3	0	2	0	0
丸　田	5	31	11	3	5	5

2回戦　横浜×上溝南 ／ 金井×大和東

横浜・阿部3安打デビュー

神奈川大会3連覇を目指す横浜で、大物1年生が堂々の公式戦デビューを飾った。横浜の阿部が「5番・中堅」で先発出場し、3安打をマーク。

大飛球が戻されるほどの強風に、村田浩明監督(36)からは「低い打球を打て」と指示が出ていた。初打席こそ遊ゴロに倒れたが、2打席目以降は中前打、中前打、右前打と13安打を放った強力打線の中軸として十二分な働きを見せた。

50メートル6・0秒の俊足と巧みなバットコントロールが長所。愛知・豊橋ボーイズの先輩立花(国学院大)の勧めもあって入学を決めた。昨夏には甲子園でプレーする緒方や杉山らの姿をスタンドで観戦し、「来年は一緒にプレーできる」と胸を躍らせた。

1年夏から主力としてチームを支える主将緒方から「おれらがカバーするから思い切ってプレーしていいよ」とアドバイスを受けた。指揮官から「ぶれないし動じない。横浜高校を背負っていく選手」と期待される阿部は「今は緒方さんや杉山さんの背中を見てプレーさせてもらっている」。名門の緻密な野球を吸収していく。

【横浜】		打	安	点	振	球
⑥	緒方	4	3	0	0	1
⑤	稲坂	4	0	0	0	1
5	青木宏	0	0	0	0	0
②	椎木	3	1	2	0	0
③	小泉	4	2	2	0	0
1	青木朔	0	0	0	0	0
⑧	阿部	4	3	0	0	0
⑨	萩	3	1	0	1	1
⑦	井上	4	2	1	0	0
7	上田	0	0	0	0	0
①	切無沢	1	0	0	0	0
H	栗山	0	0	0	0	1
13	山崎	1	0	0	0	0
④	峯	3	1	2	0	0
犠盗失併残 3 5 1 0 8		31	13	7	1	4

【上溝南】		打	安	点	振	球
⑥56	大島	3	0	0	1	0
⑧	芹沢	3	1	0	1	0
⑦	関秀	3	0	0	2	0
⑤15	大洞	3	0	0	1	0
③	山口颯	3	0	0	1	0
⑨	山口翔	2	0	0	0	0
④6	神戸	2	0	0	0	0
1	佐藤	0	0	0	0	0
①	松元	1	0	0	1	0
H	関高	1	0	0	1	0
1	金山	0	0	0	0	0
4	小林	0	0	0	0	0
②	久保	2	0	0	1	0
犠盗失併残 0 0 1 0 2		23	1	0	9	0

投手	回	打	安	振	球	責
切無沢	5	17	1	7	0	0
山崎	1⅓	4	0	1	0	0
青木朔	⅔	2	0	1	0	0
松元	5	25	10	1	0	6
金山	⅔	5	0	0	3	0
大洞	⅓	4	2	0	1	0
佐藤	1	4	1	0	0	0

4打数3安打と好調だった横浜1年生の阿部

▷三塁打　椎木▷二塁打　緒方2、萩▷犠打　椎木、切無沢、峯▷盗塁　緒方、阿部2、井上、峯▷失策　井上、神戸▷審判　春日、松本、向田、小島▷試合時間　1時間56分

11日(バッティングパレス相石スタジアムひらつか)　(7回コールド)

横浜	1	2	0	1	2	3	0	9
上溝南	0	0	0	0	0	0	0	0

金井12安打13得点

12安打13得点で七回コールド勝ちした金井は5番片山が3安打4打点とけん引。初回に相手右腕の直球を捉え、先制の2点中前打を放つと三、四回にも打点をマークし、「(応援曲の)『ジョックロック』が好きでテンションが上がった」とノリノリだった。

普段の練習では約1メートルのバットでコンパクトなスイングを磨いてきた。古豪武相が控える3回戦へ、「今日のように打ち勝って目標を達成したい」と意気込んだ。

▷二塁打　加藤恒、押尾、安藤▷犠打　増子、土屋、山内、穴沢▷盗塁　押尾、淵脇、加藤恒2▷失策　加藤真、広瀬、府川2、新井▷暴投　牧、高畑、新井2▷ボーク　牧▷捕逸　原田、小杉▷審判　阿部、實方、水原、長井▷試合時間　2時間19分

【金井】		打	安	点	振	球
⑨8	押尾	5	2	0	0	0
8	室井	0	0	0	0	0
④	淵脇	2	0	0	0	3
4	青木	0	0	0	0	0
⑤	加藤恒	4	3	1	0	1
②	原田	5	3	2	1	0
2	田辺	0	0	0	0	0
③	片山	5	3	4	0	0
3	大内	0	0	0	0	0
⑥1	増子	3	0	1	0	1
⑦	磯崎	2	0	0	0	1
1	木林	1	0	0	0	0
6	薄井	0	0	0	0	0
⑧	加藤真	1	0	0	0	1
H	荒田	0	0	0	0	1
97	児玉	1	0	0	0	0
①9	広瀬	4	1	0	0	0
9	西村	0	0	0	0	0
犠盗失併残 1 4 2 0 8		33	12	8	1	8

【大和東】		打	安	点	振	球
⑥	府川	4	2	1	1	0
⑨83	安藤	3	1	0	1	1
⑤	土屋	3	0	0	2	0
③1	新井	2	0	0	0	1
⑧18	高畑	3	0	0	1	0
②	小杉	2	1	0	0	1
④	山内	1	0	0	1	1
⑦9	津野	2	1	1	0	1
①	牧	1	0	0	1	0
7	穴沢	0	0	0	0	0
H	吉成	1	0	0	0	0
犠盗失併残 3 0 3 1 6		22	5	2	7	5

投手	回	打	安	振	球	責
広瀬	4	19	4	5	4	1
木林	2⅔	9	0	2	1	0
増子	⅓	2	1	0	0	0
牧	2	10	2	1	1	0
高畑	2	17	5	0	5	5
新井	3	15	5	0	2	4

1回表金井2死二、三塁。片山の適時打で三走押尾⑨に続き二走加藤恒が2点目のホームイン

11日(いせはらサンシャイン・スタジアム)　(7回コールド)

金井	2	0	5	2	0	0	4	13
大和東	0	2	0	1	0	0	0	3

荏田6失策で初戦敗退

荏田は6失策が響いて初戦敗退。開会式で選手宣誓の大役を務めた那須は「武相は隙がなかった。守りは大会前も力を入れてきたが発揮できなかった」とうなだれた。

初回にエラー絡みで2点を失うと、中盤もミスが響いて苦しい展開に。それでも、0－8の七回に無死満塁をつくって1点を返し意地を見せたから背番号4に涙はない。開会式後に短く刈ったという頭をなで、「長いようで短かった。でも、思い切りできたので悔いはない」と言った。

▽犠打　坂本、斎藤、伊芸、仲間▽盗塁　岡本▽失策　岡田、阿久津、杉山、下田、服部、池辺、仲宗根
▽審判　菅原、熊倉、檀上、宇野
▽試合時間　1時間50分

11日（バッティングパレス相石スタジアムひらつか）　（7回コールド）

	1	2	3	4	5	6	7	計
荏田	0	0	0	0	0	0	1	1
武相	2	0	0	2	0	4	×	8

1回裏武相無死一、二塁。吉崎が右前に先制の適時打を放つ

【荏田】		打	安	点	振	球
④	那須	3	0	0	0	0
⑥	岡田	3	1	0	0	0
⑨	阿久津	3	0	0	0	0
R	竹下	0	0	0	0	0
③	杉山	1	0	0	0	2
②	三浦	3	1	0	0	0
⑦	下田	2	0	1	0	1
⑤	服部	3	0	0	1	0
①	池辺	0	0	0	0	1
1	勝俣	0	0	0	0	0
H	山崎	1	1	0	0	0
R	磯野	0	0	0	0	0
1	西邑	0	0	0	0	0
1	沼田	1	0	0	1	0
⑧	坂本	1	0	0	0	0
犠盗失併残	1 0 6 1 4	21	3	1	2	4

【武相】		打	安	点	振	球
⑨	岡本	3	3	1	0	1
⑧	斎藤	2	0	0	0	0
H8	伊芸	0	0	1	0	0
②	吉崎	4	2	1	1	0
③	平野	2	0	0	0	2
⑤	菅原	4	1	1	0	0
⑦	布川	3	1	0	0	1
⑥	仲宗根	3	0	1	1	1
①	仲間	1	0	0	0	1
H	武岡	1	0	0	0	0
1	下地	0	0	0	0	0
1	永嶋	0	0	0	0	0
④	広橋	2	0	0	0	1
4	嶋内	0	0	0	0	0
犠盗失併残	3 1 1 3 9	25	7	5	2	7

投手	回	打	安	振	球	責
池辺	4	20	5	0	1	1
勝俣	1	5	0	2	1	0
西邑	⅔	7	2	0	3	2
沼田	⅓	3	0	0	2	0
仲間	6	20	2	0	3	0
下地	⅔	5	1	1	1	0
永嶋	⅓	1	0	1	0	0

深沢 部員8人の夏に幕

たぎるような暑さの中、部員8人の深沢の夏は静かに幕を下ろした。七回2死三塁で相手エースから3年今関が適時打で一矢報いたが反撃には及ばず、ゲームセットが告げられるとナインたちはすすり泣いた。実力差を突きつけられるコールド負けも、主将佐瀬は「最後まで諦めず、深沢の雰囲気の良さが出せた。満足できる試合だった」と涙をこらえた。

3年生4人にとっては苦難の3年間だった。3年生が引退する2年前の秋に7人いた2年生も同時に全員退部。週6日の厳しい練習が敬遠され、1年生だけでチームを立て直さなければいけなかった。1年生で主将となった佐瀬は「自分なんて主将に向いていない」と何度も苦悩した。

投手もいなくなり、二塁手の伊藤が投手に転向して試行錯誤でサイドスローの技術を磨いた。上級生が抜けても毎日4時間の練習は減らさず、練習試合では相手チームから〝助っ人〟を頼み込んだ。

深沢は2027年度に廃校となることから特別ルールでほかの高校から選手2人の派遣を受け、10人チームでこの夏に挑んだ。

▽本塁打　山田（伊藤）
▽二塁打　田中2、伊藤、諸戸▽盗塁　星野、渡辺
▽審判　瀬間、小島、青木、飯島
▽試合時間　1時間57分

11日（小田原球場）　（7回コールド）

	1	2	3	4	5	6	7	計
深沢	1	0	0	0	0	0	1	2
川崎総合科学	0	0	0	0	7	2	×	9

7回コールドで敗れ肩を落とす深沢ナイン

【深沢】		打	安	点	振	球
④1	佐瀬	4	0	0	0	0
②	市川	3	1	0	0	1
③	今関	4	1	1	0	0
⑥	西岡	4	2	0	0	0
①4	伊藤	3	1	0	2	1
⑤	小林	2	0	1	0	1
⑨	吉野	2	0	0	2	1
⑧	森田	3	1	0	1	0
⑦	岩間	3	1	0	1	0
R	鳩貝	0	0	0	0	0
犠盗失併残	0 0 0 0 9	28	7	2	6	4

【川総科】		打	安	点	振	球
⑧	星野	3	3	2	0	1
①	林	1	0	0	0	0
6	中村	2	0	0	1	0
1	景山	1	0	0	0	0
④	山田	4	1	3	0	0
②	倉田	4	1	0	1	0
⑤	津波古	2	0	0	0	1
⑥16	田中	3	3	2	0	0
③	芥田	3	0	0	0	0
⑨	諸戸	3	2	0	0	0
⑦	渡辺	3	2	2	0	0
犠盗失併残	0 2 0 0 4	29	12	9	2	2

投手	回	打	安	振	球	責
伊藤	4⅔	23	8	1	2	7
佐瀬	1⅓	8	4	1	0	2
林	2	11	3	1	2	1
田中	3	11	1	3	1	0
景山	2	10	3	2	1	1

上矢部1年千田が適時打

シード校平塚学園の前にコールド負けを喫した上矢部だったが、1年の千田が一矢を報いた。

それまで1人の走者も出せず迎えた四回。安打で出塁した安武と斉木を三塁と二塁に置き、2球目のストレートを右前にはじき返して2者を生還させた。「次の打者につなげようと必死だった」と大粒の汗を流した。

今年は1年が13人入部し、「活気が出ている」と安田監督。「シード校の山は高いが、選手たちともう一度チャレンジしたい」と気持ちを新たにしていた。

▽二塁打　海老原▽犠打　吉田、石井、美登、沢田
▽盗塁　斉木、松本梗、美登2、田部、難波2▽失策　千田▽暴投　青木
▽審判　田中、岡田、榎本、納谷
▽試合時間　2時間25分

11日（横須賀スタジアム）　（7回コールド）

	1	2	3	4	5	6	7	計
上矢部	0	0	0	2	0	0	0	2
平塚学園	0	2	3	3	2	1	×	11

4回裏平塚学園1死一、三塁。沢田の三ゴロが野選となり三走田部が生還。捕手佐々木

【上矢部】		打	安	点	振	球
⑦87	安武	3	1	0	2	0
④	吉田	2	0	0	1	0
⑧18	斉木	3	1	0	1	0
①71	青木	2	0	0	2	1
⑤	千田	3	1	2	1	0
②	佐々木	2	0	0	2	1
③	土屋	1	0	0	1	2
R	斉田	0	0	0	0	0
⑨	嶋田	3	0	0	0	0
⑥	豊田	2	0	0	2	0
H	菅野	1	0	0	1	0
犠盗失併残	1 1 1 1 4	22	3	2	13	4

【平学】		打	安	点	振	球
④	松本梗	3	1	0	1	2
②	石井	3	0	0	0	1
⑥	美登	2	1	0	0	2
⑤	田部	4	2	3	1	1
③	竹中	2	2	2	0	2
H3	佐野	1	0	0	1	0
⑦	沢田	2	1	1	0	1
⑨	海老原	2	1	1	1	2
⑧	難波	3	2	3	0	1
①	駒井	3	1	1	1	0
1	三村	1	0	0	1	0
1	清水	0	0	0	0	0
犠盗失併残	3 6 0 1 12	26	11	11	6	12

投手	回	打	安	振	球	責
青木	2	11	2	1	4	2
斉木	2⅓	20	7	2	4	7
青木	1⅔	10	2	3	4	1
駒井	4⅔	19	3	10	2	2
三村	2	7	0	2	2	0
清水	⅓	1	0	1	0	0

2回戦　神奈川総産×川崎北 ／ 横浜栄×川崎工科 ／ 日大×山手学院

川崎北3投手1安打無失点

川崎北は投打がかみ合い5回コールド勝ち。光ったのは投手陣だ。千場、冠、石井のリレーで1安打無失点と危なげなかった。右腕千場は189㌢の長身をくねらせるように投げる独特のフォームで3回無安打、6三振を奪い、「初戦の先発を任されて緊張したが、頼もしい打撃陣がいたからこそ投げられた」と爽やかに語った。

「打のチーム」を掲げているが、マウンドに上がった3投手に加え、エースで主将の小野沢、左翼から救援する叶内の「5枚看板」を擁する。タイプの異なる5人の右腕をけん引するキャプテンは「全員がテンポ良く投げられて、打線もカバーできる。早く自分もマウンドで堂々としたピッチングを見せたい」とうずうずしていた。

▽三塁打　小野沢、大高、熱海▽二塁打　飯塚▽犠打　小野沢、遠藤、沢口▽盗塁　小野沢2、三浦、宮川2▽失策　増田▽暴投　清宮▽審判　正力、青木、湯田、松下▽試合時間　1時間12分

3回無安打6奪三振の好投をみせた川崎北の千場

11日（等々力球場）　（5回コールド）

神奈川総産	0	0	0	0	0	0
川崎北	2	6	1	0	1X	10

【神総産】		打	安	点	振	球
⑧	田辺	2	0	0	1	0
④	増田	2	0	0	1	0
⑥	木下	1	1	0	0	1
②1	清宮	2	0	0	1	0
①57	松村	2	0	0	2	0
③	座間	2	0	0	1	0
⑤2	宮崎	1	0	0	1	1
⑦	長山	2	0	0	0	0
5	蕪木	0	0	0	0	0
⑨	内藤	1	0	0	0	0

犠	盗	失	併	残	打	安	点	振	球
0	0	1	0	2	15	1	0	7	2

【川崎北】		打	安	点	振	球
⑥	小野沢	2	1	1	0	0
③	三浦	2	1	0	0	1
⑤	遠藤	1	0	1	0	1
⑧	飯塚	3	1	1	1	0
⑦	叶内	2	1	1	0	1
⑨	大高	3	1	2	1	0
④	宮川	3	2	1	0	0
②	沢口	1	0	0	0	1
①	千場	1	1	0	0	0
H	熱海	1	1	0	0	0
1	冠	0	0	0	0	0
1	石井	0	0	0	0	0
H	尾尻	1	0	0	1	0

犠	盗	失	併	残	打	安	点	振	球
3	5	0	0	4	20	9	7	3	4

投手	回	打	安	振	球	責
松村	2	17	7	2	4	7
清宮	2⅓	10	2	1	0	2
千場	3	10	0	6	1	0
冠	1	3	1	0	0	0
石井	1	4	0	1	1	0

横浜栄・白鳥3安打4打点

横浜栄の1年生白鳥が3安打4打点の活躍。持ち前のスイングスピードで直球を外野に飛ばしていく。犠飛や死球でも打点を稼ぎ、左前打で出塁した六回には、ノーサインで二盗、三盗と足でも攻めた。

横浜隼人中出身。当時は三塁のレギュラーだったが、エースで双子の弟・拓海は、白鳥以上の野球センスの持ち主という。「あいつには及ばない。比べられるのが嫌だった」。拓海はそのまま強豪の横浜隼人に進んだ一方で、自身の名前も「颯斗（はやと）」の白鳥はあえて、公立校で自分を高める道を選択した。

1年生とは思えない落ち着きぶりと勝負強い打力に、坂元裕貴監督（34）は「元々高い能力を持っていて、公式戦でさらに力を発揮している」と目を丸くした。

▽三塁打　上里、豊田▽二塁打　大神、中村、上里▽犠打　吉川、沢井、白鳥▽盗塁　上里、山本、白鳥2、榎本、豊田、大塚▽暴投　中村、豊田▽審判　青柳、北林、高橋、久保寺▽試合時間　2時間9分

3安打4打点と活躍した横浜栄の白鳥

11日（等々力球場）　（7回コールド）

横浜栄	0	2	1	0	4	1	3	11
川崎工科	1	0	2	0	0	0	0	3

【横浜栄】		打	安	点	振	球
⑥	吉川	4	0	0	0	0
④	畑山	4	0	1	0	1
②	上里	4	2	0	0	1
⑦	山本	2	1	0	0	3
③	大神	4	3	0	0	1
⑤	沢井	3	1	3	1	1
⑨	白鳥	3	3	4	0	1
①	本多	1	0	0	1	1
1	国松	3	1	1	1	0
⑧	清宮	1	0	0	0	1
H8	浅野	1	1	1	0	1

犠	盗	失	併	残	打	安	点	振	球
3	4	0	1	12	30	12	10	3	11

【川崎工】		打	安	点	振	球
⑧	宮沢	4	0	0	1	0
⑤	榎本	3	1	0	0	1
⑥1	豊田	3	2	1	0	1
⑨	楠田	2	0	0	1	2
R	大橋	0	0	0	0	0
③	大塚	4	0	1	0	0
⑦	高橋	1	0	0	1	2
①	中村	2	1	0	0	0
6	佐藤	0	0	0	0	1
④	小原	2	0	0	1	0
H	斎藤	1	0	0	1	0
4	鳴島	0	0	0	0	0
②	猪瀬	3	0	0	0	0

犠	盗	失	併	残	打	安	点	振	球
0	3	0	0	8	25	4	2	5	7

投手	回	打	安	振	球	責
本多	2⅓	13	4	3	3	3
国松	4⅔	19	0	2	4	0
中村	4 0/3	22	5	2	5	5
豊田	3	22	7	1	6	6

山手学院の宮本が熱投

山手学院で背番号5をつける宮本は、先発投手として延長タイブレークに突入した十回途中までマウンドを守った。最後は連続押し出し四球で決勝点を与えたが、「自分の力は出し切れた」と誇れる夏の終わりだった。

味方の失策が絡み、三回までに4点を失ったが、精神力のタフさは気温35度に迫る炎天下でも消え入ることはなかった。足がつる選手が続出し2度の中断を挟んだが、仲間を鼓舞しながら集中力を切らさず四回以降を無失点でしのいで見せた。

チームは今夏、背番号を立候補で決めた。エースナンバーは宮本と長田拓が希望し、当時の調子を鑑みて長田拓にわたった。「長田も調子良く、1番をもらえるとは思っていなかったが、家族が最後に付けてほしいと言ってくれた」。俺がエースだ―。そう言わんばかりのプライドがほとばしった154球だった。

▽二塁打　大竹、松江、坂本、平田、永谷▽犠打　田中、豊田、曽我、松江、末吉、長田大2▽盗塁　佐藤、平田▽失策　佐藤、平田、工藤、曽我、角皆▽審判　米屋、松本、永田、荒井▽試合時間　3時間5分（中断10分）

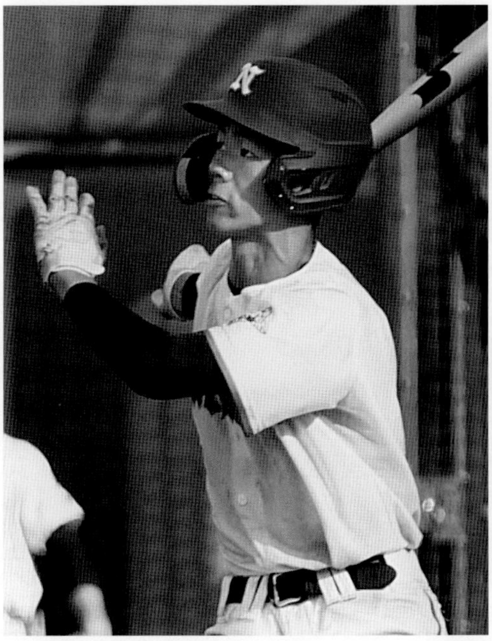

延長10回表日大2死満塁。永谷が走者一掃の適時二塁打を放つ

11日（サーティーフォー保土ケ谷球場）　（延長10回、10回からタイブレーク）

日大	0	3	1	0	0	0	0	0	0	5	9
山手学院	0	1	0	2	0	1	0	0	0	0	4

【日大】		打	安	点	振	球
⑧	小島	4	0	0	1	1
⑥	福吉	4	0	0	0	1
⑨3	大竹	4	2	0	0	0
5	田中	0	0	0	0	0
⑤3	佐藤	4	0	0	0	1
③	豊田	1	0	1	0	1
9	坂本	2	1	0	0	0
⑦	玉野	4	0	1	1	1
②	岩永	4	0	1	2	1
①	星野	2	1	1	0	0
1	増島	1	0	0	0	0
1	永谷	2	1	3	1	0
④	平田	5	1	0	0	0

犠	盗	失	併	残	打	安	点	振	球
2	2	2	0	8	37	6	7	5	6

【山手】		打	安	点	振	球
⑨	工藤	5	2	1	1	0
⑥	曽我	4	0	0	0	0
⑦	長崎	5	0	0	1	0
④	松村	4	0	0	0	1
①3	宮本	2	0	0	1	3
⑧	松江	4	1	0	0	0
②	末吉	4	1	1	0	0
⑤	長田大	2	2	2	0	0
5	高橋	0	0	0	0	0
③	角皆	4	1	0	0	0
31	長田拓	0	0	0	0	0

犠	盗	失	併	残	打	安	点	振	球
5	0	3	0	11	34	7	4	3	4

投手	回	打	安	振	球	責
星野	4 0/3	19	3	1	2	2
増島	2	10	3	1	1	1
永谷	4	14	1	1	1	0
宮本	9⅔	43	5	5	6	4
長田拓	⅓	2	1	0	0	0

相洋コールドで盤石発進

注目の第1シード相洋は、春に躍進を遂げた横浜スタジアムでの初戦をコールドスタート。主将渡辺は「練習は緊張感を持って、試合は落ち着いて。その通りにやれた」とうなずいた。

2年生の3本柱の中で、先発を任されたのは左腕中島。試合直前に告げられたというが「いつでも行ける準備はできていた」。3回までをノーヒットに抑え、「横浜スタジアムの暑さで力が入らなかった」と、二回の2四球を反省点に挙げた。

春は登板のなかった3年生の松尾、中沢もマウンドに送った高橋監督は「一夏で変わる高校生。3年生投手も、彼らの成長次第で起用していきたい」。初戦の硬さもあったが「春と夏は別物。1試合ずつです」と長い戦いを見据えた。

▽二塁打　土屋、永野▽犠打　小西、中島▽盗塁　土岐、本多2、渡辺（相）2、小西、鳴海▽失策　渡辺（麻）3▽暴投　竹之内▽ボーク　竹之内
▽審判　金子、江藤、栗田、後藤
▽試合時間　1時間21分

11日（横浜スタジアム）　（5回コールド）

	1	2	3	4	5	計
麻生	0	0	0	0	0	0
相洋	1	1	6	0	2X	10

1回裏相洋1死一、二塁。打者川嶋の時、重盗し敵失の間に二走本多が一気に先制のホームイン

【麻　生】		打	安	点	振	球
⑥1	山崎	2	0	0	0	0
④	菅	2	0	0	0	0
①8	竹之内	2	0	0	1	0
②	渡辺	1	0	0	0	1
⑦	土岐	1	1	0	0	1
⑤	久野	2	0	0	0	0
③	大河原	1	0	0	1	1
⑨	高橋	2	0	0	1	0
⑧	林	1	0	0	0	0
6	山本	0	0	0	0	0

犠	盗	失	併	残	打	安	点	振	球
0	1	3	0	2	14	1	0	3	3

【相　洋】		打	安	点	振	球
④	永野	4	2	3	1	0
⑨	本多	3	2	0	0	0
②	渡辺	1	0	0	0	2
③	川嶋	2	0	0	0	1
⑦	二宮	2	0	1	1	1
1	大場	0	0	0	0	0
⑥	小西	1	0	1	0	1
⑤	高麗	1	0	0	0	2
①	中島	0	0	1	0	1
1	松尾	0	0	0	0	0
17	中沢	0	0	0	0	0
H	鳴海	1	0	1	0	0
⑧	土屋	2	2	2	0	1

犠	盗	失	併	残	打	安	点	振	球
2	6	0	0	5	17	6	9	2	9

投手	回	打	安	振	球	責
竹之内	3	20	5	2	7	6
山崎	1⅓	8	1	0	2	1
中島	3	10	0	1	2	0
松尾	1	4	1	0	1	0
中沢	⅔	2	0	1	0	0
大場	⅓	1	0	1	0	0

神奈川大付は初戦突破

神奈川大付が15得点で圧倒し、7大会ぶりの初戦突破。4安打5打点の3番和田は「最後まで気が抜けない試合。チームのために打ちたいと思っていた」とはにかんだ。

初回無死一、二塁で中前に先制適時打を放つと、7点リードの四回2死満塁の好機では真ん中の変化球を完璧に捉えて右中間を破る走者一掃の三塁打。殊勲の2年生は「前の（打順の）先輩たちがつないでくれたので何とか返したい思っていた」を汗を拭った。

チームの過去最高成績は2015年大会の3回戦進出。新たな歴史を刻むべく、「次も勝ってまた試合をしたい」と誓った。

▽三塁打　和田、神林▽二塁打　鈴見、安野2▽犠打　神林、岡本▽盗塁　富原、和田、勝田、上村2、内田、小池▽失策　富原、倉田2、宮田、内田2、佐々木
▽審判　石岡、戸田、壷井、勅使川原
▽試合時間　2時間56分

11日（俣野公園・横浜薬大スタジアム）　（8回コールド）

	1	2	3	4	5	6	7	8	計
神奈川大付	5	0	1	4	0	2	0	3	15
鶴見	0	0	0	0	3	4	0	0	7

4回表神奈川大付2死満塁。右中間に走者一掃の適時三塁打を放ち笑顔の和田

【神大付】		打	安	点	振	球
⑨	富原	2	0	2	0	4
⑤	浅尾	5	2	0	0	1
④	和田	6	4	5	0	0
②	小野	2	0	0	0	2
2	佐々木悠	2	2	3	0	0
⑧	神林	3	1	2	0	2
①3	鈴見	5	2	1	1	1
⑦	岡本	1	0	0	1	1
H	持丸	1	0	0	1	0
1	田中	0	0	0	0	0
1	佐々木惇	2	0	0	1	0
③	堀	2	0	1	0	1
H	恵山	1	0	0	0	0
7	綾部	1	0	0	1	0
7	西野	0	0	0	0	0
⑥	福島	5	1	1	0	0

犠	盗	失	併	残	打	安	点	振	球
2	2	1	0	13	38	12	15	5	12

【鶴　見】		打	安	点	振	球
⑧	勝田	4	1	0	1	1
④	上村	5	2	2	1	0
⑥	倉田	5	0	0	1	0
⑦1	山本	3	0	0	2	1
②	宮田	3	0	0	1	1
⑤	内田	4	2	0	1	0
①	冨沢	1	0	0	0	0
7	大賀	3	1	0	0	0
③	佐々木	1	0	0	1	0
9	小池	2	1	1	0	1
⑨3	安野	3	3	4	0	1

犠	盗	失	併	残	打	安	点	振	球
0	5	6	0	8	34	10	7	8	5

投手	回	打	安	振	球	責
鈴見	4	14	1	5	1	0
田中	⅔	6	3	0	1	3
佐々木惇	3⅓	19	6	3	3	4
冨沢	4	32	5	2	11	5
山本	4	20	7	3	1	3

神奈川工 初回10点の猛攻

神奈川工の初回10得点の猛攻は1番渋谷が口火を切った。先頭の打席、2球目の甘く入った直球を右翼へ運び、快足を飛ばして三塁へ到達。その後打線がつながり、打者14人の攻撃で序盤から試合を決定づけた。

さらに第2打席で単打、第3打席で二塁打を放った渋谷。第4打席を前に、本塁打でサイクル安打達成と「分かっていた」という。それでも「チーム打撃が優先。走者をためることを意識した」と大量リードも気を緩めず、リードオフマンとしての役割を徹底した。

▽三塁打　渋谷▽二塁打　渋谷▽犠打　石井、三村
▽盗塁　武井、城本▽失策　古森
▽審判　真保、中込、大橋、藤原
▽試合時間　1時間24分

11日（中栄信金スタジアム秦野）　（5回コールド）

	1	2	3	4	5	計
神奈川工	10	0	0	0	0	10
希望ケ丘	0	0	0	0	0	0

1回表神奈川工2死満塁。渋谷の左前適時打で三走に続き二走清水が生還

【神　工】		打	安	点	振	球
④	渋谷	4	3	2	0	0
⑦	深川聖	3	3	1	0	1
⑨	武井	4	2	2	0	0
②	坂内	3	1	2	0	1
⑧	城本	3	2	1	0	0
③	石井	2	0	1	0	0
1	小泉	0	0	0	0	0
①3	岩崎	2	0	0	0	1
⑤	清水	2	1	1	0	1
5	相沢	0	0	0	0	0
⑥	上村	2	0	0	0	1

犠	盗	失	併	残	打	安	点	振	球
1	2	0	0	6	25	12	10	0	5

【希望丘】		打	安	点	振	球
⑦	河野	3	1	0	0	0
④	三村	1	0	0	0	1
③	南山	3	0	0	2	0
②	横山	3	1	0	0	0
⑥	古森	2	1	0	0	1
⑧	今村	2	0	0	1	0
⑨	平川	2	1	0	1	0
⑤	根本	1	0	0	0	1
①	橋本	2	1	0	0	0

犠	盗	失	併	残	打	安	点	振	球
1	0	1	1	8	19	5	0	4	3

投手	回	打	安	振	球	責
岩崎	4	18	4	3	2	0
小泉	1	5	1	1	1	0
橋本	5	31	12	0	5	10

厚木が接戦制す

頭脳派集団が接戦を制し初戦を突破した。先制打は三回1死一塁で左翼線に運んだ主将・岸から。「先発の安永が序盤から好投していたので、援護したかった」と笑顔で振り返り、勝利に貢献した。

厚木は文部科学省からSSH（スーパーサイエンスハイスクール）に指定され、県内有数の進学校として知られる。野球部にも「研究班」を結成し、本年度は「投手の制球について」あらゆる視点で分析してきた。8回を投げた安永の与四球は2。岸は「役に立ったと思う」と胸を張った。

文系クラスの岸は横浜国大への進学を志している。「野球を続けるかはまだ決めていない」と前置きしながらも、「（神奈川大学野球リーグの）1部でプレーしてみたい」と夢を膨らませる。

次戦の相手は第3シードの藤沢翔陵。研究班にとっても集大成で、岸は「強豪を倒してベスト8まで行きたい」と意気込んだ。

▽三塁打　片倉、内之浦▽二塁打　岸、白倉、田沢
▽犠打　杉山、内藤陽、中村▽盗塁　堺▽失策　片倉
▽暴投　高橋
▽審判　一居、長谷川、関、藤田
▽試合時間　1時間57分

11日（中栄信金スタジアム秦野）

西　湘	0	0	0	0	1	0	0	2	0	3
厚　木	0	0	1	0	0	0	1	3	×	5

8回裏厚木無死満塁。中村の犠飛で三走岸が勝ち越しのホームイン

【西	湘】	打	安	点	振	球
⑧	池　谷	4	0	0	0	1
⑥	杉　山	4	0	0	1	0
⑦	白　倉	4	3	0	0	0
②	内藤雄	4	2	1	2	0
①	高　橋	4	1	0	2	0
③	内藤陽	3	1	1	0	0
⑤	片　倉	4	1	1	1	0
⑨	安居院	3	0	0	1	0
H	石　河	1	0	0	1	0
④	熊　沢	2	0	0	0	2

犠	盗	失	併	残	打	安	点	振	球
2	0	1	0	8	33	8	3	8	3

【厚	木】	打	安	点	振	球
⑧	堺	4	2	0	1	0
④	岸	3	1	1	0	1
⑨	森　下	3	1	0	0	1
①3	安　永	4	1	1	1	0
⑤	中　村	3	0	1	1	0
⑥	内之浦	3	2	0	0	1
③	矢　島	4	0	0	2	0
1	田　中	0	0	0	0	0
②	田　沢	3	1	1	0	1
⑦	矢　崎	4	0	0	0	0

犠	盗	失	併	残	打	安	点	振	球
1	1	0	0	7	31	8	4	5	4

投手	回	打	安	振	球	責
高　橋	8	36	8	5	4	5
安　永	8	34	8	6	2	3
田　中	1	4	0	2	1	0

横浜瀬谷　夏は幕切れ

横浜瀬谷の試合前シートノックでの光景だった。バットを握っていたのは畠山穂乃佳さん（3年）。マネジャーではなく、れっきとした部員だ。ユニホーム姿で内野陣へ丁寧にゴロを転がし、ナインを試合へと送り出した。夏は幕切れとなったが、「みんなが楽しそうにプレーしている姿が見られて良かった」と涙はなかった。

小学4年の時に4歳上の兄の影響で野球を始め、中学でも続けた。高校ではソフトボール部と迷ったが、硬式野球部の体験入部が楽しくて「ここにしよう」と決意。監督や選手も温かく迎えてくれたという。

部員として飛び込んだからには特別扱いはされなかった。入部してから男子部員と全く同じ練習に打ち込む日々。きつくて逃げ出しそうな時もあった。その度に帰り道が同じ方向という、この日先発した新明に励まされてグラウンドへ戻った。

最後の試合は記録員として見届けた。公式戦には一度も出場できなかったが、それでも「高校野球をやって良かった」。心からの言葉がこぼれた。

▽二塁打　福田（翔）▽犠打　鈴木航、亀田、玉城、福田（翔）、中武2▽盗塁　清水、横山、梅沢2、福田（翔）▽失策　大口、後藤、中武、上田▽暴投　後藤2
▽審判　上田、岡村、橋本、村上
▽試合時間　2時間21分

11日（サーティーフォー相模原球場）　（8回コールド）

横浜瀬谷	0	0	0	2	0	0	0	0	2
藤沢翔陵	0	1	0	0	0	2	0	6X	9

4回表横浜瀬谷2死一、三塁。重盗が成功し三走清水が生還

【瀬	谷】	打	安	点	振	球
⑥	大　口	4	0	0	0	0
④	鈴木航	3	1	0	0	0
③	大　江	4	1	0	0	0
⑧	関　口	4	2	0	0	0
⑤	清　水	4	2	0	1	0
⑦	亀　田	2	0	1	1	0
H	鈴木星	1	0	0	1	0
7	平　井	0	0	0	0	0
⑨	横　山	2	1	0	1	1
②	福　田	3	0	0	1	0
①	新　明	1	0	0	1	1
1	後　藤	1	0	0	1	0

犠	盗	失	併	残	打	安	点	振	球
2	2	2	1	7	29	7	1	7	2

【翔	陵】	打	安	点	振	球
⑧	菊　地	5	0	1	0	0
⑨	平　本	4	1	0	0	1
④	玉　城	3	2	1	0	1
⑤	梅　沢	4	3	0	0	0
②	勝　呂	2	1	0	0	2
①	福　田	1	1	4	0	2
③	中　田	2	0	0	0	0
H3	中　武	0	0	2	0	0
⑥	上　田	4	1	0	2	0
⑦	篠　崎	2	0	0	0	1
7	藤　渡	0	0	0	0	1

犠	盗	失	併	残	打	安	点	振	球
4	3	2	0	7	27	9	8	2	8

投手	回	打	安	振	球	責
新　明	5⅓	23	4	1	4	3
後　藤	2⅓	16	5	1	4	5
福　田	8	33	7	7	2	2

7校合同　初戦で涙

二回以降は毎回失点を重ね、無念の5回コールド負け。今大会最多の7校合同チーム（田奈・釜利谷・永谷・横浜明朋・横須賀南・海洋科学・平塚農商）は初戦で涙をのんだが、高信智史監督（27）は「最後は一つのチームとして戦えて誇らしい」とナインをたたえた。

春の県大会に進出した9校合同が解体され、新たな仲間を加えて5月に結成。平日はオンラインツールを通じて課題を共有し、それぞれが個人練習に汗を流してきた。週末は各校の顧問も集まって連係プレーを確認。人数が少ない分だけ、「ほぼマンツーマンに近い指導」（高信監督）という利点もあった。

二回には諸星、山田が小技でかき回し、斉藤の適時打などで3点を先行。限られた時間で積み上げた成果を発揮し、主将亀井は「出られない学校もある中、連合で試合ができて先生たちには感謝しかない」。同じ白球を追った短い夏が終わった。

▽三塁打　松本、庄司、佐藤優▽二塁打　木下、庄司2、松本、簑輪▽犠打　佐藤克▽盗塁　簑輪、佐藤克、木下、佐藤優、石井▽失策　石井▽暴投　亀井
▽審判　桜庭、土田、浜田、高橋
▽試合時間　1時間32分

11日（保野公園・横浜薬大スタジアム）　（5回コールド）

田奈・釜利谷・永谷・横浜明朋・横須賀南・海洋科学・平塚農商	0	3	0	0	0	3
大　師	0	1	4	3	5X	13

5回裏のピンチでマウンドに集まる合同チームの選手たち

【合	同　7】	打	安	点	振	球
⑥	斉　藤	3	3	2	0	0
⑦	佐々木	3	1	0	0	0
②	羽田野	3	0	0	2	0
①	亀　井	3	0	0	1	0
③	恩　田	3	1	0	2	0
⑨	諸　星	2	1	0	1	0
④	山　田	2	1	0	0	0
⑤	与那覇	2	0	0	1	0
⑧	真　田	1	0	0	1	1

犠	盗	失	併	残	打	安	点	振	球
0	0	0	0	5	22	7	2	8	1

【大	師】	打	安	点	振	球
③	簑　輪	3	2	2	0	1
①4	佐藤克	2	1	0	0	1
⑧	奥　寺	4	1	1	1	0
②	庄　司	4	3	4	0	0
⑦	木　下	2	2	1	0	1
⑤	佐藤優	3	2	2	0	0
④1	大　竹	3	1	1	0	0
⑨	松　本	3	2	1	1	0
⑥	石　井	3	2	0	0	0

犠	盗	失	併	残	打	安	点	振	球
1	5	1	0	6	27	16	12	2	3

投手	回	打	安	振	球	責
亀　井	4⅔	31	16	2	3	13
佐藤克	2	12	6	2	0	2
大　竹	3	11	1	6	1	0

松陽4年ぶり3回戦へ

松陽は打線が10安打12得点と奮起し、五回コールド勝ち。4年ぶりの3回戦進出にベンチ、スタンドは祭りのような盛り上がりだった。

終始、ベンチからは大きな声が響いた。一回表、湘南学園に先制され、なおも満塁とされるが「大丈夫！大丈夫！」。ピンチを切り抜けてベンチに戻ってきたナインに「ナイスプレー」と声を掛け、その裏の打者一巡の攻撃につなげた。

同校のキャッチフレーズは「お祭り松陽」。文化祭や体育祭など学校行事は生徒も先生も真剣に盛り上がり、そんな校風が伝統となっている。夏の大会という舞台に主将の菊地は「松陽らしく、みんなで最後まで盛り上げていきたい」と笑みを浮かべた。

▽三塁打　菊地▽二塁打　比嘉、米田▽犠打　萩原蓮、植松、秋本▽盗塁　米田、藤本▽暴投　比嘉
▽審判　久野、瀬良垣、谷、林
▽試合時間　1時間33分

11日（藤沢八部球場）　（5回コールド）

湘南学園	1	0	0	1	0	2
松陽	4	0	3	0	5X	12

5回裏松陽2死一、三塁。菊地の右越え2点三塁打でコールド勝ちを決める

【湘南園】		打	安	点	振	球
⑥16	比嘉	2	1	1	0	1
②	藤村	3	0	0	1	0
④64	中西	1	0	0	0	2
⑤	広田	3	1	1	0	0
⑧	古賀	3	1	0	0	0
①43	伴	2	1	0	1	0
③1	村井	2	1	0	0	0
⑨	氏家	2	0	0	2	0
9	青木	0	0	0	0	0
⑦	川人	2	0	0	2	0

犠	盗	失	併	残	打	安	点	振	球
0	0	3	1	6	20	5	2	6	3

【松陽】		打	安	点	振	球
⑥	山本	2	1	0	0	2
⑨	萩原蓮	3	0	1	2	0
⑦	柏木	4	2	1	1	0
⑤	米田	4	2	3	1	0
①	菊地	3	2	3	1	1
③	時津	3	1	0	1	0
④	藤本	2	2	0	0	1
②	植松	0	0	0	0	2
⑧	秋本	2	0	2	1	0

犠	盗	失	併	残	打	安	点	振	球
3	2	1	0	6	23	10	10	7	6

投手	回	打	安	振	球	責
伴	2⅔	19	6	3	5	3
比嘉	2	12	3	4	1	0
村井	⅓	1	1	0	0	0
菊地	5	23	5	6	3	1

星槎国際湘南コールド勝ち

星槎国際湘南は毎回走者を出すもフライアウトが多く、バントのミスもあった。七回コールド勝ちは収めたものの、土屋恵三郎監督（69）は「どこもそうだけど、夏の緊張でもう一つだった。バットが下から出ちゃう。何とか0点に抑えたのは良かったかな」。主将の近藤も「初戦で固かった。低い打球を打つ練習はしてきたけど」と反省しきりだった。

次の3回戦（13日、サーティーフォー相模原第1試合）の相手は桐光学園。ノーシード同士だが、ハイレベルの試合が予想される。星槎と桐光は2020年の独自大会準々決勝・保土ケ谷球場で対戦し、そのときは星槎が4－0で完封勝ちしている。その試合を観戦していたのが当時中学3年だった近藤だ。「星槎に入るきっかけにもなった試合。桐光には勝てるイメージがある」と近藤。

組み合わせが決まってからまず目標としてきた相手。「強いのは分かっている。辛抱強く守ってチャンスを作るのが自分たちの野球」（近藤）。これまで数々の名勝負を演じてきた大ベテランの指揮官も「辛抱強く守ることにつきる」と、同じ言葉で勝機を見据えた。

▽二塁打　磯崎▽犠打　高橋、佐藤龍▽盗塁　大川、近藤2、宮沢、鯨岡▽失策　磯崎、原、清藤
▽審判　飯田、大庭、神之田、五十嵐
▽試合時間　2時間24分

11日（横浜スタジアム）　（7回コールド）

星槎国際湘南	0	1	0	3	0	0	3	7
綾瀬	0	0	0	0	0	0	0	0

7回表星槎国際湘南2死一、三塁。
打者吉原の時重盗を試み、
三走近藤が7点目のホームイン

【星槎】		打	安	点	振	球
④5	大川	4	1	0	0	1
⑧4	近藤	4	3	1	0	1
⑥	宮沢	3	2	3	0	2
⑦	橋口	2	0	0	0	0
H	江藤	1	0	0	0	0
98	吉原	2	0	0	1	0
⑨7	佐藤	4	1	2	2	0
②	久保倉	3	0	0	0	1
③	磯崎	3	2	0	0	1
①	高橋	1	0	0	1	0
1	歌川	2	0	0	1	0
R	鈴木	0	0	0	0	0
1	姜	0	0	0	0	0
⑤	鯨岡	1	1	0	0	2
9	河浦	1	1	0	0	0

犠	盗	失	併	残	打	安	点	振	球
1	5	1	2	12	31	11	6	5	8

【綾瀬】		打	安	点	振	球
④	丸井	1	0	0	0	3
R	比留川	0	0	0	0	0
⑥	大木	4	1	0	1	0
⑧	飯田	3	1	0	1	0
⑤	原	2	1	0	0	1
①9	佐藤龍	2	1	0	0	0
②	山崎	3	1	0	2	0
③	佐藤慎	1	0	0	0	0
H3	大島	2	0	0	0	0
⑨1	井本	3	0	0	1	0
⑦	清藤	2	0	0	0	0
H	谷口	1	0	0	1	0

犠	盗	失	併	残	打	安	点	振	球
1	0	2	0	8	24	5	0	6	4

投手	回	打	安	振	球	責
高橋	3⅔	14	4	2	1	0
歌川	3	12	1	3	2	0
姜	1	3	0	1	1	0
佐藤龍	6⅓	35	9	4	7	4
井本	⅔	5	2	1	1	0

冷静な投球光る桐光・中平

「流れはつくってくれた。あとは任せてくれという思いだった」。四回1死一塁、桐光学園の先発の2年法橋から継いだ主戦中平は、努めて冷静に今夏の初マウンドを踏んだ。

スタメンのうち8人が右打者の藤嶺藤沢打線は中平にとって好相性。5月中旬から取り組んだサイドスローから球威のある内角直球でのけぞらせれば、曲がり幅の大きいスライダーで腰を引かせ、四から五回にかけて4者連続三振と寄せ付けなかった。

八回までノーヒットに封じ、春からの成長をのぞかせたのは1死一、二塁を迎えた九回だ。「逆にここは力を入れるピンチではないと言い聞かせた」と中平。3点差の援護がある自分の立ち位置を俯瞰し、一直併殺に仕留めた。

今春の県大会3回戦。横浜打線に球威で真っ向勝負した結果、5本塁打を浴びた。チームにとっても、自分にとっても逆襲の夏は始まったばかりだ。

▽二塁打　白鷹▽犠打　根岸、木下、野村、磯貝
▽盗塁　矢竹▽失策　近藤
▽審判　江崎、斎藤、原田、坂上
▽試合時間　2時間15分

11日（サーティーフォー保土ケ谷球場）

藤嶺藤沢	0	0	0	0	0	0	0	0	0	0
桐光学園	0	0	0	0	2	0	1	0	×	3

7回裏桐光学園2死一、二塁。中村の左前適時打で
二走矢竹がホームイン

【藤嶺】		打	安	点	振	球
⑨	鈴木	3	1	0	0	0
19	宮沢	0	0	0	0	0
H	山本	0	0	0	0	1
1	小峰	0	0	0	0	0
⑦	加藤	4	1	0	0	0
②	小早川	3	1	0	0	1
③	岩崎	2	0	0	0	2
⑧	草野	4	1	0	0	0
⑥	森永	2	0	0	1	0
H	吉川	1	0	0	0	0
6	花田	1	0	0	0	0
⑤	近藤	2	0	0	1	1
①91	根岸	1	0	0	1	0
H9	菅原	1	0	0	1	0
④	木下	2	0	0	2	0
4	藤原	0	0	0	0	0

犠	盗	失	併	残	打	安	点	振	球
2	0	1	0	6	26	4	0	6	5

【桐光】		打	安	点	振	球
⑧	矢竹	3	1	1	1	1
⑨	綾部	3	2	1	1	1
⑥	森	4	1	0	1	0
②	中村	4	2	1	1	0
④	白鷹	4	2	0	2	0
⑤	野村	2	0	0	0	0
H	鈴木景	1	0	0	0	0
5	吉成	0	0	0	0	0
③	工藤	4	0	0	2	0
⑦	磯貝	3	0	0	1	0
①	法橋	1	0	0	1	0
1	中平	2	0	0	1	0

犠	盗	失	併	残	打	安	点	振	球
2	1	0	2	8	31	8	3	11	2

投手	回	打	安	振	球	責
根岸	5⅓	24	6	6	1	0
宮沢	⅔	2	0	2	0	0
根岸	1	6	2	3	1	1
小峰	1	3	0	0	0	0
法橋	3⅓	12	2	0	2	0
中平	5⅔	21	2	6	3	0

2回戦　多摩×逗子葉山 ／ 柏木学園×橘 ／ 座間×鎌倉学園

多摩・谷岸は横手投げで緩急

多摩はエースの谷岸が酷暑のなか119球を投げ抜き、3回戦に駒を進めた。「監督には1人で行くぞと言われていたので心の準備はできていた。暑かったけど投げ切れてよかった」と大粒の汗を拭った。

横手投げから緩急を使って凡打の山を築いた。入学時は上手投げだったが、先輩投手陣も同じタイプがそろっていたチーム事情で1年夏に下手投げに転向。さらに、「よりしっくりくる」という理由で2年秋に横手投げに転じた。筋肉の使い方に関する論文などを読んで投球モーションに生かしてきたという。次戦に向け、「きょう以上のものを出せるように頑張りたい」と力を込めた。

▽三塁打　鈴木煌▽二塁打　水上、梅原2、冨永▽犠打　羽田▽盗塁　谷岸、横山、上野▽失策　松崎、井上▽暴投　横山▽審判　乗松、池田、水品、秋葉▽試合時間　2時間8分

11日（サーティーフォー相模原球場）

多摩	1	1	0	0	0	1	0	0	1	4
逗子葉山	0	0	0	0	0	0	1	0	0	1

【多摩】		打	安	点	振	球
④	水上	5	1	0	0	0
③	梅原	5	2	1	0	0
⑤	阿野	4	1	0	0	1
⑦	羽田	3	0	1	0	1
②	松崎	4	1	0	0	0
⑧	鈴木煌	3	1	0	0	1
⑥	大場	2	1	0	0	2
①	谷岸	4	2	1	0	0
⑨	冨永	4	1	0	0	0
犠盗失併残	1 1 1 1 9	34	10	3	0	5

【逗葉】		打	安	点	振	球
⑧	鈴木光	5	1	1	0	0
②1	横山	2	0	0	0	2
③	前川	3	0	0	1	0
H3	鈴木慎	1	0	0	0	0
⑥2	石渡	3	0	0	0	1
④6	小林	4	0	0	0	0
①4	折原	3	1	0	0	1
⑨	井上	3	1	0	0	1
⑦	上野	2	1	0	0	0
H	鈴木拓	1	0	0	0	0
7	塩入	1	0	0	0	0
⑤	岡部	2	0	0	0	0
H	小池	1	0	0	0	0
R	渡辺	0	0	0	0	0
5	大石	0	0	0	0	1
犠盗失併残	0 2 1 1 9	31	4	1	1	6

投手	回	打	安	振	球	責
谷岸	9	37	4	1	6	0
折原	3	13	4	0	2	2
横山	6	27	6	0	3	2

4安打1失点で完投勝利した多摩の谷岸

柏木学園・長嶋颯10回完封

直球は130キロそこそこ。変化球が抜群に切れるわけでもないが、的確な読みと抜群の制球力で決定打を許さない。柏木学園の右腕・長嶋颯がらしさを存分に発揮し、10回完封。タイブレークにもつれ込んだ熱戦をものにした。

0－0の八回裏。2死二、三塁のピンチでのらりくらりの配球を一変させた。「直球に合っていない」と見切って内角をぐりぐり突いて追い込み、最後も直球で凡フライに仕留めた。

1点リードの十回裏2死二、三塁は一転。直球にタイミングが合っている左の代打と無理に勝負せず、「空振りが欲しい」と変化球を連続でワンバウンドさせた。結果的に歩かせて満塁としたが、次打者を打ち取り歓喜に浸った。

昨秋は県大会初戦で、今春は地区予選で敗退。上原幸太監督（45）には「力がないなりの知恵が必要。相手を見ながら野球をやりなさい」と諭され続けてきた。

最後の大会を前に、長嶋颯は低めへの制球力を高め、捕手の花井と読みを磨き続けてきた。その成果が実り、今夏は19回投げていまだ自責ゼロだ。

▽犠打　宮川、高橋駿、細田▽盗塁　長嶋颯、花井2、笹川、栗原、川口▽失策　白川▽審判　川瀬、下地、田中、中村▽試合時間　2時間38分

11日（大和スタジアム）　（延長10回、10回からタイブレーク）

柏木学園	0	0	0	0	0	0	0	0	0	1	1
橘	0	0	0	0	0	0	0	0	0	0	0

【柏木】		打	安	点	振	球
⑧	前田	4	0	0	0	1
8	上島	0	0	0	0	0
④	芦野	2	0	0	0	0
4	宮川	1	0	0	0	0
H3	斉藤	1	1	1	0	0
①	長嶋颯	4	0	0	0	1
③	長嶋拓	2	0	0	0	2
R34	吉川	0	0	0	0	0
⑤	石野	3	0	0	0	0
H	大坪	1	0	0	0	0
5	升田	0	0	0	0	0
⑦	大内	4	1	0	1	0
②	花井	2	1	0	0	2
⑨	石井	2	1	0	0	0
H9	三橋	2	0	0	1	0
⑥	金子	2	0	0	1	2
犠盗失併残	1 3 0 0 10	30	4	1	3	8

【橘】		打	安	点	振	球
⑦	笹川	5	2	0	1	0
⑥	砂川	4	0	0	0	0
⑤	栗原	3	1	0	0	1
⑨	高橋駿	3	0	0	1	0
⑧	鈴木	4	0	0	0	0
③	竹内	4	0	0	2	0
④	細田	3	0	0	0	0
②	白川	4	1	0	0	0
R	川口	0	0	0	0	0
①	北山	2	0	0	0	0
1	高野	1	1	0	0	0
H	江良	0	0	0	0	1
犠盗失併残	2 3 1 2 9	33	5	0	4	2

投手	回	打	安	振	球	責
長嶋颯	10	37	5	4	2	0
北山	7⅔	31	3	0	7	0
高野	2⅓	8	1	3	1	0

延長10回を完封し雄たけびを上げる柏木学園の長嶋颯（中央）

鎌倉学園・若松が投打で奮闘

鎌倉学園の若松が投打に奮闘。先発して3回1失点、九番打者として2安打2打点を挙げた背番号1は「今夏初登板でちょっと緊張した。打席ではつなぐことができた」と充実の表情で振り返った。

今春、出身の少年野球チーム「旭ドジャース」（横浜市旭区）が45年の活動を終えた。さみしさとともに、野球を取り巻く環境の厳しさを痛感しながら「自分たちの姿を見て、野球をする人が増えたらいい」と願う。

次の相手はシード校の桐蔭学園。若松は「投打に役割を果たす。基礎をしっかり教えてくれた少年野球時代の監督、川田さんに見せたい」と意気込んだ。

▽三塁打　武井3、高橋▽二塁打　高橋、奥永、香川、松山、海江田▽犠打　藤井、後岡、若松▽盗塁　平尾▽審判　森山、福寿、石田、小西▽試合時間　1時間43分

11日（大和スタジアム）　（5回コールド）

座間	1	0	0	0	0	1
鎌倉学園	2	3	8	3	×	16

【座間】		打	安	点	振	球
②	平尾	1	0	0	0	2
⑧	荒井	2	0	0	0	1
⑤	香川	2	1	0	0	1
①	野崎	2	0	0	2	1
⑥	川口	2	1	1	0	1
⑦	菅田	3	0	0	1	0
⑨	三沢	2	0	0	1	0
9	会田	1	0	0	0	0
③	中川	2	0	0	2	0
3	内田	0	0	0	0	0
④	鈴木	1	1	0	0	1
犠盗失併残	0 1 0 1 9	18	3	1	6	7

【鎌学】		打	安	点	振	球
⑨	杉山	1	0	0	0	2
H8	根本	1	0	0	0	0
④	藤井	1	1	1	0	1
3	海江田	1	1	0	0	0
⑥	武井	4	3	4	0	0
R6	石川	0	0	0	0	0
③	高橋	2	0	0	0	1
89	大牟礼	1	1	1	0	0
②	福島	3	1	1	0	0
R4	清井	1	1	0	0	0
⑤	北野	4	4	2	0	0
1	神蔵	0	0	0	0	0
⑦	松山	3	3	2	0	0
2	後岡	0	0	1	0	0
⑧	奥永	1	1	0	0	2
1	大矢	0	0	0	0	0
H5	倉賀野	1	0	0	0	0
①7	若松	2	2	2	0	0
犠盗失併残	3 0 0 0 7	26	20	16	0	6

投手	回	打	安	振	球	責
野崎	4	35	20	0	6	16
若松	3	15	3	5	3	1
大矢	1	5	0	1	2	0
神蔵	1	5	0	0	2	0

投打に活躍した鎌倉学園の若松

桐蔭学園・山本が6回無失点

桐蔭学園は先発右腕山本が6回2安打無失点。緩急付けた投球でアウトを重ね、ゲームをつくった。

「初戦で緊張して序盤は力んでしまった」という山本だが、尻上がりに調子を上げた。一回裏、四球で先頭打者の出塁を許したが、後続をゴロや三振で打ち取り、二回以降もテンポ良く投げ、凡打の山を築いた。

それでも、春の大会でエースナンバーをつけた右腕は「今日の出来は40点」と厳しめ。まずは1勝、されど1勝。「目標は神奈川制覇。決勝戦後に100点の投球だったと言えるようにこれから調子をあげていきたい」と意気込んだ。

▽本塁打　中野（寺田）
▽二塁打　影山、永野2、萩原▽犠打　古宮、佐藤、和智▽盗塁　佐藤、福田▽失策　永野、和智3、古市
▽審判　岸本、来福、井上、鈴木
▽試合時間　2時間5分

11日（藤沢八部球場）　（7回コールド）

桐蔭学園	1	0	1	0	1	4	6	13
綾瀬西	0	0	0	0	0	0	0	0

7回表桐蔭学園2死二、三塁。中野が3ランを放つ

【桐	蔭】	打	安	点	振	球
⑤	影山	4	2	2	0	1
1	中村	0	0	0	0	0
④	古宮	3	1	1	0	0
H5	池上	1	1	0	0	0
⑥	佐藤	4	2	5	0	0
③	中野	4	1	3	0	1
⑧	永野	4	2	1	0	0
8	平山	0	0	0	0	1
⑦	宇都	2	0	0	0	2
R7	吉原	1	0	0	0	0
⑨	萩原	4	2	0	0	0
②	米倉	4	1	0	0	0
①	山本	2	0	0	0	1
H4	野本	1	1	1	0	0
犠盗失併残	2 1 1 1 8	34	13	13	0	6

【綾	瀬 西】	打	安	点	振	球
⑨	森田	2	0	0	0	1
⑥	和智	1	0	0	1	1
⑧	福田	3	0	0	0	0
①5	大塚	3	1	0	1	0
③	瀧川	3	0	0	2	0
⑤14	片倉	2	0	0	0	1
⑦	佐々木	3	0	0	1	0
②	青柳	2	0	0	1	1
④	古市	2	1	0	1	0
1	寺田	0	0	0	0	0
犠盗失併残	1 1 4 0 5	21	2	0	7	4

投手	回	打	安	振	球	責
山本	6	23	2	6	3	0
中村	1	3	0	1	1	0
大塚	5⅓	30	9	0	4	6
片倉	1⅓	9	3	0	1	0
寺田	⅓	3	1	0	1	1

生田東が劇的勝利

5－5の九回2死二、三塁。生田東の8番三枝が振り抜いた当たりは、相手右翼手の頭上を大きく越えていった。

待望の勝ち越しの2点三塁打。6点目のホームを踏んだ三走の主将でエースの鈴木琉が「これまでやってきた全部があの打撃に詰まっていた」と喜びを爆発させた。最高気温37度まで達した灼熱の伊勢原で、2時間55分の熱戦。でも、身長182センチの右腕は動じなかった。

初回に中犠飛で自ら先制点を得た後、相手に4度の同点を許す。「開き直って投げるだけ」と我慢強く直球とカーブを四隅に散らす。五回の鈴木征のソロや、八回の1年渡辺の適時二塁打もエネルギーへと変換した。

殊勲者の三枝は「冬場に長い階段でのダッシュで対策もできた」とうなずき、キャプテンも「相手やまわりに合わせず、自分たちの野球を貫いた」。秋と春はいずれも地区予選で敗退したが、夏は「楽しんだもん勝ち」と鈴木琉。そんな気構えが土壇場に実を結んだ。

▽本塁打　鈴木征（藤村）
▽三塁打　三枝▽二塁打　永井、渡辺、川辺▽犠打　鈴木琉、菅原、永井、佐藤、野原、赤木▽盗塁　堀江、渡辺、佐藤、蜂巣、赤木▽失策　三浦、鈴木征、堀江2、渡辺、野原、赤木▽暴投　川辺、鈴木琉2
▽審判　篠田、斎藤、岩田、池田
▽試合時間　2時間55分（中断12分）

10日（いせはらサンシャイン・スタジアム）

生田東	1	1	0	1	1	0	0	1	2	7
有馬	0	0	2	1	1	0	0	1	0	5

9回表生田東2死一、三塁。三枝が勝ち越しの適時三塁打を放ち塁上でガッツポーズ

【生	田 東】	打	安	点	振	球
⑧	三浦	6	2	0	0	0
④	滝田	3	1	1	0	2
⑥	鈴木征	4	2	1	0	1
①2	鈴木琉	4	1	1	0	0
③	菅原	4	0	0	2	0
⑨	柳楽	5	1	0	0	0
⑤	堀江	5	4	0	0	0
②1	三枝	4	2	3	0	1
⑦	渡辺	3	1	1	0	2
犠盗失併残	2 2 5 0 12	38	14	7	2	6

【有	馬】	打	安	点	振	球
⑧	永井	4	1	0	2	0
④	佐藤	3	1	1	0	1
5	石川	0	0	0	0	0
①64	川辺	5	2	2	1	0
⑥1	藤村	5	2	0	0	0
⑦	野原	4	2	0	0	0
③	蜂巣	4	1	1	1	1
⑨	赤木	3	0	1	1	0
9	諸星	1	0	0	0	0
②	和田	4	1	0	1	0
2	土田	0	0	0	0	0
H	小越	1	0	0	0	0
⑤6	菊池	4	1	0	1	0
犠盗失併残	4 3 2 1 12	38	11	5	7	2

投手	回	打	安	振	球	責
鈴木琉	8	41	11	6	2	4
三枝	1	3	0	1	0	0
川辺	4	20	5	1	3	1
藤村	5	26	9	1	3	4

慶応藤沢・エース高垣完投

慶応藤沢のエースは、4点リードの九回1死から中前打を許すと、球場が熱気を帯びた。「すごく音量が大きくなって嫌だな」。捕手の中川はやや萎縮したが、マウンド上の高垣は「テンションを上げて、乗っていきたいタイプ。相手の応援も力に変える」と笑っていた。後続を断ち切り、わずか86球、2失点完投で初舞台を満喫した。

身長168センチの右腕には、目を見張るような球速はない。それでも、緩いカーブでタイミングを外し、手元で曲がる2種類のカットボールが効いた。五回2死まで無安打に抑えれば、失点した直後に2度もけん制で刺す冷静さもあった。木内義和監督（48）は「初めての夏とは思えないすごいメンタル」とたたえた。

帽子のつばには、チームスローガンの楽しむことを意味する「必笑」と書いてある。1年夏からベンチ入りしながら、登板機会がなかった背番号1は「先輩たちを眺めることしかできなかった。きょうは楽しくできたし、いいデビューになったかな」。

目標は過去最高を超えるベスト16だ。

▽三塁打　後藤、山本▽二塁打　山本▽犠打　金井、榎本▽失策　矢島2、西脇▽暴投　榎本
▽審判　小島、斉藤、古川、高木
▽試合時間　2時間8分

10日（大和スタジアム）

横須賀学院	0	0	0	0	1	1	0	0	0	2
慶応藤沢	0	0	0	2	1	0	2	1	×	6

4回裏慶応藤沢1死一、二塁。中川の適時打で二走岩下が先制のホームイン

【横	須 学】	打	安	点	振	球
⑧	栄	4	1	0	1	0
④5	根岸	4	1	1	1	0
⑨	新川	3	0	0	0	0
H	星野	1	0	0	0	0
③	中村	3	0	0	1	0
⑦	金井	2	0	0	0	0
⑥	萬代	3	0	0	1	0
⑤	矢島	2	1	1	1	0
4	伊勢	1	0	0	0	0
②	山内	3	1	0	1	0
①	榎本	1	0	0	0	0
1	福本	1	0	0	0	0
犠盗失併残	2 0 2 0 1	28	4	2	6	0

【慶	応 藤】	打	安	点	振	球
④	後藤	4	2	0	0	1
⑦	西脇	4	1	1	1	1
③	山本	4	2	1	0	1
⑨	小林	5	2	0	1	0
⑤	岩下	3	1	1	0	1
⑧	山下	4	1	0	0	0
②	中川	4	1	1	0	0
①	高垣	4	1	0	0	0
⑥	鈴木朗	4	0	0	1	0
犠盗失併残	0 0 1 0 10	36	11	4	3	4

投手	回	打	安	振	球	責
榎本	7	35	10	2	3	4
福本	1	5	1	1	1	1
高垣	9	30	4	6	0	1

足技さえて元石川大勝

元石川は毎回の15安打に8盗塁を絡めて10得点大勝。4安打3盗塁で2年連続の初戦突破を呼び込んだ佐藤は「自分はむしろ足が遅い方だけど、チームとして積極的に狙っていこうと話していた」とはにかんだ。

序盤から攻め立てた。先頭黒川の左前打を足掛かりに一挙5点を奪うと、二、四回はいずれも足を絡めて2点ずつ追加してダメを押した。3年生は3人のみの若いチームを主将奥田や真田とまとめる背番号2。第1シード東海大相模とぶつかる次戦に向け「横浜スタジアムだし、一生に一度あるかないかの機会。全力で楽しみたい」と声を弾ませた。

▽三塁打　高橋▽二塁打　真田、梶、磯崎▽盗塁　黒川2、佐藤3、梶、磯崎2、森▽失策　一柳▽暴投　栗田2▽捕逸　三田村▽審判　清水、佐藤、安保、小池▽試合時間　1時間42分

10日（保野公園・横浜薬大スタジアム）　（6回コールド）

元石川	5	2	0	2	0	1	10
森村学園	0	0	0	0	0	0	0

1回表元石川無死二、三塁。林田の一ゴロで三走が還り先制する

【元石川】	打	安	点	振	球
⑧ 黒川	4	3	0	0	0
⑤ 真田	4	1	0	0	0
①3 林田	4	0	1	0	0
④ 奥田	4	1	2	1	0
② 佐藤	4	4	0	0	0
⑨1 梶	3	2	2	0	1
③ 高橋	2	1	2	0	1
H 葛西	0	0	0	0	1
R 野川	0	0	0	0	0
9 田中	0	0	0	0	0
⑦ 磯崎	4	3	3	0	0
⑥ 夏目	2	0	0	1	0
H6 鈴木	1	0	0	1	1
犠盗失併残 0 8 0 0 8	32	15	10	3	4

【森村】	打	安	点	振	球
⑤1 一柳	2	0	0	0	1
①7 栗田	2	1	0	1	1
⑥ 坂井	3	2	0	0	0
④ 西島	3	0	0	0	0
③ 森下	3	1	0	1	0
⑧ 森	3	1	0	0	0
⑦ 高橋司	2	0	0	1	0
5 肥田野	1	0	0	0	0
⑨ 岩城	3	1	0	0	0
② 三田村	1	0	0	1	2
犠盗失併残 0 1 1 1 9	23	6	0	4	4

投手	回	打	安	振	球	責
林田	5	23	5	3	4	0
梶	1	4	1	1	0	0
栗田	4	26	12	1	2	9
一柳	2	10	3	2	2	0

東海大相模が打ち勝つ

0－4とリードされた六回裏。2死三塁で打席には5番松本ジョセフ。カウント1－2からの落ちるチェンジアップを叩いた打球にセンターは一歩も動けず。白球はサーティーフォー保土ケ谷球場の電光掲示板にぶち当たってバックスクリーンに落ちた。

そこまで、フライアウトが10。春、相洋、横浜隼人に〝連敗〟した試合を思い起こさせる湿った打撃に、原俊介監督の脳裏には「これで負けたらせっかくの子どもたちの頑張りが…」と敗戦がよぎっていた。

だが、選手たちは冷静だった。「春と同じではだめ。低い打球を打とうとベンチで言い合っていた」（松本）。本来は打ち勝つことをテーマにしてきたタレント打線は、グリップ1つ分バットを短く持つことをいとわず、湘南学院・藤枝幸祐の変化球を徐々に捉えていた。

▽本塁打　松本（藤枝）▽三塁打　池田、山内▽二塁打　安達、木村、吉野▽犠打　吉野、西崎2、川野2、藤枝、笹田、持丸2、及川、木村、吉本▽失策　西崎、及川、安達▽審判　鈴木、祝、米原、出浜▽試合時間　2時間13分（中断5分）

10日（サーティーフォー保土ケ谷球場）

湘南学院	0	4	0	0	0	0	0	1	0	5
東海大相模	0	0	0	0	0	2	3	2	×	7

東海大相模を相手に大健闘した湘南学院

【湘南学】	打	安	点	振	球
④ 池田	5	1	2	0	0
⑤ 吉野	4	1	0	1	0
② 蔵並	5	1	0	1	0
③ 橋本	4	1	0	0	1
R 尾野	0	0	0	0	0
⑨ 島崎	5	2	0	0	0
⑦ 西崎	2	1	0	1	0
⑧ 川野	2	2	1	0	0
① 藤枝	3	1	1	2	0
⑥ 笹田	3	0	1	2	0
犠盗失併残 7 0 1 0 9	33	10	5	7	1

【東海】	打	安	点	振	球
⑧ 山内	3	1	2	0	1
⑨ 持丸	1	0	1	0	1
⑥ 及川	3	1	0	0	0
⑤ 板垣	4	0	0	0	0
③ 松本	4	1	2	0	0
④ 安達	3	1	0	0	1
⑦ 中村龍	2	1	0	0	1
R7 長尾	1	0	0	0	0
② 木村	3	2	2	1	0
① 子安	2	0	0	0	0
H 吉本	0	0	0	0	0
1 福田	1	0	0	1	0
犠盗失併残 5 0 2 0 5	27	7	7	2	4

投手	回	打	安	振	球	責
藤枝	8	36	7	2	4	5
子安	7	31	6	6	1	4
福田	2	10	4	1	0	1

伊志田　終盤一挙8得点

劣勢にも好守でリズムをつくり、三つの併殺で窮地をしのいだ伊志田ナインが、七回裏の一挙8得点、コールド勝ちにつなげた。佐々木章太監督も「課題だった粘りを発揮したベストゲーム」と納得の表情だ。

七回表1死一、二塁では注文通りの二－遊－一と運び、この日三つ目の併殺を完成。三浦主将は「ピンチを耐え続けエース西ケ谷を援護したかった。自分たちにもチャンスが来ると言い聞かせていた」。その裏には相手の失策で広げた無死満塁の好機に、代打越路が中前に運んで試合をひっくり返した。越路は「最後まであきらめない気持ちがベンチの中でも広がっていた。最初のストライクから気持ちよく打てた」。勢いづいて打者11人を送り、拮抗した試合に決着をつけた。

三浦は「それほど得意ではなかった守備から流れをつくれた。勢いがつく勝ち方」と夏の成果に胸を張った。

▽本塁打　伊藤（西ケ谷）▽二塁打　今園、三浦、市川▽犠打　今園2、松岡、市川、池田▽盗塁　和田、松村▽失策　西片2、多田、池田（伊）▽審判　安田、小笠原、西村、安重▽試合時間　2時間5分

1回裏伊志田2死二塁。松岡の適時打で二走橋立が笑顔で先制のホームイン

10日（中栄信金スタジアム秦野）　（7回コールド）

大和西	0	0	1	0	0	1	0	2
伊志田	1	0	0	0	0	0	8X	9

【大和西】	打	安	点	振	球
⑤75 中田	4	1	0	0	0
④ 池田	4	2	0	1	0
⑨ 田口	2	0	0	0	2
⑧ 井上	3	1	0	1	0
H5 西片	1	1	0	0	0
8 樋田	0	0	0	0	0
⑥ 木村	4	1	0	0	0
③ 内田	2	0	0	1	1
⑦ 和田	2	1	0	0	1
1 町田	0	0	0	0	0
1 多田	0	0	0	0	0
1 坂井	0	0	0	0	0
② 伊藤	2	1	1	1	1
① 大石	2	0	0	1	0
H 早川	1	1	1	0	0
R787 松村	0	0	0	0	0
犠盗失併残 0 2 3 1 9	27	9	2	5	5

【伊志田】	打	安	点	振	球
④ 橋立	3	1	0	0	0
H 越路	1	1	2	0	0
R 村上	0	0	0	0	0
⑨ 今園	1	1	0	0	1
①5 西ケ谷	4	1	0	0	0
⑧ 松岡	3	1	1	1	0
⑤1 三浦	4	1	3	0	0
② 間部	3	1	0	0	1
③ 阿部	3	1	1	0	1
⑦ 市川	3	2	2	0	0
⑥ 池田	2	0	0	0	0
犠盗失併残 5 0 1 3 6	27	10	9	1	3

投手	回	打	安	振	球	責
大石	5	19	5	0	0	1
町田	1	5	1	0	1	0
多田	0/3	4	1	0	1	1
坂井	2/3	7	3	1	1	0
西ケ谷	6	28	7	5	5	2
三浦	1	4	2	0	0	0

横浜氷取沢1安打無失点

横浜氷取沢は初先発の背番号11・左腕政氏が5回途中まで1安打無失点の快投。切れのある直球でカウントを稼ぎ、四回まで完全試合ペース。五回の先頭4番に安打を許しマウンドを譲ったが、「初回から意識していた。打線だけではなく、自分にも注目してほしかった」と胸を張った。

1回戦16得点の快勝をベンチで見守った2年生は「今度は自分がやってやるぞ」と強い気持ちで臨んだ。「次のハマスタのマウンドも譲れない」と先をにらんだ。

▽三塁打　田村、若命、岡、小田▽二塁打　谷岡、二瓶、石原▽犠打
二瓶▽失策　東出、田崎2、高橋、小竹2
▽審判　横山、坂上、田村、遠藤
▽試合時間　1時間37分

10日（いせはらサンシャイン・スタジアム）　（5回コールド）

横浜氷取沢	0	0	5	3	10	18
小田原城北工	0	0	0	0	0	0

5回表横浜氷取沢2死一、三塁。代打田村が走者一掃の適時三塁打を放つ

【氷取沢】		打	安	点	振	球
⑧	佐藤	3	2	0	0	0
H8	岡	2	1	2	0	0
⑦	二瓶	2	1	1	0	0
7	小田	1	1	1	0	1
⑨	高崎	3	2	2	0	0
H9	田村	2	1	2	0	0
⑤	若命	4	3	2	0	0
51	村松	0	0	0	0	0
③	石原	3	1	1	0	1
2	倉田	0	0	0	0	0
⑥	三羽	4	1	0	0	0
②	谷岡	3	1	2	0	0
H	島村	1	1	1	0	0
23	井手	0	0	0	0	0
①	政氏	3	1	0	0	1
5	青木	0	0	0	0	0
④	石井	4	3	2	0	0
犠盗失併残	1 0 0 0 6	35	19	16	0	3

【城北工】		打	安	点	振	球
④	東出	2	0	0	1	0
⑥	田崎	2	0	0	2	0
②	石本	2	0	0	0	0
①	新屋敷	2	1	0	1	0
⑤	古根村	2	0	0	1	0
⑧	高橋	2	0	0	1	0
⑦	今井	1	0	0	0	1
③	小山	1	0	0	1	1
⑨	小竹	2	0	0	1	0
犠盗失併残	0 0 6 1 3	16	1	0	8	2

投手	回	打	安	振	球	責
政氏	4⅔	13	1	6	0	0
村松	1	5	0	2	2	0
新屋敷	5	39	19	0	3	7

大磯が零封リレー

大磯が2投手の零封リレーで2018年以来の3回戦進出を決めた。剛球で力投型の先発藤田と、自在なフォームからかわす投球がさえる救援鈴木祐の、タイプの違う右腕が持ち味を発揮した。

真価が問われたのは最終回だ。8回まで0点を刻んできたが、先頭から安打と失策で無死一、三塁。ここで内野陣が集まった。捕手の主将藤平の「気持ちだ。弱気になるな」とのげきにスイッチが入った鈴木祐が後続を抑えて零封リレーを完成。鈴木祐は「あれが今後に自信になった」と振り返る。

本来はどちらが先発でもおかしくないが、力投型の藤田の後にかわす投球の鈴木祐が来ると相手もタイミングを合わせづらいと見ての起用がここまではまっている。藤田は「後ろに鈴木祐がいるので思い切って投げられる」と自分の投球スタイルにも合っているという。藤平主将は「3回戦進出の目標は達成できた。次からはチャレンジ精神で」と意気込みを語った。

▽二塁打　藤平、高村、山中▽犠打　鈴木祐、今田、野田、湊、井上▽盗塁　山中、藤平、今田、青木
▽失策　後藤（大）2、藤田、望月、若井、堀内
▽審判　久保寺、神宮、奥津、田山
▽試合時間　2時間27分

10日（バッティングパレス相石スタジアムひらつか）

大磯	1	0	0	3	0	1	0	1	0	6
霧が丘	0	0	0	0	0	0	0	0	0	0

9回裏霧が丘無死一、三塁。若井の中飛で望月⑥が本塁を狙うがタッチアウト。捕手・藤平

【大磯】		打	安	点	振	球
⑤	後藤	4	0	0	0	2
⑥1	鈴木祐	3	1	1	0	2
⑧	山中	6	4	2	0	0
②	藤平	4	2	0	0	1
⑨	山田	4	2	2	0	1
④6	高村	5	2	0	0	0
①4	藤田	3	0	0	1	2
③	鈴木峻	5	2	0	1	0
⑦	今田	4	0	0	0	0
犠盗失併残	2 3 3 2 15	38	13	5	2	8

【霧が丘】		打	安	点	振	球
⑦9	後藤	2	0	0	0	2
⑧	野田	3	1	0	1	0
⑨1	楠木	4	0	0	1	0
③	徳本	3	0	0	1	1
⑥	望月	4	1	0	0	0
①	湊	0	0	0	0	0
1	竹野	1	1	0	0	0
H7	青木	2	0	0	1	0
②	若井	4	0	0	1	0
⑤	小川	4	1	0	0	0
④	井上	0	0	0	0	0
4	堀内	2	0	0	0	0
犠盗失併残	3 1 3 1 8	29	4	0	5	3

投手	回	打	安	振	球	責
藤田	6	24	2	4	3	0
鈴木祐	3	11	2	1	0	0
湊	3⅔	21	6	0	3	1
竹野	2⅓	12	2	0	4	0
楠木	3	15	5	2	1	1

横浜清陵・西村9回力尽きる

第3シードの強豪私学に一歩も引かなかった。横浜清陵の主戦西村は向上打線に9回3失点。直球を軸に5三振を奪うなど真っ向勝負を挑んだ。

1点を追う八回2死三塁の好機で打席に立つ3番丸山から「俺が振り出しに戻すからもう一回頑張ってくれ」と告げられた。直後、丸山が有言実行の同点適時打。勇気づけられた背番号1は九回のマウンドへ上がるも、照りつける太陽に疲労が重なり最後は力尽きた。

試合後、三塁側の応援団に一礼した西村だったが、そこから立ち上がることができない。仲間に支えながらベンチ裏に引き返した。大粒の涙は止まらず、「同点に追いついてもらったのに打たれてとても悔しい」と言葉を絞った。それでも西村の101球は確かに強豪校を追い込んだ。胸を張れる力投だった。

▽三塁打　寒河江▽二塁打　莇谷、寒河江
▽犠打　前泊、遠藤2、二宮、石橋、西村▽盗塁　永原、左右田、津島▽失策　武富▽暴投　二宮
▽審判　土屋、安部、荒井、大中
▽試合時間　2時間7分

10日（サーティーフォー相模原球場）

向上	0	0	0	0	0	0	1	0	2	3
横浜清陵	0	0	0	0	0	0	0	1	0	1

6安打1失点で完投勝利し喜ぶ向上の二宮

【向上】		打	安	点	振	球
⑧	石居	3	1	0	2	1
⑥	武富	4	0	0	0	0
③	松沢	4	1	0	0	0
⑦	前泊	3	0	0	1	0
②	寒河江	4	2	1	1	0
⑨	金子	4	3	2	0	0
⑤	飯田	2	1	0	0	1
H	香川	1	0	0	0	0
5	松根	0	0	0	0	0
④	竹之下	0	0	0	0	0
4	遠藤	1	1	0	0	0
①	二宮	2	0	0	1	0
犠盗失併残	4 0 1 1 4	28	9	3	5	2

【清陵】		打	安	点	振	球
⑦	莇谷	4	1	0	1	0
④	石橋	3	0	0	0	0
③	丸山	4	1	1	2	0
②	橋口	4	0	0	1	0
⑧	永原	4	2	0	0	0
①	西村	3	0	0	2	0
⑤	左右田	3	1	0	1	0
⑥	坪井	3	0	0	1	0
⑨	松井	1	0	0	1	1
H9	津島	1	1	0	0	0
犠盗失併残	2 3 0 3 5	30	6	1	9	1

投手	回	打	安	振	球	責
二宮	9	33	6	9	1	1
西村	9	34	9	5	2	3

2回戦　金沢×秦野総合 ／ 光明相模原×湘南台 ／ 秀英×茅ケ崎西浜

投打かみ合い金沢快勝

金沢は2点リードの五回に一挙8得点でコールド勝ち。2死一、三塁から2点三塁打を放った4番内山は「とにかくストライクゾーンに来たら振る。体が勝手に動いた」とはにかんだ。投げても二見、高柳のリレーで1安打無失点と投打に盤石だった。

昨夏16強の「公立の雄」は、今春初戦でコールド負け。偉大な先輩たちを意識するあまり、「受け身の姿勢が目立った。私が歴代で最も怒り続けてきたチーム」と吉田監督は言う。その指揮官によるノックを増やし、選手間ミーティングも重ねてナインは一枚岩になりつつあるという。

この夏に掲げるテーマは「果敢」。主将山口は「春の負けから一人一人の意識が変わってきた。攻守で果敢に攻めて、打倒私学、そしてベスト8を超えなければ、新しいステージにはたどり着けない」と次戦に切り替えていた。

▽三塁打　内山▽二塁打　上田、山口▽盗塁　本多、高橋、内山、杉山▽暴投　梅原2
▽ボーク　梅原
▽審判　仙田、中原、池田、渡辺
▽試合時間　1時間17分

10日（横須賀スタジアム）　（5回コールド）

	1	2	3	4	5	計
金沢	0	0	2	0	8	10
秦野総合	0	0	0	0	0	0

【金沢】		打	安	点	振	球
⑨	広岡	4	0	0	3	0
④	本多	4	2	2	0	0
⑧	高橋	4	2	0	1	0
⑥	内山	3	3	3	0	1
⑦	丸山	3	1	2	1	1
②	広田	2	0	0	2	1
③	山口	2	1	1	0	1
①	二見	2	1	2	1	1
1	高柳	0	0	0	0	0
⑤	杉山	2	1	0	0	1

犠	盗	失	併	残	打	安	点	振	球
0	4	0	0	7	26	11	10	8	6

【秦野総】		打	安	点	振	球
⑤	笹川	2	0	0	1	0
⑧	上田	2	1	0	1	0
②	竹下	2	0	0	0	0
①	梅原	2	0	0	1	0
⑦	阪本	2	0	0	1	0
④	石井	2	0	0	0	0
⑥	大木	2	0	0	1	0
③	中村	1	0	0	1	0
⑨	小川	1	0	0	0	0

犠	盗	失	併	残	打	安	点	振	球
0	0	0	0	1	16	1	0	6	0

投手	回	打	安	振	球	責
二見	4	13	1	4	0	0
高柳	1	3	0	2	0	0
梅原	5	32	11	8	6	10

5回表金沢2死二、三塁。内山が左前に2点適時打を放つ

湘南台エース力投及ばず

3大会ぶりの初戦突破を狙った湘南台は願い届かず。エース和田は「みんなが緊張していつも通りのプレーができない中、自分が抑えようという気持ちだった」と涙を拭った。

私学の打線はわずかな緩みを逃してくれなかった。「バントで崩してくる嫌な攻撃で投げづらかった」。二回、守りのほころびから2点を先行されると、四回無死満塁では甘く入った変化球を左翼線に運ばれた。

均整の取れたフォームから巧みな投球術で打ち取る右腕。高校入学後、学校近くの坂を走り込むとともにフォーム固めにも腐心し球速は10キロ増した。六回途中9失点。だが、劣勢の五回の投球は確かな成長の証しだ。

宮坂ら他の投手陣と切磋琢磨した日々を誇り、「人数は少ない中だったが、誰一人辞めずに最後まで一緒にプレーできたのは3年間のたまもの」と言った。

▽三塁打　中津、エゼ▽二塁打　明智、伊藤、向出、エゼ、鶴島▽犠打　中津、冨岡、斎藤▽盗塁　伊藤、向出、冨岡2、宮坂▽失策　向出、宮坂、和田、林2、青木▽暴投　宮坂▽捕逸　安部2
▽審判　中村、田畑、荒井、菅原
▽試合時間　1時間53分

10日（保野公園・横浜薬大スタジアム）　（7回コールド）

	1	2	3	4	5	6	7	計
光明相模原	0	2	0	5	0	3	2	12
湘南台	0	0	0	0	0	2	0	2

【光明】		打	安	点	振	球
⑥	伊藤	5	2	3	0	0
⑧	中津	4	1	0	1	0
⑤	向出	5	2	1	0	0
⑦	エゼ	5	3	2	0	0
③	明智	3	1	0	1	1
④	冨岡	2	0	0	0	1
②	鶴島	4	2	2	0	0
①	柏原	4	2	1	2	0
⑨	パーサン	4	3	0	0	0

犠	盗	失	併	残	打	安	点	振	球
2	4	1	0	7	36	16	9	4	2

【湘南台】		打	安	点	振	球
⑧1	宮坂	3	0	0	0	0
①5	和田	3	2	0	0	0
⑨8	斎川	3	1	0	1	0
②	安部	3	1	0	0	0
⑤9	斎藤	2	0	1	0	0
③	林	3	0	0	0	0
⑦	山崎	2	0	0	0	0
H	五十嵐	1	0	0	0	0
⑥	高橋	3	0	0	1	0
④	青木	2	1	0	0	0
H	前島	1	0	0	0	0

犠	盗	失	併	残	打	安	点	振	球
1	1	5	0	4	26	5	1	2	0

投手	回	打	安	振	球	責
柏原	7	27	5	2	0	0
和田	5⅓	31	12	1	1	7
宮坂	1⅔	9	4	3	1	1

4回表光明相模原1死二塁。エゼジョサイアが適時三塁打を放つ

茅ケ崎西浜　手堅い攻撃

先発全員の14安打と猛攻を見せた茅ケ崎西浜打線。6長打の陰に隠れた着実な攻撃が目を引いた。

3安打と打線をけん引した山岸主将は「ボールを引きつけて、右方向に強く振り抜くことができた」。1点差に追い上げられた六回裏には各打者が中堅から逆方向に鋭い打球を放って一挙5得点。「長嶋茂雄さんの当時の振りを動画で見てダウンスイングを意識した」と胸を張った。

二回にはランエンドヒット気味のバントから加点するなど小技も披露。並木慎也監督は「ああいう取り方は自分たちの形」と納得の表情だった。

▽三塁打　阿部、青木、後藤▽二塁打　松山、片柳、山岸2、松田、太田▽犠打　山田、水谷（秀）、片柳、泉、守屋▽盗塁　白田、黒田、青木、水谷（西）▽失策　水谷（秀）2、松田、水谷（西）、手塚、阿部
▽暴投　黒田
▽審判　岡田、諏訪、小江、高田
▽試合時間　2時間55分

10日（中栄信金スタジアム秦野）

	1	2	3	4	5	6	7	8	9	計
秀英	1	1	0	1	0	1	0	0	1	5
茅ケ崎西浜	0	4	0	1	0	5	0	0	×	10

【秀英】		打	安	点	振	球
②	白田	3	0	0	1	2
④6	山田	3	1	1	1	0
64	町田	1	0	0	1	0
①8	黒田	4	1	0	0	1
③	松山	3	1	1	1	1
3	葛谷	0	0	0	0	0
H	斎藤	0	0	0	0	1
R	石松	0	0	0	0	0
⑥16	水谷	4	0	0	4	0
⑤	松田	5	3	1	0	0
⑧41	片柳	4	2	0	0	0
⑨	小室	3	0	1	0	1
⑦	泉	2	0	0	2	1

犠	盗	失	併	残	打	安	点	振	球
4	2	3	0	11	32	8	4	10	7

【西浜】		打	安	点	振	球
③1	青木	3	1	0	0	2
⑧	水谷	4	1	0	0	1
⑦	太田	5	3	2	0	0
①3	後藤	5	1	1	1	0
⑨	守屋	3	1	1	1	1
⑥	手塚	5	2	0	1	0
②	山岸	4	3	1	0	0
⑤	阿部	4	1	2	0	0
④	葛西	4	1	1	2	0

犠	盗	失	併	残	打	安	点	振	球
1	2	3	0	8	37	14	8	5	4

投手	回	打	安	振	球	責
黒田	5	26	9	3	2	3
水谷	⅔	9	5	1	1	5
片柳	2⅓	7	0	1	1	0
後藤	5	27	6	6	4	2
青木	4	16	2	4	3	1

2回裏茅ケ崎西浜2死三塁。葛西の内野安打で勝ち越す。捕手白田

翠陵チャンス生かせず

翠陵は10点差で迎えた5回、先頭の成田が左翼線に二塁打を放ち、初めて得点圏に走者を進めた。1点を取らなければ試合は終わり。だが後続が三者凡退して万事休す。田中慎哉監督(36)は「さすが第2シードだが、ここで続かないのは新チームの課題になる」と感想を述べた。

「相手は強豪。食らいついていく」(掃部主将)と挑んだ試合は1回戦で温存したエース三島が二回に不運な当たりが連続してリズムを崩し、大量失点。打線は野球に3回巡ってくるというチャンスを信じて戦ったが、相手エースに封じ込まれ、結局は5回の1回のみだったチャンスを生かせなかった。

掃部主将は「1点を取りきれないと悔しい負けになる。後輩には普段の練習から意識してほしい」と思いを託した。

▽本塁打　小室(三島)
▽二塁打　成田▽犠打　橋本▽盗塁　小室、稲田
▽審判　鈴木浩、上園、小川、望月
▽試合時間　1時間10分

10日(バッティングパレス相石スタジアムひらつか)　(5回コールド)

翠陵	0	0	0	0	0	0
横浜創学館	0	7	1	2	×	10

2回裏横浜創学館2死満塁。小室が左越えに満塁本塁打を放つ

【翠陵】		打	安	点	振	球
⑧	平川	2	1	0	0	0
④	伊部	2	0	0	2	0
⑨	滝井	2	0	0	1	0
③	掃部	2	0	0	1	0
⑤	成田	2	1	0	0	0
②	阿部	2	0	0	0	0
⑦	山下	2	0	0	1	0
⑥	花田	2	0	0	1	0
①	三島	1	0	0	1	0
1	斎藤	0	0	0	0	0

犠	盗	失	併	残	打	安	点	振	球
0	0	0	0	2	17	2	0	7	0

【創学館】		打	安	点	振	球
⑧	今井	3	0	0	0	0
④	山越	1	0	0	0	2
⑥	小室	2	1	4	0	1
③	本山	3	2	0	0	0
⑨	塩田	3	1	0	0	0
⑦	稲田	2	2	2	0	1
7	二馬	0	0	0	0	0
⑤	橋本	0	0	1	0	1
H	武井	0	0	0	0	1
R	波多野	0	0	0	0	0
5	畑尾	0	0	0	0	0
②	宇野	3	1	0	1	0
①	鈴木	2	1	3	0	0
1	塚原	0	0	0	0	0

犠	盗	失	併	残	打	安	点	振	球
1	2	0	0	4	19	8	10	1	6

投手	回	打	安	振	球	責
三島	3⅔	24	8	1	5	10
斎藤	⅓	2	0	0	1	0
鈴木	4	13	1	6	0	0
塚原	1	4	1	1	0	0

合同チームの夏終わる

6校合同チームの夏が終わった。七回。主将大野(相模向陽館)は三ゴロで全力疾走してヘッドスライディングも判定はアウト。試合終了後はしばらく立ち上がれなかった。それでも「すごく悔しいけど、みんなでやれて楽しかった」と胸を張った。

ムードメーカー役の小沢(同)は練習後に仲間を積極的に食事に誘い、親睦を深めた。1年時には単独チームも経験したが、「合同の方が楽しかった。初めての人と話すことでコミュニケーション能力がついてきた」と振り返り、大学でも野球を続けるつもりだ。

マスクをかぶった永田(津久井)は今春1年生が入部するまで、校内では1人で活動を続けた。「嫌々やった時期もあったが高校野球は人生で1度しかないので」とやり切った。雨宮隆浩顧問(36)も「大したもの。最後までやらないと見えないものがある。何か感じてくれればうれしい」とねぎらった。野球を通じて友情は、掛け値なしの財産となる。

▽三塁打　大谷▽二塁打　鈴木涼、箕輪2、大野、山下、梶山▽犠打　坪井、星野、鈴木温▽盗塁　金田、鈴木涼、菅原▽失策　永田、坪井、鈴木涼、菅原▽暴投　高松
▽審判　鈴木、藤橋、金川、湯本
▽試合時間　1時間52分

10日(サーティーフォー相模原球場)　(7回コールド)

津久井・橋本・厚木清南・愛川・中央農・相模向陽館	0	0	0	0	0	0	0	0
上溝	3	0	2	2	0	1	×	8

7回6安打無失点と好投した上溝の鈴木温

【合同6】		打	安	点	振	球
⑧	大野	4	1	0	1	0
④	小沢	3	1	0	0	0
②	永田	3	0	0	1	0
⑨1	今井	3	2	0	0	0
⑦	高野山	3	0	0	0	0
⑥	金田	2	1	0	0	1
③	原	3	1	0	0	0
⑤	坪井	1	0	0	0	1
①9	高松	3	0	0	1	0

犠	盗	失	併	残	打	安	点	振	球
1	1	2	0	7	25	6	0	3	2

【上溝】		打	安	点	振	球
⑧	星野	2	0	0	1	1
④	鈴木涼	3	1	0	0	1
9	佐々木	0	0	0	0	0
⑥	菅原	4	1	0	0	0
③	大谷	2	1	0	0	2
⑤	箕輪	4	3	3	0	0
②4	山下	4	2	2	0	0
⑨2	梶山	4	1	0	0	0
①	鈴木温	2	0	0	0	0
⑦	工藤	2	1	0	1	1

犠	盗	失	併	残	打	安	点	振	球
2	2	2	1	8	27	10	5	2	5

投手	回	打	安	振	球	責
高松	4⅓	25	8	2	4	6
今井	2	9	2	0	1	0
鈴木温	7	28	6	3	2	0

相原　胸張る敗戦

左利きの遊撃手がチームを支えてきた相原は七回コールド負け。それでも、1年秋から加入し、主力となった佐藤は三回には二ゴロ併殺を見事に完成させ、「強豪校に行かずとも、少人数のチームでやってきて楽しかった」と誇らしげだ。

今春の県大会では部員9人ながら単独チームとして24年ぶりの勝利もつかんだ。エース兼任の左腕重原も「チーム事情もあるし、逆に自分が守った方が貢献できる」と率先して受け入れてきた。

創立100年の節目を飾る15年ぶりの夏の1勝には届かなかったが、那須野監督は「少人数のチームが増える中、こっちから固定概念を壊していくしかない。選手たちにもう少しやらせてあげたかったな」と切なげに夏空を見上げた。

▽三塁打　三木、吉川▽二塁打　吉川、佐藤(法)▽犠打　片貝2、茶木、池田▽盗塁　田中優、桜井、佐藤(法)▽暴投　児玉2
▽審判　江藤、豊島、北園、原
▽試合時間　1時間51分

10日(大和スタジアム)　(7回コールド)

法政二	0	3	0	0	0	2	3	8
相原	0	0	0	1	0	0	0	1

2回表法政二1死二塁。吉川の右越え適時二塁打で二走三木が先制の生還

【法政二】		打	安	点	振	球
③	石原	5	1	0	0	0
④	田中優	3	1	0	0	1
⑤	桜井	4	1	1	0	0
②	三木	3	2	0	0	1
2	小川	0	0	0	0	0
⑦	片貝	2	1	0	0	0
7	星野	0	0	0	0	0
⑨	吉川	4	2	3	0	0
⑧	茶木	2	0	1	0	1
①	児玉	0	0	0	0	3
H	久保田	0	0	1	0	1
1	二瓶	0	0	0	0	0
⑥	佐藤	3	2	2	0	0
H	山田	1	0	0	1	0
6	田中吟	0	0	0	0	0

犠	盗	失	併	残	打	安	点	振	球
3	3	0	0	8	27	10	8	1	7

【相原】		打	安	点	振	球
⑥16	佐藤	3	0	0	0	0
⑨	斎藤	2	0	0	1	1
9	古川	0	0	0	0	0
⑤	関根	3	0	0	2	0
①61	重原	3	1	0	0	0
③	鈴木	3	1	0	1	0
⑧	池田	1	0	0	1	0
H	中田	1	1	0	0	0
②	渡辺	3	1	0	1	0
⑦	土肥	1	0	0	1	1
④	須甲	2	0	0	2	0
4	藤波	0	0	0	0	0

犠	盗	失	併	残	打	安	点	振	球
1	0	0	1	3	22	4	0	9	2

投手	回	打	安	振	球	責
児玉	6	20	2	8	2	1
二瓶	1	5	2	1	0	0
重原	5⅔	27	8	0	4	5
佐藤	⅔	7	2	0	2	3
重原	⅔	3	0	1	1	0

2回戦　相模原城山×横浜学園 ／ 市ケ尾×県横須賀 ／ 逗子開成×県相模原

監督の言葉に相模原城山奮起

相模原城山の平田和也監督は「3年間、青春を注いできたんだ。9イニングの中で必ず想定外のことが起きてくる。そこで選手の気持ちをいい方向へ持っていけるかが自分の役目」と心得る。追い詰められた終盤にこそ手腕が試された。

序盤の大勝ムードをミスからひっくり返されるまさかの展開。3失点の1年生右腕、宮浦は目に涙をため、逆転を許した2年生右腕、井上聖はうなだれている。「俺たちが取り返してやるからな」と声を張る上級生の顔にも焦りの色が濃くなっていく。二死満塁の好機には7－8で迎えた八回。指揮官は選手を集めると「もっといい顔で野球をやろう」と声をかけ、気持ちをリセット。二死満塁の好機を築くや打席に向かう森元に伝令を飛ばす。森元は「ここで打ったらかっこいいぞと言われ、しっかりバットが出せた」。

右前にはじき返して逆転の二走、岡部がヘッドスライディングで生還。エース番号を背負うその岡部も監督の言葉を胸に七回裏からマウンドに立っていた。もどかしさをぶつけるように3回で4三振を奪い、乱戦を締めくくった。想定外の登板にも岡部は「盛り上がる勝ち方ができた」。

▽二塁打　馬場、竹内、山本、森元、大森、山口▽犠打　永井、飯田、山野井、小島▽盗塁　井上翔、大森、市川▽失策　永井、浅井、竹内、井上聖2、太田▽暴投　太田、市川4、宮浦▽審判　飯島、古沢、井上、安藤▽試合時間　2時間42分

10日（等々力球場）

	1	2	3	4	5	6	7	8	9	計
相模原城山	3	3	0	0	1	0	0	2	0	9
横浜学園	1	0	1	1	3	2	0	0	0	8

8回表相模原城山2死満塁。森元の適時打で三走に続き二走岡部（右）が逆転のホームイン

【城山】		打	安	点	振	球
⑥	永井	4	2	0	0	0
⑨	馬場	4	2	1	0	1
③	浅井	4	1	1	0	1
⑦	森元	5	2	4	2	0
⑤	井上翔	3	0	0	2	2
④	竹内	5	2	2	0	0
⑧	大森	5	2	1	0	0
②	山口	5	1	0	0	0
①	市川	1	0	0	0	1
H	高橋	1	0	0	0	0
1	宮浦	0	0	0	0	0
1	井上聖	0	0	0	0	0
1	岡部	1	0	0	0	0
犠盗失併残	1 3 5 3 8	38	12	9	4	5

【横浜学】		打	安	点	振	球
⑥	園	5	3	1	0	0
②	山本	4	2	0	0	1
⑨	飯田	3	2	0	0	1
③	山野井	3	1	1	1	1
3	瀬戸	0	0	0	0	0
⑤	小島	3	0	2	1	1
⑦	御手洗	5	1	0	1	0
④	長	5	1	1	0	0
①	太田	4	1	1	0	0
⑧	柳原	2	0	0	1	2
犠盗失併残	3 0 1 1 8	34	11	6	4	6

投手	回	打	安	振	球	責
市川	4	19	6	0	4	2
宮浦	1	8	3	0	1	2
井上聖	1	6	1	0	1	0
岡部	3	10	1	4	0	0
太田	9	44	12	4	5	7

初戦から市ケ尾総力戦

総力で超えていく夏―。公立校にして2年連続の第3シード、市ケ尾の戦いぶりを示す初戦だった。

四回、5－0とリードを広げると、二死一、二塁の場面で「代打の切り札」を打席に送った。「打つことだけに集中していた」という北脇が左翼線へ適時打を放ち、期待に応える。ファーストストライクを鋭く振り抜いた打撃に、菅沢悠監督が「試合の流れを決める場面で打てて自信になっただろう」とうなずけば、北脇も「守備が苦手で代打一本で行くと決めてからは、覚悟を持ってバットを振ってきた」と手応えを口にした。

投手は主戦木原の後を4人で継いだ。最後を締めた背番号10の堀川は「みんなが無失点できたから緊張してしまった」と、いきなり浴びた二塁打に反省を忘れなかった。

昨夏は勝てばベスト16という4回戦で涙をのみ、シード校の看板通りの結果を残せなかった。1年前も2試合に登板した堀川は「連戦は厳しい。1人の力だけでは上には行けない」と言い切り、北脇は「自分は直前にベンチを外れ、同級生の活躍をスタンドから見ていた悔しさがある」。それぞれが主役になる夏が幕を開けた。

▽二塁打　松本、山口、押野▽犠打　杉田、古川▽盗塁　高槻2、古川▽失策　松本▽暴投　西山▽審判　長井、小林、石井、太田▽試合時間　1時間52分

10日（等々力球場）　（7回コールド）

	1	2	3	4	5	6	7	計
市ケ尾	2	0	1	4	1	0	0	8
県横須賀	0	0	0	0	0	0	0	0

4回表市ケ尾2死一、二塁。代打北脇が左前に適時打を放ち6点目を挙げる

【市ケ尾】		打	安	点	振	球
⑧	高槻	3	0	0	0	2
⑥	杉山	3	2	0	0	2
⑤	杉田	4	2	2	0	0
③	犬丸	4	2	1	0	0
⑨	古川	1	0	1	0	2
⑦	二井	2	0	0	1	0
H	北脇	1	1	1	0	0
R7	山口	1	1	0	0	0
④	松本	3	2	2	1	1
②	藤原	3	0	0	1	0
H	高橋	1	0	0	0	0
2	古沢	0	0	0	0	0
①	木沢	1	0	0	1	1
H	峯	1	0	0	1	0
1	佐藤	0	0	0	0	0
H	丸山	1	1	0	0	0
1	高原	0	0	0	0	0
1	原田	0	0	0	0	0
1	堀川	0	0	0	0	0
犠盗失併残	2 3 1 2 10	29	11	7	5	8

【横須賀】		打	安	点	振	球
⑤	飯田	3	3	0	0	0
①2	西山	2	0	0	1	1
③	斉藤	3	0	0	0	0
⑧	青木	2	1	0	0	1
⑦	秋沢	3	0	0	0	0
⑨	亀山	2	0	0	1	0
H	菱沼	1	0	0	0	1
②	小川	1	0	0	0	0
1	押野	2	1	0	0	0
⑥	増川	2	0	0	0	0
H	曽我	1	0	0	0	0
④	杉山	2	0	0	0	0
犠盗失併残	0 0 0 1 5	24	5	0	2	2

投手	回	打	安	振	球	責
木沢	4	15	3	1	1	0
佐藤	2	7	1	0	1	0
高原	⅓	1	0	0	0	0
原田	⅓	1	0	1	0	0
堀川	⅓	2	1	0	0	0
西山	3⅓	19	3	3	6	4
押野	3⅔	20	8	2	2	4

逗子開成・黒沼は苦い結末

逗子開成の2番手でマウンドに上がった主戦黒沼は、インドでのプレー経験を持つ異色の右腕。序盤から失点が重なる苦しい展開にも「何があっても楽しもう」と前向きな精神力でナインを鼓舞し続けた。

新聞記者の父・勇史さん（48）の転勤に伴い、4～7歳と小学4～6年生の計約7年間を過ごした。「どうしても野球がしたい」と知り合いの韓国人を頼って現地で仲間を集めた。

5年生の頃にはインド代表のエースとして「リトルリーグベースボールアジア太平洋地域大会」にも出場。インドの「なんでも認めてくれる」という国民性を享受して育った黒沼は、高校野球に舞台を移しても「練習をきついと言わずに、早く終わらせられるように頑張ろうと仲間に言ってきた」とポジティブな気持ちを忘れなかった。

最後の夏は五回コールド負けと苦い結果だったが、日に焼けた顔に涙はない。「将来はインドに戻って野球を広めたい」。再び大志に向かって歩きだした。

▽二塁打　佐藤、小林2▽犠打　金城2▽盗塁　前田3、佐藤、近藤2、榎本、福田▽失策　寺嶋▽審判　勅使河原、高橋、跡部、高田▽試合時間　1時間28分

10日（サーティーフォー保土ケ谷球場）　（5回コールド）

	1	2	3	4	5	計
逗子開成	0	0	0	0	0	0
県相模原	4	3	1	0	2X	10

2回裏県相模原2死二塁。榎本が適時打を放ち7点目を挙げる

【逗子開】		打	安	点	振	球
②	山田	2	1	0	0	0
⑧	末松	2	0	0	1	0
⑤	寺嶋	2	1	0	0	0
④	青柳	2	1	0	0	0
③	五嶋	2	1	0	0	0
⑥	飯田	2	1	0	1	0
⑦	安倍	2	1	0	0	0
R7	染井	0	0	0	0	0
⑨	蔡	2	0	0	1	0
1	岡本	0	0	0	0	0
①	臼井	0	0	0	0	0
19	黒沼	2	0	0	0	0
犠盗失併残	0 0 1 0 3	18	6	0	3	0

【県相】		打	安	点	振	球
⑧	前田	2	1	0	0	2
⑨	金城	2	0	1	0	0
②	佐藤	4	2	1	0	0
⑤1	近藤	3	2	1	0	1
⑦	山本	2	1	1	0	2
①3	小林	3	2	5	0	0
⑥	榎本	3	1	1	0	0
③	大塚	2	0	0	0	0
5	関	1	1	0	0	0
④	福田	2	1	0	0	1
犠盗失併残	2 8 0 0 9	24	11	10	0	6

投手	回	打	安	振	球	責
臼井	⅔	9	3	0	3	4
黒沼	3⅔	21	6	0	3	3
岡本	0/3	2	2	0	0	0
小林	3	11	3	1	0	0
近藤	2	7	3	2	0	0

16安打で横浜緑ケ丘が制す

「貧打」と呼ばれた世代の努力は、集大成の夏に花開いた。

横浜緑ケ丘が16安打の猛攻で、2度のビハインドをひっくり返した。安打2打点の4番福山は「こんなにチームで打てたのは初めて」。ダッグアウトに歓喜と涙が広がる。

初回、2点を先制されても動じない。1死一、三塁から福山の三遊間を破る適時打で反撃開始。三好の一打で勝ち越すも三回にリードを許せば、四回に福山が再び勝負強く同点打。五回は打線がつながり一挙4得点。声詰まらせ「いいチームだな」。目に見えぬ力に勇気づけられ、大黒柱のエース田口も立ち直る。変化球主体に配球を変えた四～八回は無安打無得点。149球の完投で締めた。

昨秋、今春と地区予選で敗退。その後も欠かさず朝練でバットを振り続けた。長打が少ない分、単打と走塁で先の塁を奪う。掲げた攻撃スタイルそのままにハマスタのダイヤモンドを駆けた。創立100周年を彩る1勝。福山が「OBも来てくれて応援も力になった」と笑えば、田口は声を詰まらせる。「いっぱい点を取ってくれて感謝しかない。いいチームだな」

10日（横浜スタジアム）

茅ケ崎北陵	2	0	3	0	0	0	0	0	2	7
横浜緑ケ丘	3	1	0	1	4	0	1	0	×	10

▽三塁打　森2、三好▽二塁打　浜田、平出▽犠打　浜田、玉置、伊藤、三好、上田、吉田▽盗塁　森、平出、小樽、橋本▽失策　増山、三国、上田▽暴投　武藤▽審判　小島、田沢、水谷、斉藤▽試合時間　3時間5分

1回裏横浜緑ケ丘2死二、三塁。三好が逆転の適時打を放つ

【北　陵】	打	安	点	振	球
⑧　森	4	2	0	1	1
② 平出	5	2	2	2	0
⑨ 浜田	1	1	1	0	0
1 増山	1	0	0	1	0
1 武藤	1	0	0	0	0
5 池ケ谷	1	0	0	1	0
⑦ 古川	3	3	3	0	2
⑤1 三国	5	2	0	0	0
④ 小樽	4	1	1	0	0
⑥ 高山	3	0	0	0	1
①9 玉置	3	0	0	0	0
③ 小浜	2	0	0	1	0
H3 後藤	2	0	0	0	0
犠盗失併残 2 3 2 1 7	35	11	7	6	4

【緑ケ丘】	打	安	点	振	球
③ 橋本	5	2	0	1	1
⑤ 伊藤	3	2	1	0	1
④ 内田	5	2	1	0	0
⑧7 福山	4	3	2	0	1
① 田口	4	2	1	0	1
⑥ 三好	4	3	2	0	0
⑦ 平山	3	1	0	0	1
H 柳町	1	0	0	0	0
8 松岡	0	0	0	0	0
② 上田	4	1	1	0	0
⑨ 吉田	3	0	0	1	1
犠盗失併残 4 1 1 0 12	36	16	8	2	6

投手	回	打	安	振	球	責
玉置	2	14	7	0	1	4
増山	2⅔	14	6	0	2	2
武藤	3	15	3	1	3	1
三国	1	3	0	1	0	0
田口	9	41	11	6	4	6

津久井浜の右腕9回120球

初戦のマウンドで躍動したのは、背番号16の2年生右腕だった。

津久井浜の竹内が4失点（自責点0）完投。今年初の猛暑日にも、ピンチにも動じなかった。七回1死二、三塁。中軸と対したが、伸びのある直球とスライダーで三振に切ると、4番は1球で一ゴロに。9回120球の熱投だった。

1年時は試合中に不満を表情に出して審判に文句を言ったことや、三井高友監督（54）にぶっきらぼうに口答えしたこともあった。未熟だった。チームの和を乱して部を辞めようとさえ思ったが、手を差し伸べたのは3年生の先輩たち。竹内は「感情のコントロール」を目標に掲げ、気持ちを入れ替え練習に励んできた。内面の成長を買われ初戦の大役を務め、期待に応えた教え子に「任せて良かった」と指揮官。

第1シード慶応への挑戦権を手にした右腕は言った。「次も自分の持ち味を出し、冷静に挑みたい。3年生ともっと長く、野球がしたい」。まだ恩返しができたとは、思っていない。

10日（横須賀スタジアム）

津久井浜	0	0	0	0	0	3	1	0	1	5
岸　根	0	0	1	1	0	0	0	0	2	4

▽三塁打　左近▽二塁打　臼井、高瀬、大舘、斉藤▽犠打　大舘、島倉、穴吹▽盗塁　畑山、梶原▽失策　大舘、臼井、榎薗、竹内、天生目▽審判　阿部、森、神之田、斎藤▽試合時間　2時間33分

追い上げられながらも1点差で勝利し喜ぶ津久井浜の選手たち

【津　浜】	打	安	点	振	球
⑨ 相楽	4	1	0	1	1
④ 大舘	4	2	1	0	0
⑤ 臼井	4	3	2	0	1
⑦ 牧野	4	0	0	1	1
⑥ 榎薗	5	1	1	0	0
⑧ 左近	4	1	1	0	0
① 竹内	4	2	0	1	0
② 渡辺	4	1	0	0	0
③ 高瀬	4	2	0	1	0
犠盗失併残 1 0 4 1 9	37	13	5	4	3

【岸　根】	打	安	点	振	球
⑥1 大崎	3	1	0	0	2
② 島倉	4	0	0	0	0
① 穴吹	2	1	1	0	0
3 斉藤	2	1	2	1	0
⑧ 原田拓	4	0	0	1	1
⑨ 戸島	4	1	0	1	0
④ 畑山	2	1	0	0	0
H5 山口	2	0	0	1	0
③ 唐沢輝	1	0	0	1	1
6 稲葉	2	0	0	1	0
⑤4 天生目	4	0	0	1	0
⑦ 梶原	4	1	0	0	0
犠盗失併残 2 2 1 1 9	34	6	3	7	4

投手	回	打	安	振	球	責
竹内	9	40	6	7	4	0
穴吹	5⅔	24	8	1	1	3
大崎	3⅓	17	5	3	2	1

慶応・丸田4打数4安打

今春王者の慶応は五回コールドの好発進。大量得点の布石となったのは、リードオフマンの俊足丸田の好判断だ。

無得点で迎えた三回1死無走者。丸田が捉えた打球は深く守っていた右翼手の手前で弾む。「送球が手から離れたのを見ていけると思った」と、50メートル5・9秒の足で一気に二塁へ。ここから強力打線が目覚めた。

丸田自身も積極果敢に早いカウントから快音を響かせること4打数4安打。「1打席目でいい感覚があったので、しっかり振り切れた」と長打を狙わず、好球必打に徹した。

森林貴彦監督から「文句をつけようがない」と賛辞を送られた1番打者は「自分が最初に出て口火を切るのがスタイルに合っている」と笑顔。V候補筆頭のチームを力強くけん引していく。

▽三塁打　延末▽二塁打　丸田、松崎、加藤、八木▽犠打　早川、多辺田▽失策　田中、吉田、早川▽捕逸　渡辺憩▽審判　安武、萩野、藤川、佐藤▽試合時間　1時間15分

10日（横浜スタジアム）（5回コールド）

慶　応	0	0	4	5	3	12
白　山	0	0	2	0	0	2

3回裏白山2死満塁。2点適時打を放ち塁上でガッツポーズの松崎

【慶　応】	打	安	点	振	球
⑧ 丸田	4	4	0	0	0
1 鈴木	0	0	0	0	0
⑥ 八木	3	1	1	0	1
⑦8 渡辺千	3	1	2	0	1
⑨ 加藤	3	1	3	0	1
③ 延末	4	1	3	0	0
⑤ 福井	3	1	1	0	0
② 渡辺憩	1	0	0	0	2
④ 大村	3	0	0	0	0
① 松井	1	0	0	0	1
H7 山本	0	0	0	0	1
犠盗失併残 0 0 0 1 5	25	9	10	0	7

【白　山】	打	安	点	振	球
⑦　浜	2	0	0	1	1
⑥ 瀬川	2	0	0	0	1
③ 松崎	2	1	2	0	0
⑨ 阿部	2	0	0	1	0
② 田中	2	1	0	0	0
⑤ 吉田	2	0	0	0	0
① 鈴木翔	1	1	0	0	0
1 永井	1	0	0	1	0
④ 早川	0	0	0	0	1
⑧ 多辺田	1	0	0	0	0
犠盗失併残 2 0 3 2 3	15	3	2	3	3

投手	回	打	安	振	球	責
松井	4	16	3	2	2	2
鈴木	1	4	0	1	1	0
鈴木翔	3⅓	22	5	0	5	7
永井	1⅔	10	4	0	2	3

他部員と手携え伊勢原健闘

大健闘と言っていい。初戦敗退の伊勢原は選手半数がソフトボール部員。最後は厚木北に力の差を見せつけられたものの、主将露木は「3年間で一番良い試合ができた」と胸を張った。

終盤までは僅差の好ゲームだった。早めの継投で大量失点を防ぎ、外野を守った佐藤、山口、相川のソフトボール部トリオは安定した守備でもり立てる。篠田将史監督（32）は「ここまでやれたのはイメージ以上」とたたえた。

部員不足の悩みを抱える仲間同士で支え合ってきた。野球部からは露木らがソフトボール部に助っ人として参加。6月の県総体を終えると、今度はソフトボール部の6人が野球部へ応援に加わった。

「ミスが出ても落ち込まないように励まし合ってきた」と露木。競技の垣根を越えた一体感が生まれ、佐藤は「みんなで力を合わせて最後まで楽しく戦えてよかった」と言った。

▽三塁打　村沢、山本▽二塁打　二瓶3、徳田、村沢▽犠打　枚方、村沢、高岸2、山本▽盗塁　二瓶3、北川3、鏡2、山田、山本、石川、内野2▽失策　北川、徳田▽暴投　徳田2、内野2▽ボーク　内野▽審判　神宮、橋本、森、石田▽試合時間　2時間21分

この日4安打と好調だった厚木北・二瓶

9日（いせはらサンシャイン・スタジアム）

厚木北	0	1	0	0	2	0	0	2	5	10
伊勢原	0	0	0	0	0	2	0	1	0	3

【厚木北】		打	安	点	振	球
④	二瓶	6	4	1	0	0
⑦	北川	4	1	0	0	2
⑨	鏡	2	1	0	0	3
⑤	牧方	2	0	0	1	2
⑧	山田	4	1	1	0	1
③	村沢	4	2	3	0	0
3	岸田	0	0	0	0	0
⑥	山本	4	1	1	0	1
②	高岸	3	1	2	0	0
①	大谷	2	0	0	0	0
H	佐藤	1	0	0	0	0
1	宇山	0	0	0	0	1
H	阿部	0	0	0	0	1
R	石川	0	0	0	0	0
1	石井	0	0	0	0	0

犠	盗	失	併	残	打	安	点	振	球
4	11	1	1	10	32	11	8	1	11

【伊勢原】		打	安	点	振	球
⑥15	露木	4	0	0	2	0
④1	内野	4	3	0	0	0
⑤154	山本	3	0	0	0	0
①76	徳田	4	2	1	0	0
②	安倍	4	1	1	2	0
③	内山	2	0	0	2	0
9	伊藤	2	1	0	0	0
⑦57	山口	3	1	0	1	0
H	小山内	1	0	0	1	0
⑧	佐藤	4	0	0	0	0
⑨3	相川	2	1	0	0	1

犠	盗	失	併	残	打	安	点	振	球
1	2	1	1	5	33	9	2	8	1

投手	回	打	安	振	球	責
大谷	5	19	4	6	1	0
宇山	3	13	5	1	0	2
石井	1	3	0	1	0	0
徳田	4⅔	21	3	0	5	3
山本	⅓	3	1	0	1	0
露木	3	14	4	0	2	2
内野	1	9	3	1	3	5

大和　初タイブレーク制す

初の延長タイブレークを制した大和ナインの目からは、1回戦らしからぬ涙、涙があふれ出た。

断続的に雨が降り、足をつる選手が続いた難しいコンディション。その中で八回まで4－2とリードを保った。しかし九回に2番手松崎がつかまって同点に。十回には三塁打を浴び、決定的とも言える3点を失った。

流れは完全に住吉。だが、大和の選手たちは仲間を信じる気持ちを維持し続けた。

十回裏。「3点必要になったので、もう強行策」と古川竜三監督。打席に入ったのは松崎だ。「マウンドではみんなを信じて投げ込むしかなかった。もう、ここで打たなきゃ勝てない」。直球にやや詰まったが、振り切った打球は中前に。1点を返してなお一、二塁とし、一気に形勢を取り戻した。

続く三宅の左翼線二塁打で同点に追い付き、2死三塁で本間。この日は足がつり退場した主将の杉本に代わって途中出場したが、八回は好機でファールフライに倒れていた。「自分はそんなに打てない打者だが、それにしても不甲斐なくて」（本間）。追い込まれてから「何としても」と振った打球は松崎同様にやや詰まったが、跳びついた一塁手が弾く間に、サヨナラの決勝点が入った。

▽三塁打　大西、板垣▽二塁打　松崎、柴田、マウン、三宅▽犠打　渡部2、山本、山根、浅田、小高2、柴田▽盗塁　長沢2、杉本、浅田、三宅▽失策　三宅▽暴投　岡▽捕逸　板垣▽審判　田中、湯本、八木野、後藤▽試合時間　3時間29分（中断24分）

延長戦を制し笑顔で応援スタンドに駆け出す大和ナイン

9日（大和スタジアム）　（延長10回、10回からタイブレーク）

住吉	0	0	0	0	0	0	1	1	2	3	7
大和	0	0	1	3	0	0	0	0	0	4X	8

【住吉】		打	安	点	振	球
④	小池	5	2	0	0	0
⑤	渡部	3	0	1	0	0
⑧	大西	5	1	1	3	0
⑥	長沢	5	3	0	0	0
①	岡	3	0	0	0	0
1	望月	0	0	0	0	0
1	宇野	1	0	0	1	0
9	山本	0	0	0	0	0
②	板垣	2	1	2	0	3
⑦	山根	4	2	2	0	0
③	マウン	5	1	1	0	0
⑨1	富本	3	2	0	0	1

犠	盗	失	併	残	打	安	点	振	球
4	2	0	0	9	36	12	7	4	4

【大和】		打	安	点	振	球
⑧	杉本	3	2	0	1	0
8	本間	3	1	1	0	0
⑥	浅田	3	0	1	0	1
②	内田	4	0	0	1	1
⑤3	北原	4	2	0	0	1
⑨	稲垣	4	1	0	0	1
⑦1	松崎	4	2	2	1	1
③7	小高	2	0	0	0	1
④	三宅	5	2	2	1	0
①5	柴田	4	1	2	0	0

犠	盗	失	併	残	打	安	点	振	球
4	3	1	3	11	36	11	8	4	6

投手	回	打	安	振	球	責
岡	5⅔	26	7	4	2	4
望月	⅔	4	0	0	2	0
宇野	1⅓	6	1	0	1	0
富本	2	10	3	0	1	2
柴田	8	35	9	4	3	2
松崎	2	9	3	0	1	3

秦野が無安打無得点

先輩エースが戻ってくるまでは負けられない。秦野の先発マウンドに上がったのは背番号13の下野。自信を持つ直球に加え、スライダーとフォークのコンビネーションもさえ渡り、7回参考記録ながらノーヒットノーランを達成。昨夏の代替わり以降、チームとして初の公式戦勝利を飾った。

秦野のエースは3年生の前川。しかし、大会の2週間前に目の病気が判明し、チームを離れるという苦渋の決断を余儀なくされた。代役に指名されたのが下野。「前川さんのために頑張らないといけないと思った」と、ベンチに飾られた背番号1のユニホームに見守られながらの快投だった。

前川の復帰予定は早くとも2週間後で、大会は4回戦を迎えているころだ。下野が「前川さんが戻ってくるまでは負けないで、勝ち続けたい」と話すように、チームでは4回戦進出が目標。背番号1の合流を信じ、2年生右腕はまず初戦に最高の結果をもたらした。

▽二塁打　関川▽犠打　日下田▽盗塁　清水、椎野、塩沢、田辺、日下田▽失策　島田2、大川2▽審判　実方、早川、金子、松下▽試合時間　1時間48分

初戦敗退しがっくり肩を落とす連合チームの選手たち

9日（サーティーフォー相模原球場）　（7回コールド）

横浜緑園・横浜旭陵・藤沢総合	0	0	0	0	0	0	0	0
秦野	0	0	0	6	0	0	1X	7

【合同3】		打	安	点	振	球
⑥	島田	3	0	0	0	0
③	佐藤駆	3	0	0	0	0
⑧	北	2	0	0	0	1
①	大川	2	0	0	1	0
⑤	影山	2	0	0	2	0
②	大八木	2	0	0	1	0
④	寺畑	2	0	0	0	0
⑦	伊藤	2	0	0	1	0
⑨	佐藤海	2	0	0	1	0

犠	盗	失	併	残	打	安	点	振	球
0	0	4	0	0	20	0	0	6	1

【秦野】		打	安	点	振	球
⑥	清水	4	3	1	1	0
④	椎野	4	1	0	0	0
⑧	塩沢	3	0	0	2	1
③	宮村	3	0	0	0	1
①	下野	4	1	2	1	0
②	田辺	2	0	0	1	2
⑦	関川	4	2	2	1	0
⑨	日下田	1	0	0	0	1
⑤	井上	2	0	1	0	1

犠	盗	失	併	残	打	安	点	振	球
1	5	0	0	8	27	7	6	6	6

投手	回	打	安	振	球	責
大川	6⅓	34	7	6	6	1
下野	7	21	0	6	1	0

港北「打のチーム」奏功

港北は三回に打者11人で一挙7得点のビッグイニングをつくり、七回コールド勝ち。金成監督は「『打のチーム』として取り組んできた成果が実った」と選手たちをたたえた。

立役者は頼れる副キャプテンだ。三回無死満塁の絶好機で、3番大野が4球目の直球を強振。右中間を真っ二つに割る走者一掃の3点三塁打を放った。「緊張したが、『笑って』というベンチの声に励まされて打てた」と相好を崩した。

前年は初戦で今夏第1シードの相洋に15失点。以来、130キロの打撃マシンで速球に振り負けない打力を磨いた。昨夏の失点を帳消しにするかのような15得点大勝。大野は「次もチャンスで1本。いい流れでチームを支える」と誓った。

【港　北】		打	安	点	振	球
⑨	吉　川	3	1	0	1	2
⑥	市　川	3	2	3	0	1
⑧	大　野	4	1	4	1	0
⑦	遠　山	5	3	2	1	0
④	田中翼	3	1	1	0	2
⑤	鈴　木	3	1	1	0	2
①	井　関	1	0	0	1	0
1	吉　田	2	0	0	0	1
②	高　松	5	0	1	1	0
③	篠　原	2	1	1	1	2
犠盗失併残	3 2 0 0 8	31	10	13	6	10

【寒　川】		打	安	点	振	球
④	宮　城	4	0	0	1	0
②	伊　藤	4	0	0	0	0
⑨	熊　沢	3	1	1	2	0
⑤	木　村	3	1	0	1	0
③13	桐　生	3	1	1	1	0
⑧	アイデ	3	1	0	1	0
①31	園　岡	3	1	0	0	0
⑥	井　上	2	2	0	0	0
H	小山田	0	0	0	0	1
⑦	斉　藤	2	0	0	0	0
7	久　川	1	0	0	1	0
犠盗失併残	0 2 3 0 6	28	7	2	7	1

投手	回	打	安	振	球	責
井　関	1⅔	8	3	2	0	1
吉　田	5⅓	21	4	5	1	1
園　岡	3	18	5	3	2	4
桐　生	3⅓	18	4	3	4	5
園　岡	⅔	8	1	0	4	2

3回裏港北無死満塁。走者一掃の適時三塁打を放ちガッツポーズする大野

▷三塁打　大野▷二塁打　遠山2、木村、井上、市川▷犠打　市川、大野、吉田▷盗塁　吉川、篠原、宮城、小山田▷失策　伊藤、桐生、井上▷暴投　吉田▷捕逸　伊藤▷審判　松岡、江崎、井上、瀬良垣▷試合時間　2時間21分

9日（横浜スタジアム）　（7回コールド）

	1	2	3	4	5	6	7	計
港　北	0	0	7	1	3	0	4	15
寒　川	0	1	1	0	0	0	0	2

麻溝台2年生エースけん引

試合前、麻溝台の阿川弘之監督がナインにハッパをかけた。「この1年でこれだけひどいのはないぞ」。スタメン6人が2年生とあって、シートノックで動きが硬かったのだ。そんな指揮官の心配をよそに、2年エースの荒井は7回4安打1失点と好投し、打線の集中打を呼び込んだ。

自身も初出場の神奈川大会に「緊張した」と荒井。それでも平常心は失わない。初回は硬いマウンドに慣れなかったが、入念に掘ってインステップから両コーナーに制球良く投げ分けた。四回に先制点を許すも「変化球でカウントを取れてしっかり立て直せた」。堂々の無四球だった。

「夏は観客も多くて雰囲気が違った」と心地よい汗を拭った右腕は、「球が甘く入って1点取られたから70点」と反省も忘れない。「次も自分のピッチングを変えず、攻める気持ちで試合の流れをつくっていきたい」とチームを引っ張る覚悟をにじませた。

【県須工】		打	安	点	振	球
⑧	谷　口	2	0	0	0	1
④	高橋駿	3	0	0	1	0
②	高橋優	3	1	0	1	0
⑨19	竹　内	2	0	0	0	0
⑥951	京	3	0	0	0	0
⑤15	川　村	3	2	1	1	0
①6	長　谷	3	1	0	0	0
③	赤　平	3	0	0	0	0
⑦	藤　崎	2	0	0	1	0
犠盗失併残	1 1 1 2 4	24	4	1	4	1

【麻溝台】		打	安	点	振	球
⑦	北　川	4	2	1	0	0
④	広　瀬	1	0	2	0	1
③	座　間	2	1	2	0	1
⑤	稲　野	4	1	0	0	0
⑨	野　本	3	1	0	0	0
②	土　屋	2	0	0	1	1
①	荒　井	2	1	1	0	1
⑥	富　岡	2	1	1	0	1
⑧	井	1	0	1	0	1
犠盗失併残	4 0 0 0 5	21	7	8	1	6

投手	回	打	安	振	球	責
長　谷	5	21	4	1	3	2
竹　内	⁰⁄₃	5	2	0	2	3
川　村	⅓	3	1	0	1	1
京	⅔	2	0	0	0	0
荒　井	7	26	4	4	1	1

5回裏麻溝台1死満塁。座間の中犠飛で三走井が勝ち越しの生還

▷犠打　竹内、広瀬2、座間、井▷盗塁　谷口▷失策　長谷▷暴投　長谷、川村▷審判　森口、永田、井上、水原▷試合時間　1時間31分

9日（横須賀スタジアム）　（7回コールド）

	1	2	3	4	5	6	7	計
県横須賀工	0	0	0	1	0	0	0	1
麻　溝　台	0	0	0	0	2	6	×	8

海老名・工藤７回無失点

海老名のエース工藤が足柄打線を７回無失点に抑え、八回コールド勝ちで３年連続の２回戦へ駒を進めた。「初戦の緊張感を味わえた」と充実の119球。

腰をかがめるように低い位置から右横手で打者の内外角を突く。最速125キロながら鋭く浮かび上がるような直球で打者を手玉に取り、被安打はわずか３。四回２死満塁も「ピンチの場面はずっと経験して慣れている」と動じず、ボール球の変化球を振らせて三ゴロに打ち取った。

独特の投球フォームのきっかけを与えてくれたのは小学５年生の時、近所の書店で偶然見かけた人気野球漫画「ドカベン」。華麗なアンダースローの投球術で「小さな巨人」と呼ばれたエース里中智に憧れた。

低身長の里中も上手投げから下手投げに転向して才能を開花。工藤も高校入学時に球速100キロ程度と自らの伸び悩みを感じていた。「投手として続けたい。アンダースローになるしか生き残る道はない」と上手投げからの転向を決意。周囲にアンダースローの選手もなく、動画サイトや「ミスターサブマリン」と呼ばれた渡辺俊介投手（元ロッテ）の本などを読んで独学で技術を磨いた。

【足	柄】	打	安	点	振	球
⑥	樺　島	4	0	0	1	0
⑦	西　尾	2	0	0	1	2
②	小　野	4	1	1	0	0
⑧	高　山	4	0	0	0	0
④	石　井	3	2	0	0	0
⑨	間　瀬	2	0	0	2	1
⑤	奥　村	3	1	0	1	0
③	依　田	3	0	0	1	0
①	石　綿	2	0	0	0	0
1	小　島	1	0	0	1	0

犠	盗	失	併	残	打	安	点	振	球
0	0	4	1	6	28	4	1	7	3

【海	老　名】	打	安	点	振	球
⑧	友　永	3	2	0	0	2
③1	高　井	4	2	1	0	1
②	高橋遥	1	0	1	0	1
①3	工　藤	4	1	2	0	0
⑥	斉　藤	4	0	0	1	0
⑤	小　山	3	2	0	0	1
⑨	小　幡	3	0	0	1	0
⑦	角　谷	3	0	0	0	0
H	大　堀	1	0	0	0	0
④	後　藤	3	3	2	0	1

犠	盗	失	併	残	打	安	点	振	球
5	1	2	2	9	29	10	6	2	6

投手	回	打	安	振	球	責
石　綿	5⅔	29	6	2	6	3
小　島	2	11	4	0	0	1
工　藤	7	26	3	5	2	0
高　井	1	5	1	2	1	1

３回裏海老名１死三塁。工藤の犠飛で三走高橋遥が生還。２点目を挙げる

▷本塁打　後藤（小島）
▷二塁打　高井、小野▷犠打　高橋遥３、工藤、小幡▷盗塁　高橋遥▷失策　樺島、石井、奥村２、斉藤２▷暴投　石綿
▷審判　新井、福寿、村上、壺井
▷試合時間　２時間29分

9日（小田原球場）　（8回コールド）

足　柄	0	0	0	0	0	0	0	1	1
海老名	1	0	1	0	2	2	0	2X	8

平塚港南・植田が初アーチ

七回コールド勝ちの平塚江南は、８番植田が公式戦初アーチを放った。

８－１の六回２死二塁に高めのスライダーを右ポール際まで運んだ。大会18号２ランは岡山県から応援しに来た祖母・知子さんへのプレゼントで、「今日で帰ってしまうので、いいお土産ができた」と喜んだ。

帽子のつばの裏には「稀世之雄」と記されている。「この世のものとは思えないほど優れた」という意味を持つ四字熟語と、「稀（まれ）な才能を持っている存在」という思いで名付けられた名の「克稀」を組み合わせたものだという。

家族への感謝を示す一打を放った２年生。「自分の強みは広角打。まだ３年生を引退させるわけにはいかない」。12日の第３シード・日大藤沢戦でもさらなる力を開花させるつもりだ。

【江	南】	打	安	点	振	球
⑥	鯖　江	5	2	0	0	0
④	平　野	3	0	1	0	1
7	長　田	0	0	0	0	0
H	香　川	1	0	0	1	0
7	西　川	0	0	0	0	0
⑧	渡　辺	5	2	2	0	0
⑤	荘　司	3	2	0	0	1
③	柿　田	4	2	0	0	0
①	豊　田	2	1	1	0	0
1	倉　島	1	0	0	0	0
2	堂　埜	0	0	0	0	0
②	越　地	4	1	1	3	0
1	中井川	0	0	0	0	0
⑨	植　田	2	2	3	0	1
⑦	吉　田	1	1	0	0	1
H7	小　沢	1	0	0	1	0
H4	菊　池	1	0	0	0	0

犠	盗	失	併	残	打	安	点	振	球
2	3	1	0	8	33	13	8	5	4

【桜	陽】	打	安	点	振	球
⑥	高　橋	3	0	0	0	0
①9	加藤巧	3	0	0	1	0
②	佐　藤	3	1	0	0	0
③	麻　生	3	1	0	1	0
④	安　西	3	0	0	1	0
4	馬　渡	0	0	0	0	0
⑦	石　井	2	0	0	1	1
⑧	斉　藤	2	0	0	1	0
H	阿　部	1	0	0	1	0
⑨	加藤匠	1	1	1	0	0
1	植　津	2	0	0	1	0
⑤	稲　葉	1	0	0	0	1

犠	盗	失	併	残	打	安	点	振	球
0	1	1	0	4	24	3	1	7	2

投手	回	打	安	振	球	責
豊　田	4	16	2	5	2	1
倉　島	2	7	1	0	0	0
中井川	1	3	0	2	0	0
加藤巧	4	27	11	3	4	7
植　津	3	12	2	2	0	2

４回表平塚江南１死二、三塁。豊田の左犠飛で三走渡辺が６点目のホームイン。捕手佐藤

▷本塁打　植田（植津）
▷三塁打　鯖江、豊田、越地、柿田▷二塁打　荘司▷犠打　豊田、植田▷盗塁　平野、植田、吉田、佐藤▷失策　平野、高橋▷暴投　加藤巧２
▷審判　大橋、五十嵐、内山、榎本
▷試合時間　２時間13分

9日（保野公園・横浜薬大スタジアム）　（7回コールド）

平塚江南	1	3	1	2	0	3	0	10
横浜桜陽	0	1	0	0	0	0	0	1

高津・新栄が公式戦初勝利

新チームからタッグを組んできた高津・新栄がうれしい公式戦初勝利。打っては３安打、投げては２失点完投と大車輪の働きを見せた２年生エース伊藤は「みんなを信じて投げられたことが一番の勝因」とユニホームの異なる仲間と喜びを分かち合った。

まずは「２番打者」伊藤だ。初回に中前打で出て先制のホームを踏むと、二塁打、三塁打の固め打ち。となるとピッチングも波に乗る。三回に２失点も、以降は切れのいい直球を軸に散発４安打。「体の開きや体重移動を試合の中で修正できた」。九回２死一、二塁も二ゴロで締めくくった。

高津で単独出場した昨夏は外野手だったが、主戦として期待された新栄・内田の故障を受けて冬場に転向。ともに白球を追うのは週末のみだが、「内田さんが支えてくれてフォームなど一から教えてくれた」と絆をかみ締める。

高津としては2013年以来、新栄としては18年以来の夏１勝。大会歌を高らかに歌い上げた背番号１は「次も大合唱できるように頑張りたい」と笑みを浮かべた。

▷三塁打　卜部、伊藤▷二塁打　伊藤、井上、若林、内田、熊谷▷犠打　井上、矢野２、松尾、小楠▷盗塁　矢野、森川、谷中▷失策　松尾、熊谷▷暴投　伊藤、谷中２
▷審判　戸田、瀬間、堀川、藤田
▷試合時間　２時間30分

【高・新】		打	安	点	振	球
⑥	井上	4	2	2	0	0
①	伊藤	4	3	0	0	1
⑨	山田	4	1	1	1	1
②	菊池	5	1	2	1	0
③	内田	4	1	0	3	1
⑦	卜部	4	1	0	0	1
⑧	矢野	2	1	0	0	0
⑤	宮本	4	0	0	1	0
④	松尾	3	1	0	2	0

犠	盗	失	併	残	打	安	点	振	球
4	1	1	1	8	34	11	5	8	4

【二宮】		打	安	点	振	球
⑤	堀部	5	0	0	1	0
⑧	森川	4	2	0	0	0
⑥1	谷中	3	1	0	0	1
④	若林	4	1	0	1	0
②	安藤	4	1	1	0	0
③	鈴木	4	0	0	1	0
①6	熊谷	4	2	0	0	0
⑦	小松	3	1	0	1	1
⑨	小楠	2	0	0	2	1

犠	盗	失	併	残	打	安	点	振	球
1	2	1	0	8	33	8	1	6	3

投手	回	打	安	振	球	責
伊藤	9	37	8	6	3	2
熊谷	5	23	7	4	0	2
谷中	4	19	4	4	4	3

初戦勝利を喜ぶ高津・新栄の連合チーム

9日（藤沢八部球場）

	1	2	3	4	5	6	7	8	9	計
高津・新栄	1	1	0	2	0	0	0	0	3	7
二宮	0	0	2	0	0	0	0	0	0	2

合同チーム初勝利届かず

一塁側のスタンドに一礼すると、県川崎・幸の合同チームでエースを担った幸の白石は涙を拭った。昨秋から目指した公式戦初勝利の夢は届かなかったが、10人で堂々と渡り合った。

2021年秋から部員不足で合同チームを組んできた両校。昨秋、今春もそれぞれ当たり前のように一緒に戦ってきた。

今春以降、幸は単独での出場を期したが、５月の大型連休あたりで再び合流することが決まった。幸の久保田とＬＩＮＥでやり取りを続けてきた県川崎の田中は「もしかしたら春で引退だったかもしれない。ありがたかった」と感謝の言葉が尽きない。

この日は初回に２点を先制し、六回には同点にも追い付いた。ユニホームは異なっても、これまで週末の合同練習や試合で磨いてきた果敢な走塁などを随所に披露した。「最後まで一緒にやって、助けてくれてありがとう」。田中が頭を下げると、久保田も「県川（崎）とできて良かったよ」と照れながら笑っていた。

▷三塁打　辻▷二塁打　松谷２▷犠打　下村、飯沼▷盗塁　大迫３、松浦２、海野２、辻、下村、白石▷失策　寺島、松谷、田中、榊原、矢沢▷暴投　石田２、音部、白石
▷審判　長谷川、真保、藤田、関
▷試合時間　２時間26分

【翠嵐】		打	安	点	振	球
⑨	大迫	3	1	0	1	2
②	松浦	5	2	2	1	0
⑥	海野	4	2	1	0	1
③	辻	4	1	1	1	1
⑤	寺島	5	0	0	0	0
⑧	下村	3	1	1	0	1
①	石田	5	1	1	1	0
⑦	斉藤	4	2	0	1	0
④	松谷	4	2	4	2	0

犠	盗	失	併	残	打	安	点	振	球
1	9	2	3	6	37	12	10	7	5

【川・幸】		打	安	点	振	球
①51	白石	5	2	1	0	0
⑥	佐藤	4	2	0	0	0
③13	音部	3	2	2	0	1
②	久保田	4	2	1	0	0
⑧	清野	3	1	0	2	1
⑤35	田中	3	1	0	1	1
⑦	飯沼	3	0	0	1	0
④	榊原	3	1	0	1	1
⑨	矢沢	3	0	0	0	1

犠	盗	失	併	残	打	安	点	振	球
1	1	3	1	8	31	11	4	5	5

投手	回	打	安	振	球	責
石田	8	37	11	5	5	5
白石	5	24	6	5	2	3
音部	2⅔	14	5	2	3	6
白石	1	5	1	0	0	0

堂々の戦いぶりを見せた部員10人の合同チーム

9日（等々力球場）　（8回コールド）

	1	2	3	4	5	6	7	8	計
横浜翠嵐	0	0	1	1	2	1	0	8	13
県川崎・幸	2	0	0	0	1	2	0	0	5

平塚湘風・山本３ラン

接戦の雰囲気を主将のバットが一変させた。３－２と１点リードの七回一死一、三塁で３番山本。内角低めの直球を振り抜くと、左翼ポール付近に白球は消えた。三塁塁審による本塁打ジェスチャーを確認すると、悠々とダイヤモンドを１周した。

リードを広げた３ランに「キャプテンとしての意地を発揮できた」と山本。完投勝利を挙げた遠藤を「楽にできたかな」と喜んだ。

２回戦に向けて、「本塁打は忘れて、安打を狙うというイメージで。自信を持ってやっていきたい」と気を引き締めた。

▷本塁打　山本（児島）
▷三塁打　飯沼、遠藤▷犠打　高田、児島▷盗塁　剣持、山本、三沢２、河崎、飯沼、鈴木
▷失策　高田２、飯沼、斉藤、中川▷暴投　児島、遠藤
▷審判　沖永、増田、宇野、浦田
▷試合時間　２時間10分

【湘風】		打	安	点	振	球
⑧	剣持	4	1	0	0	1
④	斎木	3	0	0	1	2
⑥	山本	5	1	3	0	0
③	三沢	5	0	0	0	0
①	遠藤	3	1	0	0	2
⑨	河崎	3	1	1	0	2
⑦	田口	5	1	1	1	0
②	関屋	5	2	0	1	0
⑤	高田	3	1	0	0	0

犠	盗	失	併	残	打	安	点	振	球
1	5	2	1	10	36	8	5	3	7

【麻布大】		打	安	点	振	球
④	飯沼	4	1	0	0	0
①	児島	3	1	2	0	0
⑥	関口	3	1	0	0	1
⑤	斉藤	4	1	1	0	0
⑦	松岡	4	0	0	0	0
③	福留	3	2	0	0	1
⑨	黒川	4	0	0	1	0
②	中川	3	0	0	0	0
H	榎本	1	0	0	0	0
⑧	鈴木	3	2	0	0	0
8	秋本	1	0	0	0	0

犠	盗	失	併	残	打	安	点	振	球
1	2	3	0	6	33	8	3	1	2

投手	回	打	安	振	球	責
遠藤	9	36	8	1	2	2
児島	9	44	8	3	7	6

７回表平塚湘風１死一、三塁。３ランを放ち笑顔でベンチへ向かう山本（右から２人目）

9日（サーティーフォー相模原球場）

平塚湘風	1	0	0	0	1	1	4	0	0	7
麻布大付	1	0	0	0	1	0	0	1	0	3

旭エース小林２失点完投

一打出れば同点、いや逆転も許しかねない。九回にまさかの３連打で１点差に詰め寄られ、なお２死二、三塁の窮地。ふっと息を吐いた旭の主戦小林が選んだのはやはり、信じて投げ続けてきたストレートだ。

120球目、満身の真っすぐ。相手のバットを差し込むと、力ない飛球が中堅方向へ上がる。「最後は少し疲れが出て厳しい場面になりましたけど、負けるという気持ちには全くならなかった」。右腕はぽんとグラブをたたき、仲間たちと喜びを分かち合った。

181センチ、80キロの堂々とした体軀からスリークオーターで投じる直球、変化球はいずれも力強かった。八回まで散発２安打に抑え、失点はゼロ。完封こそ逃したものの、投げ合った鎌倉のエース金子が「打席でボールが伸びていた」という言葉に偽りはなく、フライアウトは13個を数えた。

昨夏の悔しい負けが原動力という。背番号１を担ったが、股関節の故障で思うように投げられない。「先輩たちに本当に申し訳なくて…」。１回戦は登板できず、２回戦では４番手として上がり、コールド負けとなる失点を喫していた。目標は過去最高となるベスト16だ。

▷三塁打　百瀬、加藤▷二塁打　佐々木、小林▷犠打　関、新井、今村、木村▷盗塁　小林▷失策　新井▷暴投　小林
▷審判　岩男、古川、増田、小笠原
▷試合時間　１時間54分

【鎌倉】		打	安	点	振	球
⑧	佐藤航	4	2	0	0	0
②	田村	3	1	0	0	1
④	山口	4	1	1	1	0
⑦	佐藤大	3	0	0	2	1
③	山神	3	0	0	1	1
⑥	関	3	0	1	0	0
①	金子	4	0	0	1	0
⑨	加藤	2	1	0	0	1
⑤	新井	2	0	0	0	0

犠	盗	失	併	残	打	安	点	振	球
2	0	1	0	5	28	5	2	5	4

【旭】		打	安	点	振	球
④	百瀬	4	1	1	0	0
③	後藤	4	0	0	1	0
⑧	谷口	4	2	1	1	0
⑦	今村	2	0	0	1	1
⑤	木村	2	0	0	0	1
⑥	佐々木	4	3	1	0	0
②	宮島	4	1	0	1	0
⑨	西沢	3	0	0	0	0
①	小林	3	2	0	0	0

犠	盗	失	併	残	打	安	点	振	球
2	1	0	1	7	30	9	3	4	2

投手	回	打	安	振	球	責
金子	8	34	9	4	2	3
小林	9	34	5	5	4	2

１点差を守り切り勝利を喜ぶ旭の選手たち

9日（サーティーフォー保土ケ谷球場）

鎌倉	0	0	0	0	0	0	0	0	2	2
旭	0	1	0	0	2	0	0	0	×	3

13安打24得点で三浦学苑圧倒

昨夏８強の三浦学苑が13安打24得点の猛攻で圧倒した。主将の４番米田は「強みの打力で攻め続けられたことは良かった」と振り返った。

打撃練習に多く時間を割き、長打に加えて強いゴロでつなぐ攻撃を存分に発揮。四回は打者18人で一挙15点と畳みかけた。「守備で自分たちから崩れなかったのが打撃につながった」と収穫を口にした。

３回１安打無失点と好スタートを切ったエース星ら前年の経験者も多く残る。米田は次の第２シード湘南戦に向け「相手は投手も打撃もいいので厳しい試合になると思う。チャレンジャーの気持ちで初回から全力でぶつかっていく」と意気込んだ。

▷三塁打　西元、原田、小菅、田口▷二塁打　加来▷犠打　加来▷盗塁　小鷹、金井２、西元▷失策　谷口２、笠貫、池田、南▷暴投　島村
▷審判　谷、阿部、川瀬、瀬川
▷試合時間　２時間11分

【三 浦 学】		打	安	点	振	球
⑦	小鷹	3	2	2	0	1
H9	阿部	1	0	0	0	0
⑥	金井	5	1	0	0	0
⑤	西元	1	1	0	0	4
1	松本	0	0	0	0	0
1	直	0	0	0	0	0
③	米田	3	1	1	0	2
①	星	3	1	2	0	1
2	田口	1	1	2	0	0
②97	原田	4	3	5	0	1
⑧	加来	1	1	3	0	1
H	岩野	1	0	0	0	0
1	宮内	0	0	0	0	0
1	高橋	0	0	0	0	0
H5	細川	1	0	0	0	0
⑨	石井	2	0	0	2	0
H	鈴木	1	0	0	0	0
R8	小菅	1	1	2	0	0
④	佐藤	2	1	1	0	0
H4	宮本	1	0	0	0	1
犠盗失併残	1 4 0 0 4	31	13	18	2	11

【追　浜】		打	安	点	振	球
⑥	篠平	2	1	0	0	0
6	戸屋	0	0	0	0	0
H	中岡	1	0	0	1	0
②	鈴木健	2	0	0	0	0
⑧	杉山	1	0	0	0	1
⑦	岡部	2	0	0	1	0
⑤	谷口	0	0	0	0	1
H5	落合	0	0	0	0	1
⑨	笠貫	2	0	0	0	0
③	鈴木颯	2	0	0	0	0
①	山本	1	0	0	0	0
1	池田	0	0	0	0	0
4	厨川	1	0	0	0	0
④	南	1	0	0	1	0
1	島村	1	0	0	0	0
犠盗失併残	0 2 5 0 4	16	1	0	3	3

投手	回	打	安	振	球	責
星	3	11	1	2	1	0
宮内	⅔	4	0	0	2	0
高橋	⅓	1	0	0	0	0
松本	⅔	2	0	0	0	0
直	⅓	1	0	1	0	0
山本	2 0/3	15	5	1	3	5
池田	1⅓	18	5	1	6	4
島村	1⅔	10	3	0	2	4

３回表三浦学苑無死三塁。米田が右前適時打を放つ

9日（横須賀スタジアム）　（5回コールド）

三浦学苑	0	2	4	15	3	24
追　　浜	0	0	0	0	0	0

湘南工大付 主砲３ラン５打点

湘南工大付は主砲鳥屋が３ランを含む５打点と大暴れ。地元藤ケ岡中出身の３年生は、少年野球時代の恩師や後輩が見守る中での活躍に「いいところを見せられて良かった」とはにかんだ。

１－０の一回無死一、二塁から真ん中低めの直球を捉えてバックスクリーンへの豪快な一発。２点返された直後の四回には左前２点打で駄目を押し、「何も考えずに強く振ることだけを考えていた」と汗を拭った。

秋、春と地区予選で敗れ、雪辱を期す夏は過去最高の４強進出が目標。４回戦で横浜とぶつかるブロックだが、「まずは次の鶴見大付。一戦一戦やっていきたい」と力を込めた。

▷本塁打　鳥屋（田中大）
▷二塁打　前地▷犠打　塚原、高林、小泉▷盗塁　八木下、田中大
▷失策　前地
▷審判　湯田、春日、熊倉、浜田
▷試合時間　１時間41分

【アレセ】		打	安	点	振	球
⑧	鶴岡	4	1	0	1	0
⑦	八木下	3	1	0	0	1
②	岸	3	3	0	0	0
⑥	田村	2	0	0	0	1
③	津滝	2	1	0	0	1
④	前地	3	3	2	0	0
⑤	塚原	2	0	0	0	0
①	田中大	2	0	0	1	0
H	亀垣	1	0	0	0	0
1	諏訪間	0	0	0	0	0
⑨	濤川	3	1	0	0	0
犠盗失併残	1 2 1 0 6	25	10	2	2	3

【湘工大】		打	安	点	振	球
⑤6	内山	2	0	0	0	2
⑧	佐藤諒	4	2	0	0	0
②	府川	4	2	2	0	0
③	鳥屋	4	2	5	0	0
⑨	佐藤優	3	0	0	0	1
⑦	高林	2	0	1	1	0
H	宇久田	0	0	0	0	1
R	山崎	0	0	0	0	0
7	小島	0	0	0	0	0
④	霧生	4	2	0	1	0
①	小泉	1	0	0	1	1
⑥	永井	1	1	0	0	0
H5	小林空	2	1	1	1	0
犠盗失併残	2 0 0 3 7	27	10	9	4	5

投手	回	打	安	振	球	責
田中大	5	29	10	4	4	9
諏訪間	1	5	0	0	1	0
小泉	7	29	10	2	3	2

４回裏湘南工大付１死満塁。２点適時打を放ち塁上で喜ぶ鳥屋

9日（藤沢八部球場）　（7回コールド）

アレセイア	0	0	0	2	0	0	0	2
湘南工大付	4	0	0	5	0	0	×	9

上溝南・関高が代打で初安打

１点を追う七回無死一塁。上溝南のひときわ大きな背中の背番号20、関高が代打でアナウンスされると、ベンチやスタンドの雰囲気が一変した。仲間のハイタッチで送り出された夏の打席は３年間で初めてだったが、初球を迷わず振り抜き中前に運んだ。

ベンチの仲間に続けとばかりに拳を振り上げて鼓舞した一打は、一挙８得点の呼び水となり、七回コールドにつなげた。関高は「チームが自分につないでくれて、後も続いてくれた」。してやったりの表情だが、紆余曲折を乗り越えてたどり着いた舞台だった。

高校入学前に発覚した白血病に続き、高１の秋には突発性大腿骨頭壊死症を発症した。本格的に野球部の練習に参加したのは今年２月。右股関節には人工関節が入っているため、守備や走塁は難しい。打撃やマウンドへの伝令役で貢献しようと自分にできることを懸命に取り組んできた。

一塁側スタンドで見守った母・菜穂子さんは「運動自体が難しかったが、仲間とプレーできるように、体を絞ったり素振りなどできることを頑張ってきた」。大病を乗り越えて打席に立つ息子の姿に、涙が止まらなかったという。関高自身も一振りに懸けていた。諦めず続けてきた努力が報われた。

	【厚木西】	打	安	点	振	球
⑥	高尾	4	2	2	1	0
③	井上	4	1	0	0	0
①5	小田島	3	1	0	0	0
②	林	3	1	0	1	0
⑦	天野	3	1	0	0	0
⑨	堺	2	0	0	0	1
⑧	黒田	3	0	0	0	0
⑤1	影山	3	0	0	0	0
1	伊従	0	0	0	0	0
④	花井	3	2	0	0	0

犠	盗	失	併	残	打	安	点	振	球
0	2	1	0	5	28	8	2	2	1

	【上溝南】	打	安	点	振	球
⑥	大島	3	3	3	0	1
⑧	芹沢	4	1	0	0	0
⑦	関秀	4	1	1	0	0
⑤	大洞	4	1	2	1	0
③	山口颯	4	1	3	0	0
⑨	山口翔	3	1	1	1	0
④	神戸	3	2	0	0	0
①	松元	1	0	0	0	0
H	関高	1	1	0	0	0
R	志済	0	0	0	0	0
②	久保	2	0	0	2	1

犠	盗	失	併	残	打	安	点	振	球
1	0	1	0	3	29	11	10	4	2

投手	回	打	安	振	球	責
小田島	6⅓	26	6	4	1	3
影山	⅔	5	4	0	1	5
伊従	⅔	1	1	0	0	1
松元	7	29	8	2	1	2

３回裏上溝南２死二塁。先制の適時二塁打を放ち声を上げる大島

▷本塁打　山口颯（伊従）
▷三塁打　山口翔▷二塁打　小田島、大島、高尾２、大洞▷犠打　松元▷盗塁　井上、堺▷失策　影山、山口翔▷暴投　小田島
▷審判　北林、松本、高田、高橋
▷試合時間　１時間55分

9日（中栄信金スタジアム秦野）　（７回コールド）

厚木西	0	0	0	1	1	0	1	3
上溝南	0	0	1	1	0	0	8X	10

相模田名 主戦の粘り及ばず

相模田名の主戦田中は臆することなく腕を振り続けた。強気の内角ストレート、落差のあるフォークボール、鋭く曲がるスライダー。それらを織り交ぜ、要所で武相打線から三振を奪えたのはその証しだ。

悔やまれるのは五回。変化球が高めに浮いたところを捉えられ、３本の二塁打を浴びて２失点。理想の競り合いに持ち込めず、「これまで目指してきた力強い投球はできたが、相手打線の力が上だった」と潔く負けを受け入れた。

バッテリーを組む同じ最上級生の小椋が膝痛で戦線を離れた際は、エース自らマスクをかぶる時期も。「苦しいときもあったけど最後は一緒にプレーできた。主将としても精いっぱい戦うことはできた」。そう言い、隣にいた汗ぐっしょりの相方を優しげなまなざしで見つめた。

	【田名】	打	安	点	振	球
⑤	大柿	3	1	0	0	1
①8	田中	3	0	0	2	0
⑨19	野坂	3	0	0	1	0
②	小椋	3	1	0	0	0
⑧97	千葉	3	0	0	0	0
③	目黒	3	0	0	0	0
⑥	石居	3	2	0	0	0
⑦1	高橋	2	0	0	1	1
④	小山	2	0	0	1	0
H	駒谷	1	0	0	0	0
4	堀井	0	0	0	0	0

犠	盗	失	併	残	打	安	点	振	球
0	0	0	0	4	26	4	0	5	2

	【武相】	打	安	点	振	球
⑨	岡本	3	1	0	2	2
⑧	斎藤	4	2	0	1	0
1	永嶋	0	0	0	0	0
H	浦橋	1	0	0	0	0
②	吉崎	3	2	2	0	2
③	平野	4	1	0	0	0
⑤	菅原	3	0	1	0	1
⑦	布川	4	3	1	1	0
⑥	仲宗根	0	0	0	0	2
①	難波	2	0	0	0	0
H8	伊芸	0	0	1	0	0
④	広橋	4	1	1	0	0

犠	盗	失	併	残	打	安	点	振	球
4	4	0	2	10	28	10	6	4	7

投手	回	打	安	振	球	責
田中	6	31	8	4	5	3
野坂	1	5	1	0	1	2
高橋	⅓	3	1	0	1	1
難波	7	24	4	5	1	0
永嶋	1	4	0	0	1	0

相模田名先発の田中は粘り強い投球が光った

▷二塁打　大柿、斎藤、吉崎、布川２▷犠打　仲宗根２、難波、伊芸▷盗塁　岡本３、菅原▷暴投　田中２、野坂、高橋▷捕逸　小椋
▷審判　土田、岩田、中込、杉山
▷試合時間　２時間７分

9日（サーティーフォー保土ケ谷球場）　（８回コールド）

相模田名	0	0	0	0	0	0	0	0	0
武相	1	0	0	1	2	0	2	1X	7

1回戦　大和南×川崎総合科学　／　藤沢工科×上矢部

川崎総合科学 六回猛攻

六回の打者13人の猛攻で一気に試合を決めた川崎総合科学。ベンチからひときわよく通る高い声が選手を鼓舞した。

「オッケー、オッケー」。声の主はマネジャーの五十嵜妃代さん（3年）。スコアをつけながらベンチ最前列に陣取り、選手を励ますだけでなく、守備では外野のポジショニングも指示。好プレーにはガッツポーズも飛び出した。

試合は相手軟投派のスローカーブを打ちあぐね、五回を終わって1－2。ともすれば焦りが募るいやな展開だが、「落ち込んでいたら絶対に勝てないから」と五十嵜さん。一歩離れた立場で冷静に戦況を見つめ、しかしかけ声は熱く。チームに下を向かせず、一挙逆転を呼び込んだ。

小学時代は野球、中学時代はソフトボールの投手としてプレーしてきた大の野球好き。けがもあり、高校ではマネジャーを選んだ。練習では打撃のトスを上げ、捕手役も務める。選手の気持ちも酌んだ声がけに、主将の田中は「いつも助けられている」と感謝する。五十嵜さんは「目標は川崎一、神奈川一、そして日本一です」とハッパを掛けた。

【大和南】		打	安	点	振	球
②	菅村	3	1	0	0	0
⑥	川西	2	0	0	1	1
④1	今津	3	1	0	1	0
①54	栗野	3	1	0	1	0
⑦	佐藤徹	2	0	0	0	0
③	今井	1	0	0	0	1
⑨	渡辺	2	0	0	1	0
⑤15	朝倉	3	1	1	2	0
⑧	諸根	2	1	0	0	0
H	成田	1	0	0	0	0
犠盗失併残	3 0 4 0 4	22	5	1	6	2

【川総科】		打	安	点	振	球
⑧	星野	4	2	1	0	0
①6	田中	2	0	1	0	0
④	山田	4	0	0	0	0
②	倉田	3	1	0	0	1
⑤	津波古	3	0	0	1	1
⑨	諸戸	2	0	0	0	0
H9	林	1	1	1	0	0
③	芥田	2	0	1	0	1
⑦	渡辺	3	3	2	0	0
⑥	中村	1	0	0	1	0
H	川端	1	0	0	0	0
1	景山	1	1	2	0	0
犠盗失併残	3 3 1 0 4	27	8	8	2	3

投手	回	打	安	振	球	責
栗野	5 0/3	23	4	2	1	0
朝倉	0/3	5	3	0	0	4
今津	1	5	1	0	2	0
田中	5	19	4	3	1	1
景山	2	8	1	3	1	0

5回表大和南2死二塁。朝倉が右越え適時二塁打を放ち1－1の同点とする

▷三塁打　星野▷二塁打　朝倉、渡辺（川）▷犠打　佐藤徹、今井、渡辺（大）田中2、林▷盗塁　山田、林、渡辺（川）▷失策　川西、今井2、朝倉、津波古▷暴投　今津2▷捕逸　菅村
▷審判　井上、青木、納谷、橋本
▷試合時間　1時間57分

9日（大和スタジアム）（7回コールド）

	1	2	3	4	5	6	7	計
大和南	0	0	0	0	2	0	0	2
川崎総合科学	0	1	0	0	0	10	×	11

上矢部が攻守に圧倒

「打倒私学」に燃える上矢部が攻守で圧倒し、5回コールド勝ちで好スタートを切った。打っては2安打2打点、先発投手としても5回零封と好投した斉木は「今日の試合は絶対に譲りたくなかった。いい形で次につなげられた」と笑った。

初戦のマウンドを託された背番号8の右腕は、力感のないフォームから速球とスローボールを駆使。2死一塁からイニングを挟み、3者連続三振でチームを勢いづける。

攻めては相手主戦のけん制を見抜き、チーム計11盗塁。「3回連続のけん制はない。チームでどんどん揺さぶった」（斉木）。二回2死一塁から一走嶋田が二盗と三盗を成功させて先制点につなげ、三回に二盗した斉木も大量8点リードの五回には自ら2点二塁打で試合を決めた。

「私学のレベルの高さを感じた」と話すのは、昨秋の県大会3回戦。のちに春の選抜大会に出場する慶応の清原にエース青木が満塁弾を浴びた。

春の県大会も三浦学苑に阻まれ、チームも大敗の悔しさをばねにする中、肘痛にも悩んでいた斉木も「エース1人だけでは私学には勝てない」と奮起。日本代表左腕の宮城（オリックス）の動画を参考に下半身主導のフォームを覚え、2番手投手として復活した。

【藤沢工】		打	安	点	振	球
⑥7	広沢	2	1	0	0	0
⑧	片山	2	1	0	0	0
⑤	菅谷	1	0	0	0	1
①	唐川	2	0	0	1	0
③	伊東	2	0	0	1	0
⑨	長谷川	2	0	0	1	0
④	内山	2	0	0	1	0
⑦	二宮	2	0	0	2	0
6	外園	0	0	0	0	0
②	尾崎	2	0	0	1	0
犠盗失併残	0 0 6 0 3	17	2	0	7	1

【上矢部】		打	安	点	振	球
⑧	安武	4	1	1	0	0
④	吉田	3	1	0	0	0
H	京藤	0	0	0	0	1
R	斉田	0	0	0	0	0
①	斉木	4	2	2	1	0
⑦	青木	2	1	1	0	1
⑤	千田	3	1	1	0	0
②	佐々木	2	1	1	0	1
③	菅野	3	0	0	0	0
⑨	嶋田	2	1	0	0	1
⑥	大西	3	3	2	0	0
犠盗失併残	0 11 0 0 7	26	11	8	1	4

投手	回	打	安	振	球	責
唐川	4 1/3	30	11	1	4	5
斉木	5	18	2	7	1	0

5回を2安打無失点の好投を見せた上矢部・斉木

▷本塁打　佐々木（唐川）
▷三塁打　青木▷二塁打　斉木▷盗塁　安武、吉田、斉田、斉木、青木、千田、佐々木、嶋田2、大西2▷失策　片山2、唐川、二宮、尾崎2
▷審判　増子、乗松、松本、井上
▷試合時間　1時間32分

9日（保野公園・横浜薬大スタジアム）（5回コールド）

	1	2	3	4	5	計
藤沢工科	0	0	0	0	0	0
上矢部	0	1	1	3	5X	10

横浜栄16安打10得点

初回から横浜栄の強力打線が襲いかかった。

先頭吉川、畑山、上里の３連打を皮切りに、打者10人で５得点。二回にも４連打などで２点を加え、早々に大勢を決めた。終わってみれば16安打10得点。２打点の主将浅野も「肝は初回と分かっていた。最初から取れるだけ取ろうと決めていた」としたり顔だ。

強打は冬の鍛錬のたまものだ。ナインは週３日のウエートトレーニングで体をいじめ抜いた。「ウエート班」のリーダーは３年の高橋ひなマネジャーら。選手の体質や性格も踏まえ、「並の女子高生とは違う」と自負する豊富な知識で一人一人に合った体づくりの指導を行ってきた。

「（ウエートで）選手が101％の力を出せるように支えてきた」と高橋マネジャー。浅野は床からバーを持ち上げる「デッドリフト」で120キロを上げるまでに。筋骨たくましくなったキャプテンは「冬の成果。ベスト16を目指し、次も初回の初球から振っていく」と目をぎらつかせた。

【生　田】		打	安	点	振	球
⑨	丸　本	4	1	0	0	0
⑥	山　本	1	0	0	0	0
6	西　脇	2	1	0	0	0
H	渡辺勇	1	0	0	0	0
①	北　舘	3	0	0	0	0
⑧	中　島	2	1	0	0	1
③	高　橋	3	1	1	1	0
④	竹　田	3	1	0	1	0
⑤	伊　藤	3	0	0	0	0
②	松　本	2	1	0	0	1
⑦	林	2	0	0	1	0
H	渡辺光	1	1	0	0	0
犠盗失併残	0 0 3 0 7	27	7	1	3	2

【横浜栄】		打	安	点	振	球
⑥	吉　川	4	1	0	0	0
④	畑　山	3	2	0	0	1
②	上　里	4	4	1	0	0
①7	山　本	4	2	2	0	0
③	大　神	4	3	3	1	0
⑦8	浅　野	4	2	2	0	0
⑨	白　鳥	3	1	1	0	1
9	今　岡	0	0	0	0	0
⑤	沢　井	3	1	0	1	0
⑧	畑	2	0	0	2	0
1	羽　間	1	0	0	0	0
犠盗失併残	0 4 0 1 6	32	16	9	4	2

投　手	回	打	安	振	球	責
北　舘	6	34	16	4	2	6
山　本	4	18	5	2	2	1
羽　間	3	11	2	1	0	0

１回裏マウンドに集まる生田の選手たち

▷三塁打　大神▷二塁打　山本２（栄）中島、高橋、上里▷盗塁　吉川、畑山、上里、白鳥▷失策　西脇、松本２▷暴投　北舘
▷審判　石田、藤原、久野、田中
▷試合時間　１時間51分

9日（横浜スタジアム）								（7回コールド）
生　田	0	0	0	1	0	0	0	1
横浜栄	5	2	0	0	0	3	×	10

麻生３年連続初戦突破

177センチ、60キロの痩身のエースが144球の熱投だ。３年連続の初戦突破に導いた麻生の竹之内は「勝ちたいという思いを投球に出せた」と充実感を漂わせた。

右足を高く上げ、スリークオーター気味に左腕を振った。序盤から制球には苦しんだが、決め球のスライダーで要所を締めた。７回７安打１失点、13残塁を積み上げげた。

体力強化で体重を増やす昨今のトレンドとは逆行しているが、確かな信念がある。「体が重いと切れがなくなる」。入学から身長は７センチも伸びたが気にしてこなかった。

４打点でもり立てた主将土岐は「一緒にやってきて不思議なところもあるけど、基本的にまじめなエース。きょうの投球は本当にうれしかった」と絶賛した。

▷三塁打　中村▷犠打　近藤、菅、渡辺、大河原▷盗塁　中村、岩瀬２、寺門、土岐▷失策　服部、辻永
▷審判　赤坂、米屋、本間、桜庭
▷試合時間　２時間13分

【菅】		打	安	点	振	球
⑦	曽　我	3	0	0	1	1
⑧	中　村	3	1	1	1	1
④	菊　地	4	2	0	0	0
⑤	佐藤稜	2	2	0	0	2
①3	近　藤	3	0	0	1	0
③9	服　部	3	0	0	1	0
H	浅　田	1	0	0	0	0
R	岩　瀬	0	0	0	0	0
⑨1	寺　門	2	1	0	0	2
⑥	辻　永	4	1	0	0	0
②	小　池	2	0	0	0	1
犠盗失併残	1 4 2 0 13	27	7	1	4	7

【麻　生】		打	安	点	振	球
⑥	山　崎	4	2	0	0	0
④	菅	1	1	0	0	2
①	竹之内	3	2	1	0	1
②	渡　辺	2	1	1	0	1
⑦	土　岐	3	3	4	0	0
⑤	久　野	3	1	1	0	0
③	大河原	2	0	1	0	0
⑨	高　橋	3	1	0	0	0
⑧	林	3	0	0	2	0
犠盗失併残	3 1 0 0 5	24	11	8	2	4

投　手	回	打	安	振	球	責
近　藤	1⅓	12	6	1	2	5
寺　門	4⅔	19	5	1	2	1
竹之内	7	35	7	4	7	1

７回７安打１失点だった麻生・竹之内

9日（等々力球場）								（7回コールド）
菅	0	0	0	0	0	1	0	1
麻　生	4	3	0	1	0	0	×	8

神奈川工・岩崎、投打に躍動

両チーム計27安打の乱打戦を七回コールドで制した神奈川工。「８番・投手」の主戦岩崎が２安打５打点とバットでも結果を残し、「初戦が大事になると思ったので、なんとか勝ててよかった」と喜んだ。

初回に３点を失ったが、１点差に迫った四回。２短打と敵失で得た無死満塁の好機に、「開き直って、甘い球が来たら行く」と直球を左翼線へ運び、走者一掃の３点二塁打。五回には左越えの２点ツーベースを放った。

投げても５失点完投で獅子奮迅の活躍をした身長170センチ、体重95キロの右腕。趣味は「（電車の）前面展望を見ること」。将来は運転手を志しており、進路に工業高校を選んだという。

チームの最初の目的地は、第３シード・藤沢翔陵とぶつかる４回戦。「投手では最少失点、チームとしてはもっと得点を取りたい」と岩崎。公立の雄復活へ、エースが「出発進行」の合図をかけた。

▷三塁打　佐野、渋谷▷二塁打　館本、金子、諏訪、岩崎２、宮田、坂内▷犠打　力丸、深川聖、上村▷盗塁　金子、深川聖、小泉▷失策　佐野、力丸、上村
▷審判　小林、石原、小池、河田
▷試合時間　２時間10分

【座間総】		打	安	点	振	球
④6	館本	4	1	0	0	0
①4	菅原	3	1	0	0	1
⑨	井手尾	3	1	0	0	1
⑧	佐野	4	1	0	0	0
⑥7	金子	4	3	1	1	0
⑤	良知	4	2	2	0	0
③	諏訪	4	1	0	0	0
②	力丸	2	1	1	0	0
⑦	武井	2	0	0	1	0
1	山口	1	0	0	0	0

犠盗失併残
1 1 2 0 8 31 11 4 2 2

【神奈工】		打	安	点	振	球
④	渋谷	4	2	1	0	1
⑦	深川聖	2	1	3	0	2
⑨	武井	5	3	1	0	0
⑤	坂内	3	1	2	0	2
⑧	城本	4	2	0	0	0
③	宮田	4	1	0	1	0
②	小泉	4	2	0	0	0
①	岩崎	3	2	5	0	1
⑥	上村	3	2	0	0	0

犠盗失併残
2 2 1 0 9 32 16 12 1 6

投手	回	打	安	振	球	責
菅原	3⅓	18	8	1	0	4
山口	3⅔	22	8	0	6	4
岩崎	7	34	11	2	2	4

4回裏神奈川工無死満塁。岩崎①が左越えに走者一掃の適時二塁打を放つ

8日（いせはらサンシャイン・スタジアム）（7回コールド）

	1	2	3	4	5	6	7	計
座間総合	3	0	0	0	2	0	0	5
神奈川工	0	0	2	5	2	0	3X	12

西湘・エース高橋が完封劇

地元２校の〝小田原ダービー〟は西湘のエース高橋が108球の完封劇で小田原を下した。「ピンチも多かったけど粘り強く投げられた」。九回を三者凡退で締めると２年生右腕はガッツポーズで、３年連続の初戦突破の喜びをチームメイトと分かち合った。

最速135キロの自慢の剛球でねじ伏せた。二回に先頭打者に右翼線二塁打を許したピンチでは「ぐっと集中した。ここを抑えれば攻撃の流れもできる」と気を吐き、全て直球勝負の12球で３者連続三振に切った。バッテリーを組んだ主将内藤雄も「伸びも切れも今までで最高」とうなずいた。

くしくも「同じ場所、試合時間も同じ」と振り返るのは昨夏の２回戦。１年生ながら抜てきされたが３回持たずに打ち込まれチームの期待に応えられなかった。「先輩たちの夏を自分が終わらせてしまった」と自責の念からこの夏での雪辱を誓った。

冬場のトレーニングで下半身や体幹も強化。ナインで牛丼店に通って、超大盛りを平らげて体重は５キロ、球速は10キロ上がった。

チームは過去最高のベスト８が目標。高橋は「自分が投げる以上は失点ゼロでチームの気持ちをつなげていきたい」と誓った。

▷二塁打　近藤、安居院▷犠打　安居院２、熊沢▷盗塁　池谷、杉山、白倉、徳増、松尾、原田、森▷失策　杉山、片倉、徳増、金尾▷暴投　竹平
▷審判　田畑、安武、望月、小川
▷試合時間　１時間51分

【西湘】		打	安	点	振	球
⑧	池谷	4	0	0	0	1
⑥	杉山	5	1	1	0	0
⑦	白倉	2	0	0	0	3
②	内藤雄	5	2	0	0	0
①	高橋	5	0	0	0	0
③	内藤陽	5	3	0	0	0
⑤	片倉	4	2	0	0	0
⑨	安居院	2	1	0	0	0
④	熊沢	2	0	1	0	1
4	稲垣	0	0	0	0	0

犠盗失併残
3 3 2 0 11 34 9 2 0 5

【小田原】		打	安	点	振	球
⑤	伊藤	2	0	0	0	2
⑦4	徳増	4	0	0	0	0
⑧7	松尾	4	1	0	0	0
①8	原田	4	1	0	0	0
②	近藤	4	1	0	0	0
⑥1	竹平	3	0	0	1	0
⑨	照井	3	0	0	3	0
③	金尾	3	0	0	3	0
④6	森飛	3	0	0	0	0

犠盗失併残
0 4 2 0 5 30 3 0 7 2

投手	回	打	安	振	球	責
高橋	9	32	3	7	2	0
原田	5	23	4	0	4	0
竹平	4	19	5	0	1	3

3安打完封勝利した西湘・高橋

8日（小田原球場）

	1	2	3	4	5	6	7	8	9	計
西湘	0	0	0	0	0	1	0	3	0	4
小田原	0	0	0	0	0	0	0	0	0	0

統合の横浜瀬谷、初戦突破

新たな校名を背負い、3年ぶりに初戦の壁を打ち破った。横浜瀬谷として臨む初めての夏。逆転勝利を飾った主将大口は「『伝統を受け継いで良いスタートができるように』と試合前に全員で確認していた。ひとまず勝ててほっとしている」と心地よく汗を拭った。

二回までに3点を先行されるも、尻上がりに調子を上げたエース後藤の粘投に打線も応えた。四回以降は毎回安打で小刻みに得点を重ねた。六回に勝ち越しタイムリーを放った8番福田は「打てていなかった時の恩返しと自由に野球をやらせてくれた親への感謝の気持ちがあった」と一打に込めた思いを語った。

今春に近隣の瀬谷と瀬谷西が統合して生まれた同校。瀬谷西は2年前に生徒の新規募集を停止していたため、瀬谷をそのまま引き継いだ単独チームだが、「横浜瀬谷の1期でもある自分たちがお手本にならないといけない」（福田）と高い意識が浸透している。

チーム一丸で大きな一歩を踏み出し、次は第3シード・藤沢翔陵と顔を合わせる。後藤は「どんな相手でも淡々とやっていく」と平常心を強調した。

▷三塁打　横山▷二塁打　永島田、関口▷犠打　八木下、鈴木、大江2、井村、後藤▷盗塁　永島田、星原、鈴木航、後藤▷失策　永島田、城所、鈴木▷暴投　星原、後藤2▷ボーク　星原
▷審判　池田、石岡、斎藤、大場
▷試合時間　2時間7分

【向岡工】	打	安	点	振	球
⑥ 永島田	3	2	0	1	1
④ 八木下	3	0	0	3	0
② 石川	3	1	1	1	1
① 星原	3	2	1	1	1
⑦ 城所	4	0	0	1	0
⑧ 鈴木	3	0	1	3	0
⑨ 宮崎	4	0	0	1	0
⑤ 出射	4	0	0	0	0
③ 吉田	4	0	0	1	0

犠	盗	失	併	残	打	安	点	振	球
2	2	3	0	5	31	5	3	12	3

【瀬谷】	打	安	点	振	球
⑥ 大口	3	0	0	0	2
④ 鈴木航	5	2	0	1	0
③ 大江	2	0	1	1	0
⑧ 関口	4	2	1	1	0
⑤ 清水	4	2	1	1	0
⑦ 井村	3	1	0	0	0
⑨ 横山	3	2	0	1	1
② 福田	4	1	1	1	0
① 後藤	3	0	0	1	0

犠	盗	失	併	残	打	安	点	振	球
4	2	0	1	8	31	10	4	7	3

投手	回	打	安	振	球	責
星原	8	38	10	7	3	5
後藤	9	36	5	12	3	4

校名変更後の初勝利に喜ぶ横浜瀬谷ナイン

8日（等々力球場）

向の岡工	2	1	0	0	1	0	0	0	0	4
横浜瀬谷	0	0	0	2	1	2	0	1	×	6

松陽・菊地が2失点完投

松陽のエース左腕菊地が2失点完投。4大会ぶりに初戦を突破し、「キャプテンなので皆を引っ張れてよかった」と白い歯を見せた。

立ち上がりは不慣れな硬いマウンドへの適応に苦しんで制球を乱したが、大崩れせずに修正。四回以降は変化球を駆使して無失点と危なげなかった。

1年時からベンチ入りし、昨夏のマウンドも経験。昨春からトレーナーのアドバイスを受けながら体重を6キロ増やしたことで球威も上がった。次の湘南学園戦へ、「自分が声を出して引っ張っていきたい」と頼もしかった。

▷三塁打　山本2、菊地▷二塁打　藤本、山田、柏木▷犠打　萩原蓮、藤本2、渡辺、中島▷盗塁　萩原蓮、柏木、米田、菊地、時津、桜田2▷失策　米田、黒川、渡辺、大野幸
▷審判　上園、古川、土谷、水品
▷試合時間　2時間18分

【松陽】	打	安	点	振	球
⑥ 山本	5	2	1	0	0
⑨ 萩原蓮	4	1	2	1	0
⑦ 柏木	5	1	0	0	0
⑤ 米田	3	0	0	0	1
5 黒川	0	0	0	0	1
① 菊地	4	3	0	0	1
③ 時津	4	1	0	1	1
④ 藤本	4	1	2	0	0
② 植松	3	0	0	1	2
⑧ 秋本	4	1	0	1	1

犠	盗	失	併	残	打	安	点	振	球
2	5	2	1	11	36	10	5	4	7

【上鶴間】	打	安	点	振	球
⑧18 山田	5	1	1	1	0
④ 渡辺	2	0	0	1	0
H 本間	1	0	0	0	0
4 熊田	0	0	0	0	0
H 高橋	1	0	0	0	0
⑨189 中島	3	1	0	0	0
⑦ 矢田部	4	0	0	0	0
③ 大野幸	4	0	0	2	0
①91 大野悠	3	1	0	0	1
② 清野	2	0	0	0	2
⑥ 福田桜	3	1	0	2	1
⑤ 桜田	3	2	0	1	1

犠	盗	失	併	残	打	安	点	振	球
2	2	2	0	9	31	6	1	7	5

投手	回	打	安	振	球	責
菊地	9	38	6	7	5	2
大野悠	2⅔	16	5	1	2	3
中島	4⅓	20	5	2	2	2
山田	1⅔	8	0	1	3	0
大野悠	⅓	1	0	0	0	0

6安打2失点で完投勝利した松陽・菊地

8日（等々力球場）

松陽	0	0	5	0	0	1	1	0	0	7
上鶴間	0	0	2	0	0	0	0	0	0	2

1回戦　桐光学園×横須賀大津 ／ サレジオ×柏木学園

桐光学園は大勝発進

桐光学園が25年ぶりのノーシードで挑む夏の神奈川の頂点に向けて好発進した。野呂雅之監督（62）は「練習では大振りが目立っていたが、しっかりミートした打球が多かった」とまずまずといった表情だ。

圧巻は１三塁打、２二塁打を含む５安打の活躍だった４番の２年中村。本塁打が出ればサイクル安打という５打席目も自らを律し、甘い球を見逃さない。鋭く左前にはじき返し、２者を迎え入れ「記録？　意識していません。チーム打撃に徹した」とほほ笑んだ。

その中村をはじめ、打線は１番から５番まで下級生が名を連ねて快音を連発。１年ながら３打点の５番白鷹は「８試合を勝ちきりたい」と頼もしい。桐光が躍進するシーズンには最上級生が奮起するのはもちろん、必ずと言っていいほど若い力が台頭するだけに好材料と言えるだろう。

一方、投手陣は制球難が災いして３失点。夏初戦のマウンドという緊張感を少しでもほぐすため、珍しく先攻を選んだ指揮官だが、こちらはやや思うようにはいかなかったようだ。

【桐　光】	打	安	点	振	球
⑧ 矢竹	4	2	2	0	0
⑨ 綾部	4	2	0	1	0
⑥ 森	4	1	2	0	1
② 中村	5	5	2	0	0
④ 白鷹	3	1	3	0	0
4 鈴木真	1	0	0	0	0
⑤ 野村	5	3	2	0	0
③13工藤	4	3	4	0	1
⑦ 磯貝	4	1	0	1	1
① 庭田	0	0	0	0	0
3 緒方	3	1	0	0	0
1 加賀	0	0	0	0	0
犠盗失併残 4 2 0 0 6	37	19	15	2	3

【大　津】	打	安	点	振	球
⑥15石川遥	3	1	2	1	1
② 岡	2	0	0	2	0
③53石川優	2	0	0	1	1
⑧38白石	3	0	0	1	0
⑨ 長沢	3	0	0	1	0
7 大久保	0	0	0	0	0
①81山崎	1	0	0	1	2
⑤ 関根	0	0	0	0	1
6 堀	1	0	0	1	0
⑦9松田	2	0	0	2	1
④ 川島	3	0	0	3	0
犠盗失併残 2 1 6 0 4	20	1	2	13	6

投手	回	打	安	振	球	責
庭田	1 ⅓	8	0	1	4	3
工藤	4 ⅔	17	1	10	2	0
加賀	1	3	0	2	0	0
山崎	4	24	12	1	0	5
石川遥	2 ⅓	12	3	0	2	2
山崎	⅔	8	4	1	1	1

▷三塁打　中村▷二塁打　中村２、磯貝、工藤▷犠打　矢竹、綾部、白鷹、庭田、岡、関根▷盗塁　矢竹、磯貝、石川遥▷失策　石川遥２、岡、長沢、山崎、堀▷暴投　工藤▷ボーク　石川遥
▷審判　岩男、上田、三木、青木
▷試合時間　２時間25分

１回表桐光学園２死二塁。工藤の左前打で二走野村が本塁を狙うもタッチアウト。捕手岡

8日（横浜スタジアム）　（7回コールド）

桐光学園	3	1	2	3	1	1	6	17
横須賀大津	0	3	0	0	0	0	0	3

柏木学園・長嶋兄弟が躍動

柏木学園は長嶋兄弟が投打でけん引。４失点完投の３年生エースの兄・颯汰が「途中苦しい場面もあったけど、抑えられてよかった」と言えば、１年生主砲の弟・拓実も「高校で兄と野球をやりたかったので最高だった」と充実そうに語った。

見せ場は初回だった。「カーブが良かった」と表に颯汰が三者凡退で好スタートを切る。その直後の裏の攻撃。今度は拓実がバットで応えた。

３番颯汰が四球を選び、無死満塁。「兄がつないでくれたので絶対打ってやろう」と相手右腕の真っすぐを中前へはじき返す２点先制打で主導権を握った。一塁上で喜びを爆発させる弟に颯汰は「兄として誇らしい」と賛辞を惜しまない。「悔いが残らないように一球一球全力でやりたい」と颯汰が力を込め、拓実も兄を見て言った。「次も兄を援護したい」。

【サレジ】	打	安	点	振	球
⑧ 西村	4	1	0	2	0
⑨7志井	4	1	0	0	0
⑥2植田	4	1	0	0	0
⑤ 粕谷	3	1	0	0	1
③4内山	2	1	1	0	1
⑦1昼間	4	1	1	1	0
①3金野	4	0	0	2	0
②9深見	4	1	0	0	0
④6野元	3	0	0	2	0
H 鈴木	1	0	0	1	0
犠盗失併残 1 0 2 2 5	33	7	2	8	2

【柏　木】	打	安	点	振	球
⑧ 前田	2	1	1	1	3
② 花井	2	1	0	0	3
① 長嶋颯	3	0	0	0	1
③ 長嶋拓	4	1	2	2	1
⑤ 石野	5	2	3	0	0
⑦ 大内	4	1	0	1	0
⑨ 石井	3	0	0	1	1
④ 升田	1	0	0	0	2
H 太田	1	0	0	1	0
4 宮川	0	0	0	0	0
⑥ 金子	2	0	0	2	2
犠盗失併残 1 3 1 0 11	27	6	6	8	13

投手	回	打	安	振	球	責
金野	⅓	6	4	0	2	2
昼間	7 ⅔	35	2	8	11	3
長嶋颯	9	36	7	8	2	0

▷二塁打　前田、昼間▷犠打　内山、長嶋颯▷盗塁　前田、花井、金子▷失策　西村、深見、金子▷暴投　昼間、長嶋颯▷捕逸　花井
▷審判　米原、青柳、正力、内田
▷試合時間　２時間12分

６回裏柏木学園２死二、三塁。石野が２点適時打を放つ

8日（いせはらサンシャイン・スタジアム）

サレジオ	0	1	0	0	0	3	0	0	0	4
柏木学園	3	0	0	1	0	2	0	0	×	6

横浜商大　早すぎる敗戦

２年生左腕の磯貝を先発に立てて大一番に臨んだ横浜商大。初回に２四球からの連打で３点を先制したが、鎌倉学園の粘り強さに屈した。

「いい当たりは少なかったが、粘り強く、逆方向に打たれた」と八木沢監督。磯貝は変化球の切れは一級品。ただ８四死球と制球が定まらなかった。早すぎる敗戦に同監督は「何度か交代を考えて、（勝ち越された七回は）２死をとれたのでいけるかと思ったが、そこが甘かった」。３併殺を含む再三の好守でチームを引っ張った主将の遊撃・田中も「去年を経験している自分が磯貝の背中を押してあげたかったが、夏は甘くなかった」と、同じ言葉で早すぎる敗戦を悔しがった。

それでも、磯貝に加えて２年生捕手の鈴木棟も終盤に出場して経験を積んだ。八木沢監督は「このチームの雰囲気、いい部分は引き継いで、勝負弱いところは反省してやっていきたい」と話した。

【商　　大】打安点振球
⑥　田　中４００１１
⑤　鈴木健３００１０
③　鈴木琉３１００１
⑨　寺　松３１１０１
⑦　福　島２１２１２
１　西　田０００００
⑧　小　林２０００１
②　脇　田３００００
Ｈ　藤　井１００１０
２　鈴木棟０００００
①　磯　貝３００１０
１　武　藤０００００
７　橋　本１００１０
④　本　木４２０００
犠盗失併残――――
２０１２６29５３６６
【鎌　　学】打安点振球
⑨　杉　山４１１１１
④　藤　井１１１０４
⑥　武　井５２０１０
③　高　橋４１１１１
②　福　島３０１０１
⑦　若　松３１１０２
⑤　北　野３１１０２
⑧　奥　永３３１０１
８　大牟礼１００００
①　面　本３１０００
犠盗失併残――――
３０１３13３011７３12
投　手回　打安振球責
磯　貝６⅔35９３８６
武　藤　⅔８２０４１
西　田　⅔２００００
……………
面　本９　37５６６４

横浜商大先発の２年生左腕磯貝

▷二塁打　北野、面本、若松▷犠打　鈴木健、小林、福島、面本２▷失策　磯貝、面本▷暴投　磯貝、面本▷捕逸　脇田
▷審判　来福、岡村、下地、鈴木
▷試合時間　２時間58分

8日（サーティーフォー保土ケ谷球場）

横浜商大	3	0	0	1	0	0	0	0	0	4
鎌倉学園	2	2	0	0	0	0	3	1	×	8

綾瀬西・福田２安打４打点

綾瀬西は３番・福田が４打数２安打４打点の活躍。七回には２点本塁打も放ち「大満足の結果です」と白い歯を見せた。

新チーム発足後、一度は４番を任せられたが「打たなければというプレッシャーから不振に陥ってしまった」。最後の夏を前に自らが一番生きる方法を考え、監督に直談判して打順を４番から３番に変更してもらったという。

「今日は緊張せずに打席に立てた」。五回は適時二塁打で走者２人をかえし、七回には左越え本塁打で加点した。隠れた主砲は「目標は今大会でホームラン２本を打つこと。次も頑張ります」と力強く宣言した。

【七 里 浜】打安点振球
④　加　藤３０１１１
⑧　原　田５２０００
③　山　本３００１１
１３飯　塚１００１０
②　西　山５１１２０
⑥１立　林３０００１
⑤　佐　藤３１０１１
⑨　村　越４１０００
⑦　斎　藤２１０１０
７　谷　亀２００２０
①36谷　口１１１０３
犠盗失併残――――
１６２１９32７３９７
【綾 瀬 西】打安点振球
⑨　森　田４００１１
９　平　井０００００
⑥　和　智４２１００
⑧　福　田４２４００
①５大　塚４１０１０
③　滝　川３１１１１
⑤４片　倉４２１００
⑦　佐々木４１１００
②　青　柳４１０１０
④　古　市２１０１１
Ｈ１寺　田１００００
犠盗失併残――――
１０００５34 11８５３
投　手回　打安振球責
谷　口６⅓30９５２７
飯　塚１　５２０１１
立　林１　３００００
……………
大　塚８　37７８７３
寺　田１　３０１００

５回表七里ガ浜２死三塁。打者佐藤の時、捕逸の間に三走立林が勝ち越しの生還

▷本塁打　福田（谷口）
▷三塁打　佐藤▷二塁打　西山、滝川、福田、原田、谷口▷犠打　加藤、和智▷盗塁　原田、山本、立林２、佐藤、谷口▷失策　佐藤、村越▷捕逸　青柳
▷審判　栗田、阿部、田山、原田
▷試合時間　２時間32分

8日（藤沢八部球場）

七里ガ浜	1	0	0	1	1	0	0	1	0	4
綾瀬西	2	0	0	0	3	1	3	0	×	9

横須賀学院・主将3盗塁2得点

初戦突破した横須賀学院の主将・萬代のユニホームは試合後、学校名が読めなくなるほど泥だらけだった。この日、3盗塁の活躍で勝利に貢献。1安打2四球で、出塁した全打席で二盗を成功させた。ホームも2度踏み、シーソーゲームで存在感を示した。

意外にも足が速くなったのは「高校2年の頃から」だという。「冬の間、トレーニングを頑張ってきて良かった」と頬を緩ませた。

目標はベスト8。「一戦一戦勝ちきることが大事だと思う。次も初戦だと思って挑みたい」と誓った。

▷本塁打　伊東（榎本）塩田（榎本）
▷三塁打　栄▷二塁打　根岸
▷犠打　榎本▷盗塁　萬代3▷失策　伊東、鈴木、塩田▷暴投　塩田
▷審判　宮崎、金川、秋葉、斎藤
▷試合時間　1時間58分

【横須学】	打	安	点	振	球
⑧　栄	5	1	1	0	0
④5根岸	4	1	0	0	1
⑨　新川	3	1	0	0	1
③　中村	4	1	0	1	0
⑦　金井	3	0	0	1	1
⑤　矢島	3	0	0	1	0
H4伊勢	1	0	0	0	0
⑥　萬代	2	1	0	0	2
②　山内	4	2	2	0	0
①　榎本	3	0	0	1	0
犠盗失併残					
1 3 0 2 7	32	7	3	4	5

【旭　丘】	打	安	点	振	球
⑦　落合	4	0	0	1	0
④　南	3	0	0	0	0
H　二宮	1	1	0	0	0
⑤　伊東	4	1	1	0	0
⑨　木下	3	1	0	0	0
③　田中	3	0	0	1	0
⑧　諸星	3	1	0	1	0
②　鈴木	3	0	0	0	0
①　塩田	3	1	1	1	0
⑥　沖野	2	0	0	0	1
犠盗失併残					
0 0 3 1 1	29	5	2	4	1

投手	回	打	安	振	球	責
榎本	9	30	5	4	1	2
塩田	9	38	7	4	5	2

7回表横須賀学院無死二塁。山内の中前適時打で二走萬代が3点目のホームイン

8日（中栄信金スタジアム秦野）

	1	2	3	4	5	6	7	8	9	計
横須賀学院	0	0	1	1	0	0	1	0	1	4
旭　　丘	0	0	0	0	0	0	1	1	0	2

湘南学院・吉野3安打4打点

湘南学院が快勝発進。3安打4打点の吉野は「初戦の硬さもあったが、自分がいい形で打てて流れを持ってこれた」と笑みを浮かべた。

7－0でコールド勝ち目前の七回に3失点も「雰囲気は悪くなかった。九回まで戦って勝とうと切り替えていた」と吉野。その裏、1死一、二塁をつくると直球を捉えて適時三塁打とし快勝を呼び込んだ。

次戦は第1シードの東海大相模。本萓監督はロースコアの展開を描き「当たって砕けろの気持ちで全力を出し切り、いい試合にしたい」と汗を拭えば、吉野は「相手は初戦で今日の自分たちのように硬さがあるはず。チャンスはある」と意気込んだ。

▷三塁打　池田、吉野▷二塁打　佐伯▷犠打　島崎、三浦
▷盗塁　笹田2▷失策　花輪、村上2▷暴投　佐伯
▷審判　神之田、江藤、高味、水谷
▷試合時間　2時間2分

【百合丘】	打	安	点	振	球
⑧　柴崎	2	0	0	0	2
②　森尾	4	2	0	0	0
①6佐伯	4	2	1	0	0
③　花輪	3	1	0	0	1
⑦　経島	3	0	1	1	1
⑥1村上	2	0	1	0	2
⑨　入山	3	0	0	1	1
⑤　阿部	2	0	0	1	0
H4渡辺	1	0	0	0	0
④5小峰	3	1	0	0	0
犠盗失併残					
0 0 3 1 10	27	6	3	3	7

【湘南院】	打	安	点	振	球
④　池田	4	1	1	1	1
⑤　吉野	5	3	4	0	0
②　蔵並	4	2	1	0	1
③　橋本	3	0	0	0	2
⑨　島崎	2	1	2	0	2
⑧　川副	3	1	1	0	1
⑦　西崎	3	1	0	0	1
7　川野	0	0	0	0	0
①　三浦	1	0	0	1	1
1　加藤	0	0	0	0	0
1　藤枝	1	0	0	0	0
⑥　笹田	4	2	0	0	0
犠盗失併残					
2 2 0 0 12	30	11	9	2	9

投手	回	打	安	振	球	責
佐伯	6⅓	38	10	2	7	4
村上	⅔	3	1	0	2	0
三浦	6⅔	32	6	3	6	3
加藤	0/3	1	0	0	1	0
藤枝	⅓	1	0	0	0	0

7回裏湘南学院1死一、二塁。吉野が右越えに2点三塁打を放つ

8日（大和スタジアム）　（7回コールド）

	1	2	3	4	5	6	7	計
百合丘	0	0	0	0	0	0	3	3
湘南学院	0	2	0	4	1	0	3X	10

横浜氷取沢アベックランニング本塁打

横浜氷取沢は佐藤と田村が、珍しい「アベックランニングホームラン」。保土ケ谷のダイヤモンドを駆け回り、16－３で大勝した。

四回、２死三塁から佐藤。「最初の打席はカーブでフライに打ち取られて、同じ球が来た」。打球は右翼手の頭上を越え、「二塁ベースを回ったところで三塁コーチャーが腕を回していて」。50メートル５秒７のチーム１の俊足を飛ばして生還した。

五回には代打で途中出場した田村。「ミートを心がけた」という打撃だったが、「三塁打いけるかなと思ったら、コーチャーが腕を回してて。あれ、ワンチャンあるの？って」。「佐藤とはレベルが違う（笑）」と言いながら、やはり快足で本塁をものにした。

ともに公式戦のランニングホームランは初めて。背番号18の田村は「今は外野のレギュラーが定まっていない状況。いいプレーが出来て良かった」。佐藤は「次の試合もこのままの勢いで相手にぶつかって、楽しく勝つ野球をしたい」。夏３年目の若いチームが勢いに乗った。

【氷取沢】		打	安	点	振	球
⑧	佐藤	4	2	3	0	1
⑦	小田	2	0	0	0	1
H7	二瓶	1	0	0	0	1
⑨4	高崎	3	0	1	1	2
⑤	若命	4	2	1	1	0
③	石原	3	3	3	0	0
1	小石	0	0	0	0	1
1	竹内	0	0	0	0	0
⑥	三羽	2	1	1	0	1
H6	青木	0	0	1	0	0
②	谷岡	2	1	1	0	0
H2	井手	2	0	0	1	0
①	津村	2	2	0	0	0
13	島村	1	1	0	0	1
④	石井	2	1	1	0	0
H9	田村	2	1	3	0	0
犠盗失併残	1 4 1 1 8	30	14	15	3	8

【YSF】		打	安	点	振	球
②	簑島	1	0	0	0	2
⑧	山口	2	2	1	0	0
①515	瀬谷	2	0	0	0	1
⑤1751	川島	3	1	1	0	0
⑨	鈴木湊	1	0	0	0	0
H9	八島	2	0	0	1	0
⑦	関根	1	0	0	1	0
17	山田	0	0	0	0	0
H7	中島	1	0	0	0	0
7	山崎	1	0	0	1	0
④	沓木	2	1	0	0	0
③	堀江	1	0	0	0	0
3	鈴木健	1	1	0	0	0
⑥	大塩	2	1	0	0	0
犠盗失併残	1 0 4 0 6	20	6	2	3	3

投手	回	打	安	振	球	責
津村	2	8	1	1	1	0
島村	1	5	1	0	1	0
小石	1	3	0	0	0	0
竹内	1	8	4	2	1	3

投手	回	打	安	振	球	責
瀬谷	2 ⅔	19	8	1	3	5
川島	0/3	3	1	0	2	3
山田	⅓	2	1	0	0	0
瀬谷	1 ⅔	12	4	2	2	5
川島	⅓	3	0	0	1	0

４回表横浜氷取沢２死三塁。佐藤が右中間に安打を放ち一気に生還。ランニング本塁打となる

▷本塁打　佐藤（瀬谷）田村（瀬谷）
▷三塁打　石原▷二塁打　石原、島村、大塩
▷犠打　青木、山口▷盗塁　佐藤、高崎２、若命▷失策　若命、瀬谷２、鈴木健、大塩▷暴投　川島、瀬谷、竹内２▷捕逸　簑島
▷審判　中原、金子、高田、土屋
▷試合時間　１時間55分

8日（サーティーフォー保土ケ谷球場）　（５回コールド）

横浜氷取沢	1	0	9	2	4	16
横浜サイエンスフロンティア	0	0	0	0	3	3

大磯　一挙９得点で逆転勝ち

大磯は四回に打者13人の猛攻で一挙９得点のビッグイニングで逆転し、七回コールド勝ちした。

左打者の３、４番が奮起した。山中は四回２死満塁で「みんながつないでくれたチャンス」と直球を狙い左中間にはじき返し走者一掃。続く主将の４番藤平も二塁打で９得点目を奪った。

藤平にとって、万全な状態で迎えた夏ではなかった。昨年９月に体育の授業中のけがで左膝の靱帯を断裂した。かつてはチーム最速のリードオフマンだったが、全力疾走はできないまま。それでもこの冬で打力を磨き、打線の中心として復活した。藤平は「チームに迷惑をかけている。打ってランナーを返すことでチームに貢献したい」と恩返しを誓った。

▷三塁打　伊藤、藤田、高村▷二塁打　山中２、藤平▷犠打　鈴木祐、杉山、飯山▷失策　後藤、山中▷捕逸　梅沢
▷審判　斉藤、後藤、林、諏訪
▷試合時間　２時間７分

【大磯】		打	安	点	振	球
⑤	後藤	3	1	0	0	1
⑥1	鈴木祐	2	1	1	0	1
⑧	山中	4	2	3	0	0
②	藤平	4	1	1	0	0
⑨	山田	3	1	1	0	1
④6	高村	4	2	0	0	0
①4	藤田	4	1	2	1	0
③	鈴木峻	2	1	0	1	1
⑦	今田	2	1	0	0	1
犠盗失併残	1 0 2 0 4	28	11	8	2	5

【茅ケ崎】		打	安	点	振	球
⑥	伊藤	4	1	0	0	0
④	渡辺	3	1	1	1	0
⑦	川名	3	1	0	1	0
⑤	坂口	3	0	0	0	0
②1	梅沢	2	1	0	0	1
⑨	村上	3	0	0	0	0
③	杉山	2	0	0	1	0
①	田沢	1	0	0	0	0
12	飯山	1	0	1	0	0
⑧	萩原	3	1	0	0	0
犠盗失併残	2 0 0 2 5	25	5	2	3	1

投手	回	打	安	振	球	責
藤田	4	18	4	2	1	1
鈴木祐	3	10	1	1	0	0

投手	回	打	安	振	球	責
田沢	3 ⅔	16	7	0	1	3
飯山	0/3	4	0	0	4	4
梅沢	3 ⅓	14	4	2	0	1

４回表大磯２死一、二塁。藤田の右越え三塁打で二走に続き一走高村が生還

8日（小田原球場）　（７回コールド）

大　　磯	0	0	0	9	0	0	0	9
茅ケ崎	1	0	0	1	0	0	0	2

横浜清陵・井川が好投

横浜清陵の右腕井川が８回１失点（自責０）の好投。２年ぶりの初戦突破を引き寄せた３年生は「仲間がよく守ってくれたおかげ。落ち着いて投げることができた」と感謝した。

一回こそ先頭打者に三塁打を浴び、捕逸で１点先制を許したが、以降は毎回のように走者を背負いながらも崩れない。「思い切って腕を振ることを意識した」という背番号10に、野原監督は「試合中にうまく修正してくれた。ここまでの練習試合で長いイニングを投げた成果が発揮されたと思う」とたたえた。

大黒柱と言える存在がいない中、３年の４投手をフル稼働しての上位進出を狙う横浜清陵。第３シード向上との次戦をにらみ、井川は「目の前の相手に集中して投げたい」と気持ちを新たにした。

▷三塁打　高橋、荻原▷二塁打　永原、苅谷、丸山、橋口▷犠打　橋口、永原▷盗塁　丸山、永原、松井▷失策　梶原▷暴投　高堰▷捕逸　橋口
▷審判　羽毛田、深沢、高木、小菅
▷試合時間　２時間５分

【藤沢西】	打	安	点	振	球
⑥ 高橋	4	1	0	0	0
⑧ 石田	4	1	0	1	0
⑤ 酒井	3	1	0	1	1
⑦ 荻原	4	1	0	0	0
③1 高堰	4	0	0	1	0
⑨ 牧内	2	0	0	0	1
① 古谷	3	3	0	0	0
3 大庭	0	0	0	0	0
④ 梶原	2	0	0	0	1
② 那須	3	0	0	0	0
R2 鎌田	0	0	0	0	0
犠盗失併残 0 0 1 0 7	29	7	0	3	3

【清陵】	打	安	点	振	球
⑦ 苅谷	3	1	0	0	2
④ 石橋	3	0	2	0	2
③ 丸山	3	1	0	0	2
② 橋口	4	1	2	1	0
⑧ 永原	3	2	1	0	0
⑨ 津島	3	0	0	0	1
⑤ 左右田	4	1	0	0	0
① 井川	2	0	1	1	1
H 金野	0	0	0	0	1
R 松井	0	0	0	0	0
⑥ 坪井	3	0	1	1	1
犠盗失併残 2 3 0 1 9	28	6	7	3	10

投手	回	打	安	振	球	責
古谷	7⅔	38	5	3	9	7
高堰	0/3	2	1	0	1	0
井川	8	32	7	3	3	0

１回表藤沢西１死三塁。打者酒井の時、捕逸の間に三走石田が先制のホームイン

8日（横浜スタジアム）　（8回コールド）

藤沢西	1	0	0	0	0	0	0	0	1
横浜清陵	0	3	0	1	0	0	1	3X	8

横浜立野「自信になった」

スタメンの７人を２年生で占めた横浜立野の右腕の丸山真は、力負けにも「私学相手にコールドにならなかったのは自信になった」と顔を上げた。

四回、自身公式戦初の１発を左越えに放ち、１点差に詰め寄った。「塁に出ることだけを考えていた。これでいけると思ったが」。疲れから踏ん張りどころで制球が甘くなり、逆に突き放された。

課題と目標を知った夏。「９回を投げきるスタミナをつけ、背番号１をもらって戻ってきたい」とさらなる成長を誓っていた。

▷本塁打　丸山真（佐藤）
▷三塁打　佐藤▷二塁打　佐藤、明智、向出、植津▷犠打　中津、向出、鶴島、目黒▷盗塁　明智、冨岡、鎌倉２▷失策　目黒、丸山真、丸山悠▷暴投　丸山真▷捕逸　鎌倉
▷審判　伊藤、佐藤、遠藤、臼井
▷試合時間　２時間33分

【光明】	打	安	点	振	球
⑥ 伊藤	4	2	0	0	1
⑧ 中津	3	0	0	0	1
⑤ 向出	3	1	0	0	1
⑦ エゼ	4	0	0	1	1
③ 明智	3	3	2	0	2
④ 冨岡	5	2	1	1	0
② 鶴島	4	0	0	0	0
① 馬場	1	0	0	1	0
H1 佐藤	3	2	2	0	0
⑨ 原島	3	0	0	2	0
9 パーサン	1	1	1	0	0
犠盗失併残 3 1 0 1 9	34	11	6	5	6

【立野】	打	安	点	振	球
⑤ 目黒	2	0	0	1	1
② 鎌倉	4	2	1	2	0
⑥ 植津	4	2	1	1	0
⑧ 桜井	4	0	0	2	0
① 丸山真	4	1	1	0	0
⑨ 南	3	0	0	3	0
H 長谷川	1	0	0	1	0
④ 河村	4	1	0	1	0
⑦ 丸山悠	4	0	0	3	0
③ 阿部	2	2	0	0	1
犠盗失併残 1 2 3 0 5	32	8	3	14	2

投手	回	打	安	振	球	責
馬場	3	13	3	3	1	2
佐藤	6	22	5	11	1	1
丸山真	9	43	11	5	6	6

３回表光明相模原１死二、三塁。明智が右越えに勝ち越しの適時二塁打を放つ

8日（サーティーフォー相模原球場）

光明相模原	1	0	3	0	0	2	0	1	0	7
横浜立野	1	0	1	1	0	0	0	0	0	3

翠陵・2年生主砲が一仕事

翠陵は４番成田が膠着状態だった試合を動かした。１点リードの七回１死二塁、変化球を右中間に運ぶ適時二塁打。「最初は緊張で足が震えていた」という２年生の右打者は「途中から楽しめた。チャンスでイケイケだったからボール気味だったけれど思い切って振れた」。初回以来の得点をたたき出し、塁上で右腕を突き上げた。

今春地区予選の武相戦では公式戦初アーチを放った頼れる４番打者。次の第２シード・横浜創学館戦に向けて「チャンスで打ちたい」と気合十分だ。

▷本塁打　磯貝（押田）
▷三塁打　平川▷二塁打　高山、桑田、成田▷犠打　伊部、阿部、楡井▷盗塁　平川２、伊部、掃部、滝井、山下、中西、花井２▷失策　伊部、花田▷暴投　松山
▷ボーク　桑田、松山
▷審判　祝、一居、笠間、森山
▷試合時間　２時間29分

【翠	陵】	打	安	点	振	球
⑧	平川	３	１	０	０	２
④	伊部	４	１	１	０	０
4	桑田	０	０	０	０	０
③	掃部	４	０	０	０	１
⑤	成田	３	２	１	０	２
5	石川	０	０	０	０	０
②	阿部	３	１	１	０	１
⑨	滝井	２	０	０	０	２
9	野沢	１	０	０	０	０
⑦	山下	４	１	１	０	０
⑥	花田	４	０	０	１	０
①	押田	２	０	０	１	０
H	種子田	０	０	０	０	１
1	斎藤	１	０	０	１	０
1	宮本	０	０	０	０	０

犠	盗	失	併	残	打	安	点	振	球
２	６	２	１	９	31	６	４	３	９

【中大付】		打	安	点	振	球
⑧	高山	５	３	０	０	０
③	日俣	４	０	０	０	１
⑤	磯貝	５	３	２	１	０
⑦	中西	４	０	１	１	１
⑨	花井	４	３	０	０	１
②	岡本	５	１	０	１	０
⑥	西野	４	０	０	１	０
①	桑田	３	２	０	０	０
1	松山	０	０	０	０	１
④	楡井	２	０	０	０	０
H	長谷川	１	０	０	０	０
4	伊藤	０	０	０	０	０

犠	盗	失	併	残	打	安	点	振	球
１	３	０	０	12	37	12	３	４	４

投手	回	打	安	振	球	責
押田	５	21	７	３	０	２
斎藤	３	15	２	１	３	０
宮本	１	６	３	０	１	１
桑田	６⅔	33	６	２	７	５
松山	２⅓	９	０	１	２	１

１回表横浜翠陵１死二塁。阿部が左翼線に適時打を放ち２点目を挙げる

8日（保野公園・横浜薬大スタジアム）

翠　　陵	3	0	0	0	0	0	2	1	0	6
中大付横浜	2	0	0	0	0	0	0	0	1	3

完全試合の法政二・内田

３－０で迎えた二回２死二塁、打席には３番桜井。甘く入ったスライダーを逃さず強振すると、白球は左翼スタンドへ。「打った瞬間入ると思った」。この回の攻撃終了後、「先ほどの本塁打が今大会第１号本塁打です」とのアナウンスに応援席はざわつき、試合後の桜井は「まさか自分が（大会第１号を）打つとは思わなかった。びっくりしている」と喜んだ。

先発した２年生右腕の内田は、初回からいきなり３者連続の空振り三振を奪う上々の立ち上がり。以降も多彩な変化球で凡打の山を築き、コールドが懸かった五回も危なげなく抑え、参考記録ながら完全試合を達成した。「大事な初戦を任されて、リズムをつくることを心掛けた。（完全試合は）狙っていなかった」と内田。法政二は初戦から派手な記録をつくる好スタートを切った。

▷本塁打　桜井（橋本）田中優（神山）三木（神山）
▷三塁打　吉川▷二塁打　田中優、桜井、内田▷犠打　田中優、片貝、茶木▷盗塁　田中優、吉川、佐藤▷暴投　神山２
▷審判　藤橋、奥津、佐藤、島村
▷試合時間　１時間５分

【法政二】		打	安	点	振	球
③	石原	４	２	１	０	０
④	田中優	２	２	２	０	１
⑤	桜井	４	３	３	０	０
②	三木	４	２	３	０	０
⑦	片貝	２	１	１	１	１
⑨	吉川	３	２	１	１	１
⑧	茶木	１	０	１	０	１
①	内田	３	２	１	０	０
⑥	佐藤	２	０	０	０	１

犠	盗	失	併	残	打	安	点	振	球
３	３	０	０	４	25	14	13	２	５

【曽	屋】	打	安	点	振	球
①6	橋本	２	０	０	１	０
⑥4	小室	２	０	０	２	０
4	守屋	０	０	０	０	０
④1	神山	２	０	０	２	０
②	片岡	２	０	０	０	０
⑨	長谷川	２	０	０	１	０
③	佐藤	２	０	０	０	０
⑦	額田	１	０	０	０	０
⑤	門脇	１	０	０	０	０
⑧	山口	１	０	０	０	０

犠	盗	失	併	残	打	安	点	振	球
０	０	０	０	０	15	０	０	６	０

投手	回	打	安	振	球	責
内田	５	15	０	６	０	０
橋本	３	19	８	１	２	７
神山	２	14	６	１	３	７

５回をパーフェクトに抑えガッツポーズする法政二・内田

8日（中栄信金スタジアム秦野）（５回コールド）

法　政　二	1	4	2	4	3	14
秦野曽屋	0	0	0	0	0	0

相模原城山 記念の１勝

この春、城山と相模原総合が統合した相模原城山として記念すべき１勝を刻んだ。それでもエースは涼しい顔だ。「城山の最高成績だった八強を上回りたい。昨年も自分が打たれてベスト16どまりだったから」と岡部は言う。過去にこだわり、歴史を塗り替えてこそ自分を超えられる。そうである以上、初勝利は始まりの一歩にすぎない。

昨夏の５回戦、立花学園戦。延長十回に逆転を許し、目標の「打倒私学」はするりとこぼれ落ちた。「スピード、制球、切れ、全てでレベルアップしなければと思った」。

無四球でテンポ良く築いた10のゴロアウトは成長の証し。「内外と低めに投げ分け、打たせて取ることを心掛けた。球数も少なく、短いイニングで終われたのが良かった」。新たに習得した球種を温存し、先を見据えて余力を残した６回58球。打席でも六回無死一、二塁で送りバントを１球で決め、コールド勝利の流れをつくって自らを助けた。

かつてなら珍しい「投手で１番打者」もいまでは高き志の代名詞。最高峰のメジャーリーグで前人未踏の歩みを続ける大谷翔平（エンゼルス）になぞらえ、チームメートからは「大谷はもっとレベルの高いところでやっているんだぞ」と発破をかけられる。

「その通りだな、と。きついだなんて言っていられない」

エースはだから１勝では喜ばない。

【磯子工】		打	安	点	振	球
⑧	岩室	3	1	0	1	0
⑤	岸	3	1	0	1	0
③	伊藤	3	0	0	0	0
⑥	秋山	3	0	0	0	0
②	山口	2	1	0	0	0
⑦	正法地	2	0	0	1	0
⑨	福井	2	0	0	0	0
①	武田	1	0	0	0	0
1	米須	1	1	0	0	0
1	浅井	0	0	0	0	0
④	渡辺	2	0	0	0	0

犠	盗	失	併	残	打	安	点	振	球
0	1	0	0	4	22	4	0	3	0

【城山】		打	安	点	振	球
①	岡部	3	1	0	0	0
⑥	永井	4	1	1	1	0
⑨	馬場	2	1	3	0	1
③	浅井	4	1	0	2	0
⑦	森元	2	1	1	0	2
R	大谷	0	0	0	0	0
⑤	井上	3	2	2	1	1
④	竹内	4	2	2	0	0
⑧	大森	2	1	1	1	1
②	山口	2	1	0	0	1

犠	盗	失	併	残	打	安	点	振	球
2	0	1	0	7	26	11	10	5	6

投手	回	打	安	振	球	責
武田	2⅔	17	8	2	1	5
米須	3⁰⁄₃	14	2	3	3	4
浅井	⁰⁄₃	3	1	0	2	1
岡部	6	22	4	3	0	0

3回裏相模原城山2死満塁。大森が右前に適時打を放つ

▷二塁打　馬場、浅井、竹内▷犠打　岡部、馬場▷盗塁　岩室▷失策　竹内▷暴投　武田
▷審判　佐藤、原、小西、安保
▷試合時間　１時間41分

8日（サーティーフォー相模原球場）　（6回コールド）

磯子工	0	0	0	0	0	0	0
相模原城山	0	1	4	0	0	5X	10

県横須賀６大会ぶり校歌

県横須賀は打ち合いを制して６大会ぶりの初戦突破。４安打２打点の斉藤は「今年こそ絶対に勝つという思いだった」と喜びを爆発させた。

桜丘と春以降３度目の対戦が決まり、期待に胸を膨らませていたのが斉藤だ。「相手の投手は好きなタイプ」。言葉通り初回に中前同点打で波に乗ると、１点差に詰め寄られた八回には無死一、二塁から適時二塁打でダメを押した。

久々の校歌に、石井洋監督（55）の目にはいつしか涙がにじむ。ＯＢとして伝統をその身に刻んでいるだけに「一つ勝つのがこんなに難しかったかなと。やっと胸のつかえがとれた」と感慨もひとしおだ。

次戦は第３シードの市ケ尾。斉藤は「今日みたいに盛り上がって打ち崩せるように。勢いそのままで挑みたい」と誓った。

▷二塁打　富田、飯田、西山２、石橋、亀山、堀口、斉藤▷犠打　富田▷盗塁　大山、西山、秋沢▷失策　新井、佐々木、亀山、増川▷暴投　飯田２
▷審判　古沢、仙田、安藤、小江
▷試合時間　２時間13分

【桜丘】		打	安	点	振	球
⑦	大山	4	1	2	1	1
⑧	新井	5	0	0	0	0
①5	瀬崎	3	0	0	0	2
③	高岡	5	0	0	1	0
②	中丸	4	0	0	1	1
⑥	石橋	5	2	0	1	0
⑤41	佐々木	2	0	0	1	2
④	富田	1	1	0	0	0
1	小塗	2	0	0	2	0
4	松岡	0	0	0	0	0
⑨	堀口	2	1	2	0	2

犠	盗	失	併	残	打	安	点	振	球
1	1	2	0	9	33	5	4	7	8

【横須賀】		打	安	点	振	球
⑤1	飯田	5	2	2	0	0
②	西山	4	3	1	0	1
③5	斉藤	5	4	2	1	0
⑧	青木	5	1	1	0	0
⑦3	秋沢	4	2	2	0	1
⑨7	亀山	5	2	1	1	0
①	押野	3	1	0	1	0
H9	曽我	2	0	1	0	0
R	井上	0	0	0	0	0
9	折谷	0	0	0	0	0
⑥	増川	4	0	0	0	1
④	杉山	4	1	0	1	0

犠	盗	失	併	残	打	安	点	振	球
0	2	2	0	9	41	16	10	4	3

投手	回	打	安	振	球	責
瀬崎	3⅓	20	7	1	2	4
小塗	3⅔	19	7	3	1	4
佐々木	1	5	2	0	0	1
押野	7	31	3	5	5	3
飯田	2	11	2	2	3	2

この日４安打を放ち勝利に貢献した県横須賀・斉藤

8日（大和スタジアム）

桜丘	1	1	0	2	0	0	0	2	0	6
県横須賀	1	0	1	4	0	1	0	4	×	11

茅ケ崎北陵13安打快勝

茅ケ崎北陵は本塁打２本を含む13安打の攻撃で五回コールド勝ち。「不動の４番」と称される４番・古川と、「チーム一の飛ばし屋」の異名を持つ１番・森が要所で快音を響かせ、チームを勢いづかせた。

まずは古川が見せた。１点差に迫られた直後の三回裏、「嫌な流れを一振りで変えたかった」と無死走者なしから左越えのソロ本塁打を放った。

続く四回裏、今度は森が負けじと無死二塁で右越え２点本塁打をたたき込んだ。「切れ目なくつなぐというのがチームスローガン」と森。自らの一振りで打線に火を付け、この回の打者一巡の猛攻につなげた。

昨夏は３回戦に進出したが、主力メンバーが新型コロナウイルスの濃厚接触者で離脱。古川は「先輩たちの悔しさを晴らすためにも目標のベスト16越えを果たし、茅ケ崎北陵の新たな歴史をつくりたい」と意気込んだ。

【高　浜】		打	安	点	振	球
③	藤本	3	2	0	0	0
④	佐々木	0	0	0	0	1
H	清水	1	0	0	0	0
⑧	堀江	2	1	0	0	0
①791	石田	0	0	1	0	2
⑨19	安藤	3	1	2	0	0
⑤	山下	3	0	0	1	0
②	杉山	2	0	0	0	0
⑥	新倉	2	1	0	1	0
⑦	柳田	2	0	0	1	0
1	宮川	0	0	0	0	0
7	岡	0	0	0	0	0

犠	盗	失	併	残	打	安	点	振	球
3	1	3	1	6	18	5	3	3	3

【北　陵】		打	安	点	振	球
⑧	森	2	2	3	0	1
②	平出	4	3	2	1	0
⑤9	浜田	4	2	2	1	0
⑦	古川	3	1	1	1	1
①5	三国	3	1	0	1	0
④	小樽	2	1	2	0	0
⑥	高山	2	1	2	0	0
③	小浜	2	0	0	1	1
⑨	玉置	2	2	2	0	0
H	阿部	0	0	1	0	1
R	松瀬	0	0	0	0	0
1	武藤	0	0	0	0	0

犠	盗	失	併	残	打	安	点	振	球
3	3	0	0	4	24	13	15	5	4

投手	回	打	安	振	球	責
石田	3	17	6	4	1	1
宮川	0/3	4	4	0	0	4
安藤	1/3	6	1	0	3	2
石田	2/3	4	2	1	0	1
三国	4	18	3	3	2	2
武藤	1	6	2	0	1	1

4回裏茅ケ崎北陵無死二塁。右越えに2ランを放ち笑顔で生還する森（中央）

▷本塁打　古川（石田）、森（宮川）
▷三塁打　浜田▷二塁打　森、玉置▷犠打　佐々木、堀江、石田、森、小樽、高山▷盗塁　佐々木、平出、浜田、玉置
▷失策　新倉２、杉山
▷審判　田山、井上、大中、田村
▷試合時間　１時間46分

8日（藤沢八部球場）　（5回コールド）

高浜	1	0	1	0	1	3
茅ケ崎北陵	0	3	2	10	×	15

白山・浜が攻守ではつらつ

白山が終盤に苦しめられるも乱戦を制し、第１シード慶応への挑戦切符を手にした。経験豊富な３年浜が、嫌なムードを断ち切った。

六回。攻撃を終えて９－０と大量リードも直後に３点を奪われ、なおも２死一、二塁。左中間に飛んだ白球を左翼手の浜が背走しながら好捕し、「雨の日も体育館で練習してきた成果。守備から流れを持ってこようと思った」。八回には前方の打球をスライディングキャッチ。左脚がつるアクシデントも誇れるプレーだった。

昨夏は４番で今大会はリードオフマン。打っても２安打３打点と持ち味の勝負強さを発揮した。「初戦はうまくいかないと分かっていた。最後何とか勝ち切れて良かった」と浜。次はあこがれのハマスタで今春覇者との大一番が待っている。

「慶応は強いけど、自分が先頭なら出て、チャンスなら一本打つ」。ひるむことなく、攻守で輝いてみせる。

【白　山】		打	安	点	振	球
⑦	浜	3	2	3	0	1
7	藤沢	0	0	0	0	0
⑥	瀬川	3	2	1	1	2
③	松崎	6	3	1	0	0
⑨	阿部	5	2	2	1	0
②	田中	6	3	2	0	0
⑤15	吉田	4	3	3	0	1
①	西田	1	0	1	0	1
H	藤山	1	1	1	0	0
R	鈴木	0	0	0	0	0
5	大島	0	0	0	0	0
H	舛井	0	0	0	0	1
R	工藤	0	0	0	0	0
1	永井	1	0	0	0	0
④	早川	4	1	0	0	0
⑧	多辺田	4	0	0	0	1

犠	盗	失	併	残	打	安	点	振	球
7	5	3	2	9	38	17	14	2	7

【平 塚 工】		打	安	点	振	球
⑥	鈴木真	5	2	2	0	0
⑧	橋爪	5	0	0	1	0
①91	小沢颯	5	1	0	0	0
③	手塚	4	2	1	0	0
⑦	北川	2	2	1	0	3
⑨19	吉田	5	3	1	1	0
④	谷口	3	1	0	1	0
4	長谷川	1	1	1	0	0
H	内田	1	0	0	0	0
⑤	涌井	4	2	0	0	1
②	信太	4	0	0	0	1

犠	盗	失	併	残	打	安	点	振	球
1	0	6	1	11	39	14	6	3	5

投手	回	打	安	振	球	責
西田	6	29	8	3	4	3
吉田	1	7	3	0	1	2
永井	2	9	3	0	0	2
小沢颯	5 2/3	31	7	1	5	3
吉田	1 2/3	11	6	1	1	3
小沢颯	1 2/3	10	4	0	1	1

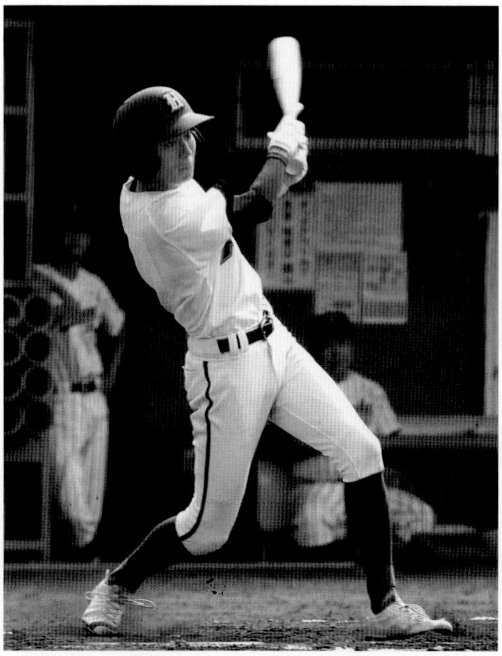

6回表白山1死二、三塁。浜が右前に2点適時打を放つ

▷三塁打　瀬川、阿部、吉田（白）▷二塁打　鈴木真、吉田（平）藤山、長谷川▷犠打　浜２、瀬川、阿部、吉田（白）西田、早川、手塚▷盗塁　吉田２（白）西田、早川、多辺田▷失策　瀬川２、多辺田、鈴木真、吉田（平）谷口２、長谷川、橋爪▷暴投　吉田、小沢颯２
▷審判　豊島、出浜、島田、北園
▷試合時間　２時間44分

8日（俣野公園・横浜薬大スタジアム）

白山	2	1	1	0	0	5	2	1	4	16
平塚工科	0	0	0	0	0	3	2	2	0	7

歴代ベスト4校

（戦後、新制高校による大会以降
◎印は全国大会優勝校、○は同準優勝校。
横浜一商は現・横浜商大、藤沢商は現・藤沢翔陵、
横浜商工は現・横浜創学館）

	優　勝	準優勝	3　位	3　位
昭和23年	浅　野	逗子開成	市川崎工	県川崎
24年	◎湘　南	県商工	逗子開成	鎌倉学園
25年	県商工	希望ケ丘	慶　応	厚　木
26年	希望ケ丘	鶴　見	浅　野	県横須賀
27年	法政二	湘　南	県横須賀	県川崎工
28年	慶　応	法政二	日　大	浅　野
29年	鶴見工	日　大	希望ケ丘	鶴　見
30年	法政二	鎌倉学園	希望ケ丘	横浜商
31年	慶　応	県商工	湘　南	法政二
32年	○法政二	県商工	県川崎工	関東学院
33年	法政二	県商工	慶　応	横浜商
34年	法政二	慶　応	鎌倉学園	横浜商
35年	◎法政二	慶　応	横　浜	鎌倉学園
36年	法政二	武　相	鎌倉学園	緑ケ丘
37年	慶　応	鎌倉学園	法政二	横　浜
38年	横　浜	慶　応	鎌倉学園	法政二
39年	武　相	鎌倉学園	法政二	横浜商
40年	武　相	日　大	鶴見工	鎌倉学園
41年	横浜一商	武　相	慶　応	津久井
42年	武　相	日　大	法政二	鎌倉学園
43年	武　相	鎌倉学園	慶　応	横浜商
44年	東海大相模	横　浜	桜　丘	南
45年	◎東海大相模	横浜一商	法政二	桐蔭学園
46年	◎桐蔭学園	武　相	藤沢商	法政二
47年	東海大相模	秦　野	法政二	横浜一商
48年	藤沢商	桐蔭学園	日大藤沢	東海大相模
49年	東海大相模	横　浜	横浜商	慶　応
50年	東海大相模	日大藤沢	日　大	横浜商
51年	東海大相模	向　上	武　相	多　摩
52年	東海大相模	横浜商	桐蔭学園	法政二
53年	横　浜	横浜商	桐蔭学園	武　相
54年	横浜商	横　浜	日大藤沢	藤沢商
55年	◎横　浜	桐蔭学園	武　相	鎌倉学園
56年	横　浜	東海大相模	日大藤沢	日　大
57年	法政二	日　大	横　浜	横浜商
58年	○横浜商	横　浜	法政二	相　洋
59年	桐蔭学園	向　上	綾　瀬	関東六浦
60年	藤嶺藤沢	横　浜	山　北	桐蔭学園
61年	横浜商	横　浜	津久井浜	藤沢商
62年	横浜商	東海大相模	鎌倉学園	法政二
63年	法政二	鎌倉学園	横　浜	横浜商
平成元年	横　浜	日大藤沢	山　北	横浜商
2年	横浜商	神奈川工	桐蔭学園	川崎北
3年	桐蔭学園	横　浜	武　相	横浜商
4年	桐蔭学園	横　浜	日大藤沢	横浜商
5年	横浜商大	横　浜	山　北	日大藤沢
6年	横　浜	日大藤沢	横浜商工	湘　南
7年	日大藤沢	慶　応	横　浜	横浜商大
8年	横　浜	日大藤沢	藤嶺藤沢	武　相
9年	桐蔭学園	横浜商	鎌倉学園	横　浜
10年	◎横　浜	桐光学園	横浜商大	横浜商
	平塚学園	東海大相模	日大藤沢	藤嶺藤沢
11年	桐蔭学園	桜　丘	横　浜	桐光学園
12年	横　浜	桐光学園	県商工	横浜商大
13年	横　浜	桐光学園	桐蔭学園	東海大相模
14年	桐光学園	東海大相模	平塚学園	桐蔭学園
15年	横浜商大	横　浜	桐光学園	東海大相模
16年	横　浜	神奈川工	横浜隼人	横浜商大
17年	桐光学園	慶　応	日　大	東海大相模
18年	横　浜	東海大相模	桐蔭学園	横浜商大
19年	桐光学園	東海大相模	慶　応	横　浜
20年	慶　応	東海大相模	綾　瀬	桐光学園
	横　浜	横浜創学館	藤沢総合	藤沢西
21年	横浜隼人	桐蔭学園	桐光学園	横浜創学館
22年	○東海大相模	横　浜	武　相	横浜隼人
23年	横　浜	桐光学園	横浜創学館	桐蔭学園
24年	桐光学園	桐蔭学園	平塚学園	日大藤沢
25年	横　浜	平塚学園	東海大相模	桐蔭学園
26年	東海大相模	向　上	横　浜	横浜隼人
27年	◎東海大相模	横　浜	日大藤沢	桐光学園
28年	横　浜	慶　応	桐光学園	桐蔭学園
29年	横　浜	東海大相模	桐光学園	日　大
30年	慶　応	桐光学園	東海大相模	横浜商大
	横　浜	鎌倉学園	星槎国際湘南	横浜創学館
令和元年	東海大相模	日大藤沢	県相模原	桐光学園
※2年	東海大相模	相　洋	三浦学苑	星槎国際湘南
3年	横　浜	横浜創学館	藤沢翔陵	慶　応
令和4年	横　浜	東海大相模	立花学園	横浜創学館

※令和2年は独自大会

過去2年間のベスト8校の戦績

第103回（2021年）
（参加189校176チーム）

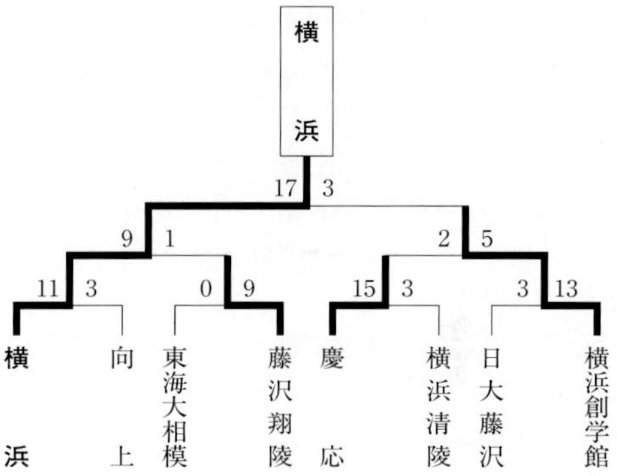

《全国大会戦績》

1回戦　横　浜　3×－2　広島新庄
2回戦　横　浜　0－5　智弁学園

第104回（2022年）
（参加186校170チーム）

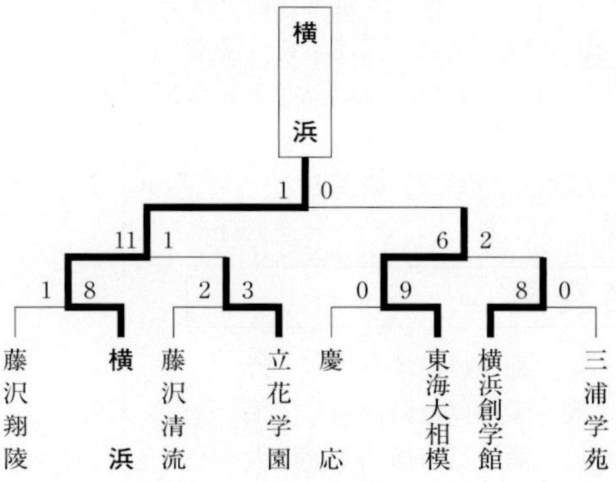

《全国大会戦績》

1回戦　横　浜　4－2　三　重
2回戦　横　浜　2－3　聖光学院

藤平尚真(横浜)対 横浜隼人
17年 松本虎太郎(大和東)対 大楠
桂川弘貴(桐光学園)対 横浜
18年 浜長 毅(旭丘)対 足柄

＜サヨナラ本塁打＞

73年 安雲謙三(慶応)対 橘＝満塁
伊波興治(鶴見工)対 鎌倉学園＝ソロ
76年 村中秀人(東海大相模)対 緑ケ丘＝満塁
小清水薫(向上)対 藤沢商
＝逆転２ラン
77年 飯田孝雄(桐蔭学園)対 相洋＝２ラン
78年 五十嵐正浩(柏陽)対 城北工＝２ラン
79年 冨田明弘(城北工)対 伊志田＝２ラン
81年 本山浩一郎(霧が丘)対 東金沢＝ソロ
82年 佐々清二(野庭)対 伊志田＝ソロ
加藤 健(柏陽)対 中央農＝満塁
佐藤秀行(日大)対 相工大付＝ソロ
野崎 誠(北陵)対 平沼＝ソロ
83年 村上 力(県横須賀)対 港南台＝２ラン
計良拓自(港北)対 北陵
＝ランニング３ラン
山城活博(麻溝台)対 隼人＝２ラン
84年 原田 明(日大)対 柏陽＝３ラン
高橋 智(向上)対 追浜＝満塁
85年 川村孝士(瀬谷西)対 山手学院＝３ラン
酒井義孝(都岡)対 白山
＝逆転２ラン
86年 宮武正明(豊田)対 清水ケ丘＝ソロ
91年 鈴木章仁(横浜)対 横浜商＝ソロ
島森重久(追浜)対 川崎南
＝逆転２ラン
92年 杉崎貴宏(平塚学園)対 有馬＝２ラン
93年 中村 元(東海大相模)対 鎌倉学園＝ソロ
94年 紀田彰一(横浜)対 金井＝３ラン
松井孝博(日大藤沢)対 向上＝３ラン
95年 吉田好太(桐蔭学園)対 大和南
＝ランニング２ラン
96年 須賀尾高介(百合丘)対 氷取沢＝ソロ
05年 荒川裕嗣(瀬谷)対 岡津＝３ラン
市川 潤(上溝)対 横浜南陵
＝延長15回２ラン
06年 横山翔一(秦野)対 釜利谷＝３ラン
08年 髙橋幸一(県横須賀)対 三浦＝ソロ
10年 五木田勇介(横浜創学館)対 県横須賀
＝延長10回２ラン
11年 古村 徹(茅ケ崎西浜)対 三浦学苑＝満塁
13年 渡辺道太(日大)対 湘南工大付＝２ラン
14年 肥後洋輝(橘)対 多摩＝ソロ
16年 佐藤未来人(横浜創学館)対 横浜商大
＝逆転３ラン

校名変更

浅野学園→(現)浅野
神奈川商工→(現)県商工
横浜一商→(現)横浜商大
藤沢商→(現)藤沢翔陵
相工大付→(現)湘南工大付
松田→(現)立花学園
隼人→(現)横浜隼人
市川崎工→(現)川崎総合科学
横浜商工→(現)横浜創学館
大沢→(現)相模原総合
市立横須賀
横須賀商 }→(現)横須賀総合
横須賀工
藤沢工・大船工技→(現)藤沢工科
平塚工・平塚西工技→(現)平塚工科
豊田・汲沢→(現)横浜桜陽
日野・野庭→(現)横浜南陵
平安・寛政→(現)鶴見総合
都岡・中沢→(現)横浜旭陵
清水ケ丘・大岡→横浜清陵総合→(現)横浜清陵
富岡・東金沢→(現)金沢総合
柿生西・柿生→(現)麻生総合
長後・藤沢北→(現)藤沢総合
川崎・川崎南→(現)県川崎
小田原・小田原城内→(現)小田原
厚木南→(現)厚木清南
相模台工・相模原工技→(現)神奈川総産
初声・三崎→三浦臨海→(現)三浦初声
久里浜・岩戸→横須賀明光・大楠→(現)横須賀南
和泉・岡津→横浜緑園総合→(現)横浜緑園
三崎水産→(現)海洋科学
秦野南が丘・大秦野→(現)秦野総合
弥栄東・弥栄西→弥栄・相模原青陵→(現)相模原弥栄
上郷・港南台→(現)横浜栄
栗原・ひばりが丘→(現)座間総合
神田・五領ケ台→(現)平塚湘風
川崎工→(現)川崎工科
大清水・藤沢→(現)藤沢清流
相武台・新磯→相模原青陵・弥栄→(現)相模原弥栄
吉田島農林→吉田島総合→(現)吉田島
三浦→(現)三浦学苑
渕野辺→(現)麻布大付
川崎商→(現)幸
氷取沢・磯子→(現)横浜氷取沢
平塚農・平塚商→(現)平塚農商
瀬谷・瀬谷西→(現)横浜瀬谷
逗子・逗葉→(現)逗子葉山
城山・相模原総合→(現)相模原城山

２打席連続
99年 早川辰徳（東海大相模）対 柿　　生
２打席連続
竹光公輔（慶　　応）対 弥 栄 西
伊東大介（湘南工大付）対 横浜商大
２打席連続
00年 鈴木博敏（鶴　　嶺）対 湯 河 原
２打席連続
02年 菅　竜也（鶴 見 工）対 川 崎 南
03年 河野桂太郎（横浜創学館）対 県横須賀
２打席連続
04年 秋山広樹（大　　原）対 厚 木 南
２打席連続
鈴木康太（相模田名）対 足　　柄
05年 高尾康浩（慶　　応）対 新　　磯
２打席連続
松井　淳（横浜商大）対 藤 沢 西
06年 田中広輔（東海大相模）対 慶応藤沢
高濱卓也（横　　浜）対 横浜創学館
07年 瀬戸晧介（小 田 原）対 橋　　本
市川雅貴（百 合 丘）対 県 商 工
08年 大田泰示（東海大相模）対 瀬　　谷
２打席連続
09年 吉田薫平（日　　大）対 元 石 川
２打席連続
田畑秀也（桐蔭学園）対 横浜創学館
２打席連続
10年 中島允誉（横浜隼人）対 市 川 崎
11年 緒方礼央（弥　　栄）対 大　　和
２打席連続
14年 浅間大基（横　　浜）対 厚 木 西
２打席連続
豊田　寛（東海大相模）対 橘 学 苑
２打席連続
杉﨑成輝（東海大相模）対 向　　上
16年 森山孔介（藤沢翔陵）対 茅ケ崎北陵
松下壮悟（星槎国際湘南）対 光明相模原
正木智也（慶　　応）対 東海大相模
藤平尚真（横　　浜）対 横浜隼人
２打席連続
増田　珠（横　　浜）対 慶　　応
17年 長嶺　侑（立花学園）
小西夏汰（立花学園）

＜大会通算最多本塁打　５本＞

08年 大田泰示（東海大相模）
17年 増田　珠（横　　浜）

＜大会通算本塁打　４本＞

86年 宮川雄一（津久井浜）
94年 紀田彰一（横　　浜）
06年 田中広輔（東海大相模）
09年 田畑秀也（桐蔭学園）

＜４試合連続本塁打＞

17年 増田　珠（横　　浜）

＜３試合連続本塁打＞

82年 細谷亮一（東海大相模）
86年 宮川雄一（津久井浜）
92年 戸田喜則（桜　　丘）
中野栄一（横　　浜）
03年 大竹早都至（武　　相）
08年 大田泰示（東海大相模）
14年 手塚渓登（横浜隼人）

＜満塁本塁打＞

55年 松井哲三（県横須賀）対 相　　洋
68年 藁谷和男（横　　浜）対 横浜一商
72年 田代富雄（藤 沢 商）対　橘
73年 安雲謙三（慶　　応）対　橘
76年 村中秀人（東海大相模）対 緑 ケ 丘
79年 渡部忠一（鶴 見 工）対 追　　浜
曽利田勝三（横　　浜）対 桜　　丘
鈴木智治（横 浜 商）対 向　　上
（ランニング）
82年 加藤　健（柏　　陽）対 中 央 農
中村　勇（厚 木 北）対 松　　陽
83年 蒲谷和茂（関東六浦）対 藤 沢 西
佐藤道宏（横 浜 商）対 豊　　田
84年 金井　誠（桐光学園）対 浅　　野
平野　稔（桐蔭学園）対 足　　柄
（ランニング）
田中　清（武　　相）対 中 央 農
高橋　智（向　　上）対 追　　浜
84年 矢沢征一（横浜商大）対 大 清 水
86年 関谷美信（県 商 工）対 森村学園
（ランニング）
椿　慎二（戸　　塚）対 相工大付
水島吉貴（藤 沢 商）対 大　　和
87年 神田政則（　旭　）対 平　　安
（ランニング）
林賢一郎（法 政 二）対 隼　　人
村尾充昭（湘　　南）対 県横須賀工
荒井　豊（向　　上）対 相　　洋
89年 牧原修平（相 武 台）対 横浜商工
米満孝一（有　　馬）対 藤 沢 西
90年 久保将士（藤 沢 北）対 川 崎 商
91年 河村卓也（　南　）対 横須賀商
（ランニング）
波多野武（湘南工大付）対 清水ケ丘
92年 堀川　拓（桐光学園）対 鶴　　嶺
佐藤　歩（横須賀学園）対 荏　　田
三浦裕人（横 浜 商）対 県横須賀工
93年 石川朝彦（久 里 浜）対 相　　原
藤塚健史（深　　沢）対 多　　摩
高橋光信（横　　浜）対 逗子開成
渡部英紀（東海大相模）対 向　　上
95年 半沢　勝（光明相模原）対 秦野曽屋
小笠原基（日　　大）対 中　　沢
（ランニング）
石沢正己（東海大相模）対 元 石 川
伊藤巧司（横 浜 商）対 鎌　　倉
田中義幸（上　　郷）対 湘南学園
96年 秋田　淳（桐光学園）対 和　　泉
森野将彦（東海大相模）対 立花学園
97年 鈴木仁人（平 塚 農）対 総合科学
大山　哲（綾　　瀬）対 寛　　政
浅井　良（桐蔭学園）対 大　　岡
98年 足立憲一郎（有　　馬）対 大　　楠
（ランニング）
佐野辰徳（横浜隼人）対 磯　　子
山口高宏（平塚学園）対 秦　　野
後藤武敏（横　　浜）対 横浜商大
99年 佐々木浩司（市横須賀工）対 日　　大
伊藤乃普彦（鎌倉学園）対 伊 志 田
00年 鈴木博敏（鶴　　嶺）対 湯 河 原
岡沢智敏（柿　　生）対 柿 生 西
小泉　温（海 老 名）対 秦野曽屋
01年 小林裕行（清水ケ丘）対 緑 ケ 丘
神埼　諭（大 清 水）対 三崎水産
武政　聡（法 政 二）対 旭　　丘
山口　亮（桐蔭学園）対 緑 ケ 丘
02年 坂下真太（東海大相模）対 桐蔭学園
河合仲也（桐光学園）対 平塚学園
03年 河野隆之（座　　間）対 新　　城
立石大輔（鎌倉学園）対 山　　北
増子暢一郎（日大藤沢）対 県相模原
04年 窪田哲哉（磯 子 工）対 県横須賀
秋山広樹（大　　原）対 厚 木 南
04年 三浦大樹（多　　摩）対 逗子開成
平賀　潤（慶　　応）対 霧 が 丘
05年 早川拓也（厚 木 西）対 総合産業
荒川雄太（日　　大）対 大　　師
麻生知史（日大藤沢）対 瀬　　谷
06年 石渡　肇（久 里 浜）対 愛　　川
07年 牧嶋卓哉（秦野南が丘）対 川　　和
西原周太郎（川　　和）対 城　　山
08年 山﨑　錬（慶　　応）対 ひばりが丘
北見昴之（武　　相）対 市 ケ 尾
大津留貴広（上 鶴 間）対 森村学園
（ランニング）
09年 中野邦彦（東海大相模）対 横　　浜
10年 藤坂健吾（向の岡工）対 新　　羽
11年 菅原左近（桜　　丘）対 鶴　　見
海老原祐太（弥　　栄）対 光　　陵
矢作健太（横浜創学館）対 愛　　川
（ランニング）
酒井直紀（日　　大）対 横浜平沼
古村　徹（茅ケ崎西浜）対 三浦学苑
久保田　佳（桐光学園）対 大 和 東
12年 菊池新大（桐蔭学園）対 日大藤沢
13年 水海翔太（桐光学園）対 横浜商大
14年 外川翔大（大　　和）対 津久井浜
大木　捷（川 崎 北）対 横浜緑ケ丘
豊田　寛（東海大相模）対 逗　　葉
大堀純一（横浜隼人）対 市 川 崎
15年 森田優貴（横 浜 商）対 秦　　野
海老根拓弥（桐蔭学園）対 川 崎 商
（ランニング）
沼上仁哉（横浜創学館）対 横浜翠陵
16年 山田　凌（平塚江南）対 川　　和
柿崎楓馬（桐蔭学園）対 座間総合

大会記録

チーム

＜最多得点＞

07年 上鶴間 53－0 大楠
（5回コールド）

＜最短時間試合＞

50年 57分 県商工 1－0 希望ケ丘
（決勝戦）

＜最長時間試合＞

95年 4時間34分 川崎北 12－11 緑ケ丘
（延長15回）

＜延長18回 引き分け＞

59年 一商 2－2 小田原
（再試合 一商2－0）
61年 県商工 1－1 南
（再試合 県商工1－0）
72年 秦野 3－3 桐蔭学園
（再試合 秦野8－4）

＜延長15回 引き分け＞

00年 相模大野 1－1 金沢
（再試合 金沢4－3）
05年 久里浜 5－5 住吉
（再試合 住吉8－5）
10年 藤沢西 1－1 橘
（再試合 藤沢西3－2）
11年 横浜創学館 1－1 横浜桜陽
（再試合 横浜創学館3－0）
13年 横浜創学館 2－2 桐蔭学園
（再試合 桐蔭学園4－3）

＜連続安打＞

02年 10安打 光明相模原
03年 10安打 法政二

＜1試合最多本塁打＞ 5本

85年 日大藤沢（小林靖一、渥美修一郎、福田光、加藤晋、椎木明）
06年 横浜（高濱卓也2、白井史弥、岡田龍明、越前一樹）
17年 立花学園（長嶺侑2、小西夏汰2、日暮矢麻人）

＜大会通算チーム最多本塁打＞ 14本

16年 横浜（公家3、村田3、増田3、藤平2、福永1、徳田1、万波1）
17年 横浜（長南3、小泉、福永、増田5、万波、辻村、市村、山﨑）

＜大会通算最多本塁打＞ 17年 92本

投手

＜完全試合＞

61年 名取満臣（浅野）1－0対 茅ケ崎
82年 村木崇（藤沢北）6－0対 県商工
92年 永山誠（住吉）8－0対 野庭

＜ノーヒットノーラン＞

55年 飯田孝男（横浜商）5－0対 鶴見
57年 戸塚道雄（平沼）7－0対 吉田島農
58年 増山馨（横浜）1－0対 県川崎
59年 増山馨（横浜）4－0対 三浦
中島輝一郎（小田原）5－0対 藤嶺藤沢
渡辺泰輔（慶応）2－0対 横浜商
60年 柴田勲（法政二）9－0対 相洋
64年 池田正憲（関東学院）2－0対 慶応
66年 角井功（神奈川工）7－0対 法政二
68年 島野修（武相）5－0対 市川崎工
69年 中村憲史郎（南）5－0対 平塚工
72年 宮林和徳（日大）2－0対 県横須賀
高橋正勝（逗子開成）4－0対 横浜商工
永川英植（横浜）14－0対 関東学院
76年 岩川敏幸（武相）3－0対 金沢
小清水薫（向上）4－0対 多摩
78年 愛甲猛（横浜）7－0対 柏陽
79年 愛甲猛（横浜）5－0対 藤沢商
80年 湯沢直喜（武相）5－0対 追浜
81年 小沢渉（松田）6－0対 磯子工
関口政宏（横浜商）5－0対 津久井浜
82年 荒井直樹（日大藤沢）4－0対 鶴嶺
荒井直樹（日大藤沢）7－0対 座間
86年 五味孝（東海大相模）9－0対 湘南
志田満（神奈川工）2－0対 綾瀬西
87年 若田部健一（鎌倉学園）9－0対 二宮
勝見誠一（大和東）5－0対 津久井
90年 矢上大輔（山北）10－0対 豊田
91年 大谷康之（大清水）4－0対 柿生
沢田大貴（藤沢商）5－0対 新城
07年 落司雄紀（横浜）4－0対 大船
12年 秋元秀明（三浦学苑）2－0対 寒川
12年 加藤裕太（津久井浜）6－0対 大和東

＜最多奪三振 20個＞

69年 山本秀樹（横浜）対 三崎
79年 阿藤宏康（霧が丘）対 城山
89年 山口好則（二宮）対 大秦野
14年 吉田凌（東海大相模）対 向上

打者

＜連続安打・連続出塁＞

75年 10安打・12連続出塁 森正敏
（東海大相模）
08年 11安打・12連続出塁 小林健太
（橘学苑）

＜1イニング最多打点 6打点＞

86年 水島吉貴（藤沢商）
91年 長瀬亮（南）
97年 大山哲（綾瀬）

＜1試合最多本塁打 3本＞

86年 軽部健次（武相）対 平沼
2打席連続
90年 井上真男（相工大付）対 向上
3打席連続
00年 鈴木博敬（鶴嶺）対 湯河原
2打席連続

＜1試合 2本 本塁打＞

67年 加藤泰夫（横浜）対 県商工
2打席連続
68年 西原雅行（横浜商）対 向上
75年 原辰徳（東海大相模）対 桐蔭学園
佐藤功（東海大相模）対 日大
2打席連続
76年 佐野俊美（津久井）対 小田原
羽仁生俊之（横浜商）対 湘南
78年 五十嵐正浩（柏陽）対 城北工
83年 脇田政亮（大和）対 野庭
2打席連続
84年 松本一広（寒川）対 霧が丘
原田明（日大）対 柏陽
荻窪登（藤嶺藤沢）対 慶応
2打席連続
85年 副島義隆（東海大相模）対 向上
2打席連続
斎藤憲史（旭）対 南
2打席連続
86年 神保顕（隼人）対 港北
2打席連続
88年 保坂亘（神奈川工）対 伊志田
2打席連続
原豊（弥栄東）対 東
2打席連続
千明和美（横浜）対 法政二
2打席連続
89年 門間真（横浜）対 日野
2打席連続
笠井知一（東海大相模）対 鎌倉
2打席連続
鈴木尚典（横浜）対 鶴嶺
2打席連続
90年 亀山勝幸（法政二）対 相模大野
2打席連続
91年 三堀明洋（三浦）対 神奈川工
92年 杉崎貴宏（平塚学園）対 有馬
2打席連続
山際克利（厚木西）対 市横須賀
93年 大谷文夫（総合科学）対 霧が丘
2打席連続
伊藤一幸（法政二）対 武相
村瀬仁志（大原）対 橘
94年 小菅泉（大楠）対 三崎
原俊介（東海大相模）対 鎌倉学園
2打席連続
紀田彰一（横浜）対 海老名
95年 石沢正己（東海大相模）対 元石川
1イニング2打席連続
96年 小櫃喜規（相洋）対 生田東
鈴野佳彦（光明相模原）対 永谷
2打席連続
大庭聡志（港北）対 上溝南
97年 矢沢康一郎（横須賀大津）対 三崎
比嘉守（鶴見工）対 愛川
98年 加藤拓志（横須賀大津）対 東海大相模

特集
シリーズ⑭

高校野球 神奈川

―甦るあの夏の記憶―

慶応高校 2008（平成20）年　北神奈川大会

驚異の粘りで慶応、46年ぶり4度目のV

―延長13回　山崎ダメ押し2ラン―

かながわスポーツ　2008年（平成20年）8月12日

盤石の継投

慶応
88年ぶり夏2勝

高岡商	0	0	0	0	0	0	0	0	0	0
慶応	0	0	3	0	1	0	0	1	0	5

「動」と「静」の機能美
田村、只野完封リレー

溝口2安打
「恐怖の9番近づけた」

次戦は14日、青森山田と

甲子園日記
OBが宿舎訪れ激励

広陵ときょう2回戦
「挑戦者のつもりで」
横浜ナイン、気持ち充実

主戦土屋
復調が鍵

甲子園２回戦対高岡商戦を田村、只野の完封リレーで勝利（2008年8月12日付神奈川新聞）

＜県大会＞

２回戦	15-0	ひばりが丘（5回コールド）
３回戦	10-0	鶴見（6回コールド）
４回戦	4-0	神奈川工
準々決勝	7-3	県川崎工
準決勝	5-2	桐光学園
決勝	9-6	東海大相模

＜甲子園＞

１回戦	6-4	松商学園（長野）
２回戦	5-0	高岡商（富山）
３回戦	2-0	青森山田（青森）
準々決勝	3-4	浦添商（沖縄）

決勝

慶応	0	0	0	0	1	0	3	0	2	0	0	0	3	9
東海大相模	0	0	0	1	0	1	4	0	0	0	0	0	0	6

（延長13回）

壮絶な点の取り合いを慶応が制した。６―６の延長十三回、福富の三塁打と山崎の２ランで勝ち越し、４時間20分の熱闘を制した。

慶応は驚異的な粘りだった。七回に福富、山崎の連続二塁打で逆転。２点を追う九回は単打３本に犠飛で追いついた。

２番手只野は代わりばなこそつかまったが、以後のピンチはシンカーを効果的に使って切り抜けた。

東海大相模は、大田の大会新記録となる今大会５本目のソロアーチで先制。七回には只野に５安打を浴びせて４点を挙げるなど、慶応を上回る攻撃力は示したが、あと一歩及ばなかった。

＜メンバー＞

①田村　圭②鈴木亮輔③只野尚彦④山崎　錬⑤福富　裕⑥斉藤雄太⑦鈴木裕司⑧溝口透麻⑨内藤賢志郎⑩白村明弘⑪青野紳三郎⑫植田忠尚⑬小川直矩⑭高尾　仁⑮普久原祐輔⑯荒川建生⑰阿加田直樹⑱田中豪一

延長13回表に福富が勝ち越しの３塁打を放つ

延長13回表２死三塁。山崎がダメ押し２ランを放つ

※写真はいずれも神奈川新聞社アーカイブより

第90回大会　横浜2年ぶり13度目のV

−強豪との接戦を勝ち抜き、甲子園4強進出−

横浜が投打に横浜創学館を上回って快勝。2年ぶり13度目の優勝を決めた。

左腕土屋は九回以外は毎回走者を許したが、直球とスライダー、チェンジアップで要所を締めた。

初回にスクイズで先制、1点差に追い上げられた三回にはたたきつける打撃で追加点。相手が継投に入った五回には岩間らの3連打で2点と節目での得点が効いた。

横浜創学館打線も9安打と打ち負けていなかったが、得点圏に走者を置いての打撃で土屋を攻略し切れなかった。

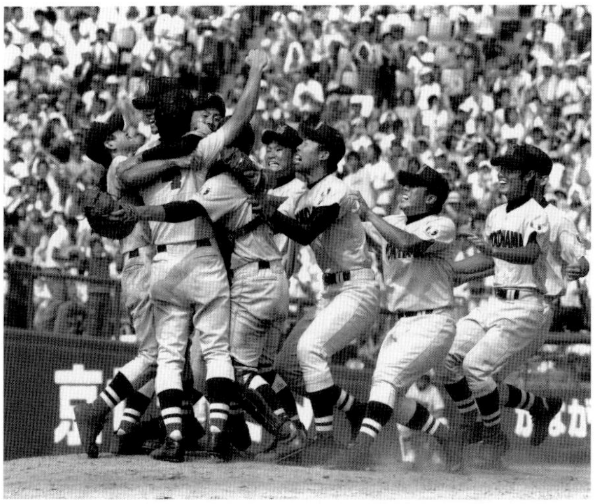

2年ぶり13度目の優勝を決め、マウンドに駆け寄る横浜ナイン

<県大会>

2回戦　7-0　日大藤沢
3回戦　4-0　藤嶺藤沢
4回戦　13-0　南
準々決勝　8-1　鎌倉学園
準決勝　9-3　藤沢西
決勝

横浜	1	1	1	0	2	0	3	0	0	8
横浜創学館	0	1	0	0	1	0	0	0	0	2

<甲子園>

1回戦　6-5　浦和学院(埼玉)
2回戦　7-4　広陵(広島)
3回戦　3-2　仙台育英(宮城)
準々決勝　15-1　聖光学院(福島)
※筒香満塁本塁打含む1試合2本塁打8打点の活躍
準決勝　4-9　大阪桐蔭(大阪)

<メンバー>

①土屋健二②小田太平③筒香嘉智④松本幸一郎⑤倉本寿彦⑥大石竜太⑦岩間理樹⑧中原北斗⑨小川健太⑩田山　豊⑪近江直裕⑫鈴木拓朗⑬工藤悠介⑭藤原悠太郎⑮西　勇人⑯有泉晃生⑰小川龍馬⑱水沢雄士郎

トップバッターの倉本は決勝でも2安打2打点の活躍

かながわスポーツ

横浜らしさ

昨夏準優勝の広陵攻略

▽2回戦

横浜	0	1	1	2	1	2	0	0	X	7
広陵	1	1	0	0	1	0	0	1	0	4

次戦はあす、仙台育英と

チームに勢い与える激走

1年生・大石会心の一打

不調も好守備連発

快打と強肩で貢献

流れを変えたレーザービーム

中堅中原が好返球

ライバル快勝を歓迎

疲労考慮し軽めの調整

2回戦広陵戦で1年生大石がランニング本塁打を放った

かながわスポーツ　2008年(平成20年)8月8日

横浜 逃げ切り2回戦へ

第90回全国高校野球選手権大会

エアコンなら富士通ゼネラル

筒香復活4打点

▽1回戦

横浜	0	2	1	0	1	0	0	2	0	6
浦和学院	0	2	0	0	0	0	0	2	1	5

▽本塁打　筒香1号②(森)

「吹っ切れた」一発

甲子園で大活躍した筒香/2008年8月8日付神奈川新聞

※写真はいずれも神奈川新聞社アーカイブより

横浜隼人 2009（平成21）年

第91回大会　横浜隼人延長11回サヨナラで初V

ー創部33年目の栄冠ー

横浜隼人が延長11回、サヨナラ勝ち。創部33年目の栄冠を手にした。

延長11回、２死から左前打で出塁した森が二盗に成功。続く興那覇の高いバウンドのゴロが右前に抜け、森が生還して激闘を制した。３連投となった右腕今岡は変化球を多投してうまくかわし、延長11回にはスクイズを見破り窮地をしのいだ。

桐蔭学園は初回に先制。２回には田畑、影山の連続二塁打で加点するなど勢いを見せた。だが、６回以降に加点を奪えず、３回途中から好救援の船本に応えられなかった。

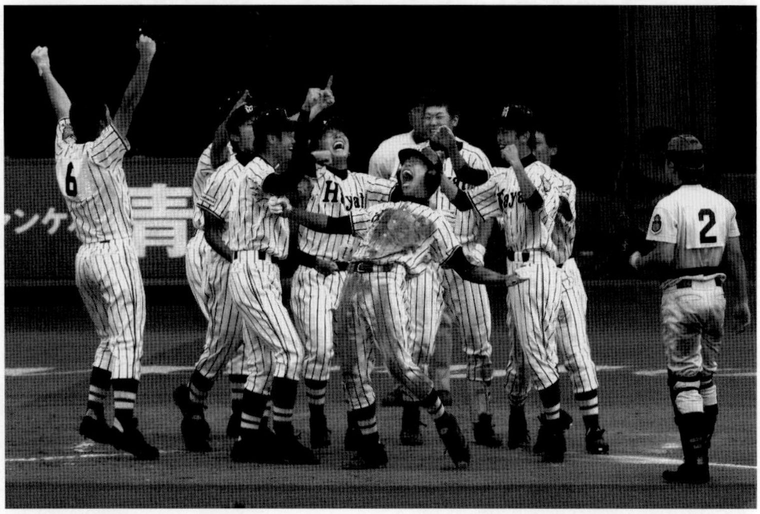

悲願の初優勝をサヨナラ勝ちで決め、喜びを爆発させる横浜隼人ナイン

＜県大会＞

2回戦　4×-3　厚木東（延長12回）
3回戦　4-3　横浜立野
4回戦　5-2　日大
準々決勝　10×-9　横浜（延長10回）
準決勝　5-1　桐光学園

決勝

桐蔭学園	1	3	0	0	1	0	0	0	0	0	0	5
横浜隼人	1	0	3	0	0	0	0	1	0	0	1×	6

（延長11回）

＜甲子園＞

1回戦　9-2　伊万里農林（佐賀）
2回戦　1-4　花巻東（岩手）

＜メンバー＞

①今岡一平②船木吉裕③大野康太④徳永昇馬⑤森　勇二⑥菅野雄太⑦菅原翼⑧与那覇　明⑨山口諒治⑩萩原大輝⑪飯田将太⑫渡部健太⑬杉本政知⑭吉田郁巳⑮上野健太⑯細野貴也⑰茂木好太⑱土橋俊介

かながわスポーツ　2009年（平成21年）8月13日

かなスポ

エアコンなら富士通ゼネラル

横浜隼人 強攻ずばり

築いた理念、聖地で発揮

監督「いつも通りの野球」

全国高校野球選手権大会

横浜隼人	0	0	0	0	3	3	0	0	0	6
伊万里農林	0	0	0	0	0	2	0	0	0	2

第49回 デイリースポーツサマーカップ

本日開催！

伊万里農林に快勝し、甲子園初勝利を飾った（2009年8月13日付神奈川新聞）

かながわスポーツ　2009年（平成21年）8月18日

かなスポ

エアコンなら富士通ゼネラル

横浜隼人 聖地を堪能

花巻東に力負け

全国高校野球選手権大会

▽2回戦

横浜隼人	0	0	0	1	0	0	0	0	0	1
花巻東	1	0	0	0	0	0	2	1	X	4

最後まで貫いた強攻策

きょうの映画案内

甲子園２回戦対花巻東戦は惜敗となった（2009年８月18日付神奈川新聞）

※写真はいずれも神奈川新聞社アーカイブより

「態度悪い」バッシング浴びた武相ナイン
反骨心たぎらせ成長　主砲はお笑い芸人に
九回裏2死満塁　インフィールドフライ直後の本盗で決着

2012年の神奈川大会1回戦・武相—日大藤沢は、高校野球史上最も物議を醸した試合の一つだろう。インフィールドフライ直後の本塁突入による幕切れ、「タイムを取った」と抗議する武相の選手、怒号うずまく保土ケ谷球場—。あれから11年。大バッシングを浴びた武相ナインは苦い経験を糧に、ある者は大して気にも留めず、たくましく歩んでいる。（川村　真幸）

創立80周年事業の一環で、2022年夏に全面人工芝に改修されたグラウンドに立つ渡部さん（左）と桂田さん。「うらやましい」と口をそろえた

「タイムがかかっていたのではないですか？」

サヨナラの走者が生還後、武相の背番号20・桂田大地が主審に食い下がる。桑元孝雄監督は「（確認に）行くな、もういい」と止めたが、傍らの小間章仁部長が「三塁手が転んでいた。タイムではないのか」と訴え、マウンドの主将・板野拓耶の代わりに桂田が伝令役となった。

判定は覆らず、ゲームセット。憤りが収まらない武相の選手たち。一部の選手が試合後のあいさつもそこそこにきびすを返すと、桑元が歩み寄ってベンチに引き連れて行った。一部始終がテレビ神奈川で中継されていた。

しかし、テレビカメラが写したのは「負けず嫌いが多かった」（小間）武相ナインの一側面に過ぎない。板野は直後のベンチ裏の取材で「力不足だった」と冷静に語った。捕手で四番の渡部恭平は「後輩たちには最後まで粘る気持ちを持ってほしい。不注意で終わらないように…」と絞り出した。誰かを責める言葉はなく、翌日の神奈川新聞には「『甘い』出直し誓う武相」という見出しの記事が載った。

■□罵声を肥やしに

だが、一連のシーンがSNSで拡散されると「マナーが悪い」「高校生らしくない」といった批判が噴出。試合前に武相の選手が〝打倒日藤〟を誓ったSNSへの投稿が、試合後の恨み節と勘違いされもした。桂田は「注目され、ネットで罵声を浴びた。あれ以上つらいことはない」と振り返る。

1年ほど気持ちの整理が付かなかったが、やがて「反骨心が備わり、糧にしてずっと頑張ってきた」。大事なのは人の評価ではなく、自分に胸を張れるかどうか。國學院大で勉強に励み、武器を身につけるため留学もして今、東証プライム上場の最先端テクノロジー専門商社で仕事に打ち込む。「胆力、底力がついた。あの試合は、自分の人生においてよかった」と言い切る。主将の板野は地域に根ざした金融機関に就職し、仕事に励んでいる。

渡部はお笑い芸人になった。桂田と対照的に「自分がバカなのかもしれないが、終わったことは振り返らない」。ネットの罵詈雑言も「別に『なんか言っているな』という感じ」と意に介さなかった。

卒業後横浜商大に進んだものの、大学野球のレベルの高さを痛感して2年で退部。プロ野球選手になる夢が破れ「何をしたら有名人になれる？」と考えて芸人を志した。お笑いコンビ「金の国」の渡部おにぎりとして売り出し中で、ピン芸人日本一を決める「R－1グランプリ2022」で初の決勝進出を決めた。

あの試合のことを自ら話すことはない。ただ「野球好きの人が『あのインフィールドの？』と、自分たちのことを知ってくれているとうれしい」。どこまでもポジティブに受け止めている。

1回戦で敗れ、涙に暮れながら引き上げる武相ナイン

□■指導者も転機に

1968年以来の夏の甲子園を目指す武相にとって、あの一戦は転換点になった。

2009年に再生を託されて就任し、10年夏四強、11年秋四強と県大会で結果を出していた桑元の立場は一変。14年度末に小間とともに退任すると、一時有望選手の入部が途絶え、部員数はほぼ半減した。

小間は一連の騒動について「ない話まで根拠にしてたたかれた。いい勉強にな

サヨナラの走者が生還後、審判団に説明を求める桂田さん

った」と振り返る。特異な経験によって「生徒を守ってあげようという意識が高まった。叱るだけでなく、言い分を聞いてあげるようになった」。教員として、指導者として力量を上げて20年春、副部長として野球部に復帰。同年秋に監督に就任したOBの豊田圭史とともに、再び古豪復活を目指している。

桑元は18年に東京農業大に移り、硬式野球部のヘッドコーチとして有力校がひしめく「戦国東都」を戦っている。

あの日、スタンドから投げ込まれたペットボトルを拾う日藤の選手を見て「同じ高校生なのに、なぜここまで違うのか」と考えさせられた。「例えば主将の板野は、実は面倒見がよく、野球に熱い思いのある奴。だが、負けて『くそーっ』という選手たちの気持ちが、あんな表現の仕方になった。何がそうさせたのか。前年秋から夏にかけての指導が良くなかったのか」

今も明確な答えは見つからない。ただ、再び高校生を指導する機会があれば、厳しさ一辺倒ではなく、コミュニケーションも少し大切にしようと思っている。

日藤戦で武相高を率いた桑元孝雄は「ボールを持つ選手が三塁走者に背中を向けてしまった。野球は隙を突くスポーツ。相手が一枚上だった」と敗因を断じる。一方であの試合を振り返る時、全く別の理由で複雑な思いが込み上げるという。

同点の六回無死一塁。送りバントが定石の場面で、桑元は三番に強打を指示した。見事レフト前にはじき返したライナーは、ショートバウンドして左翼手のグラブに入ったように見えた。が、判定はダイレクトキャッチ。飛び出した一走が刺されて好機は潰えた。

最後の場面では、インフィールドフライ宣告直後に三塁手が大きく転倒していた。「転んだ選手への配慮はないのか。審判がタイムを取るべきではなかったのか」という思いが残る。

負け惜しみではない。その直前、敬遠で満塁とした場面では、実戦経験の少ない武相の1年生捕手が投球前にキャッチャースボックスから出ていた。桑元は「『(ボーク※で)終わりじゃん？』って思った。あれで（武相の負けで）終わっても良かった」と考えている。野球はルールに基づいて行うスポーツだからだ。

複雑な思いは選手も同じだ。渡部は他にも首をひねる判定があったと明かし「(微妙な判定に左右されず）プレーだけで高校野球人生を終わりたかった」。この時ばかりは表情を曇らせた。

複雑な思い今も　桑元氏「審判の技術向上を」

2012年の日藤戦を振り返る桑元氏

三菱ふそう川崎で強打者として名をはせ、アトランタ五輪銀メダリストでもある桑元。長いアマチュア野球経験の中で、審判が明らかな誤審をしたり「プレーではなくユニホームを見て判定している」と感じたりしたことが何度もあるという。

桑元は公認野球規則を取り出し、その1行目を読み上げた。「野球は（中略）審判員の権限のもとに、本規則に従って行われる競技である」

その役割を果たすことの困難さ、存在の大きさを理解しているからこそ「審判員の方は技術力を上げてほしい」と願っている。

※公認野球規則の六・○二a「ボーク」(12)は「故意四球が企図されたときに、投手がキャッチャースボックスの外にいる捕手に投球した場合」と規定している。

	1	2	3	4	5	6	7	8	9	計
武　相	0	1	0	0	0	0	0	0	1	2
日大藤沢	0	0	0	0	1	1	0	0	1×	3

（9回サヨナラ）

【武　相】		打	安	点	振	球
⑥	山　本	4	0	0	1	0
③	笹　生	4	1	0	0	0
3	阿　部	0	0	0	0	0
⑤4	村　尾	4	0	0	0	0
②	渡　部	4	2	0	0	0
R	永　井	0	0	0	0	0
2	新　田	0	0	0	0	0
⑧	今　井	3	1	0	1	0
⑦	斉　藤	4	1	1	0	0
⑨	百　々	4	2	1	0	0
④	西　村	2	1	0	0	0
H5	葛　西	1	1	0	0	0
①	板　野	4	0	0	1	0
犠併残 207		34	9	2	3	0

【日　藤】		打	安	点	振	球
⑨	伊藤修	5	1	0	0	0
⑦	田　坂	3	1	0	1	0
7	小湯原	0	0	0	0	0
②	小坂井	4	1	0	2	0
⑥	金　子	4	1	0	0	0
⑧	阿　部	4	0	0	1	0
⑤	齊　藤	3	0	0	1	1
③	國　松	4	2	0	0	0
④	長　田	3	1	0	1	0
①	池　田	3	1	1	1	1
犠併残 208		33	8	1	7	2

投　手	回	打	安	振	球	責
板　野	8⅔	37	8	7	2	2
池　田	9	36	9	3	0	2

▽二塁打　渡部、國松、百々、今井、小坂井▽犠打　武2（今井、西村）日2（田坂、長田）▽盗塁　武0日1（齊藤）▽失策　武1（村尾）日1（金子）
▽審判　和田、増永、木村、加藤
▽試合時間　2時間31分

練習なくして勝利なし！
武相高等学校　硬式野球部

母校で久しぶりに再会した桂田さん（左）、渡部さん（中）、野球部の小間副部長

第95回記念選抜高校野球大会

慶応　５年ぶり10度目の出場

ー昨夏王者仙台育英に惜敗ー

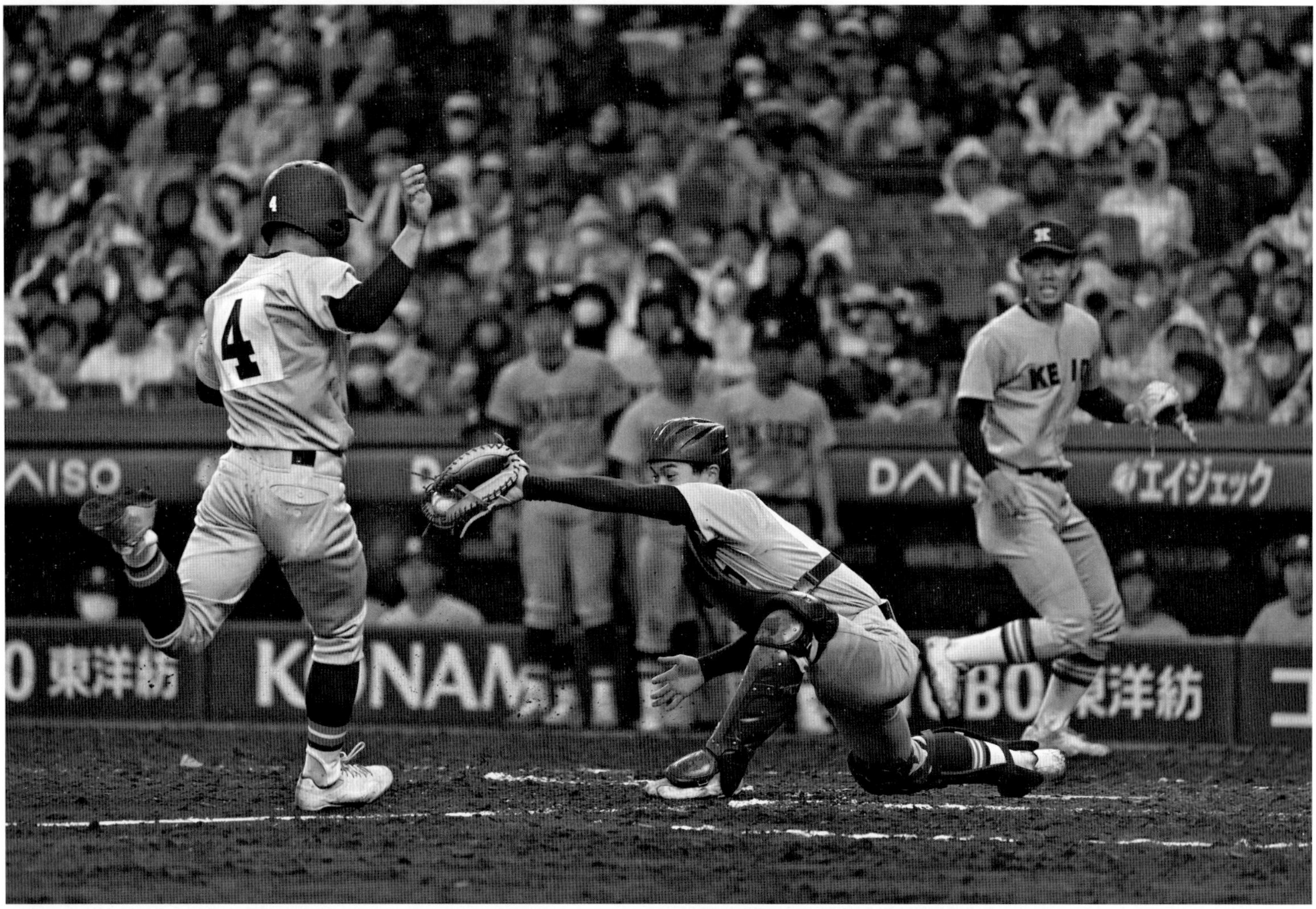

延長10回タイブレーク１死満塁。仙台育英の熊谷がレフト前に放つも慶応・福井の好返球で三走湯浅が本塁アウト。捕手渡辺憩

昨夏王者に惜敗「エンジョイ」進化示す

昨夏王者の優勝候補と堂々と渡り合う激闘を、誰が想像したか。

今大会初の延長戦（タイブレーク）になだれ込んだ十回表。無死一、二塁から犠打、死球で好機を広げ、捕邪飛を挟んでなおも２死満塁で打席には清原。

初球に空振りした同じ外角へのスライダーを強振するもバットが空を切る。裏の守りで、三走の本塁生還を阻止する左翼福井の好返球も飛び出したが、最後は左前打を浴びて力尽きた。

ロースコアで相手の焦りにつけ込む―。まさに試合は理想通りの展開を描いた。制球の定まらない投手を攻め立て、二回にはエース右腕を引きずり出した。

森林貴彦監督（49）は「（仙台育英に）勝つなら初戦で接戦だと思っていたのでイメージ通り」。降雨、大観衆のアルプススタンド…。条件はそろっていた。

ただ再三走者を出しながら好機で一本が出ず、無得点に終わった十回の攻撃も指揮官は「打順が良く２点は取りたかった。ここ一番の相手の投手力をなかなか上回れなかった」と潔く認めた。

それでも、「進化したエンジョイ・ベースボール」を披露。主将大村が胸を張って言う。「野球を心の底から楽しむことは最後までできた」。数々の歴代ＯＢも「楽しまなくては駄目だ」と口をそろえた。ピンチでも笑顔を絶やさず、ベンチであふれる「ありがとう」の声。脈々と受け継がれるＤＮＡを聖地で思う存分体現し、その思いは見る者に伝わったはずだ。

森林監督は「非常に素晴らしい経験だった。勝利こそならなかったが、やりたいことは表現できた」とナインをたたえた。この瞬間から借りを返す夏へと動き出す。

「本当に夏まで忘れない負け。絶対に帰ってくる」と大村。課題に一から向き合い、再び激戦の神奈川を駆け上がってみせる。

５年ぶり10度目の出場となった選抜大会開会式で元気よく行進する慶応高校

慶応高校 2023(令和5)年

第95回記念大会への出場を決めた選手たち

2023.3.21　阪神甲子園球場
▽２回戦

	1	2	3	4	5	6	7	8	9	10	計
慶応	0	0	0	0	0	0	0	0	1	0	1
仙台育英	0	0	0	0	1	0	0	0	0	1×	2

(延長10回　※10回からタイブレーク)

【慶　応】		打	得	安	点	振	球	犠	盗	失	①	②	③	④	⑤	⑥	⑦	⑧	⑨	⑩
⑧	丸田	4	0	0	0	1	1	0	1	0	四球	三振			中飛		一ゴ		右飛	
④6	大村	4	0	1	0	1	0	1	0	0	三振		遊失		左安			一ゴ		三犠
⑨	渡辺千	3	0	1	0	0	1	1	0	0	三飛		投犠		右飛			中安		死球
⑦	福井	5	0	0	0	1	0	0	0	0	三振		左飛		遊飛			三ゴ		捕邪
⑤4	清原	5	0	1	0	2	0	0	0	0		左安	二ゴ			三振		左飛		三振
③	延末	4	1	1	0	2	0	0	0	0		三振		三ゴ		三振			右安	
②	渡辺憩	2	0	1	0	1	1	1	0	0		四球		中2		三振			投犠	
①	小宅	2	0	0	0	0	1	0	0	0		死球		二ゴ			遊飛			
H5	安達	1	0	1	1	0	0	0	0	0									左安	
⑥	八木	2	0	0	0	1	0	0	0	0		三振		二飛						
H	加藤	1	0	0	0	0	0	0	0	0							中飛			
6	宮尾	0	0	0	0	0	0	0	0	0										
H	山本	0	0	0	0	0	1	0	0	0									四球	
1	松井	0	0	0	0	0	0	0	0	0										
	計	33	1	6	1	9	5	3	1	0										

【仙育英】		打	得	安	点	振	球	犠	盗	失	①	②	③	④	⑤	⑥	⑦	⑧	⑨	⑩
⑥	山田	5	0	1	1	0	0	0	0	1	中飛			右飛		左飛		一邪		左安
⑧	橋本	4	0	0	0	0	0	0	0	0	一ゴ			左飛		二ゴ			左飛	
④	寺田	3	0	0	0	0	0	0	0	0	右飛			三邪		中飛				
5	登藤	0	0	0	0	0	1	0	0	0									四球	
⑨	斎藤陽	4	1	3	0	0	0	0	1	0		左邪			左安		左安		左安	
⑤4	湯浅	4	0	0	0	1	0	0	0	0		右飛			三振		捕邪		右飛	
②	尾形	4	1	2	0	1	0	0	0	0		二安			左安		三振		右飛	
③	斎藤敏	2	0	0	0	2	0	0	0	0			三振		三振					
H	下山	1	0	0	0	0	0	0	0	0								中飛		
3	岡田	0	0	0	0	0	0	1	0	0										投犠
①	仁田	0	0	0	0	0	0	0	0	0										
1	高橋	3	0	1	1	2	0	0	0	0			三振		左安			三振		
1	湯田	0	0	0	0	0	1	0	0	0										敬遠
⑦	浜田	3	0	1	0	1	0	0	0	1			捕邪		三振			三安		
7	熊谷	1	0	0	0	0	0	0	0	0										左ゴ
	計	34	2	8	2	7	2	1	1	2										

▽二塁打　渡辺憩▽残塁　慶12、仙８▽併殺　慶０、仙０
▽審判　中西、山口、四方、五味多
▽試合時間　２時間39分

投手	回	打	投	安	振	球	失	責
小宅	8	28	99	6	7	0	1	1
松井	1⅔	9	28	2	0	2	1	0

投手	回	打	投	安	振	球	失	責
仁田	1⅓	8	32	1	3	3	0	0
高橋	6⅔	25	88	4	5	0	1	1
湯田	2	8	29	1	1	2	0	0

８回６安打１失点と好投した小宅投手

小宅 誇れる8回1失点 己の直球、最後まで信じ

緊張の色をほとんど見せない冷静なマウンドさばき。降雨をものともせず、慶応の小宅は自分の直球を最後まで信じた。「コントロールを意識しながら、直球で押せた」。甲子園初登板で、仙台育英打線を向こうに８回１失点は誇れる投球だ。

140キロに迫るストレートが小気味よく、捕手渡辺憩のミットに吸い込まれた。相手のリードオフマン山田を先頭打者で迎えること３度。

全て最後は直球で外野フライに打ち取り、「キーになるバッターを打ち取れて、流れを止められた」と小宅。八回２死一塁でも山田を一邪飛に打ち取り、同点劇につなげた。

栃木県の県央宇都宮ボーイズで全国優勝を経験した右腕。今大会に２１世紀枠で出場している石橋（栃木）の遊撃入江とは共に副主将としてチームを引っ張った間柄だ。「準決勝まで会えないけど、勝ち進めばありそうだな」。語り合った夢は実現しなかったが、夏への原動力になるはずだ。

腰痛と向き合いながら、昨秋に台頭し、つかんだセンバツのマウンド。森林貴彦監督（49）は「相手打線を学生コーチと分析したことが功を奏した。九回まで１点に抑えたのはチームとして上出来」と賛辞を贈った。

まだまだ発展途上の２年生。小宅は「甲子園は楽しかった。この１勝のために絶対帰ってくる」と前を向いた。

９回裏１死二塁。代打安達が同点のタイムリーを放つ

安達が一時同点打

１点を追う土壇場の九回１死二塁で、代打の安達が一時同点となるタイムリー。浮いた変化球を逃さず左前に運び、「素晴らしい応援をしてくれたおかげ。仙台育英と良い試合ができて感謝しかない」と振り返った。

昨秋の関東大会準決勝・専大松戸戦でも一時同点とする２点適時打を放った代打の切り札だ。

「代打の初球は狙っている。準備の方が緊張した。後は打席で出すだけ」。磨き抜いた一振りでこれからも陸の王者を支えていく。

慶応12年ぶり５度目〝王者〟
相洋に圧勝、横浜隼人に関東切符

県高校野球春季大会（県高野連主催、神奈川新聞社など後援）は５月６日、横浜スタジアムで決勝と関東大会出場決定戦を行った。決勝は慶応が相洋を11－０で下して12年ぶり５度目の優勝を飾った。

関東大会出場決定戦は横浜隼人が８－３で東海大相模を下した。

慶応と相洋、横浜隼人の３校は20日から県内球場で行われる関東大会に出場。

12年ぶり５度目の優勝を飾った慶応

◆決勝

慶　応	2	2	0	4	2	0	1	0	0	11
相　洋	0	0	0	0	0	0	0	0	0	0

（慶）村上―小宅―鈴木佳×渡辺（憩）―加藤
（相）大場―大谷×渡辺

【慶　応】		打	得	安	点	振	球	犠	盗	失
⑧	丸　田	3	2	1	0	0	1	1	1	0
⑥	八　木	4	2	0	0	0	1	0	0	0
⑨	渡辺千	5	2	3	6	0	0	0	0	0
⑤7	福　井	4	1	0	0	3	1	0	0	0
③	延　末	5	1	2	1	1	0	0	0	0
②	渡辺憩	3	0	2	1	0	0	0	0	0
H	広　瀬	1	0	0	0	0	0	0	0	0
1	小　宅	0	0	0	0	0	0	0	0	0
H	井　上	1	0	1	0	0	0	0	0	0
1	鈴木佳	0	0	0	0	0	0	0	0	0
⑦	山　本	2	0	0	0	0	1	0	1	0
5	清　原	2	1	1	0	0	0	0	0	0
5	高　津	0	0	0	0	0	0	0	0	0
④	大　村	3	1	1	0	0	1	0	0	0
H	安　達	1	0	1	0	0	0	0	0	0
R4	宮　尾	0	0	0	0	0	0	0	0	0
①	村　上	1	1	0	0	0	1	1	0	0
2	加　藤	2	0	1	1	0	0	0	0	0
	計	37	11	13	9	4	6	2	2	0

【相　洋】		打	得	安	点	振	球	犠	盗	失
④	永　野	4	0	0	0	0	0	0	0	0
⑨	本　多	4	0	0	0	1	0	0	0	0
②	渡　辺	4	0	1	0	1	0	0	0	0
③	川　嶋	3	0	1	0	1	1	0	0	0
⑥	小　西	4	0	0	0	1	0	0	0	0
⑤	高　麗	3	0	1	0	1	1	0	0	0
⑦	二　宮	4	0	1	0	1	0	0	0	0
⑧	土　屋	2	0	0	0	1	1	0	0	0
①	大　場	1	0	0	0	0	0	0	0	0
1	大　谷	2	0	0	0	1	0	0	0	0
	計	31	0	4	0	8	3	0	0	0

投　手	回	打	投	安	振	球	失	責
村　上	5	19	76	2	4	2	0	0
小　宅	3	10	37	2	2	0	0	0
鈴木佳	1	5	20	0	2	1	0	0
大　場	4	25	82	8	2	5	8	8
大　谷	5	20	63	5	2	1	3	1

▽本塁打　渡辺千２（大場２）▽二塁打　渡辺、渡辺千、延末、渡辺憩、大村、加藤、井上▽暴投村上▽併殺　慶１（大村－八木－延末）土屋＝七回、相１（高麗－永野－川嶋）加藤＝九回▽残塁慶７、相７▽審判　江藤、井上、湯本、安武▽試合時間　２時間７分

勝利にこだわる競争奏功／決勝 慶応―相洋

盤石の戦いぶりだった。慶応は県内を代表する名門校を破った相洋の勢いを寄せ付けず、五回までに10点差をつける圧勝劇。

今大会５本塁打を記録し、春制覇の立役者となった渡辺千は「実力と自信がついてきた。持っている力を試合で100％発揮できるチーム」と会心の口ぶりだ。

真っさらなマウンドに立つ背番号25が、まず春の競争を体現した。「夏に向けてはまだ（投手が）足りない。第４の勝ち方を探す」と森林貴彦監督（49）から決勝の先発を託されたのは今春の選抜大会直前にメンバー入りした左腕村上。右腕小宅と松井らに次ぐ投手として期待されての大舞台だった。

「楽しんで思いっきり腕を振ろう」と村上。吹き荒れる強風に表情を引き締めると、真っすぐで押して５回２安打無失点。指揮官も「うれしい誤算で、大きな収穫だった」とうなる快投だった。

選抜以降、ナインに競争意識を植え付けつつ、勝利にもこだわってきた。外野手の福井を三塁にコンバートし、一塁は清原と延末を併用。打順も１、２番を流動的に組み替え、丸田や加藤らの適性を見極めた。選抜の２番から下位に打順を下げた主将大村は悔しさをにじませる。「もっと成長し、負けたくないという気持ちが良い方向に向いている」

試合を締めた２年の大型左腕、鈴木佳も象徴の一人。昨秋は１試合のみの登板だったが、今大会は２度の先発を任され、「堂々と投げないといけない」と自覚もついた。

全試合５点差以上をつけてたどり着いた頂点。それでもなお、150キロに迫る直球に沈黙した昨秋の関東大会、３投手の継投に泣かされた聖地の記憶が薄れることはない。

「これを到達点ではなく通過点にできるか。目標設定を改めてしたい」と森林監督。約２週間後、関東の強豪を相手に真価を示してみせる。

決勝で２本の２ランを放った慶応の渡辺千

2023春季県大会

二つ目の大金星／準決勝 相洋―東海大相模

二つ目の大金星だ。しかもともに春夏通算５度の全国優勝を誇る横浜、東海大相模の両横綱を立て続けに破った勝利の味は格別だろう。

９回途中までタテジマの猛打線を無失点に抑えた先発の左腕中島は「憧れていた相手だったので、うれしかった」と感慨に浸った。

のらりくらりとした印象だが、コースを間違えないからこそ、早打ちの東海打線が淡泊に映った。「スライダーと内角の直球をずっと練習してきた」と中島。

ストレートは130キロ台前半でも、直球と同じ腕の振りの変化球で手を出させ、間合いでタイミングをずらす投球術で実に15個のフライアウトを積み上げた。

プライドをぶつけた一戦でもある。２年生投手３人の継投で勝利した準々決勝の横浜戦。中島は２回１失点でエース大谷へと継いだが、「一番ふがいない投球をした」と悔しさを募らせた。

「後ろにつなぐために全力で」。２―０の八回に連打で無死一、二塁の窮地を迎えたが、ここぞと内角カットボールで二塁ライナーの併殺に打ち取り、マウンドを守り抜く意地がほとばしった。

９回１死二塁から登板し、試合を締めた右腕大場は言う。「自分たち３人が互いをライバル視しているから高め合える」。練習中から県内の強豪校を想定しながら、勝負球を磨き合ってきた。

23年ぶりの関東大会出場に加え、春の決勝は27年ぶり。「左打者の多い相模打線。中島はやってくれると期待していた。それでも想定以上」と高橋伸明監督（38）。

２年生投手陣を引っ張った渡辺は「歴史を変えるためにやってきたので優勝したい」と鼻息荒い。まだ見ぬ頂点へ。西湘の荒波が大きなうねりを上げている。

横浜、東海大相模を倒し準優勝した相洋

泥くさく冷静に／関東大会出場決定戦 横浜隼人―東海大相模

勝負を急ぐ気持ちは自ら制する。横浜隼人の左腕石橋は打者の打ち気をそぐようなスローカーブで東海大相模打線を翻弄。

「野手が助けてくれて、楽に思い切って投げられた」。初の９回完投で11年ぶりの関東大会に導いた。

「どんどん打たせて要所を抑える。単打なら痛くもかゆくもない」。頼もしい言葉通り、ピンチを招く長打は許さず、連打も２度だけ。

相手の積極性を逆手に取り、序盤から球速差のある変化球を惜しみなく投げ込んだ。

３連打などで１点を返された五回１死満塁で一発のある主砲板垣を迎えた。変化球を引っ張らせてカウントを稼ぎ、最後もスライダーで空振り三振。最終回も対峙した板垣を緩いカーブで誘い出して右飛に泳がせた。水谷哲也監督（58）も「うまくタイムを取り、けん制球を入れながら打ち気をそらしたのは成長」と目を細める。

泥くさくも冷静に配した142球。それでもサウスポーは「相手どうこうではなく自分の持てる力を出すだけ」と淡々と振り返る。

地元開催の晴れ舞台でもその姿勢は変わらない。「長くこういう経験ができれば経験値も上がる。隼人の野球を関東大会でも続けたい」

◆準決勝

慶応	2	0	0	0	4	0	1	0	0	7
横浜隼人	0	0	0	1	0	0	0	1	0	2

（慶）鈴木佳―松井―小宅×渡辺（憩）
（隼）石橋―新井―山口―真崎―清水―難波―沼井×城島

東海大相模	0	0	0	0	0	0	0	0	1	1
相洋	2	0	0	0	0	0	0	0	×	2

（東）子安―高橋×渡辺
（相）中島―大場×渡辺

◆関東大会出場決定戦（3位決定戦）

横浜隼人	0	0	6	0	1	0	0	0	1	8
東海大相模	0	0	1	0	1	0	0	0	1	3

（隼）石橋×城島
（東）藤田―福田―高橋×渡辺―木村

◆春季県大会結果

◆1回戦

慶応藤沢	12-5	鶴見大付
相原	8-3	橘学苑
上溝南	5-4	住吉
相模原城山	10-3	伊志田
追浜	12-2	県横須賀工
海老名	8-1	県横須賀
菅	19-10	湘南台
神奈川工	7-6	アレセイア
川崎北	10-0	東
法政二	7-4	関東学院
横須賀学院	2-0	星槎国際湘南
麻溝台	7-0	金井
川崎総合科学	10-4	柏陽
鶴嶺	8-3	横浜南陵
上矢部	10-1	川崎工科
横浜栄	15-6	綾瀬

◆2回戦

桐光学園	8-0	茅ヶ崎西浜
横浜商大	7-0	桜丘
光明相模原	7-0	山北
厚木	11-10	藤沢清流
藤嶺藤沢	14-7	浅野
厚木北	6-1	茅ヶ崎北陵
桐蔭学園	16-10	相模原弥栄
市ケ尾	12-0	生田
横浜	4-1	法政二
横浜隼人	12-4	武相
東海大相模	20-0	川崎北
日大	8-1	麻溝台
湘南学院	6-4	横須賀学院
慶応藤沢	8-0	金沢
日大藤沢	3-2	鶴嶺
藤沢翔陵	10-3	上溝南
横浜創学館	19-0	相模原城山
三浦学苑	18-1	上矢部
相洋	8-1	追浜
立花学園	7-3	海老名
戸塚	7-0	有馬
県相模原	5-4	山手学院
藤沢西	7-0	９校合同
湘南	7-6	橘
横浜商	12-9	横浜栄
川和	10-9	川崎総合科学
平塚学園	3-1	厚木西
向上	7-0	神奈川工
菅	5-2	相原
横浜清陵	12-0	大磯
白山	7-3	霧が丘

◆3回戦

慶応	11-1	菅
横浜商	9-8	白山
藤嶺藤沢	9-6	日大
向上	2-0	厚木
市ケ尾	7-2	川和
日大藤沢	9-2	藤沢西
湘南	10-3	慶応藤沢
立花学園	8-2	戸塚
平塚学園	7-4	県相模原
東海大相模	10-0	厚木北
横浜創学館	4-1	横浜清陵
相洋	5-4	横浜商大
横浜	10-2	桐光学園
横浜隼人	12-2	三浦学苑
藤沢翔陵	10-0	光明相模原
桐蔭学園	4-1	湘南学院

◆4回戦

慶応	6-1	向上
東海大相模	8-4	横浜商
横浜創学館	11-0	市ケ尾
藤嶺藤沢	3-1	藤沢翔陵
横浜	3-0	桐蔭学園
立花学園	4-1	日大藤沢
横浜隼人	4-1	平塚学園
相洋	1-0	湘南

◆準々決勝

横浜隼人	8-1	立花学園
慶応	9-2	藤嶺藤沢
相洋	4-3	横浜
東海大相模	13-2	横浜創学館

慶応、相洋、横浜隼人「夏への課題見えた」

春季関東高校野球大会は５月20日、サーティーフォー保土ケ谷球場などで開幕。横浜隼人（神奈川３位）は１回戦で山梨学院（山梨２位）に０―12で５回コールド負け。相洋（神奈川２位）は２回戦で作新学院（栃木１位）に５―４でサヨナラ勝ちした。慶応（神奈川１位）が２回戦で木更津総合（千葉２位）に２―３で惜敗。準々決勝は相洋が専大松戸（千葉１位）に４―５で敗れ、県勢は姿を消した。

横浜隼人のエース石橋

◆1回戦（サーティーフォー保土ケ谷球場・20日）

横浜隼人	0	0	0	0	0	0
山梨学院	2	3	0	7	×	12

（隼）石橋―山口―新井×城島　（5回コールド）
（山）林×佐仲

選抜覇者に圧倒／横浜隼人

選抜覇者になすすべもなかった。横浜隼人の打線は山梨学院のエース林の前に無安打。「完敗。経験の差です」。水谷哲也監督（58）は、王者が見せた試合巧者ぶりに脱帽した。

関東大会から解禁されたサーティーフォー保土ケ谷球場の球速表示では、林の直球は130キロ前後だった。主砲久保は「手も足も出ないというわけではなかった」。ただ「質が良く、簡単には打てなかった」と続けたように、内外角への正確なコントロールに悩まされた。選抜大会の映像を何度も見直し、外の直球に狙いを定めたが、指揮官も「変化球をうまく使われ後手に回った」と唇をかむ。

「点を取られることは分かっていた。どう打ち返すかだった」とは主将菊地。プラン通り先攻を選び、連打で相手をのみ込んだ県大会同様に、自分たちの土俵に持ち込むはずだった。

しかし、標榜する野球を見せたのは相手の方だ。逆方向への打撃、常に先の塁を狙う姿勢、勝負際の集中力…。全国レベルの野球を体感できたのは決して無駄ではない。

夏まで２カ月を切った。「今の日本一のチームと戦って課題がはっきり見えた。一つずつつぶして夏を迎える」と菊地。いつだって大敗から学んできたからこそ、成長の仕方は知っている。

サヨナラ、名門破る快進撃／相洋

照明がともされた延長タイブレークの十一回２死三塁。相洋の永野は「２年生の投手が粘ってくれた。絶対に決める」。普段よりもバットを一握り短く持った。

作新学院の右横手投手の外角球を三遊間にはじき返す。永野は「（飛んだのが）あのコースであれば、どうなるか分からない」と懸命に走った。遊撃手の送球がそれたのを見届け、泥だらけの歓喜の輪に加わった。

初回に２失点。いきなり失策を記録した小西は「秋も自分のミスで負けた。取り返したかった」と四回にソロ本塁打を放ち、気勢を上げる。

九回で３点差。ただ、小西は「終盤に３点差ならいけるとみんな思っていた」と言う。無死から３連打で畳みかけると、主砲川嶋がヘッドスライディングで併殺崩れをもぎ取り、試合を振り出しに戻した。

高橋伸明監督（38）の強気なタクトも覚悟を共有させた。延長十回は代打を送ってまで犠打で進塁させたが、十一回には先頭の投手大場の打席で強攻策を敢行した。「大場が完璧な投球をしなかったら試合は落ち着いていない。練習させていないバントをさせるより勝負した方がいい」。併殺打で残った三走が最終的にサヨナラの本塁を駆け抜けた。

泥くさく激闘をくぐり抜け、次は昨秋の関東大会準優勝の専大松戸戦。「最高に良い経験ができている。準備するだけ」と指揮官。県大会から名門を立て続けに破ってきた快進撃を、もう誰もまぐれだとは思っていない。

作新学院に延長サヨナラで勝利した相洋ナイン

◆2回戦（サーティーフォー保土ケ谷球場・20日）　延長11回、10回からタイブレーク

作新学院	2	0	1	0	1	0	0	0	0	0	0	4
相　洋	0	0	0	1	0	0	0	0	3	0	1X	5

（作）市川―川又―石毛×黒田―草野―岩出
（相）大谷―中島―大場×渡辺

魅せた緊迫の投手戦／慶応

一発に泣いたとはいえ、慶応の２年生右腕の小宅は終盤まで緊迫した投手戦を演じた。

七回無死、前の打席で先制ソロ本塁打を許している木更津総合の４番水野に対し、執拗（しつよう）に内角球を続けた。

「警戒して厳しく攻めた」というフルカウントからの６球目。シュート回転して真ん中に吸い込まれた白球は右翼ポール際に消えた。

昨秋から選抜大会までフル稼働だったこともあり、春季県大会の登板は４試合４回⅔にとどまった。小宅は「サポートするメンバーの思いも知り、（関東大会で）恩返ししたかった」。公式戦で自身初めてエースナンバーを背負い、満を持して上がったマウンド。持ち前の度胸たっぷりに直球で飛ばした。

球速は140キロ前後を計測。指にかかったストレートは低めに伸びた。ただ四回から球が上ずり始め、「疲れではないが、逆球が増えて、修正しながら投げたつもりが一発につながった」と冷静に振り返った。

それでも本番の夏に向けて、強豪相手に投げ込めたことはさらなる飛躍の種となる。森林貴彦監督（49）は「ある程度試合をつくってくれたが、警戒して甘い球を打たれた。夏はいいバッターをどう抑えるか」と話す。

県大会で成長を示した左腕鈴木佳は休養を理由にメンバー外。６人の投手がベンチ入りし、競争は県内屈指の激しさを誇る。「試合をつくるのが自分の役割」と小宅。真っ白なプレートを踏む権利を譲るつもりはない。

持ち味を存分に発揮した慶応の小宅

◆2回戦（サーティーフォー保土ケ谷球場・21日）

木更津総合	0	0	0	0	1	0	2	0	0	3
慶　　応	0	0	0	0	0	0	2	0	0	2

（木）石沢－井上×羽根
（慶）小宅－村上－松井×渡辺（憩）

好ゲーム演じ1点差／相洋

健闘と成長の春を終えた。敗れはしたが、相洋は初戦の作新学院に続き、今春の選抜大会８強の専大松戸とも１点差の好ゲームを演じた。

二回は下位から打線がつながり一挙３得点。優勢に試合を引っ張ったが、経験に裏打ちされた相手の堅実な攻撃がボディーブローのように効いた。

決勝点も含めた６犠打に扇の要を担う渡辺は「毎回のように得点圏に走者を置かれると、プレッシャーがかかった」と振り返る。

ただ、幾度となく訪れるピンチにも決して大崩れしなかったのはたたえられるべきだ。「（犠打などで）傷口を広げてくる攻撃を対策できたのは、夏に向けての守備面で収穫だった」と高橋伸明監督（38）。実に７度、先頭打者を出塁させたが、焦ることなく冷静に最少失点でしのぎ続けた。

守備の乱れから涙した昨秋を教訓に練習から妥協を許さず、泥だらけになりながら計り知れないほどの財産を手にしたナイン。グラウンドに立つときの意識はいつも「先入観を持たない」。打者は粘り強くボールを見極め、投手は投球間の間合いを変えて相手を揺さぶる。実績ある強豪校と対峙しても、「弱者なりの戦い方」（大谷）を貫いた。

渡辺は「誰かがミスしてもカバーすることで、つながりも生まれた」と胸を張る。成功体験を重ね、結束力はより強固になった。灼熱の季節でも旋風を巻き起こしてみせる。

◆準々決勝（サーティーフォー保土ケ谷球場・22日）

専大松戸	1	0	1	1	1	0	0	1	0	5
相　　洋	0	3	1	0	0	0	0	0	0	4

（専）梅沢－青野×吉田
（相）中島－大谷－大場×渡辺

選手宣誓をした荏田・那須主将

「感謝」伝え力強く宣誓
荏田・那須主将が大役

「私たちの姿を見ていてください」ー。

選手宣誓の大役を担ったのは、荏田の主将・那須幸矢。詰めかけた観衆を前に、新型コロナウイルス禍で過ごした２年半の思いを込めて「何度も希望を失いかけたが、家族、仲間、ライバルの存在が心の支えとなった」と訴え、「自分を信じて、仲間を信じて、最高のプレーをする」と約束した。

伝えたかったのは「感謝」。言いよどむことなく力強い声ではっきりと宣誓し、スタンドからの拍手は那須が自分のチームの位置に戻るまで、途切れることなく長く続いた。

「朝は思ったよりも緊張せずウキウキしていたが、入場行進して整列したところで、自分の心臓の音が聞こえるぐらい緊張した」と那須。だが「本番で見せるから」とチームメートにも非公開で練習してきた成果は完璧。列に戻ると仲間から「よくやったじゃん」と小声で祝福されたという。

大役を引き当て本当は不安だったというが、「やってみたら、良かった。今後の自分の人生に自信が持てると思う」と那須。11日の初戦に向け「ここまできたら、もうやるだけ。試合では仲間と持ち味を発揮したい」と意気込んだ。

2023.7.8付　神奈川新聞

開会式から
7月7日　横浜スタジアム

抽選で選ばれた野球部マネジャーが入場行進の先導役を果たした

前年優勝・横浜が各校選手の先頭で行進

マネジャーが大会旗運ぶ

国旗や大会旗を運ぶ先導者を抽選で選ばれた出場校のマネジャー15人が務めた。今大会が初めての試みで、荏田の畑山愛菜さん（3年）は「今までできないことを体験できて光栄。最後の大会でみんなで行進できてすごく思い出になった」目を輝かせた。

プロ野球・横浜DeNAの大ファンで「幼い頃からマネジャーをやりたいと思っていた」と入部。立候補した仲間たちと息の合った行進を披露し、「緊張したけれど、終わった時にみんな笑顔でよかったと言っていたのでばっちりでした」とうなずいた。

スタンドで大会歌を歌う鎌倉学園応援団

長年県高野連で企画部長を務めた栗原悟さんに「都道府県功労賞」が送られた

出場校の願い事やスローガンが貼られた記念ボード

七夕で各校が願い事

七夕に開会式が行われることや５年に１度の記念大会であることにちなみ、県高野連が出場校の〝願い事〟が書かれた特別ボードを設置した。各校１枚ずつ、ユニフォームやグラブなどオリジナルのイラストに一筆をしたためている。

開会式のリハーサルが行われた６月27日に県高野連が各校から回収し、ボードを準備。「目の前の試合に勝つ」「打倒私学」「長い夏になりますように」など思い思いの言葉であふれている。７月８日以降はサーティーフォー保土ケ谷球場や横浜スタジアムに置かれた。

禁煙

YOKOSUKA
SOGO

栄

KAWASAKI

伊勢原

禁 煙

YOKOSUKA

TŌIN

大会役員

名誉会長　神奈川県知事　黒岩祐治
大会会長　神奈川県高等学校野球連盟会長　永瀬哲
大会副会長　朝日新聞横浜総局長　円満亮太
〃　神奈川県高等学校野球連盟副会長　川名稔
〃　神奈川県高等学校野球連盟副会長　布施和久
大会委員長　神奈川県高等学校野球連盟専務理事　榊原秀樹
大会副委員長　神奈川県高等学校野球連盟常務理事　定常健治
〃　神奈川県高等学校野球連盟常務理事　小林恒平

顧問
花田忠雄　川名勝義　落合嘉朗
三枝茂樹　鯉渕信也　小田嶋満
本村賢太郎　新倉聡　岩本將宏
吉野雅裕　柿本隆夫　佐藤直樹
柳下正祐　山口賢人　藤木幸夫
濱田啓太郎　増田年克　古島そのえ
渡貫由季子　磯貝靖子　山田ふみ子
矢島裕久　石川隆一　小澤毅夫
石渡哲男　大澤一仁　山本一夫
時乗洋昭　濱谷海八　反町聡之
田沼光明　熊野宏之　石川敬
浅野良三　名塚徹　栗原豊樹
久保倉清　森茂　渡辺元智
牛上義明　神部浩　渡辺晃
村上泰直　上山泉　三好吉清
山口宏　松野皎　潮田智信
井上茂則　小林三郎　藤井謙宗
千田豊　荒川公治　各加盟校校長

参与
榎本好二　廣田信之　川上誠
古谷久乃　宮村浩文　村石惠子
白井由美　小田耕生
高田美彦　佐野公宣　福士忠夫
片倉祐一　穂谷野晃　石黒悠大
中島宜之　千葉淳　片倉聡
大塚謙治　武内克也　脇田健一
小嶋賢司　松本義摩　神崎速夫
細野徹　諸留克史　川田孝一
落信久　高橋則雄　木村升
大澤寛　大畑多津雄　冨地正博
長田正剛　三浦昌彦　古屋文雄
近藤儀房　浅川昭男　今井喜美彦
勝井直幸　坪内寛　田倉雅雄
賀澤進　小見山孝　長谷川哲也
丸山隆　鈴木浩　栗原和務
本吉郁夫　小林昭裕　木村一男
藤木治生
清水健二　片山好正　馬橋博身
森勝利　桜井孝夫　川島哲男
板橋一幸

委員
泉田徳正　塩脇政治　熊藪茂紀
北岡克明　山口卓　芹川浩二
安齋賢　稲本祥悟　岩田英司
安田洋平　長尾周治　那須野恭昂
佐藤幸太　高比良洋二　吉田斉
橋本大志　石岡拓朗　梅澤浩太
渡邉陽介　秋山智紀　長谷川将也
髙橋直也　栗原健人　佐々木瑛
岩本祐和　丸橋健人　酒井達也
小倉丞太郎　宝珠山悟　佐藤有子
小山内一平　大平康幸　大坂匡弘
飯島佑　川村太志　林佑樹
武藤拓馬　久保埜輝　野田克之
栗ヶ窪喜一　山田尚　大津哲男
戸塚義晃　日向広昱　西江明日
小林達也　臼井浩人　吉水浩太
内田雄斗　海老塚雄太　鈴木正道
永野孝行　与儀達人　井上翔平
三富優希　坂元裕貴　伊藤大樹
高橋良輔　山崎修平　松岡元
小原愼平　小泉雅也　中村和哉
森雄也　小野寺啓悟　伊藤圭太
横山涼太　安東翼　齋藤慶彦
大鋸雄介　西岡聡志　宮本敦実
栗原悟　池畑真一　牛久順也
柴田治郎　阿部昇　三浦彰裕
松下健太郎　鈴木健介　大貫航平
相澤怜　浅尾豊　北村将大
桑田康一郎　浅井彬宏　菊地悠真
菅原一輝　高橋知希　大内直人
中村浩司　舟久保健人　吉田達哉
雨宮隆浩　松丸信人　近藤充暁
増山光一　千葉祐貴　大坂進
岡田有平　巽悠介　中川裕志
中山昭次　渡辺弘二　池島亮
古川竜三　五味弘介　田村泰之
金森聖　伊藤大樹　安部川尚孝
肝付兼輝　前亮太朗　武田徹
川﨑真一　小峰翔太　三根滉平
武藤健太　西堀彰剛　畠陽一郎
葛西栄治　為田恭兵　吉田大育
森貴哉　金田宏仁　森崎雅敏
伊賀康博　吉井大樹　仲田光男
眞鍋武史　北野崇之　池田遼太郎
川島聡　吉成徹　伊藤元洋
嘉藤有紀　今大暉　玉置大祐
塚田将喜　野田淳司　須藤皓治
柴山寿治　柴田眞　松山大介
川村靖　佐野恵　大木剛志
加藤理志　山本泰博　岩間昭吾
清水達也　小林航　金田大輔
苗村佳則　佐伯敦史　辻本海平
須藤福治　寺尾洋一　森山純一
福冨洋祐　佐々木章太　高木伸
篠田将史　和田晃　山口剛志
熊倉周平　高橋直人　高橋佳希
福田耕平　鈴木翔一　坂本雄一
鈴木龍之介　天野雄司　小野雄哉
窪田祐樹　加藤康彦　鈴木健太
加藤文章　中山拓哉　佐藤豪
浦井進　堀籠康介　後藤大嗣
本田拓己　三村俊資　冬川弘祐
金丸裕則　渡邉好祐　齋藤孝義
田上浩司　髙橋正彦　久保寺普也
今井庸平　松尾駿哉　永瀬尊典
由比藤大介　内海直也　吉泉翔太
加藤頼暉　高津優希　木村拓也
柳下優也　村中優大　飯川裕太
河野裕太　塩﨑和　小山湧士朗
安藤史朗　小澤和之
古城博隆　小峰健二　山下剛
上嶋紀雄　堅島敢太郎　原晟也
進藤健一　小泉信一　村上潤治
西本ゆか　小林直子　増田勇介
中村英一郎　伊藤良渓　阿部育子
手代木慶　佐藤善一　佐藤英法
豊平森　三木一哉　村野英一
足立朋子　芳垣文子　具志堅直
矢島周司　平野加奈　田澤真一
武田俊彦　小山望　小澤哲朗

審判委員

審判長　神奈川県高等学校野球連盟副会長　川名稔
副審判長　神奈川県野球連盟審判部長　福住正美

福住正美　高田俊一　島田昭栄　西村一文
岩田国雄　江﨑英俊　清水康大　松本俊一
佐藤裕司　福壽哲也　江藤弘和　上田紀
橋本昌之　井上貴弘　湯本哲也　奥津祐太
松下弘志　長ケ部拓也　古川義明　中原武彦
瀬良垣直也　向田雅恭　安藤弘通　神之田仁
櫻庭浩　須山正　伊藤進也　羽毛田達
長谷川研冴　佐藤悠太　渡辺龍矢　深沢俊一
増子克則　古澤樹　井上賢央　高味龍太
實方久二　佐藤秀幸　大橋功　遠藤勝
岩男昇治　田山洋将　戸田拓応　岩男香澄
金子孝　土屋武雄　栗田章　富樫直寛
池田佳寿也　藤田倫浩　上園健治　土田浩隆
島村治　鈴木隆之　田畑慎之介　北林真樹
鈴木勝行　森正行　米原幸信　藤原健太郎
豊島和之　橋本幸介　齊藤昇　青木博幸
小林正行　増田年克　来福宏明　阿部弘文
本間和寿　宮﨑仁士　高田力　増田周平
小西章太　田中健嗣　三木壮太　谷信幸
水谷凛　田代浩二　米屋龍喜　祝久和
乗松誠志　小江章優　榎本裕二郎　田畑宏晃
仙田直丈　宇野隆宏　大場洋士　原徹
永田弘　真保了士　阿部寛仁　八木野太郎
石岡大輔　五十嵐聡　高木優　篠原功二
春日学　大中浩行　堀川真樹　中村洋貴
安武孝展　瀬間実　関裕三　臼井優雄
田山敏一　松本新吾　三橋義美　戸田智美
金川和幸　久野益彦　一居利徳　白根正治
納谷正俊　齋藤利弘　安保大暉　川瀬勉
赤坂知彦　高梨卓哉　跡部繁　菅野久信
石田翔太　高橋誠　高橋昌彦　山岡正高
林賢一　新井光正　後藤雄司　井上雅之
望月敏宏　水原雅之　井上勝行　出濱功平
高橋慶彦　熊倉伸二　内田一樹　神宮清孝
小池司　金子勝敏　加藤勇　湯田敦
青木孝壮　藤橋一己　田村広美　村上秀隆
小島隆　内山浩太郎　小菅清　小笠原裕樹
沖永仁史　原田拓人　中込勝雄　北村和久
山口蒼介　小川和樹　湯川拓海　坂上大樹
大庭康生　岡田茂明　水品慶一　石原健二
正力雅巳　佐藤文彦　笠間寛章　松岡章
諏訪慶　勅使河原匠　森山泰幸　久保寺哲夫
島田敏文　土谷強　河田和之　萩野誠
斎藤満　森口章弘　北園邦広　秋葉邦晴
杉山直巳　鈴木浩之　齊藤佑太　早川昌和
石井恒夫　今野衛　荒井祥太　小島博
釼持直樹　池田満　菅原淳　岡村重男
長井信二　青柳一英　田澤陽介　安田和実
檀上英二　安重政則　飯田純一　齊藤則之
下地和巳　後藤努　横山浩章　菅原大樹
西村功　太田彰　安部到　瀬川滋
金子正仁　星野篤司　飯島義昭　田中剛
岸本浩幸　篠田幸夫　田中欣弥　工藤寿也
石川峰雄　高橋博泰　石井岳史　江藤誠
壷井智浩　石田佳之　古川崇　荒井郎
藤川博康　浦田剛　竹林壽和　井上一之
濱田忠男　高橋博志　藤田俊之

2023 神奈川県 高校野球 出場校 全部員名簿

◎は主将、☆はマネージャー

神奈川県高校野球連盟に提出された名簿をそのまま掲載しています。大会本記とは表記が異なる場合があります。

川崎地区

県川崎

川崎市川崎区渡田山王町22番6号

部長 基田 拡
監督 林 海知
◎3 田中 知佑（神奈川）
3 榊原 風馬（平間）
☆2 渡辺 彩（西中原）
1 矢澤 史登（塚越）

多摩

川崎市多摩区宿河原5－14－1

部長 宮田 康平
監督 飯島 佑
◎3 梅原 翔太（川崎橘）
3 谷岸 太郎（篠原）
3 水上 尊（宮前平）
2 阿野 太亮（南菅）
2 大場 孔惺（山内）
2 鈴木 煌月（生田）
2 田中 淳也（川崎橘）
2 冨永 直暉（犬蔵）
2 羽田 櫂（東山田）
2 松崎 航太（西中原）
☆2 持田 和香（田奈）
1 角井 陽翔（向丘）
1 田島 快征（川崎橘）
1 板垣 碧斗（相原）
1 稲毛 暸介（塚越）
1 髙野瀬 光（高田）
1 中川 泰一（稲田）
1 萬 蒼吾（塚越）
1 鈴木 諒介（東山田）
1 福本 樹（東山田）
1 矢川 聖（あざみ野）
1 後藤 陽翔（菅）

生田

川崎市多摩区長沢3－17－1

部長 鯨吉 剛
監督 鯨吉 剛
3 伊藤 楽（川崎橘）
3 菊地 裕紀（塚越）
3 竹田舜二郎（金程）
3 齊藤 朔人（宮城・富沢）
3 林 大智（山内）
3 松本 駿一（白鳥）
3 丸本 啓太（野川）
◎3 山本 脩介（はるひ野）
3 中島 悠河（南菅）
3 渡邉 勇輝（南菅）
☆3 谷平 真音（西生田）
2 井岡 優斗（はるひ野）
2 北館 遥太（中野島）
2 片田 駆（西生田）
2 調 涼介（金程）
2 鈴木 悠人（谷本）
2 高橋 悠（西生田）
2 滝澤 和真（長野・三陽）
☆2 松丸 沙都（西中原）
1 阿久津佑真（南菅）
1 榎本賢汰朗（山内）
1 相樂 優翔（稲田）
1 清水翔太朗（金程）
1 中村 建象（川崎有馬）
1 西脇 晃義（王禅寺中央）
1 尾藤 龍羽（宮前平）
1 渡邉光太郎（すすき野）

川崎北

川崎市宮前区有馬3丁目22番1号

部長 大西 隆太
監督 川村 太志
3 熱海龍之介（茅ケ崎）
3 飯塚 優也（十日市場）
3 石井 渓（川崎有馬）
3 尾尻 耀広（平間）
◎3 小野沢 純（十日市場）
3 小野澤 湊（十日市場）
3 叶内 陸翔（平）
3 冠 人和（住吉）
3 澤口 真翔（稲田）
3 干場柚之介（川崎有馬）
3 三浦 遼也（東山田）
3 宮川 陽大（塚越）
☆3 菊池 千夏（平間）
☆3 柳瀬 芽唯（野川）
2 遠藤 大地（平）
2 大髙虎太郎（西中原）
2 角舘 大和（住吉）
2 小林 聖人（あかね台）
2 小森 大河（山内）
2 佐野 瑠星（横浜鴨居）
2 篠原 渉（野川）
2 志村 晴輝（稲田）
2 佃 陵汰（東橘）
2 戸川 虎士（東高津）
2 引間 椋介（中山）
2 久恒 優弥（犬蔵）
2 福本 大輔（篠原）
2 藤恵 優樹（山内）
☆2 朝倉 苺（川中島）
☆2 川井 永遠（宮崎）
1 上野健汰郎（西中原）
1 片山 颯（東鴨居）
1 國澤 創詩（西高津）
1 久保 匠（新町）
1 久保井敦哉（中野島）
1 齊藤 大地（川崎中原）
1 佐藤 颯人（あざみ野）
1 枦田 陽太（川和）
1 松葉 幹矢（茅ケ崎）
1 松原 陸（老松）
1 森 脩一（兵庫・学文）
1 山口 慶悟（川崎橘）
1 山田 悠月（中山）
1 横川 奈弥（樽町）
☆1 市田 結衣（東山田）
☆1 中本 希音（塚越）

百合丘

川崎市多摩区南生田4－2－1

部長 岡本 健
監督 宮地 洋人
3 入山 大輝（南生田）
3 經嶋 徹平（犬蔵）
3 小峰 大悟（枡形）
◎3 佐伯 昌哉（生田）
3 花輪綜一郎（あかね台）
3 村上 弘樹（西高津）
☆3 石原 美優（伊勢原）
2 石井 琢麻（宮崎）
2 大熊崚太郎（王禅寺中央）
2 佐々木也紅雲（王禅寺中央）
2 柴崎 暖叶（金程）
2 森尾 侑真（桝形）
2 渡邊 翼（東高津）
1 秋月 謙信（荏田南）
1 阿部 聡太（西中原）
1 内田 一教（西中原）
1 遠藤 優太（稲田）
1 小林 翔太（川崎橘）
1 坂本 啓太（西高津）
1 細川 芳成（白鳥）
1 皆川 隼人（宮崎）
1 森田 遥人（中野島）
1 若月 暸真（あざみ野）
☆1 金子 美優（西中原）

生田東

川崎市多摩区生田4丁目32－1

部長 青木賢一郎
監督 島袋 佑也
3 清水 榮人（川崎橘）
3 菅原 滉一（川崎橘）
3 鈴木 征弥（野川）
3 柳樂 旭（川崎橘）
3 山本 紘己（白鳥）
3 堀江 進吾（中央）
◎3 鈴木 琉翔（住吉）
3 三枝 郁斗（柿生）
3 瀧田 侑汰（南菅）
☆3 田中 黄莉（南加瀬）
2 三浦 貴彬（西生田）
☆2 正地 琴葉（中野島）
1 野村 夢月（向丘）
1 小林 耀太（塚越）
1 村上 桂太（柿生）
1 渡邊 琉眞（柿生）
1 田平 安吾（菅生）
☆1 平井 香菜（川崎橘）
☆1 西明 瑶菜（大野台）
☆1 近藤 彩美（愛川中原）

住吉

川崎市中原区木月住吉町34－1

部長 河野 夏生
監督 武藤 拓馬
3 板垣 知幸（渡田）
◎3 大西 弦斗（御幸）
3 岡 拓志（南河原）
3 長澤 慧侑（横浜緑が丘）
3 マウンズェ（潮田）
3 望月 陽登（六角橋）
3 山本 大輔（菅生）
3 渡部 由良（大師）
☆3 門田 小春（日吉台西）
☆3 説田 咲織（弥栄）
2 瀬上 竜煌（川崎橘）
2 田村洸之介（日吉台）
2 富本 晃行（高田）
2 西原 武志（西中原）
2 野口虎太郎（東山田）
2 門間 三成（篠原）
2 山根 一輝（宮内）
☆2 保田 悠香（平間）
1 浅川 友希（西高津）
1 宇野 哲成（臨港）
1 岡田 光翔（日吉）
1 木田 楽翔（金程）
1 久保田隼太（南加瀬）
1 小池 飛和（稲田）
1 志波 隆之（日吉台）
1 坪内 和己（秋葉）
1 藤田 幸和（御幸）
1 森 駿太（川崎玉川）
☆1 光木 和花（市ケ尾）

大師

川崎市川崎区四谷下町25－1

部長 瀬川 雄介
監督 小山内一平
3 蓑輪 空（南加瀬）
3 松本 翔大（田島）
3 佐藤 克哉（横浜南）
3 奥寺 恭太（南加瀬）
◎3 庄司 幹太（野川）
3 木下 暖日（川中島）
2 坂本 将大（富士見）
2 花田煌次郎（富士見）
1 大竹倖太郎（南河原）
1 梶原 龍青（南河原）
1 石井 斗馬（南河原）
1 佐藤 優人（末吉）
1 清野龍之介（渡田）
1 江島 賢伸（横浜南）
☆1 佐藤 梨晴（渡田）
☆1 森田樹利奈（臨港）
☆1 吉井 夢夏（平）

菅

川崎市多摩区菅馬場4－2－1

部長 平林 明徳
監督 中田 直輝
3 近藤 龍馬（金程）
3 佐藤 稜也（中野島）
◎3 辻永 陽暉（犬蔵）
3 曽我竜之介（稲田）
3 中村 雄太（東高津）
3 服部 雄斗（宮崎）
3 宮本 雅久（川崎有馬）
2 浅田 伸哉（金程）
2 岩瀬 将（金程）
2 菊地 千翔（横浜緑が丘）
2 小池 神平（南生田）
2 寺門 快人（南菅）
☆2 荻原 咲恵（稲田）
1 青柳 拓海（稲田）
1 石井 琥珀（枡形）
1 岩渕 柚翔（東橘）
1 薄井 凰輔（東橘）
1 小川 翔輝（生田）
1 海藏 国信（鵜野森）
1 柏﨑 亮（野川）
1 木村 弘輝（枡形）
1 工藤 恋斗（枡形）
1 佐藤 悠凧（中野島）
1 其田 隼和（枡形）
1 中野 結稀（宮崎）
1 丸山 晴（宮内）
1 山平 伊吹（美しが丘）
1 与口 陽人（横浜緑が丘）
☆1 野呂 海咲（西中原）

麻生

川崎市麻生区金程3－4－1

部長 大坂 匡弘
監督 池田 隆
◎3 土岐龍之介（川崎長沢）
3 古川 涼太（谷口）
3 渡邉 陽太（川崎長沢）
3 山﨑 柊弥（白鳥）
3 林 龍斗（はるひ野）
3 竹之内貫太（稲田）
☆3 中山 綺香（相模）
2 菅 俊輔（金程）
2 金子 拓磨（金程）
2 久野 拳（枡形）
2 駒井 奏太（川崎長沢）
2 大河原海惺（白鳥）
2 髙橋 勇太（白鳥）
1 桐谷 尊（白鳥）
1 山本 瑠翼（つきみ野）
1 並木 優仁（南生田）
1 今川 敦生（南生田）
1 保科 智隆（南林間）
1 平森 大惺（西中原）
1 芝山 優希（白鳥）
☆1 小峰 千鶴（枡形）

川崎工科

川崎市中原区上平間1700番地7

部長 伊藤 大悟
監督 久保埜 輝
3 秋山 春樹（南大師）
3 天川 大地（宮田）
3 猪瀬 心詞（川崎有馬）
3 小原 光我（富士見）
3 楠田 翔世（日吉台西）
3 齋藤 都渉（平間）
3 髙橋 陸人（西中原）
3 豊田 翔真（川崎有馬）
3 中村 大和（御幸）
3 鳴島 森音（中原）
◎3 宮澤 壮太（平間）
3 山元 海人（南大師）
2 池田 蒼良（南生田）
2 榎本 雄眞（川崎）
2 大塚 晃瑛（西中原）
2 大槻 紘斗（塚越）
2 大橋 時斗（西中原）
2 菊地 育人（日吉）
2 小林 碧希（大師）
2 佐藤 優仁（井田）
2 清野 琉雅（南加瀬）
2 中川 颯大（西中原）
2 長島 大樹（平間）
2 本宮 裕太（西中原）

2 行重 太陽 (川崎)
1 伊東 怜生 (上の宮)
1 稲葉 凌 (塚越)
1 内海 恵 (川崎橘)
1 大津 飛空 (御幸)
1 下地 琉月 (上の宮)
1 戸塚 惟力 (南菅)
1 福島 己史 (西高津)
1 星野 輝 (すすき野)
1 宮澤 貫太 (平間)

向の岡工

川崎市多摩区堰1丁目28番1号
部長 林 佑樹
監督 櫻井 康史
3 八木下竜平 (向丘)
3 鈴木 優統 (稲田)
3 宮崎 雄太 (田奈)
◎3 星原 英児 (横浜緑が丘)
3 石川 正人 (菅生)
3 五十嵐大斗 (寺尾)
2 出射 祐斗 (海西)
2 冨田 颯人 (平)
2 永島田空斗 (大沢)
2 ラウイアンエドワード (仲尾台)
2 西田 丈芽 (愛知・安城北)
2 石沢 優虎 (すすき野)
2 下地 大愛 (横浜緑が丘)
1 梶原 大樹 (野川)
1 吉田 桜陸 (矢向)
1 城所 一冴 (犬蔵)
☆1 宮川乃ノ香 (東橘)

橘

川崎市中原区中丸子562
部長 田中 健次
監督 福田 茂
3 江良 洋斗 (南生田)
3 金子三四郎 (住吉)
3 川口 悠喜 (南河原)
3 栗原 正明 (平間)
3 桑田 和也 (住吉)
3 髙野 玖平 (宮前平)
3 笹川 翔伍 (御幸)
3 高橋 駿 (東橘)
3 髙橋 遼平 (山内)
3 髙谷 佳吾 (東橘)
3 竹内伸之介 (川崎玉川)
3 成田 悠人 (南生田)
3 塙 一寛 (矢向)
3 藤井 康生 (麻生)
◎3 細田 一翔 (川崎中原)
☆3 古賀まひろ (野川)
☆3 高橋 凜乃 (南菅)
2 粟生田碧空 (富士見)
2 井上 浩明 (川崎橘)
2 北山 雄大 (田島)
2 大﨑 一輝 (富士見)
2 大髙 晴柊 (西中原)
2 白川 璃來 (大師)
2 鈴木 蓮太 (菅)
2 砂川 愁太 (川中島)
2 関 涼悟 (大師)
2 髙橋 健心 (富士見)
2 中村 陸 (東橘)
2 長友 啓真 (保土ケ谷)
2 日髙紳之介 (平間)
☆2 伊藤 初花 (西高津)
☆2 水上 結夏 (川崎)
1 阿部 勇汰 (川中島)
1 折谷 蓮太 (上の宮)
1 郷上 祥正 (平間)
1 藤間 優太 (西中原)
1 中渡瀬玲旺 (西中原)
1 西野 光彦 (宮内)
1 増渕 時大 (大師)
☆1 佐佐木杏樹 (川崎有馬)

高津

川崎市高津区久本3－11－1
部長 藤田 龍清
監督 高柴 淳義
◎3 井上 明樹 (宮内)
3 菊池 航大 (川崎橘)
3 矢野 倫基 (野川)
☆3 秋元 結凪 (平間)
☆3 日高 美月 (野川)
2 伊藤 健太 (大師)
2 卜部 祐輔 (川崎橘)
2 松尾 幸樹 (西中原)
☆2 三宅 芽衣 (川崎玉川)
☆2 服部 沙樹 (大師)

幸

川崎市幸区戸手本町1丁目150
部長 酒井 達也
監督 野田 祐作
3 清野幸之介 (渡田)
3 白石 大将 (富士見)
◎3 久保田颯太 (南加瀬)
2 音部 秀斗 (富士見)
2 飯沼 宏太 (南大師)
2 佐藤 勇斗 (臨港)
☆2 平良 夢音 (平間)
1 宮本 優真 (桜本)
1 佐竹 優來 (矢向)
☆1 山下 優里 (東橘)

川崎総合科学

川崎市幸区小向仲野町5－1
部長 一瀬 泰平
監督 遠藤 順久
3 景山浩志郎 (桜本)
3 倉田 塁衣 (川崎玉川)
◎3 田中 都羽 (大師)
3 林 大晟 (川中島)
3 渡邉 颯海 (川中島)
☆3 五十幡妃代 (川中島)
2 星野 大翔 (川中島)
2 松澤 良樹 (川中島)
2 三冨 日和 (富士見)
2 内田 世梛 (川中島)
2 田邉 澪弥 (御幸)
2 芥田 流清 (塚越)
2 津波古尚丸 (桜本)
2 中村 蒼太 (南加瀬)
2 濵田 輝太 (塚越)
2 本田 歩季 (富士見)
2 諸戸 聡 (金程)
2 山口 泰生 (桜本)
2 山田 知幸 (新町)
2 米山 太智 (日吉台西)
1 上門 翔一 (桜本)
1 大沼 蓮 (南大師)
1 武藤 竜司 (南大師)
1 竹田 空 (田島)
1 伊東 豪汰 (京町)
1 薄井利空人 (田島)
1 岡部 汰一 (宮内)
1 川端 裕斗 (大師)
1 小宮 悠瞳 (大師)
1 東郷 伊織 (川中島)
1 中根 一翔 (御幸)
1 長谷川寛汰 (大師)
1 濵田 航希 (桜本)
1 古川 一稀 (渡田)
1 松沢 琉偉 (川中島)
1 松本 來輝 (市場)
1 江川恭之介 (中川西)

法政二

川崎市中原区木月大町6－1
部長 川﨑 晶子
監督 絹田 史郎
◎3 三木翔大郎 (法政二)
3 石原 大志 (東京・緑野)
3 鈴木 新 (法政二)
3 片貝 桜詩 (法政二)
3 成島 悠真 (法政二)
3 櫻井 貫汰 (寺尾)
3 須藤 輝太 (法政二)
3 岸本 勳道 (国大附属)
3 小峰 大智 (本牧)
3 田中 優利 (御幸)
3 久保田壮真 (法政二)
3 野宮 琉晴 (東京・稲城第三)
3 吉川 登陽 (東京・砧)
3 山田 海瑠 (東京・東山)
3 髙名 泰成 (法政二)
3 北澤 蒼大 (大磯)
2 市村 勇斗 (渡田)
2 後藤 匠 (依知)
2 岡澤 創太 (瀬谷)
2 安川 潤 (千葉・法田)
2 佐々木俊輔 (東京・大森第三)
2 宮﨑優太朗 (東京・松江第一)
2 内田 悠人 (東京・豊葉の杜学園)
2 星野 昂大 (群馬・沼田)
2 石塚 佑真 (法政二)
2 小川 達也 (鵜野森)
2 佐藤 奏斗 (領家)
2 杉山 耀治 (市場)
2 田中 吟侍 (本町)
2 茶木 佑月 (塚越)
2 熊本 竣 (法政二)
2 李 潤惺 (釜利谷)
2 植松 俊介 (御所見)
2 吉村 静悟 (法政二)
2 荒田 龍輝 (稲田)
2 児玉 賢斗 (鵠沼)
2 田邊 佑樹 (法政二)
2 二瓶 辰徳 (緑)
1 奥寺 凱 (法政二)
1 小山 航世 (法政二)
1 高橋 雄 (法政二)
1 田代 栄人 (善行)
1 田中 辰弥 (東京・東蒲)
1 鳥居 羚空 (宮内)
1 濵中 颯太 (法政二)
1 真島 悠希 (座間)
1 木村 颯太 (東京・北中野)
1 秋丸 立志 (岩崎)
1 小野 舜 (千葉・市川第二)
1 牧島 朋輝 (ミュンヘン日本人国際学校)
1 柏木 空 (東京・千登世橋)
1 新林 廣大 (千葉・高根)
1 清水 青波 (森村学園)
1 竹澤 慶吾 (千葉・美浜)
1 鈴木 敬太 (藤の木)
1 横山 修大 (法政二)
1 池田 翔 (東京・志村第二)
1 磯辺 英資 (渋沢)
1 工藤 大地 (千葉・東国分)
1 北澤 瑛大 (宮前平)
1 薄井 力輝 (東京・法政大学)
1 野原 悠大 (千葉・東金)
1 山中 亨留 (大師)
1 鯉江 恵大 (宮前平)
1 中村 純大 (下瀬谷)
1 日當 遥希 (金目)
1 落合 輝 (文命)
1 小田川卓矢 (東京・糀谷)

桐光学園

川崎市麻生区栗木3－12－1
部長 塩脇 政治
監督 野呂 雅之
◎3 磯貝 一斗 (鶴ケ峯)
3 工藤 康心 (東京・小山)
3 鈴木 景也 (東京・東調布)
3 竹髙 皓河 (鵜野森)
3 中平 陽翔 (大綱)
3 庭田 颯太 (海老名)
3 野村 柊吾 (東京・浅間)
3 濱口 遥登 (はるひ野)
3 伊藤 大騎 (桐光学園)
3 藏内 夢駿 (桐光学園)
3 加藤 武士 (桐光学園)
3 田崎 良旺 (桐光学園)
3 土肥 凛大 (桐光学園)
3 長津伸之介 (桐光学園)
3 吉村 優吾 (桐光学園)
3 髙木 涼平 (岩崎)
3 須藤 稜太 (兵庫・本山)
2 綾部壮一郎 (鴨志田)
2 緒方 大起 (西中原)
2 鈴木 真心 (秦野北)
2 竹内 鯨太 (南大師)
2 中川 拓海 (相模原中央)
2 中嶋 陸仁 (長沢)
2 中村 優太 (湘洋)
2 法橋 瑛良 (川中島)
2 松江 大輝 (青葉台)
2 村井 凌眞 (由野台)
2 森 駿太 (みたけ台)
2 矢竹 開 (東京・山崎)
2 吉成 竜吾 (桐光学園)
2 熊澤 大輝 (桐光学園)
2 浅上隆太朗 (桐光学園)
2 椿 武仁 (桐光学園)
1 伊藤 颯太 (東京・堺)
1 大石 智己 (緑園学園)
1 加賀 滉太 (生田)
1 佐々木佑羽 (仲尾台)
1 白鷹 悠人 (丸山台)
1 末定 徹太 (麻生)
1 曽宮 藤雄 (東京・三田)
1 中里 心温 (湘南台)
1 林 香太朗 (浜須加)
1 皆川 陽斗 (栗田谷)
1 佐橋 聖也 (浜須加)
1 喜田 正剛 (桐光学園)

横浜地区

希望ケ丘

横浜市旭区南希望が丘79－1
部長 平井 雅俊
監督 福島 弘士
3 今村 祐基 (岡津)
3 牛島 淳志 (清新)
3 河野晴志郎 (港)
3 古森 友基 (西金沢学園)
◎3 橋本 悠 (高倉)
3 平川小太郎 (横浜吉田)
2 小林 奏太 (日吉台西)
2 中村 和貴 (湘南台)
2 根本 敬介 (大船)
2 南山 涼聖 (鷹取)
2 三村 京 (松本)
2 横山 琢人 (早渕)
☆2 中里 結衣 (相模原旭)
1 浅香 陽祐 (名瀬)
1 岩﨑凜太郎 (鶴ケ峯)
1 緒林 寛人 (上永谷)
1 川久保壮哉 (湘南台)
1 土田 航大 (軽井沢)
1 前田 瑛 (中和田)
1 森口 雄斗 (座間)
1 山邉 大河 (軽井沢)
1 山村 啓輔 (高倉)
1 青木りらん (岩瀬)

横浜翠嵐

横浜市神奈川区三ツ沢南町1－1
部長 臼井 浩人
監督 吉水 浩太
3 芋田 櫂至 (宮前平)
3 中村 真 (浜岳)
3 松浦 瑞樹 (市ケ尾)
3 下村 悠生 (富岡東)
3 辻 翔太郎 (茅ケ崎)
◎3 松谷 翼 (田奈)
3 大迫 広明 (今井)
3 小島 嵩平 (あかね台)
3 石田 航生 (川崎有馬)
3 市毛 風雅 (東野)
☆3 池邊 朱穂 (大谷)
2 小川健太郎 (田奈)
2 寺島 優仁 (大船)
2 北村 和樹 (国大附属横浜)
2 渡邊 柚葉 (六角橋)
2 海野 翔馬 (大師)
2 成清 貴裕 (川崎中原)
2 松井 智哉 (市ケ尾)
2 松山 尚史 (市場)
2 齊藤 大地 (大野北)
2 金子 知乎 (あかね台)
2 佐貫 稜太 (東鴨居)
1 粂田幸太郎 (深沢)
1 住吉 沙月 (宮前平)
1 田中 理久 (宮田)
1 射場 悠有 (茅ケ崎)
1 榧田 啓爾 (舞岡)
1 井上 温太 (岡村)
1 藤倉 圭佑 (羽鳥)
1 木之村悠斗 (茅ケ崎)
1 藤岡 世凪 (深沢)
1 大滝綸太郎 (川和)
1 冨澤 匠 (玉縄)
1 武井 瞭翔 (鵠沼)
1 唱 涼吾 (岩崎)
1 工藤 正悟 (西柴)
1 佐伯 快晟 (菅)

横浜緑ケ丘

横浜市中区本牧緑ケ丘37
部長 川﨑 公貴
監督 田原 昇
◎3 田口 結心 (横浜鴨居)
3 橋本 陽介 (錦台)
3 平山 拓 (六角橋)
3 福山 日陽 (塚越)

3　柳町　聖和（鶴見大附）
3　吉田　莞梓（老松）
1　飯田　碧（田浦）
1　池田　航（六会）
1　石井　煌大（十日市場）
1　大平　莉久（大磯）
1　大町憲太郎（根岸）
1　小池　想（仲尾台）
1　正好　暖矢（浜）
1　山田　祐翔（十日市場）
1　吉澤　航平（栗田谷）
☆1　鈴木　優菜（田浦）
☆1　山本　美晴（樽町）
☆1　吉武　彩季（港南台第一）

横浜立野

横浜市中区本牧間門40－1
部長　与儀　達人
監督　倉田　陵
◎3　櫻井　颯人（森）
3　丸山　悠斗（上郷）
☆3　本間　柚葉（飯島）
☆3　森下ほのか（横浜西）
2　阿部　将直（根岸）
2　植津　将太（境木）
2　江本　湊大（大鳥）
2　鎌倉　恵汰（浜）
2　河村　四季（浜）
2　小林　凛大（汐見台）
2　西條　一颯（平楽）
2　丸山　真翔（浜）
2　南　悠大（本牧）
2　目黒　陽希（浜）
☆2　鳥居　羽姫（港南台第一）
1　虻川　匠（寺尾）
1　岩坪　希杏（日野南）
1　小川　優月（潮田）
1　長谷川颯哉（老松）
1　本澤侑羽人（本牧）
1　吉岡己太郎（本牧）
☆1　石井　颯美（浜）
☆1　井上　花凜（蒔田）
☆1　木村　仁美（秋葉）
☆1　南　彩也音（西本郷）
☆1　坂部　綾香（大鳥）
☆1　樋口　夢（洋光台第二）

横浜平沼

横浜市西区岡野1－5－8
部長　竹林　滉平
監督　海老塚雄太
3　小泉　龍哉（中川西）
3　田中　壮佑（樽町）
3　田中　暖生（宮田）
3　寺久保武志（東山田）
3　平尾　伊吹（東永谷）
3　南　佳樹（六浦）
◎3　山形　奏斗（軽井沢）
3　吉川　和季（樽町）
2　新井　智喜（大鳥）
2　岩田　悠也（藤ケ岡）
2　髙見澤　熙（浜）
☆2　坂川　琴音（万騎が原）
☆2　金築　葵（中和田）
1　瀬川　優希（港南台第一）
1　西　拓真（錦台）
1　大井　創太（綾北）
1　安藤雅太郎（南郷）
1　田中　奏詩（領家）
☆1　加藤　利埜（大綱）

川　和

横浜市都筑区川和町2226－1
部長　平野　太一
監督　平野　太一
3　岩木　壮太（生麦）
3　歌川　逢介（中川西）
3　打越　真孝（都田）
3　梶川　雄作（東山田）
3　川原田　誠（樽町）
3　佐藤　翔斗（桂台）
3　関向隆多郎（東高津）
3　髙島　壮司（宮崎）
3　竹田　櫂（荏田南）
3　田村　隼士（川崎橘）
3　永澤　誠人（茅ケ崎）
3　中村　太賀（中山）
3　野呂　瑛心（あかね台）
◎3　馬場　耀太（茅ケ崎）
3　平岡　拓真（軽井沢）
3　三木健太郎（宮前平）
3　山﨑　遥介（上の宮）
☆3　福原　遥花（中川西）
2　碓井　俊（国大附属横浜）
2　大関　淳世（もえぎ野）
2　落合　健太（生麦）
2　小畑　達也（中川）
2　北村　啓人（住吉）
2　後藤　歩（新町）
2　小林玄三郎（若葉台）
2　實藤　亨（田名）
2　白戸虎太郎（霧が丘学園）
2　秦　智哉（日吉台）
2　隅田　康介（岡野）
2　髙吉　修悟（谷本）
2　中田航太郎（新町）
2　名久井悠楽（浜須賀）
2　原　遼成（浦島丘）
2　藤室　瑛太（中川西）
2　守田　隼（東山田）
2　矢川　豪羽（旭北）
2　横山　紘佑（六ケ川）
2　吉田　智哉（南加瀬）
☆2　伊奈　明音（鴨志田）
1　秋元　一希（丸山台）
1　芦沢　奏馬（西中原）
1　伊藤　仁汰（名瀬）
1　小笠原正宗（中川西）
1　萩原　勇樹（金沢）
1　北原　昴季（横浜緑が丘）
1　楠本　大斗（中川西）
1　小林　瑛太（横浜鴨居）
1　齋藤　慎介（早渕）
1　佐久間寛太（浜）
1　佐々木泰生（川和）
1　嶋田　雄太（新羽）
1　曽我　佳祐（川和）
1　丹野　凛心（市ケ尾）
1　中山　大護（川崎橘）
1　濱岡　蒼太（田奈）
1　増田　温人（横浜橘）
1　村澤　龍弥（神奈川）
1　矢島　遼人（茨城・大久保）
1　矢田　祥大（茅ケ崎）
1　山本遼太郎（中川西）
1　渡邉　佑太（もえぎ野）
1　和田　裕大（軽井沢）
☆1　山﨑　晴陽（東京・八雲学園）

鶴　見

横浜市鶴見区下末吉6－2－1
部長　井上　知哉
監督　今井　健
2　山本　章裕（寺尾）
◎2　上村　咲太（鶴見）
2　安野　仁人（篠原）
☆2　曽我部真央（塚越）
1　岡下　拓未（生麦）
1　小池　陽向（浦島丘）
1　倉田　大馳（日吉台）
1　勝田　陽大（横浜鴨居）
1　冨澤　寛太（末吉）
1　佐々木温直（新羽）
1　宮田　絢平（鹿児島・東谷山）
1　窪田　賢佑（樽町）
1　内田　皓（川崎玉川）
1　乙幡　優斗（市場）
1　大賀　嗣旦（日吉）

横浜南陵

横浜市港南区日野中央2丁目26番1号
部長　赤堀　勇斗
監督　髙橋　直也
3　青山　大夢（笹下）
3　浅野　幸喜（六ツ川）
◎3　石西　健太（笹下）
3　古河　大誠（横浜南が丘）
3　長南　輝樹（笹下）
3　早﨑　太一（横浜吉田）
3　平井　宏（横浜吉田）
3　和田柊一郎（小山台）
☆3　西田　奏（笹下）
2　阿部　帆凌（岡村）
2　大本　恭平（六ツ川）
2　斎藤　晴太（東永谷）
2　佐藤　真心（小山台）
2　菅野　涼輔（岡村）
2　鈴木　匠海（港南）
2　鈴木　陽斗（富岡）
2　髙橋　奏太（永田）
2　中川　隼太（小田）
2　永山　巧貴（港南台第一）
2　林　凌央（洋光台第二）
☆2　中澤　明歩（岩瀬）
1　赤城　英規（西柴）
1　秋月　大河（金沢）
1　宇野　舜樹（西本郷）
1　坂本　丈哉（丸山台）
1　髙橋　隼（逗子）
1　竹村　洸人（横浜南）
1　野田　葉太（日野南）
1　廣兼　琉翔（永田）
1　前田　友寛（汐見台）
1　宮本　羚雅（平楽）
1　山田　春希（東永谷）
☆1　佐藤　七海（岩崎）

港　北

横浜市港北区大倉山7－35－1
部長　齊藤　慶彦
監督　金成　和哉
3　井関　檜（岡野）
3　市川　幹大（奈良）
3　大野幸太郎（軽井沢）
3　齋　翔太郎（浦島丘）
3　酒向　優輝（日吉台）
3　篠原　大輔（六角橋）
3　鈴木　和真（矢向）
3　髙松　成吾（中川）
3　田中幸太郎（城郷）
3　千葉　優太（都田）
3　遠山　敦史（日吉台）
3　前田　楓（横浜南が丘）
3　横田　侑斗（日吉台）
3　吉川　諒平（川和）
◎3　吉田　匠吾（市場）
☆3　小山愛宥美（東山田）
☆3　松本　優芽（早渕）
2　吉川　葵（大綱）
2　倉部　琳（城郷）
2　田中　翼（御幸）
2　深川　颯斗（山内）
2　宮﨑　稜大（奈良）
1　小原　範大（新田）
1　川嶋　塁（あかね台）
1　河南　泰惺（日吉台）
1　櫻井　大貴（永田）
1　下小薗貫太（大綱）
1　竹脇　遼（横浜西）
1　萩原　大裕（保土ケ谷）
1　原田健太郎（六角橋）
1　平野　翔大（軽井沢）
1　山田　遥埼（新田）
☆1　上島　咲希（西谷）
☆1　神田　弥映（早渕）
☆1　星　琴乃（川和）

柏　陽

横浜市栄区柏陽1－1
部長　高比良洋二
監督　豊永　将義
3　市川　久羅（埼玉・所沢中央）
3　金本　龍平（高浜）
3　上條　瑛士（仲尾台）
3　品川　航介（笹下）
◎3　土井慎一朗（市場）
3　鳥海　陽太（上永谷）
3　野口　太暉（岩瀬）
3　宮原　彰吾（南瀬谷）
☆3　髙林莉彩子（大正）
2　井川　泰成（梅田）
2　酒井　亮輔（篠原）
2　佐藤　周（南郷）
2　清水　智生（平塚神明）
2　塚越　裕斗（大船）
2　行武　晄汰（桂台）
2　行武　壮汰（桂台）
2　横山　稜（深沢）
2　吉川　笙翔（茅ケ崎第一）
1　石井　秀磨（鵠沼）
1　石塚　慧一（小田原橋）
1　加藤　碧（港）
1　加藤　颯空（富岡）
1　河田　将弥（鵠沼）
1　黒須　有弥（鷹取）
1　諏方　遥人（中和田）
1　中西　昊（藤の木）
1　林　蒼（鵠沼）
☆1　野本　夏帆（国大附属横浜）
☆1　長谷川莉花（永田）

横浜瀬谷

横浜市瀬谷区東野台29－1
部長　佐々木　圭
監督　井上　翔平
3　大江　蒼史（南瀬谷）
◎3　大口　元気（希望が丘）
3　亀田　章翔（引地台）
3　後藤　洸人（希望が丘）
3　清水　昌洋（南希望が丘）
3　新明　心和（いずみ野）
3　鈴木　星名（南希望が丘）
3　関口　虹輝（南希望が丘）
3　平井　湧也（東野）
3　福田　暖士（原）
3　畠山穂乃佳（茅ケ崎）
2　井村　洸（南瀬谷）
2　大城　有理（宮田）
2　鈴木　航（万騎が原）
2　住澤　一朗（鶴間）
2　横山　賢人（中和田）
☆2　髙谷　唯衣（柏ケ谷）
1　石井　佑（宮田）
1　伊藤　優斗（鶴ケ峯）
1　海老塚千響（希望が丘）
1　海老原　亘（緑園学園）
1　榎本　藍羽（西谷）
1　菊池　泰雅（西谷）
1　久保田悠大（本宿）
1　鈴木　宏和（中和田）
1　竹之内時空（瀬谷）
1　高橋　郁也（希望が丘）
1　長谷川　優（宮田）
1　本田　和輝（中和田）
1　松本　夢生（緑園学園）
1　横井　勇実（引地台）
☆1　淺沼　叶恵（綾瀬城山）
☆1　長田　唯花（原）
☆1　渋谷　千乃（引地台）

市ケ尾

横浜市青葉区市ケ尾町1854番地
部長　本屋敷隆裕
監督　菅澤　悠
◎3　松本　大馳（新田）
3　峯　陸人（都田）
3　藤原　亮（川崎長沢）
3　堀川　爽馬（鴨志田）
3　髙原　春希（茅ケ崎）
3　髙橋　陸人（つきみ野）
3　北脇　翔馬（中山）
3　杉田周一郎（美しが丘）
3　佐藤　悠雅（横浜鴨居）
3　木澤　卓也（王禅寺中央）
3　高槻　琉聖（横浜鴨居）
3　山口　侑真（川崎橘）
3　丸山　勇太（奈良）
☆3　福田　恭花（城郷）
2　奥津　秀太（新羽）
2　杉山英志朗（田奈）
2　鈴木　智輝（霧が丘学園）
2　高橋　宏造（早渕）
2　立石　陽大（生田）
2　二井慶次郎（有馬）
2　古川　太陽（茅ケ崎）
2　棟居　昊大（宮前平）
2　高清水晃太（向丘）
2　犬丸　宗祐（宮前平）
2　鹿島　丈（柿生）
2　小林　永和（青葉台）
2　髙橋　伊吹（宮崎）
2　鷭田　匠瑛（宮前平）
2　原田　琉成（東山田）
2　古田　大成（荏田南）
2　古澤　望（荏田南）
☆2　遠藤　由唯（荏田南）
☆2　及川　紗帆（塚越）
☆2　森川　愛子（川和）
1　後　遼介（南林間）
1　永田正太郎（生田）
1　桑折隆之助（向丘）
1　白井　啓翔（茅ケ崎）
1　稲田　蒼空（金程）
1　若生　悠貴（川崎橘）
1　佐藤　幹太（川崎長沢）
1　佐渡　良太（田奈）
1　小鍋　一翔（奈良）
1　津久井　涼（上鶴間）
1　中谷　一仁（日吉台西）
1　田中　葵（野川）
1　小室　遥己（南林間）
1　富塚　孔埜（西生田）

1 吉村 駿 (中川西)
1 佐野 爽斗 (日吉台)
1 植田 凱崇 (国大附属横浜)
1 河野 壮志 (中川西)
1 長野 航大 (川和)
1 大藏 瑛輔 (田奈)
1 田中 佑翔 (白鳥)
☆1 菅間菜々美 (青葉台)
☆1 布施美咲音 (六角橋)

金井

横浜市栄区金井町100番地
部長 佐藤 裕
監督 山﨑 滋彦
3 荒井 杏輔 (洋光台第一)
3 荒田 誠司 (洋光台第一)
3 磯崎 陽平 (南戸塚)
3 押尾 遼平 (中田)
3 加藤 恒志 (境木)
◎3 加藤 真悟 (領家)
3 児玉 大和 (名瀬)
3 西村 和樹 (深沢)
3 原田 悠生 (名瀬)
3 増子 智也 (上郷)
2 青木 駿人 (玉縄)
2 板橋 隼人 (上永谷)
2 薄井 幹弥 (戸塚)
2 大内 栞拓 (飯島)
2 小川 陸斗 (泉が丘)
2 片山 蒼太 (飯島)
2 木林 直輝 (秋葉)
2 佐藤壮一郎 (生麦)
2 菅井 淳平 (領家)
2 田邊 聖弥 (日限山)
2 中島寅之介 (領家)
2 廣瀬 優希 (豊田)
2 淵脇 優陽 (名瀬)
2 室井 智貴 (中田)
2 森岡 優磨 (領家)
☆2 大川 理生 (日野南)
☆2 小林 歩美 (豊田)
☆2 宮本 結衣 (日野南)
1 片桐 陽 (六浦)
1 河原 煌典 (笹下)
1 木村 勇輝 (永田)
1 國仲 正樹 (舞岡)
1 小林 蒼汰 (戸塚)
1 後岡 祐 (岩瀬)
1 土肥 礼人 (舞岡)
1 深見心太郎 (大正)
1 若穂囲爽太 (飯島)
☆1 島村 はな (玉縄)

旭

横浜市旭区下川井町2247
部長 佐藤 滉
部長 山口 諒
3 今村 四季 (都岡)
3 後藤 雅弥 (瀬谷)
3 小林 武輝 (今宿)
3 佐々木功雅 (今宿)
3 谷口 智紀 (南瀬谷)
3 根﨑 隼翔 (南瀬谷)
◎3 西澤龍之介 (浦島丘)
☆3 野本 愛翔 (原)
2 森 聖貴 (希望が丘)
2 五十嵐 央 (旭北)
2 河原 悠弥 (田奈)
2 生井 智稀 (霧が丘学園)
2 古萱 陽士 (都岡)
2 山口 太晴 (鶴ケ峯)
2 村上 健斗 (都岡)
2 百瀬 友貴 (保土ケ谷)
☆2 沖田 芽依 (鶴間)
☆2 小関 青空 (保土ケ谷)
1 田邊 優 (旭)
1 辻 健太郎 (万騎が原)
1 野口 新大 (左近山)
1 吉田 友哉 (岡津)
1 道家 海斗 (新井)
1 中谷 寛晃 (下瀬谷)
1 宇田川 颯 (希望が丘)
1 小島 来斗 (希望が丘)
1 笹村 夏輝 (西谷)
1 中丸 暖 (瀬谷)
1 榎本 夢翔 (希望が丘)
1 佐藤琉生斗 (旭)
1 和久 欣嗣 (東野)
1 木村 大翔 (保土ケ谷)
1 平林 友陽 (都岡)
1 金子 隼希 (瀬谷)

1 根﨑 龍翔 (南瀬谷)
1 宮島 佳汰 (いずみ野)
☆1 河面 歩美 (鶴ケ峯)
☆1 ジャリーリ パティラ (左近山)

霧が丘

横浜市緑区霧が丘6－16－1
部長 相原虎太朗
監督 永田荘文介
3 青木 礼恩 (谷本)
3 大貫 総司 (谷口)
3 楠木 冬那 (若葉台)
3 後藤 心真 (城郷)
3 小宮 隼人 (希望が丘)
3 竹野 佑耶 (旭北)
3 野田 結太 (城郷)
3 堀内 裕太 (城郷)
3 湊 拓真 (西谷)
3 望月 海翔 (旭北)
◎3 若井 湊 (今宿)
☆3 木村 佳奈 (保土ケ谷)
2 久保田雅仁 (本宿)
2 徳本 健太 (今宿)
☆2 渡邊 華 (奈良)
1 阿部 太陽 (都岡)
1 井上 維月 (田奈)
1 小川竜之介 (南希望が丘)
1 中村 太智 (田奈)
1 信澤威武希 (あかね台)
1 森本 桜成 (都岡)
1 山平 晴輝 (美しが丘)
1 大音 祐馬 (谷本)

金沢総合

横浜市金沢区富岡東6－34－1
部長 小野寺啓悟
監督 森 雄也
◎3 田嶋 成輝 (汐見台)
3 山﨑 日向 (横須賀鴨居)
3 前原 一輝 (久里浜)
3 三戸 孔盟 (横須賀鴨居)
3 浅場 謙汰 (港南)
☆3 池谷 心美 (六浦)
2 久保田百空 (笹下)
2 谷口 佳輝 (森)
2 玉川 傑 (横須賀長沢)
2 東 孝太郎 (六浦)
2 横地 暖 (芹が谷)
☆2 久野真理亜 (初声)
1 内藤 龍星 (六浦)
1 越山 侑 (六浦)
1 川原 健太 (横須賀鴨居)
1 佐古 英明 (大津)
1 村越淳之介 (南戸塚)
1 髙梨 隼 (久里浜)
1 矢内 司悠 (池上)
1 三室 健翔 (六浦)
1 前原 舜正 (久里浜)
1 竹川 大雅 (久里浜)
1 髙木 飛喜 (並木)
☆1 桐村 珂恋 (浜)

白山

横浜市緑区白山4丁目71番1号
部長 小山田浩士
監督 安東 拓真
3 阿部 蒼空 (日野南)
3 飯田 泰地 (名瀬)
3 宇田川 陽 (希望が丘)
3 木村 利央 (つきみ野)
3 工藤倫太朗 (小山)
3 鈴木琥太郎 (新井)
3 鈴木 翔陽 (あかね台)
3 瀬川 雄太 (横浜吉田)
3 髙原 敬大 (東橘)
◎3 田中 一成 (小山)
3 多辺田埜亜 (大鳥)
3 政 直樹 (横浜南)
3 永井 大樹 (上白根)
3 浜 輝玖海 (共進)
3 早川 壮太 (高津)
3 藤沢 陽弥 (錦台)
3 舛井 武蔵 (谷本)
3 松嵜 大介 (名瀬)
3 水瀬凛太朗 (茨城・手代木)
3 弓場 光喜 (小山)
3 吉田 柊 (岡野)
2 荒川 誠 (笹下)

2 大島 優人 (京町)
2 木村 孝成 (錦台)
2 小林 智樹 (大野北)
2 丹野 翼 (大鳥)
2 中島 悠 (横浜橘)
2 西田 剛 (新羽)
2 平林 岬 (川崎長沢)
2 藤山 蒼己 (寺尾)
2 堀越 央斗 (六ツ川)
2 眞柄 幸太 (新羽)
2 横澤 凛太 (丸山台)
1 飯島 希龍 (篠原)
1 上村 大翔 (生麦)
1 川端 蓮 (川和)
1 菊地 琥太 (緑ケ丘)
1 菅原 蒼央 (六角橋)
1 髙橋 城児 (平楽)
1 中鉢龍之介 (横浜橘)
1 平山 達也 (今宿)
1 丸尾 銀士 (中川西)
1 峯島 優月 (いずみ野)
1 柳澤 仁利 (緑園学園)
1 山田 涼牙 (万騎が原)

舞岡

横浜市戸塚区南舞岡3－36－1
部長 小林 恒平
監督 武田 知己
3 西郷 功介 (丸山台)
3 森 春輝 (横浜橘)
3 馬場 寛大 (丸山台)
3 橋本 健 (名瀬)
3 鈴木 翔也 (日限山)
◎3 飯田 真平 (名瀬)
3 築井 泰成 (豊田)
3 福井 敬太 (丸山台)
3 吉田 祥瑛 (丸山台)
☆3 石井 紗奈 (岡津)
2 沼澤 直生 (上永谷)
2 中込 鷹介 (笹下)
2 賀野 翔磨 (上永谷)
2 須田 優輝 (豊田)
2 森 太一 (横浜橘)
2 末永 勇雅 (舞岡)
☆2 小田 柚季 (名瀬)
☆2 伊藤まひる (豊田)
1 森田 蒼唯 (名瀬)
1 黒沢 涼太 (老松)
1 込山 陸 (舞岡)
1 武田 雄飛 (上永谷)
1 鳩貝 諒太 (岡津)
1 髙橋 里玖 (岡津)
1 永田 悠人 (大正)
1 渡辺 颯 (保土ケ谷)
1 竹岡 賢史 (軽井沢)
1 秦野 陽 (いずみ野)
1 醍醐 快飛 (戸塚)
1 石井 竜雅 (戸塚)
☆1 石川 沙樹 (領家)
☆1 秋元 愛華 (六ツ川)

松陽

横浜市泉区和泉町7713
部長 生方 彰徳
監督 児玉 淳
3 植松 仁 (鶴ケ峯)
◎3 菊地 威吹 (下瀬谷)
3 時津 亘 (いずみ野)
3 納口 世凪 (引地台)
3 立花 聖人 (泉が丘)
3 萩原 蓮 (泉が丘)
3 藤本 侑志 (泉が丘)
3 宮原 史楓 (泉が丘)
3 美山 琉依 (泉が丘)
☆3 東 珠々菜 (神奈川大附属)
☆3 金子 結希 (鶴ケ峯)
☆3 千明 葵衣 (上飯田)
2 薄井 祐樹 (今宿)
2 柏木 徹平 (中和田)
2 原口 陸斗 (新井)
2 石井 颯太 (汲沢)
2 黒川槙之介 (岡津)
2 秋本 大地 (泉が丘)
2 米田 冬也 (南瀬谷)
2 望月 達矢 (瀬谷)
2 萩原 悠生 (岡津)
2 安永 倫規 (本宿)
2 和田 昴政 (中田)
2 半澤 孝典 (希望が丘)
☆2 西村 有紗 (湘南台)
☆2 矢野 裕美 (岡津)

1 赤井 優太 (鶴ケ峯)
1 奥津 勇吹 (瀬谷)
1 河野 優矢 (緑園学園)
1 小林 斗羽 (綾北)
1 近藤 佳志 (希望が丘)
1 藤井 佑矢 (希望が丘)
1 松本 凌羽 (万騎が原)
1 矢島 朋晃 (鶴間)
1 山本 樹 (保土ケ谷)
1 山本 真輝 (湘南台)
1 山本 真稔 (中田)
☆1 島田さくら (いずみ野)
☆1 白井 睦 (湘南台)

横浜栄

横浜市栄区上郷町555
部長 中村 優大
監督 坂元 裕貴
3 堀田 雄太 (国大附属鎌倉)
3 山本 紘太 (小山台)
3 吉川 雄乃 (汐見台)
3 後藤 佑希 (横浜南)
3 沢井 勇輔 (横浜南)
3 畑山 康太 (桂台)
3 清宮 瑛斗 (西本郷)
3 羽間 智哉 (港南台第一)
◎3 浅野 将寿 (港南台第一)
3 今岡 岬 (港南台第一)
☆3 高橋 ひな (玉縄)
2 大神 道人 (六ツ川)
2 國松 悠宇 (富岡)
2 城 健太 (横浜吉田)
2 畑 佳太朗 (並木)
2 宮崎 夏樹 (横浜吉田)
2 井上 和優 (丸山台)
2 上里 優弥 (境木)
2 吉野 智貴 (小田)
2 伊藤 遼 (港南台第一)
☆2 府川 陽音 (日限山)
☆2 林 佳恵 (丸山台)
1 川本 裕大 (浜)
1 井上 翔斗 (境木)
1 菊地 臣吾 (南戸塚)
1 白鳥 颯斗 (横浜隼人)
1 渡邊 唯翔 (小山台)
1 倉澤 貫 (岩瀬)
1 小笠原 輝 (六角橋)
1 吉岡 咲人 (西金沢学園)
1 小澤 翔 (南が丘)
1 田中 廉人 (高浜)
1 佐々木駿哉 (永田)
1 菅野 健人 (永田)
1 本多 凌 (上永谷)

横浜氷取沢

横浜市磯子区氷取沢町938－2
部長 利部 尚寛
監督 安齋 賢
3 小田 悠人 (六浦)
3 小石 拓門 (洋光台第二)
3 二瓶 颯太 (横浜南)
3 田村 隆汰 (富岡)
3 津村 勇吾 (金沢)
3 青木 勇真 (国大附属鎌倉)
3 佐藤 遥斗 (並木)
3 島村 侑 (永田)
3 高﨑 一輝 (上郷)
3 井手 雅貴 (平戸)
3 谷岡凰羽馬 (釜利谷)
3 正津孝太朗 (西本郷)
3 竹内 秀 (横浜南)
◎3 若命謙次朗 (逗子)
☆3 渡邉 椿 (港南)
☆3 青柳 杏奈 (野比)
☆3 加藤 琴乃 (浦賀)
2 石井 奏惺 (浜)
2 石原 陽向 (大道)
2 岡 叶翔 (桂台)
2 三羽 祐輝 (仲尾台)
2 清水 正道 (公郷)
2 由田 隼人 (丸山台)
2 倉田 征士 (西金沢学園)
2 村松 功明 (久里浜)
2 藤田 太陽 (横浜南)
2 勝野 颯 (南戸塚)
2 政氏 眺太 (戸塚)
☆2 前田 すず (横浜南)
1 相川 蓮悟 (六浦)
1 足谷 隆成 (港南)
1 齋藤 平蔵 (上郷)
1 徳田 聖貴 (港南)

1 石渡 貫丞 （逗子）
1 井手 琉斗 （追浜）
1 関 和是 （丸山台）
1 武藤 優光 （国大附属横浜）
1 村岡 温斗 （南が丘）
1 始良 侑成 （南郷）
1 田中 幸樹 （笹下）
1 杉山 光祐 （港南）
1 島本 聡 （港南）
☆1 冨岡 陽夏 （港南）
☆1 五十嵐 凛 （笹下）

新羽

横浜市港北区新羽町1348
部長 河野 諒
監督 戸塚 義晃
3 後藤 旬哉 （寺尾）
3 西田 柊吾 （新田）
3 田島 莞大 （末吉）
3 星野 拓騎 （市場）
3 吉野 哲史 （横浜鴨居）
☆3 秋山 碧希 （末吉）
☆3 野田 真帆 （末吉）
2 菊池 大斗 （早渕）
2 門倉 歩夢 （中山）
2 田島 寛太 （六角橋）
2 大渕誠士郎 （城郷）
2 伊藤圭侍郎 （六角橋）
1 工藤 颯太 （生麦）
1 上野 稜真 （菅田）
1 苅部 昊太 （宮田）
1 小嶋 優揮 （末吉）
1 滝口 玲緒 （寺尾）
1 藤原 連生 （寺尾）
1 安倍 大賀 （神奈川）
1 村井 青空 （菅田）
1 高桑 隆 （神奈川）
☆1 相川 奈桜 （金沢）
☆1 内村 美玖 （十日市場）

横浜清陵

横浜市南区清水ケ丘41
部長 佐藤 幸太
監督 野原慎太郎
3 石岡 光一 （下瀬谷）
3 井川 智博 （汐見台）
3 苅谷 大斗 （岩崎）
◎3 丸山 聖悟 （生麦）
3 津島 瑠玖 （西谷）
3 内山 大輔 （蒔田）
3 植本 颯太 （西谷）
3 西村 駿佑 （藤の木）
3 金野 壮哉 （横浜吉田）
3 菅野なぎさ （横浜南が丘）
3 永原 功富 （洋光台第二）
3 佐藤 巧都 （六角橋）
3 左右田琥哲 （岩井原）
3 吉原 陽人 （塚越）
☆3 石塚 佳帆 （老松）
☆3 楡井 優実 （港南）
2 菅野 泰生 （川中島）
2 坪井 優和 （笹下）
2 鈴木 湊大 （早渕）
2 堀内 拓哉 （大津）
2 三戸丈一郎 （共進）
2 中田 悠太 （篠原）
2 久島 錬弥 （塚越）
2 安保 六毅 （栗田谷）
2 永原 由晶 （洋光台第二）
2 加藤 大地 （平戸）
2 高須 琉瑚 （横浜南が丘）
2 生坂 友康 （上白根）
2 髙橋 龍馬 （軽井沢）
2 山﨑龍之介 （東永谷）
2 西條 謙太 （横浜南）
2 坂本 悠春 （日野南）
2 白井 瞭多 （座間南）
2 杉崎 元紀 （西本郷）
2 中川虎之介 （中尾台）
2 松井 寛汰 （泉が丘）
2 橋口 遙 （川中島）
2 二野宮 遙 （井田）
2 石橋 碧生 （寺尾）
2 小松 亮介 （富岡）
2 池田 圭吾 （軽井沢）
2 齋藤 雄斗 （丸山台）
1 髙山 大馳 （岡津）
1 松井 俊憲 （洋光台第一）
1 長谷川悠人 （日限山）
1 内藤 大維 （丸山台）
1 西田昊志朗 （本宿）

1 辻 亮汰 （寺尾）
1 太田 竜暉 （鶴見）
1 小原 悠人 （岡津）
1 山本 康太 （大師）
1 吉澤 昴 （塚越）
1 秦野 一颯 （希望が丘）
1 赤塚 祐斗 （小田）
1 進藤 泰晟 （塚越）
☆1 楠本 桃佳 （岩井原）

田奈

横浜市青葉区桂台2－39－2
部長 金子 圭希
監督 渡辺 雄大
◎3 羽田野純一 （谷本）

横浜緑園

横浜市泉区岡津町2667番地
部長 和田 仁史
監督 増田 亮
2 島田 海馳 （岩崎）
2 影山 建兆 （左近山）
1 佐藤 海樹 （湘南台）
1 後野 友杜 （湘南台）
☆1 米谷 美織 （平戸）

荏田

横浜市都筑区荏田南3－9－1
部長 井上 和哉
監督 窪田 祐司
3 岡田 尚己 （あかね台）
3 小澤 愛翔 （川崎有馬）
3 勝俣 翔斗 （大和）
3 杉山湊太郎 （川崎有馬）
◎3 那須 幸矢 （相模）
3 沼田 虎吉 （都田）
3 服部 航汰 （菅生）
3 山﨑 優斗 （青葉台）
☆3 畑山 愛菜 （中川西）
2 秋山 俊太 （宮前平）
2 阿久津大貴 （十日市場）
2 池邉琥汰朗 （中山）
2 磯野 友汰 （宮前平）
2 岩谷 颯大 （みたけ台）
2 小川 翔也 （奈良）
2 小倉 遙生 （田奈）
2 柿沼 宙良 （田奈）
2 川島 董也 （高田）
2 川端 琉空 （川和）
2 坂本 直輝 （市ケ尾）
2 下田 陸人 （中山）
2 菅野 亮太 （市ケ尾）
2 竹下 陸斗 （矢向）
2 谷川 竣哉 （あかね台）
2 中村 太一 （向丘）
2 西邑 武 （市ケ尾）
2 三浦 大和 （十日市場）
2 水井 陸人 （川和）
2 森田 大輝 （奈良）
1 浅野 蒼太 （宮前平）
1 阿部 恒太 （原）
1 岩倉光之介 （茅ケ崎）
1 岡田 要 （みたけ台）
1 木村 颯太 （川崎橘）
1 小正路健聖 （あかね台）
1 坂井 悠高 （横浜鴨居）
1 佐藤 大雅 （十日市場）
1 塩野 希 （中山）
1 髙﨑晴二朗 （谷本）
1 武田 桜河 （横浜緑が丘）
1 西山 翔梧 （横浜緑が丘）
1 野﨑 大誠 （宮前平）
1 花田 隼人 （谷本）
1 森元 洸希 （もえぎ野）
1 森本 晴人 （高田）
1 八木 聡汰 （茅ケ崎）
1 山本 海都 （犬蔵）
☆1 大山 真央 （川和）
☆1 田中 理心 （宮前平）
☆1 渡邉 梨央 （田奈）

横浜桜陽

横浜市戸塚区汲沢町973番地
部長 石井 翔平
監督 井坂 太一

3 麻生 千翔 （六浦）
3 石井 遙登 （深谷）
3 加藤 匠真 （松浪）
◎3 髙橋 皓哉 （港南）
3 馬渡 空良 （中田）
3 望月 優真 （岩井原）
☆3 荒川もみじ （岡津）
☆3 伊藤 愛海 （六浦）
2 阿部 雄亮 （鵠沼）
2 加藤 巧人 （中和田）
2 齊藤 湜雅 （羽鳥）
2 佐藤孝太郎 （いずみ野）
2 月野莉玖人 （日野南）
2 杉本 和樹 （二宮）
1 稲葉 貴士 （徳島・阿南第一）
1 望月 優太 （日野南）
1 福田 陸 （笹下）
1 安西 優士 （湘南台）
1 植津 彗斗 （境木）
1 平澤 祐人 （西谷）
1 山田 辰平 （戸塚）

横浜旭陵

横浜市旭区上白根町1161－7
部長 飯田 佳祐
監督 塩澤 泰裕
◎2 大川 烈央 （中和田）
1 寺畑 翔夢 （早渕）

保土ケ谷

横浜市保土ケ谷区川島町1557
部長 清水 遼文
監督 寺尾 彰真
3 板垣 和樹 （軽井沢）
3 加山 剛士 （上菅田）
3 小島 佳祐 （西谷）
3 榊原 秀斗 （上菅田）
3 笹岡 大翔 （小山台）
3 島谷 海人 （寺尾）
◎3 中川 昊 （西谷）
☆3 館山 愛璃 （岡津）
2 木村 恵人 （上菅田）
2 佐藤 天我 （南瀬谷）
2 三宅 瑠輝 （菅田）
☆2 髙瀬 心実 （芹が谷）
1 三國谷 樹 （南瀬谷）
1 小島 一将 （岡野）
1 渡邉 北斗 （上の宮）
1 木下 蒼志 （岡村）

新栄

横浜市都筑区新栄町1－1
部長 秋田 大地
監督 河野 周平
◎3 内田 哲平 （浦島丘）
3 山田 湊大 （浦島丘）
2 宮本 大輝 （城郷）
☆2 藤田 知央 （早渕）
1 横山 勇生 （高田）

元石川

横浜市青葉区元石川町4116
部長 秋山 智紀
監督 京島 秀定
◎3 奥田 祐生 （山内）
3 佐藤 優太 （野川）
3 眞田 琉 （向丘）
2 梶 拓海 （川崎長沢）
2 黒川 一真 （市ケ尾）
2 鈴木 創 （犬蔵）
2 林田 滉大 （中山）
2 香渡 大順 （西生田）
2 髙橋 琥珀 （市ケ尾）
2 葛西 律夢 （生田）
2 磯﨑 陽光 （中山）
1 赤木 悠祐 （南菅）
1 古泉 慶春 （白鳥）
1 夏目 尚弥 （奈良）
1 多田隈陽太 （つきみ野）
1 田中 喜大 （十日市場）
1 野川 蓮 （中山）
1 中村 柊吾 （川崎有馬）
1 納冨 湧大 （山内）
☆1 三田村琉衣 （白鳥）
☆1 堀川 萌香 （向丘）

☆1 宮内 渚 （すすき野）

釜利谷

横浜市金沢区釜利谷東4－58－1
部長 栗原 悟
監督 竹林 滉平
◎3 亀井翔之介 （上郷）
3 真田 健吾 （南戸塚）

上矢部

横浜市戸塚区上矢部町3230
部長 田中 康寛
監督 安田 洋平
3 青木 大輝 （末吉）
3 嶋田透太朗 （永田）
3 安武 志侑 （港南）
◎3 佐々木琥愛 （大正）
3 齊木龍之介 （大正）
3 豊田 明史 （小山台）
3 菅野 湧 （泉が丘）
3 京藤 奏多 （横浜南）
3 道休 雪雄 （日限山）
3 福士 蒼斗 （泉が丘）
3 田中 匠 （戸塚）
3 伊佐 天翔 （領家）
☆3 飯島 来羽 （西谷）
2 藤井 陽斗 （洋光台第一）
2 浦船 拓海 （丸山台）
2 土屋 慶治 （舞岡）
1 大川 禅介 （豊田）
1 萩元 咲也 （平戸）
1 吉田 惇人 （戸塚）
1 寺﨑 優空 （飯島）
1 親松 巧真 （岡津）
1 齊田 大輝 （いずみ野）
1 千田耕太朗 （深谷）
1 南 康介 （豊田）
1 田中 琉 （新井）
1 大西 瑛太 （岡津）
1 進藤 翔斗 （岡村）
1 佐藤 裕紀 （汲沢）
1 橘田 優河 （瀬谷）
☆1 鹿又 梨央 （深谷）

岸根

横浜市港北区岸根町370
部長 佐山 顕一
監督 安東 翼
3 穴吹 昊士 （神奈川）
3 梶原 凌吾 （末吉）
3 唐澤 輝大 （潮田）
3 齊藤 賢和 （神奈川）
3 島倉 大空 （横浜鴨居）
◎3 天生目楓真 （日吉台）
3 原田 拓弥 （鶴見）
☆3 瀧口 綾香 （生麦）
☆3 浜野 七海 （茅ケ崎）
2 井上 由琥 （大綱）
2 大崎 劉惺 （東山田）
2 久世陽太郎 （横浜橘）
2 戸島 丈 （日吉台）
2 畑山 歩夢 （横浜吉田）
2 原田 聡志 （浦島丘）
1 稲葉 武瑠 （末吉）
1 鏑木 力 （寺尾）
1 唐澤 拓人 （市場）
1 藤井玲士朗 （共進）
1 町田 駿 （横浜吉田）
1 丸山 陽輝 （新羽）
1 山口 航 （本宿）
☆1 園田 千誠 （東山田）
☆1 長谷川 葵 （御幸）

永谷

横浜市港南区下永谷1丁目28番1号
部長 髙橋 良輔
監督 平野 拓也
◎3 山田 翔斗 （深谷）
1 本戸 笑夢 （境木）

光陵

横浜市保土ケ谷区権太坂1丁目7番1号

部長 力久　誠
監督 森　俊也
3 内山　秀喜 （国大附属横浜）
3 大河　和輝 （汐見台）
3 小川　和晃 （深沢）
3 笠原　雅希 （岩井原）
3 久保田充喜 （永田）
3 柴田琉乃介 （老松）
3 田﨑　優也 （泉が丘）
◎3 田代　優太 （生麦）
3 渡邊　駿 （上郷）
3 阿部　衛 （国大附属横浜）
☆3 石川　美結 （平戸）
☆3 木村葉菜子 （横浜南が丘）
2 熱海　創 （境木）
2 大沼　駿太 （上永谷）
2 小崎　寛太 （岩瀬）
2 髙尾宗太郎 （境木）
2 田中悠太郎 （国大附属横浜）
2 星　優記 （泉が丘）
2 江上　哲平 （桂台）
☆2 志村　悠花 （汲沢）
1 太田　悠介 （国大附属横浜）
1 北村　太一 （深沢）
1 孤塚　悠貴 （日吉台）
1 熊野　伶 （豊田）
1 進藤　亮祐 （舞岡）
1 中野　総太 （新田）
1 古澤　響 （国大附属横浜）
1 宮本　和瑳 （大綱）
1 持田　和希 （上飯田）
1 山内　睦大 （領家）
☆1 井上　光鈴 （泉が丘）

城　郷

横浜市神奈川区三枚町364－1
部長 松岡　元
監督 小池　健一
3 吉田　洋也 （生麦）
3 村川凌太郎 （大鳥）
3 長澤　歩生 （浦島丘）
3 倉本　健太 （浦島丘）
3 阿部孔生太 （浦島丘）
3 手塚　磨柊 （栗田谷）
3 山﨑　聖 （洋光台第二）
3 吉田　智輝 （浦島丘）
◎3 金子　大翼 （保土ケ谷）
3 荒川　雄基 （城郷）
☆3 田所　美希 （錦台）
2 戸原胡太郎 （六角橋）
☆2 川端　仁恵 （錦台）
☆2 藤田　紅理 （平間）
1 井本　直希 （神奈川）
1 角田　陸翔 （生麦）
1 中峯　大翔 （市場）
1 原田　大輔 （栗田谷）
1 山本　一輝 （錦台）

横浜明朋

横浜市港南区港南台9丁目18－1
部長 鈴木　翼
監督 高信　智史
2 諸星　槙 （本郷）
◎2 恩田　大地 （港）
☆2 熊谷　美憂 （大楠）
1 寺田　翔 （岡村）

県商工

横浜市保土ケ谷区今井町743番地
部長 松本　修平
監督 畠　陽一郎
◎3 宮崎　幸樹 （大鳥）
3 津田　秀真 （瀬谷）
3 安田　猛駿 （蒔田）
3 石井　凌大 （原）
☆3 田中　心羽 （六ツ川）
2 松下　温 （今宿）
2 三島　英明 （本郷）
2 岡本　真治 （久木）
2 明日　永輝 （小山台）
2 玉川　詩大 （六ツ川）
2 工藤龍之介 （今宿）
2 齋藤　礼弥 （小山台）
2 菅沼　輝太 （本郷）
2 野々山瑠珈 （旭北）
2 片桐　拓海 （蒔田）
2 原　孝介 （本宿）
2 石井　天 （岩崎）

2 宇佐美遥希 （六ツ川）
2 斎藤　陽太 （東永谷）
☆2 山川　美月 （港）
☆2 分目　姫子 （岩崎）
1 渡邉　耀士 （飯島）
1 對馬　汰月 （深谷）
1 稲原虎之介 （原）
1 石垣　柊 （今宿）
1 中谷　怜央 （領家）
1 関口　翔太 （希望が丘）
1 大江田啓生 （上白根）
1 池上　具冶 （川中島）
1 伊藤　楓 （横浜橘）
1 佐藤　大輝 （西谷）
1 渋谷　翔 （六ツ川）
1 服部　力 （永田）
1 玉置　航聖 （瀬谷）
1 鈴木　逞 （六ツ川）
1 石田　裕也 （横浜橘）
1 岡田　佑基 （永田）
☆1 黒田　神愛 （横浜橘）
☆1 加藤　颯姫 （横浜南）

神奈川工

横浜市神奈川区平川町19－1
部長 三木健太郎
監督 信太　俊郎
3 石井　要 （大津）
3 岩崎　蒼聖 （末吉）
3 上村　正弥 （栗田谷）
3 後藤　颯馬 （寒川東）
3 坂内　煌太 （座間南）
3 松橋　拓 （横浜南）
3 池岸　遙也 （横浜南が丘）
3 渋谷　慶太 （共進）
3 宮田　空 （富岡東）
3 相澤　翔矢 （神田）
3 草野　颯 （大鳥）
3 竹内　元翔 （根岸）
3 中村　海厘 （矢向）
3 深川　由将 （保土ケ谷）
3 三宅　真暖 （丸山台）
3 田中　空流 （西金沢学園）
◎3 庭野　陸斗 （生麦）
3 小泉　飛鳥 （桂台）
3 後藤　公也 （上郷）
3 深川　聖将 （保土ケ谷）
2 高山　祐輔 （今泉）
2 樋口　馨 （秦野西）
2 清水　飛雄 （矢向）
2 面野楓之介 （富士見）
2 武井　快晴 （東林）
2 牛込　皓介 （本牧）
2 佐藤　圭乙 （高田）
2 仁科　遥人 （岡村）
☆2 飛鳥　紗和 （鎌倉第一）
1 大石　弐夏 （川中島）
1 本田　幸輝 （大野）
1 川上　雅貴 （西谷）
1 黍嶋　隼人 （南希望が丘）
1 小村隼太郎 （横浜鴨居）
1 吉澤　靖彌 （潮田）
1 今井　大成 （追浜）
1 柏木　一護 （岡村）
1 笹森　壕葵 （大鳥）
1 高尾　海人 （保土ケ谷）
1 高尾　航生 （保土ケ谷）
1 德増　和哉 （柏ケ谷）
1 城本幸之介 （旭北）
1 矢野　一也 （新井）
☆1 黒田　琉愛 （上の宮）

磯子工

横浜市磯子区森5丁目24番1号
部長 持田　佑介
監督 鈴木　将己
3 渡邉　恵太 （いずみ野）
3 山口　白矢 （東永谷）
3 橋岡　幸誠 （洋光台第一）
3 浅井　賢太 （洋光台第二）
3 伊藤　晃汰 （浜）
◎3 秋山　敏樹 （戸塚）
3 福井　陽琉 （上永谷）
2 森　星真 （日野南）
2 米須　鉄生 （南戸塚）
2 岩室　陽亮 （境木）
2 武田　昊之 （境木）
1 池上　遊馬 （藤の木）
1 大橋　海士 （秋葉）
1 金井　翔 （秋葉）
1 菅野　勝 （横浜吉田）

1 岸　遼祐 （富岡東）
1 正法地祐大 （横浜南が丘）
1 髙森　咲斗 （富岡）
1 田村　慶悟 （本郷）
1 西村　龍輝 （大鳥）
1 根本　羚 （横浜南が丘）
1 廣瀬　昊磨 （永田）
1 福田　潤也 （永田）
1 細野　悠大 （岡村）
1 水村　智治 （根岸）
1 村上　陸 （境木）
1 安居　拓海 （浜）
☆1 會田　桜子 （東永谷）
☆1 石﨑　湖子 （岡津）

金　沢

横浜市金沢区瀬戸22－1
部長 伊東　祥央
監督 吉田　斉
3 安藤　晴 （岩崎）
3 大橋　賢人 （桂台）
3 小山田未來 （横浜吉田）
3 内山　義己 （横浜隼人）
3 黒田　葉琉 （中川）
3 小池　龍一 （松本）
3 佐々木悠太郎 （中尾台）
3 杉山　蓮 （南戸塚）
3 髙橋　洸士 （川中島）
3 髙柳嶺太郎 （横浜南）
3 鶴　昂希 （洋光台第二）
3 根崎　大河 （上永谷）
3 野元　涼羽 （舞岡）
3 廣岡滉士郎 （矢向）
3 廣田　大輝 （栗田谷）
3 本多　陽向 （浜）
3 本間　裕希 （笹下）
3 森本　周平 （新田）
3 矢継　智哉 （市場）
◎3 山口　颯太 （大矢部）
☆3 谷　姫菜香 （富岡）
2 大隅　紘翔 （小山台）
2 佐々井敬介 （舞岡）
2 中田　蒼介 （谷本）
2 中村　文哉 （金沢）
2 成迫　颯 （港）
2 二見　桜輔 （十日市場）
2 丸山　陽生 （上永谷）
2 山口　正太 （矢向）
2 米山　翔真 （金沢）
2 宮永　雅咲 （六浦）
2 渡邉　太晴 （釜利谷）
☆2 遠藤　万雛 （森）
1 太田　大雅 （名瀬）
1 小黒　謙志 （領家）
1 小野　昭人 （大船）
1 小野凛太郎 （深沢）
1 岡田　圭太 （市場）
1 北村　亮介 （南が丘）
1 小林　駿斗 （六角橋）
1 坂手　悠真 （有馬）
1 志賀　航 （泉が丘）
1 鈴木　秀祥 （市場）
1 髙橋　英士 （市場）
1 武田　将経 （深谷）
1 舘　蒼樹 （追浜）
1 田中遼太朗 （逗子）
1 玉川瑛太郎 （港南台第一）
1 辻村　柊真 （領家）
1 鳥越　啓仁 （上永谷）
1 番匠　輝 （追浜）
1 松本　一真 （田浦）
1 安田　将人 （富岡）
1 山木　遥仁 （森）
1 山根　類 （生麦）
1 山岸　湊 （西中原）
1 山本　翔琉 （南が丘）
☆1 天艸　志歩 （永田）
☆1 飯田　小雪 （宮田）
☆1 後藤　友奈 （笹下）
☆1 鈴木　咲紅 （笹下）

南

横浜市港南区東永谷2－1－1
部長 内田　拓馬
監督 千葉　裕介
3 池島　直樹 （名瀬）
3 津戸　優輝 （横浜鴨居）
◎3 永野伸太郎 （南校）
3 細田　和聖 （南校）
3 牧野　航大 （南校）
3 持田　明希 （南校）

2 川端　俊輝 （六角橋）
2 小嶋　諄大 （南戸塚）
2 竹森　蘭道 （芹が谷）
2 谷口　将己 （南校）
2 立花　陸人 （南校）
2 他力野　翼 （南校）
☆2 西脇穂乃花 （南校）
☆2 長谷川　遥 （南校）
1 池田　佑樹 （南校）
1 石村康太朗 （南校）
1 今枝　遊 （南校）
1 沖　隼太朗 （南校）
1 河上　航 （南校）
1 北島　悠馬 （南校）
1 忽那　光馬 （南校）
1 小林　凌人 （南校）
1 藤枝　航大 （南戸塚）
1 丸田　秀 （軽井沢）
1 柳瀬　颯 （南校）
1 李　清揚 （南校）

桜　丘

横浜市保土ケ谷区桜ケ丘2－15－1
部長 鈴木　正道
監督 泉田　浩道
3 新井　皓都 （市場）
3 大山　颯太 （共進）
◎3 佐々木健人 （共進）
3 瀬﨑　太郎 （領家）
3 髙岡　周平 （希望が丘）
3 中丸　泰秀 （いずみ野）
2 石橋　柊太 （中和田）
2 浮田　双樹 （樽町）
2 木﨑　智規 （浜）
2 倉橋　幸平 （鶴ケ峰）
2 小塗　観大 （港南）
2 小林　悠人 （希望が丘）
2 鈴木　義紀 （港南）
2 富田　悠馬 （境木）
2 穂積　孝尚 （六角橋）
2 堀口　俊輔 （松本）
2 松岡　幸孝 （岡津）
1 相澤　祐希 （栗田谷）
1 塩谷　飛空 （日野南）
1 杉山　陽大 （いずみ野）
1 瀬畑　唯嗣 （名瀬）
1 髙田　由音 （愛知・滝ノ水）
1 德留　遼弥 （いずみ野）
1 中村　友亮 （左近山）
1 吉田　柊 （塚越）
☆1 島田真悠子 （岡津）
☆1 田代　珠実 （名瀬）
☆1 吉田　楓 （上永谷）

戸　塚

横浜市戸塚区汲沢2－27－1
部長 日向　広畳
監督 本郷　樹
3 青木　康大 （浜）
3 井出　秀則 （横浜吉田）
3 今村　優宏 （横浜南が丘）
◎3 大久保泰良 （深沢）
3 大島　宏太 （保土ケ谷）
3 太田隆之介 （南戸塚）
3 大津　翔琉 （松本）
3 織田　貴希 （上永谷）
3 甲斐　優希 （瀬谷）
3 加藤　康介 （湘洋）
3 柴田　拓翔 （岡津）
3 西村　巧 （北の台）
3 畠本　直和 （中尾台）
3 畠本　賢和 （中尾台）
3 山口　慶大 （岩崎）
3 芳本　拓巳 （笹下）
☆3 鈴木　杏那 （岩崎）
2 工藤　悟郎 （横浜南）
2 冨岡　星汰 （中田）
2 牧田　颯斗 （錦台）
2 道添　涼太 （戸塚）
2 森田　輝生 （赤羽根）
2 横尾　優空 （明治）
☆2 上野　優月 （深谷）
1 飯田　光星 （六ツ川）
1 野田　一惺 （深谷）
1 小椋　大生 （領家）
1 小幡　敬士 （錦台）
1 武居　篤義 （上郷）
1 岡田　貴一 （横浜南）
1 髙橋悠之心 （舞岡）
1 鶴岡琥次朗 （桂台）
1 長島　空翔 （戸塚）

1 佐久間泰人 （深谷）
1 永井 良祐 （桂台）
☆1 吉永 ゆな （領家）

東

横浜市鶴見区馬場3－5－1
部長 城尾 彰
監督 近藤 隆宏
3 市川 春来 （市場）
3 岩田 浩一 （横濱中華学院）
◎3 岩本 一慶 （潮田）
3 奥山 俊介 （栗田谷）
3 小林 丈馬 （老松）
3 小堀朔之介 （鶴見）
3 中山 暖大 （矢向）
3 廣川 大地 （横浜鴨居）
3 松本 恒志 （十日市場）
3 柳川 真大 （樽町）
☆3 大庭 夕季 （日吉台）
☆3 長通 理桜 （城郷）
2 石井 脩真 （大綱）
2 石渡 晴翔 （中川）
2 磯野 稜太 （都田）
2 大島 拓真 （樽町）
2 金子 富貴 （寛政）
2 武井 稜汰 （松本）
2 土居 優晏 （浦島丘）
2 増田優宇輝 （日吉台西）
☆2 豊里 町子 （大綱）
1 伊藤 悠生 （中川西）
1 児島 遼 （十日市場）
1 小松賢太朗 （市ケ尾）
1 辻 健太 （栗田谷）
1 水野 真聖 （末吉）
1 山中奥太朗 （樽町）
1 吉井 玲 （新田）
☆1 近藤 美月 （フランクフルト日本国際）

横浜サイエンスフロンティア

横浜市鶴見区小野町6
部長 鈴木 望仁
監督 若命 翔大
3 鈴木 湊明 （三重・南が丘）
3 川島 楽 （村岡）
3 関根 将也 （山城）
◎3 瀬谷 颯亜 （山城）
3 山口 修平 （つきみ野）
3 鈴木 健太 （横浜サイエンスフロンティア高校附属）
☆3 田野井 聖 （横浜サイエンスフロンティア高校附属）
2 大塩悠太朗 （藤沢第一）
2 簑島 海翔 （二宮西）
2 八島 光優 （西浜）
2 山﨑 総太 （港南台第一）
2 山田 宙 （横浜緑が丘）
2 沓木 太郎 （横須賀鴨居）
☆2 糸川明日花 （横浜サイエンスフロンティア高校附属）
1 堀江 陽大 （深沢）
1 星加龍太朗 （川崎有馬）
1 横山凜太朗 （保土ケ谷）
1 奥田 旬 （霧が丘学園）
1 中島 悠太 （梅田）
1 前田 太一 （富岡）
1 田中 雅樹 （横浜サイエンスフロンティア高校附属）
☆1 寺門 空南 （横浜サイエンスフロンティア高校附属）
☆1 高橋 優奈 （横浜サイエンスフロンティア高校附属）
☆1 今井 夢葉 （富士見）

横浜商

横浜市南区南太田2－30－1
部長 廣濱 優
監督 菅沼 努
◎3 畔上 幸 （十日市場）
3 畔上 知 （十日市場）
3 我妻 琹汰 （保土ケ谷）
3 石井 太一 （横浜旭）
3 内田 智尋 （岩井原）
3 小幡 一誠 （渡田）
3 角田 拓希 （宮田）
3 笠原 凪翔 （蒔田）
3 風本 駿 （横浜橘）
3 亀田 将輝 （並木）
3 川﨑 優一 （港南台第一）
3 河野 翔大 （釜利谷）
3 川又隆之介 （生麦）
3 神田 陽輔 （万騎が原）
3 小松原湘真 （大船）
3 三枝木帆斗 （深沢）
3 作田 翔梧 （丸山台）
3 櫻井 佑基 （東鴨居）
3 佐藤慎之介 （寺尾）
3 佐藤 怜太 （秋葉）
3 鈴木 健史 （芹が谷）
3 鈴木 隼人 （保土ケ谷）
3 田口 廉 （生麦）
3 竹蓋 俊輝 （横須賀長沢）
3 塚本 陸士 （寺尾）
3 土屋 陸斗 （綾北）
3 新倉 晴斗 （御幸）
3 野口 慶太 （日限山）
3 畠山 太陽 （笹下）
3 花方 空心 （久木）
3 古川 敬寛 （戸塚）
3 堀切じゅん （川中島）
3 宮代 喜仁 （大磯）
3 吉澤 大晴 （六角橋）
☆3 坂爪 紗代 （保土ケ谷）
2 青木 悠亮 （大正）
2 阿部 球児 （希望が丘）
2 石井波琉斗 （共進）
2 稲葉 那仁 （希望が丘）
2 井上 颯士 （岡村）
2 指宿 祥史 （南希望が丘）
2 宇佐美貫太 （武山）
2 上野 義条 （西谷）
2 大槻 一晴 （埼玉・大石）
2 大友隆之介 （大師）
2 岡本 隆平 （茅ケ崎第一）
2 松本 拓人 （西谷）
2 上新 陽士 （東林）
2 神田 快 （川和）
2 久保田清士朗 （葉山）
2 倉上 晴 （荏田南）
2 小菅 琉樹 （戸塚）
2 小林 謙真 （西柴）
2 才神 涼汰 （谷口）
2 安村 汰一 （鷹取）
2 坂爪 球太 （保土ケ谷）
2 櫻井 優真 （藤の木）
2 佐藤 湊 （生麦）
2 佐藤 空 （洋光台第一）
2 嶋田 青太 （岡村）
2 白須 央雅 （西谷）
2 吉井 颯 （領家）
2 鈴木 裕貴 （西谷）
2 鈴木 裕大 （並木）
2 須藤 涼 （希望が丘）
2 髙川 弘睦 （荏田南）
2 髙橋 剛 （保土ケ谷）
2 田中喜大朗 （東鴨居）
2 寺田 宗千 （都岡）
2 成田 英志 （神奈川）
2 沼倉 樹己 （潮田）
2 平野 友也 （横須賀長沢）
2 前沢 遥空 （新田）
2 前田 武蔵 （瀬谷）
2 松岡 燎生 （赤羽根）
2 一溝真太郎 （みたけ台）
2 加藤 諒大 （西本郷）
2 門脇 嵩世 （西谷）
2 高橋 李夢 （都岡）
2 橘 絆 （西生田）
2 寺島 崇生 （田島）
2 向島 夢人 （片瀬）
2 村上 那和 （中川）
2 中野 友愛 （樽町）
☆2 雨宮 寧子 （東山田）
☆2 久米 緑 （境木）
1 石井 勇生 （共進）
1 石川 峻 （川崎）
1 石田 勇真 （浦賀）
1 伊藤 冬聖 （富岡東）
1 岡田 空大 （岡村）
1 岡部 瞬 （上の宮）
1 岡本 拓馬 （湘洋）
1 笠原 陸斗 （横浜橘）
1 樫村 元翔 （城郷）
1 木下 奨都 （平塚神明）
1 木村 龍司 （都岡）
1 木村 龍介 （川和）
1 小山 大斗 （中田）
1 佐野 智彦 （港南台第一）
1 清水 智哉 （鵠沼）
1 杉田 大 （本郷）
1 髙瀬 日向 （浜）
1 髙山 明斗 （境木）
1 田中 健太 （洋光台第一）
1 田中 三椰 （田浦）
1 田邊 慶次 （横浜南）
1 辻 明希 （潮田）
1 辻間 大誠 （相武台）
1 西方 直弥 （都田）
1 橋本 大聖 （篠原）
1 畑 拓磨 （川和）
1 藤井 友起 （中田）
1 前田 陽向 （潮田）
1 松坂 開 （泉が丘）
1 松本 大誠 （領家）
1 矢崎 拓海 （富岡）
1 山口 櫂 （東永谷）
1 山田 創哉 （川崎玉川）
1 吉島 朋紀 （原）
☆1 赤尾さくら （上菅田）
☆1 堀口 絵蓮 （深谷）

浅 野

横浜市神奈川区子安台1－3－1
部長 吉田 翔真
監督 辻 裕太
3 磯 耀太 （浅野）
3 大郷 和寛 （浅野）
3 木下 優太 （浅野）
3 佐々木智弘 （浅野）
3 鈴木 仁 （浅野）
◎3 新宅 風太 （浅野）
3 森本 康太 （浅野）
3 八幡 篤明 （浅野）
2 高橋 佳汰 （浅野）
2 佐藤 佑海 （浅野）
2 阪上 凱 （浅野）
2 小林 海斗 （浅野）
2 村上 智悠 （浅野）
2 堀 凌輔 （浅野）
2 長妻鉄太朗 （浅野）
2 福田 航大 （浅野）
2 平井 達望 （浅野）
1 稲葉 有輝 （浅野）
1 岡野 煌大 （浅野）
1 小澤俊太朗 （浅野）
1 小林 謙晟 （浅野）
1 櫻井 良太 （浅野）
1 杉本 悠馬 （浅野）
1 須藤 快琉 （浅野）
1 野津 祐介 （浅野）
1 安田 僚祐 （浅野）
1 山﨑 功貴 （浅野）
1 矢野 奏 （浅野）
1 関 貴至 （浅野）

武 相

横浜市港北区仲手原2－34－1
部長 吉原洋一郎
監督 豊田 圭史
3 永嶋心太郎 （埼玉・野田）
3 山之内俊亮 （蒔田）
3 仲間 寛人 （沖縄・金武）
3 伊藝 光佑 （沖縄・金武）
3 奥田 隆心 （六角橋）
3 髙久 秀紀 （菅田）
3 布川 夢人 （深谷）
3 西林 一颯 （大谷）
3 石原 慶人 （横浜橘）
3 武岡 朝飛 （共進）
3 平田 倭士 （富岡）
3 福岡 遥登 （日吉台）
3 古沢 廉 （東京・成瀬台）
3 星野 翼 （すすき野）
3 秋山 皓光 （篠原）
◎3 赤垣 雄大 （永田）
3 荒川 真樹 （川崎有馬）
3 石野 右京 （東京・中野第五）
3 浦橋 拓磨 （東京・立正）
3 江口 一冴 （都田）
3 岡本 葵蒼 （菅田）
3 小椚 琥景 （日吉）
3 髙野琥太郎 （六角橋）
3 川上幹太郎 （松本）
3 髙橋 在 （市場）
3 嶋内 洸太 （日野南）
3 末木啓二郎 （北の台）
3 菅原 一大 （芹が谷）
3 関谷 倫 （大道）
3 高井 陸矢 （生麦）
3 高木 恒輝 （東橘）
2 徳田 丈 （綾瀬城山）
2 舘 将弥 （六ッ川）
2 下地 開翔 （西谷）
2 中野 雄大 （岡野）
2 廣橋 大成 （衣笠）
2 仲間球児朗 （沖縄・金武）
2 金城楽依夢 （沖縄・神森）
2 難波虎汰郎 （東京・荒川第一）
2 大久保快人 （寒川東）
2 平野 敏久 （海老名有馬）
2 宇野 日向 （千葉・五井）
2 赤嶺 晴翔 （沖縄・伊良波）
2 岡村凌太郎 （東京・井草）
2 笹川 興 （錦台）
2 沼崎 吾朗 （西金沢学園）
2 鎌田幸一郎 （矢向）
2 小又 旭陽 （寺尾）
2 川口 凉旺 （大津）
2 斎藤 優希 （北陽）
2 加藤 航基 （大師）
1 石井 捷人 （川中島）
1 小澤 太晴 （片瀬）
1 佐藤 優樹 （六角橋）
1 巖 真仁 （京都・男山第三）
1 篠島 侑冴 （横浜西）
1 津曲 洸希 （上菅田）
1 白澤 志皐 （岡村）
1 石橋 汰望 （睦合東）
1 仲宗根琉空 （引地台）
1 矢野 優直 （大船）
1 北村 翔瑠 （領家）
1 渡邉 修宇 （今宿）
1 平田 優作 （洋光台第一）
1 黒瀬 陽史 （中田）
1 八木 隼俊 （中田）
1 久米 笑 （十日市場）
1 三上 煌貴 （旭が丘）
1 上ケ市 仁 （小山台）
1 森山 惇 （東京・中野第二）
1 茂垣 友麻 （西谷）
1 古瀬 翔汰 （あかね台）
1 工藤 龍真 （大野南）
1 角屋 星和 （武山）
1 瀬尾英瑠河 （大矢部）
1 土屋 春樹 （平楽）
1 上原 幹太 （港）
1 森田 晃 （横浜橘）
1 渡辺 羽音 （横浜橘）
1 眞﨑 謙伸 （湘南台）
1 伊藤 道 （末吉）
1 三浦 浩矢 （神奈川）
1 伏谷 空翔 （宮城・高崎）
1 吉﨑 創史 （栃木・明治）
1 山村 涼大 （中田）
1 向井 慧太 （寛政）
1 大嶌 健太 （万騎が原）
1 平井 佑篤 （川中島）

横浜商大

横浜市旭区白根7－1－1
部長 松本 翼
監督 八木澤辰巳
3 鈴木 琉生 （上の宮）
◎3 田中健二郎 （上菅田）
3 鳥居 奏太 （横浜南が丘）
3 橋本 梓聖 （片瀬）
3 藤井 祐丞 （根岸）
3 保原竜之介 （若葉台）
3 寺松 春輝 （戸塚）
3 武藤 翔 （小山台）
3 山田 陽生 （若葉台）
3 與那嶺大雅 （つきみ野）
3 柏木 秀太 （川崎橘）
3 香田 真翔 （西谷）
3 峯尾 琉成 （小山台）
3 脇田 優 （梅田）
3 福島 永久 （西高津）
3 数 空大 （渡田）
3 武口 惟都 （東京・南成瀬）
3 山道 翔太 （市ケ尾）
2 原田 海翔 （南加瀬）
2 樋口 慶太 （希望が丘）
2 三宅 嵩悟 （瀬谷）
2 菅原 祥太 （十日市場）
2 田中誠一郎 （川中島）
2 田仁 隆太 （今宿）
2 西田 蓮斗 （上白根）
2 大谷 快 （瀬谷）
2 廣野 裕星 （臨港）
2 磯貝駿乃介 （西谷）
2 長岡 拓実 （谷本）
2 吉川 貴大 （茅ケ崎）
2 小笠原快生 （田名）
2 小川龍之介 （上溝南）
2 謝花 航星 （相武台）
2 鈴木 健治 （田奈）
2 小川 夏輝 （松林）
2 本木 万尋 （横浜旭）
2 植田 零士 （大島）
2 越後屋隼人 （都岡）
2 岡村 悠貴 （瀬谷）
2 小林 和正 （万騎が原）
2 中谷 優斗 （奈良）
2 粟國 涼生 （西谷）
2 鈴木 棟治 （沼間）
2 松浦 直人 （鶴ケ峰）
2 林 陽向 （旭北）

2 望月 夢斗 (富士見)
2 大瀬 龍一 (上の宮)
2 伊丹 雄哉 (宮田)
1 大口 颯太 (中川西)
1 磯部 義海 (大綱)
1 阿部 光将 (日野南)
1 宇都宮空良 (大沢)
1 関戸 咲希 (今宿)
1 深沢龍之介 (寺尾)
1 山下 公平 (横浜鴨居)
1 北島 優樹 (今宿)
1 柴田 泰輔 (豊田)
1 出田 正人 (春日野)
1 後藤 暖茉 (市場)
1 豊永 昊輝 (鶴ケ峰)
1 玉本 孔師 (大住)
1 棚原 真 (川崎)
1 大河内政樹 (上菅田)
1 西村 和真 (瀬谷)
1 田中 陽翔 (都岡)
1 吉武 翔眞 (瀬谷)
1 山本利輝也 (相模)
1 松本 聖斗 (小田)
1 小林 輝 (西谷)
1 波戸崎 新 (西谷)
1 鈴木 琉斗 (湘南台)
1 天坂 立 (共進)

慶 応

横浜市港北区日吉4丁目1－2
部長 赤松 衡樹
監督 森林 貴彦
3 戸塚 優亮 (東京・慶応中等部)
3 伊崎 達哉 (東京・慶応中等部)
3 寺本 航平 (東京・慶応中等部)
3 細井 克将 (高津)
3 矢崎 悠斗 (東京・慶応中等部)
◎3 大村 昊澄 (愛知・豊国)
3 延末 藍太 (東京・大島)
3 吾妻 涼 (東京・慶応中等部)
3 古川 裕也 (慶応普通部)
3 山本 海 (松浪)
3 吉田 孝平 (東京・慶応中等部)
3 寺井 幹太 (東京・慶応中等部)
3 安達 英輝 (千葉・真砂)
3 笠井 達弥 (仲尾台)
3 渡邉千之亮 (東京・東綾瀬)
3 村上 迅太 (東京・用賀)
3 栗山匠之信 (東京・慶応中等部)
3 森林 賢人 (慶応普通部)
3 庭田 芽青 (千葉・富勢)
3 古思 駿 (東京・青山学院中等部)
3 村木 慶吾 (慶応普通部)
3 八木 陽 (愛知・浄心)
3 松井 喜一 (東京・駒沢)
3 荘司 有輝 (慶応普通部)
3 福井 直睦 (慶応普通部)
3 井上 結人 (東京・石神井東)
3 大鳥 遥貴 (東京・慶応中等部)
3 敦澤 颯斗 (慶応普通部)
3 川瀬 泰樹 (広島・修道)
3 深澤 哲朗 (埼玉・八王子)
3 髙橋 赳二 (慶応普通部)
3 飯田康太郎 (東京・慶応中等部)
3 丸田 湊斗 (日限山)
3 鈴木 幸太 (東京・慶応中等部)
3 渡辺 憩 (千葉・小中台)
3 宮尾 青波 (東京・荏原第五)
3 阿部 憲太 (埼玉・三室)
2 小宅 雅己 (栃木・豊郷)
2 鈴木 佳門 (栃木・小川)
2 竹田 紘大 (千葉・久寺)
2 小坂進之助 (東京・駒留)
2 加賀城祐志 (港南台第一)
2 加藤 右悟 (栃木・陽西)
2 瀧本孝太郎 (慶応普通部)
2 高津 優 (和歌山・岩出第二)
2 足立 然 (東京・弦巻)
2 堤 雄哉 (東京・慶応中等部)
2 成戸 洋介 (奈良・王寺南)
2 舞原 大悟 (大野南)
2 鷹尾充千雄 (千葉・市川第三)
2 大川 莉空 (慶応普通部)
2 山本 凱斗 (慶応普通部)
2 栗原加津大 (岐阜・岐阜大教育学部付属)
2 吉野 栄輝 (金沢)
2 廣瀬 央裕 (東京・慶応中等部)
2 古川 裕也 (慶応普通部)
2 吉田 龍生 (東京・慶応中等部)
2 中畑 快斗 (東京・慶応中等部)
2 酒向 翔太 (東京・神明)
2 後藤 悠真 (埼玉・朝霞第一)
2 三平 実生 (慶応普通部)
2 野方 稜介 (戸塚)
2 立川 泰成 (東京・慶応中等部)
2 久保田修斗 (東京・滝野川紅葉)
2 清原 勝児 (慶応普通部)
2 佐伯朔太朗 (国大附属横浜)
2 櫻本 詠知 (東京・銀座)
2 大井 彰悟 (大船)
2 佐竹 陸 (あざみの)
2 石川 大悟 (慶応普通部)
1 青木 祐貴 (三重・陵成)
1 山内 陸大 (慶応普通部)
1 池田 琉惟 (東京・大森第七)
1 石川小次郎 (東京・慶応中等部)
1 稲川 遥輝 (慶応普通部)
1 入江 雄大 (千葉・柏第五)
1 梅本 悠杜 (慶応普通部)
1 江戸佑太郎 (東京・府中第四)
1 大澤 優喜 (東京・慶応中等部)
1 小川 哲生 (慶応普通部)
1 根本 宏佑 (東京・三鷹第二)
1 金山 大祐 (東京・瀬田)
1 清島 光 (千葉・草野)
1 櫛谷 祐太 (東京・慶応中等部)
1 黒田 大翔 (慶応普通部)
1 桑原 健太 (慶応普通部)
1 小谷 涼人 (東京・中央)
1 紺野真太郎 (千葉・太田)
1 財津新汰朗 (東京・慶応中等部)
1 村治 桐成 (慶応普通部)
1 酒井 一玖 (東京・上一色)
1 佐川 奏多 (慶応普通部)
1 佐々木芽一 (共進)
1 佐々木悠音 (慶応普通部)
1 品川 千尋 (群馬・群馬大共同教育部附属)
1 山田 望意 (愛知・愛知教育大附属岡崎)
1 関口龍太郎 (東京・慶応中等部)
1 関矢 健人 (宮城・富沢)
1 高橋 知之 (東京・船橋希望)
1 田中 良汰 (慶応普通部)
1 奥村 健輝 (東京・大道)
1 楢原幹二郎 (慶応普通部)
1 原 遼希 (太洋)
1 藤原 宗也 (城北)
1 松川 脩平 (慶応普通部)
1 的場 颯大 (上永谷)
1 南 怜壱 (慶応普通部)

関東学院

横浜市南区三春台4
部長 若松 貴洋
監督 髙岸 稔
◎3 赤松 南音 (関東学院)
3 萩原 拓哉 (関東学院)
3 前泊 悠斗 (関東学院)
2 伊澤 勇羽 (関東学院)
2 一柳 颯希 (関東学院)
2 井上知之進 (関東学院)
2 江原 正博 (関東学院)
2 大野 朔 (関東学院)
2 坂谷 将仁 (関東学院)
2 利根川 颯 (関東学院)
2 豊田 晃祐 (関東学院)
1 荒井 大和 (関東学院)
1 鍛治 昴 (関東学院)
1 片渕龍之介 (関東学院)
1 金子 瑛輝 (関東学院)
1 津田 輝斗 (関東学院)
1 中島 壮 (関東学院)
1 原 直優 (関東学院)
1 布田 理人 (関東学院)

関東六浦

横浜市金沢区六浦東1－50－1
部長 佐藤 幸平
監督 小貫 直俊
3 石渡 陽樹 (関東六浦)
3 伊東 賢太 (関東六浦)
3 森山 陽 (関東六浦)
3 梁田 晴仁 (関東六浦)
3 増田 瑛介 (関東六浦)
3 中村 竣哉 (関東六浦)
◎3 西村 元希 (John Paul College)
3 養田 光星 (関東六浦)
3 永野 快 (関東六浦)
2 小笠原 蓮 (富岡東)
2 平塚 大翔 (関東六浦)
2 瀬野 夏樹 (関東六浦)
2 丸田 直人 (岩井原)
2 杉山 陸翔 (関東六浦)
2 千嵐龍治郎 (関東六浦)
☆2 森山 海音 (関東六浦)
☆2 関戸のぞみ (上永谷)
1 泉 快翔 (大綱)
1 梶間 心瑛 (関東六浦)
1 加藤 朋仁 (汐見台)
1 在津秀太郎 (鵠沼)
1 内藤 涼太 (久木)
1 葉山 雄太 (関東六浦)
1 薬師寺音理 (日吉)

日 大

横浜市港北区箕輪町2－9－1
部長 松永 浩
監督 伊藤 謙吾
3 石田 壮 (片瀬)
3 植松 颯斗 (横浜吉田)
3 大竹 駿涼 (泉が丘)
3 尾崎 俊介 (平戸)
3 梶原 凌 (日大)
3 勝田 翔大 (いずみ野)
3 栗山 大輝 (大師)
3 小泉 典久 (日大)
3 髙良 元輝 (枡形)
3 児島 瑞己 (根岸)
3 坂本 星七 (大師)
3 佐藤 蓮 (宮田)
3 佐野 龍騎 (宮崎)
3 佐溝 泰紀 (東京・清明学園)
3 下川原 輝 (東高津)
3 菅原 将翔 (川和)
3 田澤 寛太 (東山田)
3 田中 優匠 (西高津)
3 谷越 結月 (光丘)
◎3 玉野 颯 (領家)
3 内藤 優翔 (川崎)
3 永谷 陽 (東山田)
3 原武 宏行 (平間)
3 平田 隼也 (相陽)
3 福永 真弘 (日吉台)
3 福吉 遥介 (相陽)
3 眞木 浩迪 (日大)
3 増島 漣 (岩崎)
3 松永 凜賢 (境木)
3 三橋ながと (横浜吉田)
3 柳川 響 (東橘)
2 甘粕 翔彩 (片瀬)
2 生谷 蓮 (麻溝台)
2 石塚 認 (井田)
2 岩永ヒカル (名瀬)
2 大久保璃來 (横浜吉田)
2 佐藤 友哉 (日大)
2 豊田 陸琥 (不入斗)
2 中務 史也 (大船)
2 奈良 優汰 (日大)
2 星野 駿司 (相模原緑が丘)
2 村社 陽斗 (新田)
2 吉田 朔澄 (老松)
2 吉田 陸人 (共進)
2 渡辺 敬大 (日大)
2 大泉 侑平 (茅ケ崎第一)
2 北畑 皓基 (座間南)
2 斎藤 蓮矢 (市場)
2 嶽﨑 哲 (市場)
2 南 友惺 (川和)
1 伊藤 蒼真 (東山田)
1 荻原 利都 (清新)
1 川原 徹大 (領家)
1 川村 隼吾 (鴨野森)
1 北澤 優翔 (横浜橘)
1 橘田 佳樹 (国大附属鎌倉)
1 佐藤 悠偉 (今宿)
1 鈴東 大智 (豊田)
1 曽根 士真 (上菅田)
1 武田 龍空 (南瀬谷)
1 立花 昌弥 (相模原旭)
1 鳥海 歩夢 (横浜南)
1 長町 祐企 (横浜吉田)
1 許 智安 (横浜吉田)
1 村田 明治 (宮崎)
1 森内 達郎 (日大)
1 柳田 将太 (藤沢第一)
1 山田 啓翔 (藤の木)
1 渡辺 瑛心 (秋葉)

桐蔭学園

横浜市青葉区鉄町1614番地
部長 松本 夏也
監督 片桐 健一
3 池上 隆人 (大阪・野田)
3 大杉 航平 (大道)
3 加藤 颯翔 (埼玉・加治)
3 小林 幹季 (桐蔭学園)
3 中野 竣介 (愛知・武豊)
3 長濵 達己 (東京・国分寺第五)
3 萩原 悠埜 (宮前平)
3 松田 侑磨 (都田)
3 山野辺大夢 (東京・大森第六)
3 吉原 大和 (東京・学習院)
◎3 米倉 凜 (白山)
3 鵜澤 優成 (はるひ野)
3 遠藤 健人 (東京・銀座)
3 岡嶋 大和 (東京・調布)
3 影山 智紀 (あかね台)
3 古宮 康太 (千葉・宮本)
3 佐藤 海成 (沼間)
3 永野 寛己 (東京・町田第二)
3 野本 蓮平 (埼玉・山王)
3 平野 将吾 (東京・落合第二)
3 丸山 功誠 (東京・大森第一)
3 山本 快 (川崎橘)
3 宇都格太朗 (東京・目黒第一)
3 岩崎 真大 (湘南台)
3 蛭川 顕 (桐蔭学園)
3 木村 響 (桐蔭学園)
3 半澤 輝人 (桐蔭学園)
2 寺澤 太智 (愛知・尾西第三)
2 須田 健太 (千葉・流山北部)
2 長南 晴人 (千葉・臼井南)
2 浅沼 啓豊 (末吉)
2 立川 雄基 (向丘)
2 伊藤 櫂成 (篠原)
2 中村 流彗 (大阪・門真第七)
2 篠﨑 蒼天 (小山)
2 杉本早由貴 (東京・駿台学園)
2 刈屋 達貴 (千葉・行田)
2 戸塚 賢伸 (平間)
2 中平 裕斗 (武山)
2 稲富 瑠己 (千葉・妙典)
2 石野 嶺 (西中原)
2 和田 航河 (本牧)
2 深松 風太 (東京・立川第五)
2 久世 拓生 (矢向)
2 山﨑 永輝 (犬蔵)
2 若井 勇輝 (東高津)
2 谷脇 悠久 (東京・玉川学園)
2 熊ノ郷翔斗 (東京・東山)
1 桑山昊太郎 (千葉・高洲)
1 寺山 純翔 (山梨・笛南)
1 鈴木 鉄平 (埼玉・新田)
1 高木 遥斗 (愛知・木曽川)
1 高瀬 陽基 (谷口)
1 久冨 正堂 (港南台第一)
1 古畑 幹太 (千葉・緑が丘)
1 細井 武真 (東京・大泉北)
1 森 大耀 (大阪・友渕)
1 池永 飛翔 (東京・増戸)
1 久我 孝太 (千葉・上総小櫃)
1 井原 政樹 (埼玉・春里)
1 沢田 健心 (埼玉・和光第二)
1 千葉 青杜 (東京・和田)
1 佐藤 風道 (宮城・川崎)
1 吉田 尚央 (東京・田無第三)
1 石橋 竜二 (宮崎・住吉)
1 岡田 駿希 (鵠沼)
1 川久保陽向 (東京・平山)
1 神田 憲志 (東京・新町)
1 坂井 蓮 (愛知・北里)
1 中村 剛志 (兵庫・上甲子園)
1 渡邉 恒大 (東京・南が丘)
1 荒木 嶺 (山梨・上野原西)
1 藤井 寛太 (埼玉・上藤沢)
1 金成 音澄 (東京・代々木)
1 中尾 駿天 (東京・赤塚第二)
1 松雄 大樹 (東京・本所)
1 山﨑 白登 (東京・松が谷)
1 横江 晴満 (茨城・学園の森義務教育)
1 西田 譲 (東京・駿台学園)
1 大杉 悠斗 (大道)
1 服部 匠 (宮城・五橋)

横 浜

横浜市金沢区能見台通46－1
部長 髙山 大輝
監督 村田 浩明
3 稲坂 陽 (東京・笹塚)
3 荻原 晴 (初声)
◎3 緒方 漣 (川中島)
3 加藤 龍青 (大野台)
3 金剌 将永 (舞岡)
3 切無澤英寿 (錦台)
3 金剌 武蔵 (静岡・修善寺)
3 栗城 朝輝 (東京・上原)
3 小泉 卓哉 (成瀬城山)
3 河野悠之真 (千葉・みつわ台)
3 小坂 悦義 (京都・藤森)
3 駒井 龍生 (大谷)
3 塩田 琥輝 (伊勢原中沢)

3 杉山 遙希 (東京・篠崎)
3 鈴木 豪 (東京・東村山第五)
3 鈴木 楓汰 (茨城・土浦第四)
3 露木 太陽 (横浜南が丘)
3 萩 宗久 (岐阜・坂本)
3 橋本 翔馬 (岡村)
3 長谷川創太郎 (栃木・西)
3 早貸将太郎 (東京・桜丘)
3 森合浩太郎 (横浜)
3 谷澤 歩夢 (中川西)
3 山﨑隆之介 (東京・赤塚第二)
2 青木 宏樹 (大沢)
2 青木 朔真 (福岡・福島)
2 浅田 陽樹 (沼間)
2 岩本 龍大 (東山田)
2 上田 大誠 (洋光台第二)
2 内村 一冴 (浜須賀)
2 木村 大輝 (高浜)
2 窪田 大和 (東京・亀戸)
2 小森 拓人 (大阪・貝塚第三)
2 櫻井 集明 (大谷)
2 橋本 龍馬 (岡村)
2 長谷川晴輝 (千葉・高柳)
2 椎木 卿五 (千葉・旭)
2 林 幸介 (宮内)
2 眞下 蒼生 (戸塚)
2 松橋 龍未 (金沢)
2 松村 海青 (富士見)
2 松本 莉希 (足柄台)
2 水口 碧 (野比)
2 峯 大翔 (佐賀・思斉館)
2 村上謙太朗 (上郷)
2 安松 辰 (東京・田柄)
2 涌井 春斗 (千葉・滝野)
2 井上 葵來 (静岡・富士根南)
2 栗山 大成 (熊本・龍田)
2 紺野 凌生 (宮城・古川)
2 渕上 凌煌 (日野南)
1 阿部 駿大 (東京・駿台学園)
1 阿部 葉太 (愛知・東部)
1 伊藤 大和 (末吉)
1 今村 稀翠 (佐賀・田代)
1 大石 宙汰 (静岡・福田)
1 太田 翼 (浜須賀)
1 奥村 頼人 (滋賀・彦根)
1 奥村 凌大 (愛知・南山)
1 片山 大輔 (茨城・久慈)
1 岸 健人 (山形・楯岡)
1 駒橋 優樹 (東京・駿台学園)
1 小柳 匠真 (本町)
1 谷口 皇聖 (大阪・南)
1 為永 皓 (六ツ川)
1 野中 蓮珠 (愛知・今池)
1 橋本 煌馬 (岡村)
1 林田 大翼 (永田)
1 古谷 憲慎 (新田)
1 逸見 凌介 (静岡・竜洋)
1 前田 一葵 (千葉・木更津第三)
1 三島 瑛真 (富岡)
1 山本正太郎 (戸塚)
1 山脇 悠陽 (大東)
1 吉野 凌平 (富岡)

横浜創学館

横浜市金沢区六浦東1丁目43番1号
部長 川島 均
監督 森田 誠一
3 若杉 夷央 (市場)
3 石栗 竜翔 (岡津)
3 稲田 康生 (永田)
3 今井 大輔 (国府)
3 宇野 優吾 (寺尾)
3 駒嶺 康誠 (大道)
◎3 小室 壮真 (平楽)
3 齋藤 禅 (六ツ川)
3 佐藤 勝大 (末吉)
3 塩田 友汰 (上郷)
3 鈴木 海音 (舞岡)
3 武井 大晟 (鶴ケ峰)
3 立川 琉翔 (戸塚)
3 塚原 釉哉 (共進)
3 富安 柊 (東永谷)
3 長尾 悠牙 (引地台)
3 夏目 正義 (新井)
3 西中 煌貴 (本牧)
3 根岸 翔星 (追浜)
3 橋本 大輝 (岡野)
3 畑尾 涼佑 (大綱)
3 波多野隼人 (北海道・静内)
3 東 瑠希也 (六浦)
3 二馬 拓海 (手広)
3 松原 斗碧 (大師)
3 松本 祐磨 (六ツ川)
3 山越 航輝 (上郷)
3 源 大義 (森)
3 山上 太郎 (横須賀神明)
3 矢部 寛人 (横須賀神明)
☆3 山岸 京美 (浦賀)
2 石井 康暉 (浦賀)
2 石渡 大翔 (南下浦)
2 石渡 陵真 (追浜)
2 稲田 東斗 (港南台第一)
2 井上 潤斗 (横須賀神明)
2 鵜澤 孝輝 (境木)
2 梅田 優人 (今泉)
2 岡元 舜 (富岡)
2 潟 南央哉 (森)
2 加藤 悠斗 (武山)
2 金子 侑司 (南瀬谷)
2 軽込 碧 (宮田)
2 川端 尊 (市場)
2 熊井 晴也 (富岡)
2 粂田 瞳真 (富岡)
2 河野 慈永 (横須賀長沢)
2 齋藤龍之介 (末吉)
2 佐藤 一成 (大船)
2 佐藤 圭介 (手広)
2 武田 晃衛 (鷹取)
2 塩嶋 大地 (大道)
2 末永 大晴 (大野)
2 杉山 洸太 (岩井原)
2 鈴木 圭晋 (六浦)
2 鈴木 陽稀 (御幸)
2 関根 拓海 (池上)
2 田口 敬真 (並木)
2 中村 伊織 (下瀬谷)
2 西野 陸 (岡津)
2 花村 理樹 (日吉台西)
2 藤澤 利功 (六浦)
2 宮田 一平 (上郷)
2 宮本 涼 (舞岡)
2 本山 璃空 (高田)
2 山﨑 迅翔 (六浦)
2 吉澤 航輝 (東京・志茂田)
2 和田 直純 (埼玉・和光)
2 塩田 力 (末吉)
☆2 森 柚夏 (軽井沢)
☆2 宮治ひなた (西谷)
1 秋山 煌斗 (末吉)
1 浅野 海也 (希望が丘)
1 安藤 豪玖 (金沢)
1 石川 太郎 (鎌倉第二)
1 石橋 達也 (村岡)
1 井上 楓雅 (大正)
1 今尾 憧冴 (萩園)
1 今尾 優冴 (萩園)
1 井町 一斗 (上郷)
1 小尾 航介 (市場)
1 門脇 輝人 (本町)
1 金子 大樹 (村岡)
1 上中 一璃 (軽井沢)
1 勘米良凌輔 (潮田)
1 岸本 憲 (国大付属鎌倉)
1 岸本 尚武 (臨港)
1 喜友名勝矢 (市場)
1 車 龍太朗 (森)
1 後藤 優志 (横浜緑が丘)
1 古宮 蒼唯 (松林)
1 齋田 琉成 (初声)
1 坂本 励 (横浜緑が丘)
1 佐久間駿太 (錦台)
1 塩川 陽喜 (西柴)
1 新免 弘隆 (永田)
1 菅原 健吾 (東京・六郷)
1 辻 悠佑 (大正)
1 津田 快成 (横浜南)
1 中口 健伸 (六ツ川)
1 長島 亮 (浜)
1 中村 陽 (平楽)
1 中村渠 旬 (浦島丘)
1 名輪 椿希 (本牧)
1 早川 司 (田浦)
1 原田裕己哉 (立正大付属立正)
1 三和田繁輝 (中山)
1 安田 開 (手広)
1 山越 佑哉 (上郷)
1 山崎 夏空 (菅生)
1 田口 陽太 (寺尾)

山手学院

横浜市栄区上郷町460
部長 吉田 和晃
監督 吉田 和晃
3 鈴木 真宙 (山手学院)
3 長田 大和 (南戸塚)
3 末吉 啓汰 (浦賀)
3 長崎 和宏 (山手学院)
3 本田 侑希 (山手学院)
3 宮本 真義 (山手学院)
3 角皆 宏樹 (西本郷)
3 松村亮太朗 (みたけ台)
3 松江勇士朗 (村岡)
3 長田 拓真 (つきみ野)
◎3 曽我 幸生 (南林間)
2 小松 永 (南希望が丘)
2 石井 温樹 (東山田)
2 奥山 忠光 (日吉台)
2 高木 綾斗 (新羽)
2 近藤駿一郎 (大船)
2 髙橋 悠介 (浦島丘)
2 松本 雄陽 (谷本)
2 浅沼 将人 (村岡)
2 工藤 隼人 (山手学院)
2 羽山央一郎 (山手学院)
2 岡本 和 (山手学院)
2 上原 拓真 (山手学院)
2 中谷 陽色 (山手学院)
2 上野 航大 (円蔵)
☆2 中野ひなた (浜須賀)
1 長南 志音 (樽町)
1 濱名 勇汰 (北海道・本別)
1 蒲 柊亮 (山手学院)
1 鎌田 一希 (山手学院)
1 宮田 将成 (山手学院)
1 押山 壱行 (山手学院)
1 黒須 大翔 (山手学院)
1 林 琉也 (山手学院)
1 杉山 友太 (逗子)
1 田島 大翔 (鶴嶺)
1 鈴木 陸斗 (湘洋)
1 堀 晴喜 (藤の木)
1 松永 康佑 (境木)
☆1 佐藤 羽那 (岡村)

横浜隼人

横浜市瀬谷区阿久和南1－3－1
部長 押部 孝哉
監督 水谷 哲也
3 明石 翔和 (東高津)
3 荒井 七海 (横浜隼人)
3 新井 陽晴 (原)
3 石川 泰雅 (鵜野森)
3 石澤 隼太 (東京・南成瀬)
3 石橋 飛和 (横須賀神明)
3 井上 翔輝 (境木)
3 嬉野 俊介 (名瀬)
3 海老塚陽人 (希望が丘)
3 大八木奨真 (赤羽根)
3 岡本 篤武 (共進)
3 金子 蓮哉 (平戸)
3 川辺 真愛 (大沢)
◎3 菊地 唯仁 (洋光台第二)
3 久保 颯仁 (中和田)
3 小泉 京助 (光丘)
3 作間 夏輝 (山王)
3 佐藤 海吏 (相模)
3 城島 悠伸 (老松)
3 菅原正太郎 (秋葉)
3 関水 輝 (渋谷)
3 高橋 駿介 (平塚神明)
3 妻倉 慶 (渋谷)
3 難波 晴輝 (岡村)
3 野口 陽彩 (横浜隼人)
3 濱田 康平 (今泉)
3 林 日向 (市場)
3 藤田 拓琉 (上飯田)
3 藤原 快人 (中和田)
3 真崎 尚也 (豊田)
3 松江孝太朗 (生麦)
3 松本 太一 (湘光)
3 宮腰 蓮 (都岡)
3 村上 貴浩 (樽町)
3 森田 敦也 (仲尾台)
3 山川 大輝 (野比)
3 山口 喜貴 (横内)
3 山崎 暖斗 (国府)
3 吉原 貫生 (大正)
☆3 對馬 安雛 (渋谷)
2 荒井 大河 (中和田)
2 荒井 翼 (柿生)
2 新井 洸陽 (原)
2 生田 英貴 (田名)
2 石井 來聖 (村岡)
2 石田 陽音 (新田)
2 井上 創登 (上の宮)
2 今井 陽大 (伊勢原)
2 岩城 匠海 (生麦)
2 上田 秦誠 (相模原緑が丘)
2 嬉野 泰知 (宮前平)
2 太田 鷹純 (東京・大森第十)
2 大塚 元気 (北の台)
2 小笠原 瑛 (白鳥)
2 小笠原友希 (飯島)
2 岡本 裕希 (鶴見)
2 岡元 玲響 (希望が丘)
2 小椋 大優 (睦合)
2 加藤 駿 (川中島)
2 加藤 政延 (旭陵)
2 小島 広大 (新羽)
2 小林 蓮 (矢向)
2 佐々木 諒 (成瀬)
2 佐藤 佑羽 (田名)
2 清水 太耀 (中和田)
2 清水 駿斗 (山王)
2 新 丈一朗 (鶴が台)
2 菅原 光輝 (横浜南)
2 関根 聖也 (藤沢第一)
2 染谷 啓介 (伊勢原中沢)
2 髙木 堅 (横浜隼人)
2 髙崎 瑛吾 (大正)
2 高野 涼雅 (西高津)
2 高森 友也 (東京・成瀬台)
2 宝藤 星太 (大根)
2 露木 啓詞 (日吉)
2 露木 陸翔 (東野)
2 長岡 徹 (上永谷)
2 中澤 広陽 (舞岡)
2 沼井 怜穏 (谷本)
2 野﨑 勇太 (東京・成瀬台)
2 秦野 誠之 (港)
2 東野 援思 (左近山)
2 広沢 隼琉 (東山田)
2 藤原 雄輝 (横浜緑が丘)
2 星 乃偉 (西谷)
2 本間 英雄 (北の台)
2 水澤 覇斗 (日限山)
2 三井 優王 (横浜隼人)
2 村岡 知哉 (田島)
2 矢澤 孝仁 (千代)
2 山野井寛大 (港南)
2 山本 晃希 (横浜隼人)
2 吉田 尚人 (横浜隼人)
2 吉原 光佑 (横浜隼人)
2 吉村 昊 (はるひ野)
2 吉村 祐哉 (泉が丘)
☆2 大木 汐莉 (保土ケ谷)
☆2 宮代 海蘭 (綾北)
☆2 横島 美空 (名瀬)
1 石原 佑真 (鶴嶺)
1 出永 陽翔 (横浜隼人)
1 市村 絆渡 (横浜隼人)
1 牛ノ濱淳平 (綾北)
1 大澤 惺 (汲沢)
1 桶 琥太郎 (東野)
1 尾崎 陽向 (日吉)
1 長田 美智 (大綱)
1 小山内遼太 (瀬谷)
1 小澤 蓮 (秦野東)
1 葛西 拓海 (春日野)
1 加藤 周輝 (深沢)
1 金子 大輝 (希望が丘)
1 神 葉月 (南希望が丘)
1 川上 峻太 (南足柄)
1 川邊 来樹 (大正)
1 齋藤 翔英 (深谷)
1 佐藤 光希 (大和)
1 渋谷 桜寿 (生麦)
1 渋谷 俊輔 (谷口)
1 白鳥 拓海 (横浜隼人)
1 鈴木 悠太 (伊勢原中沢)
1 関口 遥太 (海西)
1 仙水 真人 (山王)
1 高松 唯人 (谷本)
1 武田 大雅 (秦野北)
1 竹之内大雅 (川崎)
1 中島 宏太 (横浜茅ケ崎)
1 中林 毅 (東京・千寿青葉)
1 平野 将梧 (茅ケ崎)
1 深美 壮真 (生麦)
1 星 優大 (川中島)
1 本多 海晴 (早渕)
1 三井津希偉 (成瀬)
1 三橋 青葉 (松田)
1 八柳 幸八 (国大附属鎌倉)
1 山尾 将貴 (保土ケ谷)
1 横山 功毅 (旭北)
1 渡辺 隼人 (秦野本町)
☆1 土谷 虹陽 (南林間)

森村学園

横浜市緑区長津田町2695
部長 河合 優次
監督 弓田 信
3 一柳 冬磨 (森村学園)
◎3 三田村 洵 (森村学園)
3 坂井 優斗 (森村学園)

3 岩城 奏人 （森村学園）
3 森下 陸大 （森村学園）
3 森 立希 （森村学園）
3 老山 健太 （森村学園）
3 肥田野 輝 （森村学園）
3 角田聖太郎 （森村学園）
☆3 佐藤 由唯 （森村学園）
☆3 干場 愛華 （森村学園）
☆3 野末ののか （森村学園）
2 木村 維月 （森村学園）
2 栗田 学人 （森村学園）
2 佐藤 寛太 （森村学園）
2 佐藤 大輔 （森村学園）
2 面島 楓雅 （森村学園）
2 増田 汰輝 （森村学園）
1 デターク登真 （森村学園）
1 高橋 寛 （森村学園）
1 庄司 航 （森村学園）
1 高橋 司 （森村学園）
1 小林凜太朗 （森村学園）
1 山田 蒼唯 （森村学園）
1 新井 柊 （森村学園）
☆1 干場 優花 （森村学園）
☆1 滝澤 麻唯 （森村学園）
☆1 笹田 美央 （森村学園）
☆1 山田 椰央 （森村学園）

神奈川大付

横浜市緑区台村町800番地
部長 中川 甲斐
監督 古屋 克俊
3 恵山 陽 （神奈川大附）
3 西野 陽 （神奈川大附）
3 福島 航平 （神奈川大附）
3 佐々木 惇 （神奈川大附）
◎3 堀 豪志 （神奈川大附）
3 岡本 泰知 （神奈川大附）
3 神林 智也 （神奈川大附）
3 小酒部開斗 （神奈川大附）
3 小野 優太 （神奈川大附）
3 富原 裕貴 （神奈川大附）
3 持丸 雄信 （神奈川大附）
☆3 坂本 志穂 （神奈川大附）
☆3 高橋 梨乃 （神奈川大附）
2 綾部 憧 （神奈川大附）
2 木脇 颯太 （神奈川大附）
2 鈴見 彩人 （神奈川大附）
2 松原 天晴 （神奈川大附）
2 和田 康輔 （神奈川大附）
☆2 齋藤 珠丸 （神奈川大附）
1 太田 健哉 （神奈川大附）
1 林 碧弥 （神奈川大附）
1 吉岡 蒼 （神奈川大附）
1 浅尾 悠真 （神奈川大附）
1 田中 晴 （神奈川大附）
1 諸田 修司 （神奈川大附）
1 石渡 壮 （神奈川大附）
1 佐々木悠人 （神奈川大附）
1 原 蒼海大 （神奈川大附）
☆1 寺島 美紅 （神奈川大附）

秀英

横浜市泉区和泉町7865
部長 渡邉 範男
監督 中島 孝徳
◎3 白田 咲哉 （御成）
3 松山 悟士 （飯島）
3 石松 陸 （上永谷）
3 黒田 優太 （保土ケ谷）
3 小玉 竜雅 （長後）
3 齋藤 修二 （南瀬谷）
2 片栁 大喜 （岡津）
2 松田雷次郎 （芹が谷）
2 水谷 司 （由野台）
2 泉 陽大 （藤沢第一）
2 町田 壮大 （神奈川）
2 篠塚 楓 （南戸塚）
2 小林 脩 （中田）
2 浅見 龍也 （神奈川）
2 小室 晃大 （梅田）
1 渋谷虎太郎 （岡村）
1 葛谷 流空 （神奈川）
1 金山 朝 （生麦）
1 涌井 空楽 （今宿）
1 朝間 琢朗 （平楽）
1 山田 柊斗 （座間東）

サレジオ

横浜市都筑区南山田3丁目43－1
部長 亀山 照生
監督 潮田 真也
3 粕谷 健太 （サレジオ学院）
3 本城 優斗 （サレジオ学院）
3 鈴木 優太 （サレジオ学院）
3 深見 優斗 （サレジオ学院）
◎3 内山 遼大 （サレジオ学院）
3 宮城 智樹 （サレジオ学院）
3 金野俊之介 （サレジオ学院）
3 中島 煌 （サレジオ学院）
3 西村 優亮 （サレジオ学院）
2 志井 遥飛 （サレジオ学院）
2 植田 悠介 （サレジオ学院）
2 晝間 大輝 （サレジオ学院）
2 宇賀慎太朗 （サレジオ学院）
2 野元 悠大 （サレジオ学院）
2 嶋田 悠太 （サレジオ学院）
1 岩脇 拓実 （サレジオ学院）
1 平田 航也 （サレジオ学院）
1 峰崎 一輝 （サレジオ学院）
1 山本 悠樹 （サレジオ学院）
1 岡 蓮太郎 （サレジオ学院）
1 河村 翔太 （サレジオ学院）
1 寺岡 慶洋 （サレジオ学院）

横浜学園

横浜市磯子区岡村2－4－1
部長 小野寺勝利
部長 野路 友也
3 飯田 貴斗 （戸塚）
3 山本 浩貴 （領家）
3 水野 陽允 （汐見台）
3 山野井将光 （港南）
◎3 太田 隆輔 （丸山台）
3 長煌 志郎 （篠原）
3 柳原 裕貴 （菅田）
2 秋元 慧 （若葉台）
2 園 明輝人 （西柴）
2 小島 惶 （金沢）
2 御手洗 隼 （静岡・対馬）
2 加藤 稜大 （鶴見）
☆2 勝亦 美羽 （宮田）
☆2 草摘 真葵 （上郷）
1 瀬戸 優馬 （平楽）
1 竹本義太朗 （洋光台第二）
1 大橋 一心 （蒔田）
1 岩本隆太郎 （六ツ川）
1 和田 瑛太 （小山台）
☆1 小泉 愛華 （港）

橘学苑

横浜市鶴見区獅子ケ谷1－10－35
部長 山崎 大樹
監督 西野 幸雄
3 平岡 純汰 （田島）
◎3 成宮 琉 （港）
3 板倉 渓友 （上の宮）
3 沖 魁斗 （東橘）
3 德増 晴貴 （深沢）
3 渡辺 賢 （篠原）
3 角田 涼馬 （玉縄）
2 新井 翔大 （菅田）
2 池永 真人 （鶴見）
2 吉岡 大希 （田名）
2 白石 和駿 （鶴見）
2 髙橋 來生 （戸塚）
2 豊田 翔一 （篠原）
2 花岡 祐真 （田奈）
2 南雲 海翔 （上の宮）
☆2 島田陽菜乃 （樽町）
1 呉山 昌碩 （日吉台）
1 三瓶 匠翔 （青葉台）
1 猪瀬 暖人 （宮田）
1 後藤 駿太 （六角橋）
1 芦澤 遼 （市場）
1 柳澤 泰 （犬蔵）
1 宇野本佳汰 （日吉台）
1 髙坂 雄大 （御幸）
1 岡本 遥希 （中川）

鶴見大付

横浜市鶴見区鶴見2－2－1
部長 森 洸樹
監督 加藤 正史
3 伊藤 達夢 （寺尾）
3 小関 正晴 （保土ケ谷）
◎3 佐藤 柚希 （今宿）
3 山崎 球聖 （岩崎）
3 山副 太一 （南河原）
☆3 大久保日菜子 （岩井原）
2 荒木 瑛登 （赤羽根）
2 奥野 倖生 （港南）
2 北沢海徠亜 （根岸）
2 小池 音煌 （本牧）
2 鈴木 脩平 （錦台）
2 高野 駿矢 （神奈川）
2 田口 友弥 （上の宮）
2 中島 大 （鶴見大附）
2 南波 航 （高津）
2 番場 泰正 （潮田）
2 三木 瑠晟 （鶴見大附）
2 宮前 諒一 （早渕）
2 茂木優太郎 （樽町）
☆2 堂本 詩織 （樽町）
☆2 仲地 瑠南 （神奈川）
☆2 千葉 柚夢 （鶴見大附）
1 岩澤 昂佑 （浜）
1 江本 優祐 （栗田谷）
1 大戸 港介 （岩崎）
1 金田 修治 （南加瀬）
1 菊池 遥希 （神奈川）
1 斎藤 優樹 （市場）
1 新保 虹 （六角橋）
1 高尾 和樹 （港）
1 中島悠太郎 （浦島丘）
1 岡本 颯 （茅ケ崎）

横浜翠陵

横浜市緑区三保町1番地
部長 塚本 賢志
監督 田中 慎哉
3 石川 史竜 （万騎が原）
3 伊部 春輝 （高田）
3 岡田 佳也 （横浜翠陵）
◎3 掃部 藍斗 （つきみ野）
3 桑田 琉伽 （鵜野森）
3 山下 直輝 （十日市場）
3 齋藤 大誠 （大綱）
3 瀧井 駿 （荏田南）
3 野沢 陸王 （あかね台）
3 花田 悠翔 （田奈）
3 平川 玄侑 （川崎有馬）
3 三島 伸彦 （東山田）
3 宮本 湊 （岡野）
☆3 佐々木琴音 （栗田谷）
☆3 開発 柚那 （荏田南）
2 長谷川太一 （新田）
2 春日 大空 （旭北）
2 種子田悠太 （中川西）
2 森田 昊士 （大綱）
2 黒田 幹太 （中川西）
2 阿部 遥輝 （旭北）
2 成田 立樹 （荏田南）
2 押田 将人 （十日市場）
2 松岡 弘翔 （高田）
2 三木 健輔 （横浜翠陵）
2 平野 孝好 （横浜翠陵）
☆2 高柳 依奈 （清新）
☆2 山本 純白 （鶴ケ峰）
1 久保慎之助 （新田）
1 阿久津凪人 （大和）
1 山本 陽翔 （浜岳）
1 酒井 悠利 （横浜翠陵）
1 南風立 蒼 （座間）
1 三浦 龍大 （南瀬谷）
1 重富遥士朗 （上菅田）
1 松尾 凌空 （横浜鴨居）
1 青山 隼也 （万騎が原）
1 二文字屋遼 （田奈）
1 荒山 悠介 （樽町）
☆1 北藤 優菜 （中川西）
☆1 松岡 杏咲 （横浜鴨居）

中大付横浜

横浜市都筑区牛久保東1－14－1
部長 吉田 星太
監督 髙良祐太郎
3 桑田怜亜瑠 （中大附横浜）
3 坂巻 空知 （中大附横浜）
3 三井 美輝 （中大附横浜）
3 髙山 凛 （中大附横浜）
◎3 花井 春翔 （中大附横浜）
3 貞宗 明良 （中大附横浜）
3 松山 宙夢 （鷹取）
☆3 松井 優香 （谷本）
☆3 中山ひなの （中大附横浜）
2 西野 瑛大 （中大附横浜）
2 勇 龍之介 （仲尾台）
2 日俣 和人 （本牧）
2 池田 大蓉 （中大附横浜）
2 芹田 拓海 （中大附横浜）
2 中西 巧 （中大附横浜）
2 伊藤 壮輝 （宮崎）
2 田村 凜空 （東山田）
2 磯貝 龍志 （中大附横浜）
2 栗田 穣 （中大附横浜）
2 清水孝太朗 （中大附横浜）
2 中島 海翔 （中大附横浜）
2 長谷川航大 （中大附横浜）
2 岡本 武尊 （中大附横浜）
☆2 内山 果音 （田奈）
☆2 近藤 真優 （上永谷）
1 渡部 太智 （中大附横浜）
1 田村 淳朗 （中大附横浜）
1 東木 慶治 （中大附横浜）
1 安藤 威智 （中大附横浜）
1 楡井 裕輝 （港南）
1 松藤 遼太 （野川）
1 加藤 詠太 （渡田）
☆1 松山 怜泉 （中大附横浜）
☆1 檜山 乃麻 （日吉台）
☆1 真砂 美優 （日吉台）

湘南地区

茅ケ崎

茅ケ崎市本村3－4－1
部長 矢野晃太郎
監督 亀山 博人
3 渡辺 圭 （滝の沢）
3 萩原 岳 （二宮西）
◎3 梅澤 李喜 （大船）
3 村上 煌河 （春日野）
3 飯山 耕作 （藤沢第一）
☆3 青木 空 （寒川東）
2 杉山 滉太 （大正）
2 川名 柊汰 （梅田）
2 宮原 広洋 （平塚神明）
2 岩田 航太 （国府）
2 梶野 純平 （萩園）
2 田澤祐之助 （酒匂）
2 坂口 尚輝 （藤沢第一）
2 伊藤 徹平 （太洋）
☆2 山口 凜 （大庭）
☆2 門松 志嬉 （千代）
1 簑島 日向 （鶴が台）
1 仲田 和騎 （腰越）
1 重田 泰伸 （明治）
1 戸嶋 煌太 （羽鳥）
1 西村 玲慈 （高倉）
1 赤堀 尚央 （大清水）
1 安田 叶汰 （茅ケ崎第一）
1 本庄 亘輝 （腰越）
1 八道 巧麿 （茅ケ崎第一）
1 加藤 悠希 （湘南台）
1 加藤 光大 （松林）
1 江下虎太郎 （旭が丘）
☆1 佐藤 恋音 （村岡）

茅ケ崎北陵

茅ケ崎市下寺尾128番地
部長 小野 雄哉
監督 久保寺晋也
3 阿部 拓磨 （秋葉台）
◎3 小榑 琢真 （西浜）
3 小濱 久幸 （座間）
3 髙山雄一朗 （松浪）
3 古川 幸太 （湘南台）
3 松瀬 太陽 （片瀬）
3 三國賢太朗 （高倉）
3 森 琉之介 （浜須賀）
2 池ヶ谷昌寿 （座間南）
2 荻原 筆馬 （茅ケ崎第一）
2 後藤 遥輝 （浜岳）
2 玉置 絃十 （二宮西）
2 中村 波琉 （滝の沢）
2 増山 大馳 （西浜）
2 武藤 綴平 （秋葉台）
2 村田倫大朗 （大磯）
2 森山 智喜 （綾瀬城山）
2 横山 晴風 （松林）
2 平出 一康 （湘南台）
2 山﨑 和偲 （藤ケ岡）
☆2 林 夕桜 （寒川）

☆2 舟山 結子（東名）
1 市川 朝登（厚木）
1 市川 大晴（厚木）
1 伊佐治 悠（伊勢原中沢）
1 内田 颯太（滝の沢）
1 奥田 晃多（村岡）
1 小塚 遼駿（大住）
1 小峰 泰輔（高倉）
1 豊島 颯（岩瀬）
1 濵田遼太朗（北陽）
1 宗像 遥乃（長後）
1 柳沼 大智（綾北）
1 四十八願隼人（高倉）
☆1 帰山 夕依（二宮）
☆1 藤澤 希花（高倉）

鎌倉

鎌倉市七里ガ浜2－21－1

部長 松本 達也
監督 宇佐見勇輝
3 新井 隼暁（善行）
3 加藤 哲平（高倉）
◎3 金子 真成（鵠沼）
3 佐藤 航太（鵠沼）
3 田村 天冴（岩瀬）
3 奥村 瑠羽（港）
2 佐藤 大斗（秋葉）
2 山神 精尽（大楠）
2 山口 耀太（麻生）
2 今岡 拓翔（鵠沼）
☆2 竹内 渚美（鵠沼）
1 長田 祥汰（つきみ野）
1 鉞田 飛海（アレセイア湘南）
1 清原 颯人（大庭）
1 倉形 優太（羽鳥）
1 酒見 波瑠（舞岡）
1 鈴木 颯悟（松林）
1 関 陸浩（深沢）
1 土井創太郎（藤ケ岡）
1 名波 煌裕（万騎が原）
1 蓮尾 翔（高浜）
1 穂苅昇太郎（藤ケ岡）
1 増原 結有（深沢）
1 萬木淳一郎（久木）
1 吉田 大剛（藤沢第一）

湘南

藤沢市鵠沼神明5－6－10

部長 窪田 祐樹
監督 川村 靖
◎3 志太琉之裕（茅ケ崎第一）
3 豊原 拓弥（鵠沼）
3 村田 純大（大正）
3 安西 和樹（玉縄）
3 千北 陽希（秋葉台）
3 宮下 雅仁（浜須賀）
3 中島 悠斗（西本郷）
3 小澤凜太朗（手広）
3 遠嶋 祐成（洋光台第一）
3 藤崎 亮羽（海西）
☆3 横山 優花（上和田）
2 大藤 晴樹（藤沢第一）
2 寺村聡一郎（鵜野森）
2 湯川 伶（南高校附属）
2 鈴木 雄飛（桂台）
2 吉田 碧海（秋葉台）
2 倉科 陽（松林）
2 秋元 一宙（藤沢第一）
2 安西 正翔（鎌倉第二）
2 関 海翔（藤ケ岡）
2 須藤 佑太（希望が丘）
2 村越 仁郎（霧が丘）
2 川名 真弘（中和田）
2 政近 岳（大清水）
2 片山 公成（善行）
2 櫛田 海輝（鵠沼）
2 久保寺哉斗（春日野）
☆2 竹田 葵（軽井沢）
☆2 水野 智実（湘南白百合学園）
1 我田 遼（青葉台）
1 酒井 貫修（御成）
1 三浦 修誉（いずみ野）
1 中島琥太郎（国大附属鎌倉）
1 藤原 睦久（下瀬谷）
1 佐藤 佑樹（座間西）
1 岩佐 玲汰（中島）
☆1 山下 はな（川崎有馬）

藤沢西

藤沢市大庭3608－2

部長 小宮 信
監督 森山 渓太
3 石田 輝（明治）
◎3 梶原 駆（西浜）
3 酒井 楓也（国府津）
3 髙堰 温起（大谷）
3 高橋 寛人（国大附属鎌倉）
3 那須 蒼唯（羽鳥）
3 古谷 太吾（西浜）
☆3 松山みおり（手広）
2 大庭 光陽（足柄台）
2 荻原 大晴（横内）
2 金子 愛希（大庭）
2 鎌田 哲平（御所見）
2 清水 琉人（名瀬）
2 田近 陸翔（松林）
2 牧内 亮玖（横内）
2 森 新大（高倉）
☆2 細田 彩美（赤羽根）
1 柏原 嘉光（明治）
1 小森 絢翔（鵠沼）
1 鈴木 翔（浜岳）
1 須藤 百稀（洋光台第二）
1 土肥 潤矢（寒川東）
1 畠木 佑介（北陽）
1 原田 岳（高浜）
1 古瀬 直樹（泉）
1 前田 渚（高浜）
1 水野 大地（浜須賀）
1 山下 泰一（円蔵）
1 米内 稔也（円蔵）
1 渡辺 大智（泉）

鶴嶺

茅ケ崎市円蔵1－16－1

部長 大河原聖巳
監督 山下 大輔
3 饗庭 蒼太（浜須賀）
3 内田 陽海（藤沢第一）
3 佐久間澪地（海老名有馬）
◎3 鈴木 勘太（鶴が台）
3 仲澤 祐太（円蔵）
3 日高 悠太（善行）
3 野一色春貴（岩瀬）
3 マクドネル ジェイムズ（手広）
3 山上 航躍（湘洋）
3 山田真成人（円蔵）
3 若山 智貴（明治）
3 渡部 出（白山）
☆3 渡辺 澪（浜須賀）
2 市川 瞬平（鶴が台）
2 猪田 大貴（西本郷）
2 遠藤 寛（浜須賀）
2 上川 洋瑛（旭が丘）
2 熊澤 太陽（片瀬）
2 鈴木 海希（梅田）
2 田野歓太朗（善行）
2 田畑 陽人（玉縄）
2 原田 悠汰（金旭）
☆2 望月 夏美（円蔵）
☆2 山口茉莉香（円蔵）
1 大木 朝日（酒匂）
1 小田島知実（旭が丘）
1 菊地 晃平（羽鳥）
1 小林 大雅（旭が丘）
1 関口 昊（羽鳥）
1 佐藤 虎汰（鶴が台）
1 脇 慶光（千代）
1 和田 優太（旭が丘）
☆1 芳賀 優奈（大住）
☆1 吉岡 咲希（国府）

寒川

高座郡寒川町一之宮9－30－1

部長 仲田 光男
監督 渡邉 好祐
3 アイデ聖也（相武台）
3 木村 空麗（相武台）
◎3 園岡 拓海（松林）
3 久川 暖葵（御所見）
3 小山田 尊（御所見）
2 伊藤 碧（麻溝台）
2 井上 幸樹（座間西）
2 熊澤 陸（大野）
2 丸山 來起（玉縄）
☆2 安里 蘭（海老名有馬）
1 宮城 直冬（相陽）
1 桐生 柊（海老名大谷）
1 齊藤 鉄平（相陽）
1 猪瀬 大河（座間）
1 北村 翔（鶴嶺）

藤沢総合

藤沢市長後1909

部長 桑原 壮汰
監督 野口 陸
2 髙橋 大輝（本宿）
◎2 北 龍之介（下福田）
☆2 大野 心葉（瀬谷）
☆2 鈴木 心優（村岡）
1 伊藤 托海（大和）
1 大八木優斗（秋葉台）
1 佐藤 駆（御所見）
1 小松原悠介（六会）
☆1 横井仁唯奈（南林間）

藤沢清流

藤沢市大鋸1450

部長 荻野 浩司
監督 榎本 正樹
3 石谷 春樹（藤沢第一）
3 井竹 琉汰（泉が丘）
◎3 今泉 悠人（鶴が台）
3 越後 裕哉（高倉）
3 大井 優哉（藤ケ丘）
3 大山 尚之（東林）
3 金本 侑也（滝の沢）
3 川戸 悠人（手広）
3 小島 直人（深谷）
3 柴田 統和（下瀬谷）
3 柴山 隼人（鵠沼）
3 高橋 悠人（藤沢第一）
3 田中 優斗（鶴嶺）
3 平田 波琉（茅ケ崎第一）
3 廣江陽太郎（御成）
3 藤原祐二郎（舞岡）
3 山口 義希（茅ケ崎第一）
☆3 久保 貴永（平塚中原）
☆3 田邊日那子（万騎が原）
2 石平 斗羽（中島）
2 今村 政太（大正）
2 内川 将（茅ケ崎第一）
2 岡田 碧泉（茅ケ崎第一）
2 加藤 勇己（国府）
2 亀川 流優（綾瀬城山）
2 工藤 隼平（瀬谷）
2 小泉 晴瀬（片瀬）
2 堺 基晴（湘洋）
2 榮 結真（六会）
2 酒寄 純矢（光丘）
2 佐藤 智良（秋葉台）
2 澁澤 直哉（大正）
2 田中 康太（腰越）
2 藤野 駿太（秋葉台）
2 森山 裕太（茅ケ崎第一）
2 山本 壮二（片瀬）
☆2 北原香莉那（光丘）
1 青山 佑飛（浜須賀）
1 東 俊介（松浪）
1 安部 奏太（鶴が台）
1 和泉 希真（中和田）
1 板倉 遥希（松林）
1 岩本 瑛汰（梅田）
1 逢坂 眞（西浜）
1 岡田 郁哉（湘南台）
1 小澤 志道（鵠沼）
1 笠谷善之助（鶴嶺）
1 岸 佑眞（円蔵）
1 工藤 悠馬（滝の沢）
1 小峰 颯太（長後）
1 櫻井 滉（深谷）
1 椎野 元生（浜須賀）
1 篠 航太（洋光台第一）
1 添田 健裕（明治）
1 田中 慶太（大正）
1 丹 虎太朗（汲沢）
1 土屋 優輝（生麦）
1 西村 友吾（藤沢第一）
1 深谷 勇斗（戸塚）
1 藤本 聖翔（善行）
1 保仙 瑞樹（茅ケ崎第一）
1 松本 陸（二宮）
1 村上 泰己（大野南）
1 山下 真平（中島）
1 山下 晴輝（御所見）
1 山部勘太朗（光丘）
1 世安 紋士（藤ケ岡）
1 渡邉航太朗（茅ケ崎第一）
☆1 井口 咲空（引地台）
☆1 佐藤 歩璃（御所見）
☆1 佐藤 泉吹（萩園）
☆1 髙城 里兎（秋葉台）
☆1 平野 好花（菅田）
☆1 平山 愛守（中島）

茅ケ崎西浜

茅ケ崎市南湖7－12869－11

部長 西江 明日
監督 並木 慎也
3 青木 駿（中島）
3 葛西 輝（綾瀬）
3 後藤 諒大（湘洋）
3 水谷 颯汰（西本郷）
3 守屋 叶也（平塚明神）
◎3 山岸 勇楓（玉縄）
2 井口 涼（藤沢第一）
2 稲澤 聖成（萩園）
2 太田 渚（松浪）
2 酒井 慧祐（円蔵）
2 塩見 啓太（高浜）
2 手塚 銀士（藤沢第一）
☆2 廣瀬あおい（国府）
1 阿部 竜也（寒川）
1 伊藤 琢磨（中島）
1 金子 明生（西本郷）
1 齋藤 奏也（上郷）
1 吉池 大樹（藤沢第一）
1 渡邊 理央（高浜）
☆1 藤間ここな（鶴嶺）

大船

鎌倉市高野8－1

部長 大木 剛志
監督 田沼 宏友
3 井上龍之介（小山台）
3 岡部 成真（中田）
3 齋藤 康輝（舞岡）
3 髙橋 一柊（中田）
◎3 古川 康大（明治）
3 松本 優大（西本郷）
3 宮川 温人（大磯）
3 安村 惺瑚（大船）
3 與倉 陽大（本郷）
☆3 冨塚 涼香（藤沢第一）
2 景山 豊作（大船）
2 亀ケ谷仁志（赤羽根）
2 初澤 勇磨（藤ケ岡）
2 二俣 然（藤沢第一）
2 松尾 晃悟（大庭）
2 森谷 光希（平戸）
☆2 稲見 杏（明治）
1 赤坂 侑來（羽鳥）
1 大阪琥太郎（茅ケ崎第一）
1 緒方 凜人（梅田）
1 北瀬 瑛大（戸塚）
1 倉重 亮雅（梅田）
1 柳楽 直輝（羽鳥）
☆1 金築 翠（中和田）
☆1 椎葉 汐里（鵠沼）

七里ガ浜

鎌倉市七里ガ浜東2－3－1

部長 大鋸 雄介
監督 眞鍋 武史
◎3 立林 琉城（高倉）
3 谷口 佑貴（領家）
3 原田 晃佑（藤ケ岡）
2 西山 大道（舞岡）
2 山本 響己（浜須賀）
2 佐藤 良亘（茅ケ崎第一）
2 鮫島 健将（上永谷）
2 齋藤 陽也（南戸塚）
2 森野 佑悟（滝ノ沢）
2 槇田 吉德（洋光台第二）
☆2 櫻井 千夏（松浪）
1 飯塚 颯真（梅田）
1 荒木隆之介（洋光台第一）
1 梅村 拓磨（中島）
1 佐野 祐斗（六会）
1 谷亀暁希斗（大洋）
1 杉山 俊介（大和）
1 齋田 優珂（鶴嶺）
1 林 大智（腰越）
1 堺 太一（泉が丘）
1 村越 優人（中田）

1　加藤　煌大（江陽）
☆1　中野　寿音（羽鳥）
☆1　長谷　珠希（汐見台）
☆1　浜口　桃果（中島）

湘南台

藤沢市円行1986番地

部長　佐伯　敦史
監督　長谷川飛路
3　安部　友翔（本宿）
3　五十嵐　翔（高倉）
◎3　髙橋　凌汰（岡津）
3　前島　秀吾（腰越）
3　宮坂　明義（舞岡）
3　和田　春裕（六ツ川）
3　根本絢太朗（手広）
☆3　宮内　萌楓（深沢）
2　青木　蒼太（岡津）
2　斎川　榛杜（泉が丘）
2　齋藤　将太（岩崎）
2　林　晟瑚（岡津）
☆2　渡邉　りん（芹が谷）
☆2　中村　美咲（富岡）
1　岩渕　心太（引地台）
1　小島　宇喬（鶴間）
1　長谷川悠馬（つきみ野）
1　森賀　大成（戸塚）
1　柳川琥太朗（善行）
1　山口　碧仁（上和田）
1　山﨑　瑛太（瀬谷）
☆1　板野　萌（岡津）
☆1　久米　結乃（西浜）

深沢

鎌倉市手広6－4－1

部長　石井　翔太
監督　清水　達也
3　伊藤　陽翔（玉縄）
3　西岡　聡吾（深沢）
3　今関　拓海（片瀬）
◎3　佐瀬　祐介（高倉）
☆3　小林　彩未（鶴見大附）
2　市川　純介（深沢）
2　岩間　将央（六会）
2　吉野　煌亮（六会）
1　小林　旭稀（鵠沼）
☆1　佐野　明佳（鶴嶺）

藤沢工科

藤沢市今田744

部長　大谷誠一郎
監督　大谷誠一郎
◎3　尾崎　太樹（善行）
3　片山　颯（引地台）
3　唐川　将輔（江陽）
3　菅谷　真央（腰越）
3　長谷川　零（善行）
3　伊東　大希（横浜南）
3　二宮　陽太（福田）
1　廣澤　歩（秋葉台）
1　外園　凱都（東野）

藤嶺藤沢

藤沢市西富1－7－1

部長　小谷野和之
監督　菊地　幹
3　荒川　陽（港南）
3　岩﨑　琳平（追浜）
3　臼井　寛貴（秋葉）
3　岡　柊人（名瀬）
◎3　加藤　央祐（常葉）
3　神田　一晴（根岸）
3　木下　湧斗（座間東）
3　小早川　仁（常葉）
3　小峰　瑶大（保土ケ谷）
3　小谷野太郎（円蔵）
3　齊藤　一樹（舞岡）
3　菅原啓一朗（名瀬）
3　鈴木　颯人（港南台第一）
3　辻野孝士朗（豊田）
3　根岸　大和（浜須賀）
3　橋本　空利（六会）
3　藤居　桐太（港）
3　松坂　仁（西谷）
3　宮澤　陽太（松浪）
3　森永　武蔵（桂台）
3　山本　陸斗（円蔵）
3　吉川　尚（西高津）
2　池田　一朗（深沢）
2　伊藤　球太（西金沢学園）
2　植松　大智（逗子）
2　宇野　颯（大庭）
2　大石　路也（藤沢第一）
2　太田　晄佑（秋葉）
2　小野　航雅（港南）
2　小山田　光（御所見）
2　片岡　陽紀（大正）
2　金澤　孔星（舞岡）
2　草野　健吾（横浜旭）
2　小峯　航（保土ケ谷）
2　近藤　徹平（横浜南）
2　今野　笑汰（洋光台第一）
2　四島　滉大（万騎が原）
2　反町　昇太（湘南台）
2　髙橋　遙人（大正）
2　武井　海翔（いずみ野）
2　谷岡　俊也（東永谷）
2　中丸　竜吾（南戸塚）
2　中本　凌太（高浜）
2　長坂　悠我（東京・小山）
2　西　壘（六会）
2　花田　悟志（岡村）
2　濵﨑　光（小山台）
2　林　晃大（東京・町田第一）
2　平田　鴻輔（藤嶺藤沢）
2　福岡　洸輝（旭が丘）
2　福原　六邦（大庭）
2　藤原　椋平（大和）
2　古川　大路（中田）
2　古木　陽大（南林間）
2　宮澤瑛二郎（茅ケ崎第一）
2　本野　翔大（神奈川）
2　吉井　直生（釜利谷）
1　五十嵐陸也（鶴嶺）
1　池田　煌琉（光丘）
1　池田　徹平（長後）
1　石井　隼貴（岡津）
1　井出涼之介（深谷）
1　今泉　楓（長後）
1　岩瀬　巧己（岩崎）
1　内海　颯太（藤ケ岡）
1　大野　陽輝（上永谷）
1　小田　想真（藤嶺藤沢）
1　上総　泰知（汲沢）
1　神部　碧晴（浜須賀）
1　木下　椋太（大和）
1　熊谷　悠人（長後）
1　五島　湊（長後）
1　小森　悠人（西金沢学園）
1　小山　優希（長後）
1　佐藤　蓮（藤嶺藤沢）
1　沢畑　琉夏（梅田）
1　島田圭太郎（羽鳥）
1　島畑　青弥（西金沢学園）
1　鈴木　秀悟（蒔田）
1　田村　陽向（岩崎）
1　戸上　惠太（希望が丘）
1　富髙　大（藤嶺藤沢）
1　中丸　郁斗（大道）
1　中村　博斗（今井）
1　奈良崎遥人（左近山）
1　藤崎　啓太（大庭）
1　藤田　瑛介（豊田）
1　藤松　幹（横内）
1　前田　翔斗（大和）
1　松島久梨洲（横浜橘）
1　三浦　樹來（生田）
1　宮田　大地（藤ケ岡）
1　山本　匠真（厚木）
1　渡邉　大成（西浜）
1　北原　優仁（小山台）

藤沢翔陵

藤沢市善行7－1－3

部長　竹田　和樹
監督　川俣　浩明
3　足達　球牙（神田）
3　岩本　翔悟（大庭）
3　梅澤　蒼空（寺尾）
3　小田　悠太（保土ケ谷）
3　小野　悠太（秋葉台）
3　鍵渡　大湖（海西）
3　香取　汰知（六会）
3　菊地　優太（酒匂）
3　齋藤　煌太（西本郷）
3　勝呂　勇哉（栗原）
3　鈴木　翔貴（鶴嶺）
3　鈴木　陽光（南戸塚）
3　玉城　巧望（潮田）
3　中武　寛大（大清水）
3　中野　創天（横浜南が丘）
3　中村　豪（秋葉）
3　西　裕史（大船）
3　羽立　大輝（仲尾台）
3　福田　京佳（寒川東）
3　藤渡　哲生（松林）
3　安原　陸（明治）
3　山田　陸斗（長井）
3　遊佐　拓哉（南戸塚）
3　吉村　一真（並木）
2　井坂　天也（玉縄）
2　上田　里（鴨居）
2　上野　博輝（大正）
2　岡﨑　直利（大庭）
2　上川原琢生（大磯）
2　坂井　脩真（汲沢）
2　佐々木一颯（久里浜）
2　佐藤　大樹（南林間）
2　篠崎　大成（上郷）
2　清水　涼雅（左近山）
2　杉田　将梧（鴨居）
2　鈴木　拓朗（大正）
2　関根　稜陽（藤沢第一）
2　髙橋　輝（大庭）
2　常盤　憧太（本宿）
2　富田己太郎（睦合東）
2　西﨑　奏真（東京・町田南）
2　野澤　翔陽（川崎）
2　平本　湧大（鶴ケ峯）
2　藤代　成琉（森）
2　松本　琉玖（南林間）
1　尼野　翔大（長沢）
1　石田盛史郎（篠原）
1　梅田　優心（今泉）
1　大類　可偉（旭北）
1　大鷲龍之介（東野）
1　岡島　寿弥（城山）
1　小倉　空大（菅生）
1　小髙　桧杜（左近山）
1　小津　悠翔（柿生）
1　桂　大竜（上菅田）
1　加藤　翼（葉山）
1　川崎　真翔（上郷）
1　岸　寿樹（小山）
1　工藤　龍星（武山）
1　小長谷徠喜（大和）
1　小林　晃翔（東野）
1　坂上　蓮（鵠沼）
1　坂本　優世（南林間）
1　指田　勇生（丸山台）
1　塩見　基允（丸山台）
1　杉浦　拓心（港南）
1　杉嶋孔太郎（茅ケ崎第一）
1　関根　武蔵（川崎橘）
1　滝澤　大地（大網）
1　角津　志道（日限山）
1　友井　寛太（東京・町田南）
1　中田　絢士（港南）
1　中村　優仁（東野）
1　福士　聖琉（秋葉台）
1　福田　彪真（神田）
1　本多　湊（座間）
1　牧口　侑矢（西谷）
1　松野　翔（老松）
1　吉野　皇羅（玉縄）

日大藤沢

藤沢市亀井野1866

部長　苗村　佳則
監督　山本　秀明
3　田上　優弥（坂本）
3　佐藤　快司（大師）
3　杉山　大和（愛川中原）
3　湯田　広大（赤羽根）
3　櫻井　結太（依知）
3　荒井　央輔（塚越）
3　坂本　羽海（片瀬）
3　牧原　寛汰（鵜野森）
3　山口　恒征（岩崎）
◎3　柳沢　悠斗（中川西）
3　塚本　翔（塚越）
3　吉田　壮翔（大磯）
3　和田　侑也（芹が谷）
3　伊東　柊司（大庭）
3　菊地　祐翔（東林）
3　小倉　康平（柏ケ谷）
3　田原　颯太（寒川東）
3　細野　敦史（海老名有馬）
3　草薙　大輝（谷口）
3　田中　理人（東野）
3　石井　翔真（中和田）
3　加山　隆誠（谷本）
3　佐藤　稜真（日大藤沢）
3　向井　祐翔（北の台）
3　阿部　真宙（日大藤沢）
3　玉置　幸哉（村岡）
3　宗形　權斗（大野南）
3　白井　春翔（高田）
3　奥道　航大（泉が丘）
3　柏木　俊輔（山城）
3　亀山　夏暉（鵠沼）
3　矢島　悠豊（国府津）
3　川口　幸己（大野南）
3　引敷林　青（大庭）
3　菅野　幹大（大野南）
3　熊澤　遥希（北陽）
3　中里　柾斗（伊勢原）
3　水谷　公星（秦野北）
☆3　茂木　柚乃（日大藤沢）
2　齋藤　優汰（綾瀬城山）
2　西澤　沖（上溝南）
2　牧原　賢汰（鵜野森）
2　渡邉　未来（岡津）
2　小泉　柊人（柏ケ谷）
2　佐藤　圭汰（金沢）
2　櫻井　隼（塚越）
2　小宮　颯斗（大師）
2　田中　花弥（城南）
2　入江　輝丸（福岡・玄洋）
2　榎本　航輝（十日市場）
2　佐々木俊人（大沢）
2　井上　悠馬（国府）
2　清水　薫（北の台）
2　野元　純太（追浜）
2　吉俣　拓真（十日市場）
2　佐々木良樹（海老名）
2　佐藤　拓登（引地台）
2　阿部　壮流（仲尾台）
2　上原　侑太（塚越）
☆2　笠井　和奏（岩瀬）
1　半田　南十（東鴨居）
1　石川　侑汰（相陽）
1　山田　涼太（旭陵）
1　松儀　尚悟（洋光台第二）
1　劔持　潤平（湘南台）
1　三宿　凌（横浜鴨居）
1　河内　琉太（相模原旭）
1　松前　遥（浜）
1　北島　茂登（相陽）
1　根本　泰志（西金沢学園）
1　輪島　一輝（梅田）
1　井田　佳人（東京・木曽）
1　川﨑　康太（笹下）
1　中村　侍頼（平塚神明）
1　江花咲太郎（笹下）
1　朝井　快晴（赤羽根）
1　石本　聡明（鶴巻）
1　猪塚　椋（愛知・高浜）
1　加藤　慧太（日大藤沢）
1　高橋　郁也（相陽）
1　石原伸一朗（葉山）
1　山崎　光太（大磯）
1　加藤　泰地（藤沢第一）
1　菅原　千央（国府）
1　夏山　直哉（日大藤沢）
☆1　上谷　莉生（西浜）

湘南学園

藤沢市鵠沼松が岡4－1－32

部長　岩田　英司
監督　岩田　英司
3　比嘉　大心（湘南学園）
3　廣田　誌稀（湘南学園）
3　伴　宏紀（湘南学園）
3　中西　朗人（湘南学園）
◎3　藤村　碧（湘南学園）
3　古賀悠太郎（湘南学園）
3　尾﨑　健人（湘南学園）
2　青木　拓矢（湘南学園）
2　村井琳太朗（湘南学園）
2　伊藤　弦（湘南学園）
2　山根　翔（湘南学園）
2　氏家　凰馬（湘南学園）
2　長田　泰紀（湘南学園）
2　川人　陽（湘南学園）
1　依田　大翔（湘南学園）

鎌倉学園

鎌倉市山ノ内110

部長　多々納俊万
監督　竹内　智一
◎3　武井仙太郎（鎌倉学園）
3　倉賀野稜希（鎌倉学園）
3　時水　秀（鎌倉学園）

3 石井 智 (鎌倉学園)
3 森 慶太郎 (鎌倉学園)
3 大矢 逸音 (森)
3 奥永 悟生 (汐見台)
3 海江田 隆 (村岡)
3 金子 雄大 (富岡)
3 神蔵 皓世 (酒匂)
3 北野 雄大 (仲尾台)
3 藤井健太朗 (西柴)
3 上杉 祐翔 (藤の木)
3 金本孝太郎 (六ツ川)
3 亀井 大夢 (岩瀬)
3 白井奏太郎 (深沢)
3 後岡 壮 (岩瀬)
3 豊原 航介 (鵠沼)
3 根本 基平 (湘洋)
3 福島 良太 (関東六浦)
3 若松虎太朗 (鶴ケ峯)
3 石井 心 (池上)
3 石川 隆斗 (相模)
3 大牟禮碧斗 (光丘)
3 石田 涼真 (中田)
3 永田 理久 (港南台第一)
3 小澤 光正 (国府)
3 松山 風遊 (ジャカルタ日本人)
3 杉山 尚隆 (善行)
3 高橋 勇太 (西柴)
3 鶴田 快 (御所見)
2 秋山 知宣 (鎌倉学園)
2 天野 雄貴 (鎌倉学園)
2 見留 夕月 (金目)
2 大川 陸斗 (釜利谷)
2 面本 和輝 (領家)
2 鎌田凜太郎 (鎌倉学園)
2 狩谷 康仁 (鎌倉第二)
2 北尾 陸人 (鎌倉学園)
2 清井 優 (広島・崇徳)
2 後藤弘太郎 (明治)
2 宮崎 慶 (あかね台)
2 三戸 天統 (横須賀鴨居)
2 杉山 碧 (湘洋)
2 鈴木 陽多 (鎌倉学園)
2 鈴木 友 (鎌倉学園)
2 高梨 幸樹 (鎌倉学園)
2 多田惺之介 (平戸)
2 永松 大侑 (神奈川)
2 山神 諒佳 (東鴨居)
2 波多江 寛 (日野南)
1 相場 琢希 (横浜橋)
1 浅葉 琉生 (腰越)
1 足達 晶斗 (鵠沼)
1 荒木 圭輔 (シンガポール日本人)
1 飯島 大樹 (浦賀)
1 榎尾 航 (鎌倉学園)
1 遠藤 陽斗 (都田)
1 大山 幸真 (リッツクレストインターミディエイト)
1 海江田 慎 (鎌倉学園)
1 鹿嶋 飛翼 (港南台第一)
1 喜代門 翼 (深沢)
1 小林 大記 (六角橋)
1 小張 友輔 (横内)
1 齊藤 新太 (鎌倉学園)
1 佐伯 龍哉 (高浜)
1 佐藤優一郎 (明治)
1 澤 龍之進 (鎌倉第二)
1 高橋 郁翔 (田浦)
1 寺西 功 (国大附属横浜)
1 寺脇 拓己 (本牧)
1 徳田 嶺 (鎌倉学園)
1 長谷川 大 (鎌倉学園)
1 深田 大海 (小山台)
1 福田 純大 (鎌倉学園)
1 福原壮一郎 (藤ケ丘)
1 森元 経介 (保土ケ谷)
1 守屋 龍樹 (丸山台)
1 安田 成慶 (鎌倉学園)
1 安田 行希 (深沢)
1 横田 恭平 (洋光台第一)

湘南工大付

藤沢市辻堂西海岸1－1－25
部長 金田 大輔
監督 榊 淳一
3 平野 陽大 (日野南)
3 髙林 壮志 (名瀬)
3 酒井 隆成 (鴨宮)
3 小泉 怜央 (文命)
3 小林 空翔 (国府)
3 霧生 翔晟 (荻野)
3 府川 葵維 (大野)
3 山崎 喜平 (秋葉)
3 佐藤 優希 (鶴ケ峯)
3 鳥屋創太郎 (藤ケ丘)
3 小野 元輝 (明治)
◎3 内山 雄太 (藤沢第一)
3 伊藤 友樹 (鵠沼)
3 福田 洸太 (平塚中原)
3 宇久田陽秀 (明治)
3 大崎 暖稀 (腰越)
3 小山碧志士 (六会)
3 葛屋 駿 (千代)
3 小島 壮平 (日野南)
3 赤尾 翼 (上菅田)
3 櫻井 晴基 (滝の沢)
3 佐藤 諒弥 (戸塚)
3 高橋 昂平 (赤羽根)
☆3 伊賀あおい (玉縄)
☆3 齋賀 千綾 (玉縄)
2 宮田 遥生 (下瀬谷)
2 清田 和輝 (城南)
2 岡田 忠道 (東京・原宿外苑)
2 小林 大地 (泉が丘)
2 府川 救人 (文命)
2 村上 大樹 (湘洋)
2 二宮 巧輝 (土沢)
2 千川 悠也 (瀬谷)
2 古泉 晃太 (千代)
2 川島 煌生 (湯河原)
2 髙岸 柚衣 (松林)
2 真鍋 遥斗 (汲沢)
2 小澤 光 (本町)
2 東 勇樹 (二宮西)
2 薩美賢仁郎 (滝の沢)
2 池見 光翔 (明治)
2 芦原 裕耶 (柏ケ谷)
2 古山 諒 (藤ケ岡)
2 佐賀 遥太 (中和田)
2 大竹 雅大 (座間東)
2 田口 司 (藤ケ岡)
2 飛澤 陽成 (秋葉台)
2 永井康太郎 (寒川東)
2 小林 尚太 (渋谷)
2 斉藤 瑞生 (大清水)
2 西川 大翔 (滝の沢)
2 山口 快晟 (中和田)
☆2 漆原 芙美 (都岡)
☆2 石川 桃空 (村岡)
1 志村 隼 (睦合)
1 井桁 悠斗 (大正)
1 栗山 凌空 (金目)
1 金子 紘介 (金旭)
1 神保 宥哉 (二宮)
1 榎本 明快 (国府)
1 平沼 大雅 (森)
1 水口 大翔 (松林)
1 松村 歩 (松林)
1 四家 龍義 (松林)
1 荒井 誠 (松林)
1 岡崎 瑛太 (羽鳥)
1 鈴木 爽晟 (原)
1 帆足 咲飛 (西本郷)
1 井上 志龍 (高倉)
1 今岡 侑都 (岡津)
1 豊住 風河 (東名)
1 三村 大飛 (太洋)
1 金子 悠真 (旭が丘)
1 児玉 大地 (南瀬谷)
1 中嶋 尚基 (玉縄)
1 小田 亮太 (戸塚)
1 小山 慈生 (中田)
1 柳沢 白永 (日野南)

慶応藤沢

藤沢市遠藤5466
部長 吉岡 友洋
監督 木内 義和
3 後藤 優仁 (青葉台)
3 小林 祐太 (慶応藤沢)
3 杉山 雄琉 (群馬・ぐんま国際アカデミー)
3 鈴木 朗生 (愛知・守山東)
◎3 高垣 空逢 (慶応藤沢)
3 西脇 太志 (広島・近大福山)
☆3 木原 美遥 (パリ日本人)
2 岩下 裕生 (慶応藤沢)
2 沖田 悠 (慶応藤沢)
2 越田 健太 (慶応藤沢)
2 小菅隆一朗 (慶応藤沢)
2 齊藤 眞俊 (慶応藤沢)
2 西丸雄之助 (慶応藤沢)
2 鈴木駿太郎 (慶応藤沢)
2 鈴木優太郎 (慶応藤沢)
2 髙浪 大聖 (慶応藤沢)
2 滝口幸多郎 (慶応藤沢)
2 中川 元 (慶応藤沢)
2 西村 櫂 (慶応藤沢)
2 松崎 快生 (慶応藤沢)
2 山下 慶悟 (大阪・夕陽丘)
2 山本 勇太 (慶応藤沢)
2 渡邊 秀太 (慶応藤沢)
1 男全 優尽 (慶応藤沢)
1 花井凰一郎 (慶応藤沢)
1 松下 直生 (慶応藤沢)
1 山崎将一朗 (慶応藤沢)
1 吉田 拓隼 (慶応藤沢)
☆1 西村 美優 (慶応藤沢)

アレセイア

茅ケ崎市富士見町5－2
部長 藤原 和也
監督 村山 雄一
◎3 田中 大夢 (小山台)
3 田村 剛希 (浜須賀)
3 今井 大翔 (東野)
3 亀垣 慶汰 (六会)
3 濤川 遼太 (寒川東)
☆3 朝長 香帆 (大船)
☆3 田沼 葵 (江陽)
2 青木 清弥 (いずみ野)
2 青木 成 (茅ケ崎第一)
2 井上 大地 (領家)
2 岸 雄大 (仲尾台)
2 諏訪間友俐 (湘南台)
2 塚原 哲太 (鵠沼)
2 津滝 智也 (平戸)
2 鶴岡 正樹 (芹が谷)
2 新沼 幸胤 (鶴嶺)
2 西田 夢蔵 (鵠沼)
2 前地 裕汰 (上郷)
2 松本 佑月 (南郷)
2 三浦 進平 (深沢)
2 八木下友真 (平戸)
2 山田 天翔 (藤ケ岡)
☆2 相澤 凛音 (明治)
1 青木 航介 (浜)
1 石井 豪 (鵠沼)
1 伊勢 南生 (腰越)
1 岩淵 大将 (大和)
1 坂崎 旭 (岩瀬)
1 杉本 陸 (国府)
1 関根 淳人 (日野南)
1 髙瀬 健次 (明治)
1 田中 宏尚 (小山台)
1 田中 遼太 (平戸)
1 種子島昊成 (高浜)
1 俵 瑞樹 (藤ケ岡)
1 二宮 照 (国府)
1 山田 塁太 (戸塚)
1 和田 朗実 (鶴が台)
☆1 中島 汐南 (高浜)
☆1 山口 彩夏 (中島)

横須賀地区

県横須賀

横須賀市公郷町3－109
部長 柴田 治郎
監督 石井 洋
◎3 青木 慶亮 (国大附属鎌倉)
3 秋澤 蒼士 (坂本)
3 飯田 建太 (釜利谷)
3 押野 秀太 (久里浜)
3 齊藤 楓 (横浜南)
3 杉山 禅季 (衣笠)
3 曽我 光明 (田浦)
3 西山 将悟 (武山)
3 菱沼 蓮 (長沢)
☆3 木野本茉里 (長沢)
☆3 髙見 咲帆 (長沢)
2 阿部 祥冴 (久木)
2 井上 颯麻 (南下浦)
2 小川諒太郎 (大津)
2 折谷 理史 (葉山)
2 亀山 康成 (東永谷)
2 熊坂 嘉人 (久木)
2 近藤 大輝 (久木)
2 坂田 啓維 (国大附属鎌倉)
2 藤田 陽斗 (馬堀)
2 増川 智太 (久木)
1 天野 向 (久木)
1 遠藤 亮 (衣笠)
1 薫 真平 (池上)
1 菅野 裕正 (金沢)
1 鈴木 悠 (田浦)
1 髙橋 巧成 (国大附属横浜)
1 永野 真成 (汐見台)
1 永野 智貴 (武山)
1 布施 陽輝 (不入斗)
☆1 河井 南樹 (衣笠)
☆1 関口 紗良 (久里浜)
☆1 西山 千尋 (武山)
☆1 廣瀬 莉穂 (汐見台)

追浜

横須賀市夏島町13
部長 片山 英臣
監督 鈴木 拓海
3 池田航史郎 (横浜南)
3 岡部 将吾 (不入斗)
3 落合 凌 (大津)
3 笠貫 統也 (田浦)
3 厨川 真 (金沢)
3 篠平 亮輔 (常葉)
◎3 杉山 大斗 (逗子)
3 鈴木 健斗 (富岡)
3 鈴木 颯人 (衣笠)
3 山本 真央 (大津)
☆3 荒井 優花 (野比)
☆3 生田 胡実 (横須賀神明)
☆3 菅 香奈美 (池上)
2 河合 健成 (武山)
2 島村 然 (岡野)
2 立川 葵 (六ツ川)
2 谷口 司 (浜)
2 千田 真知 (永田)
2 中岡 晴 (富岡)
1 蒲谷 士央 (西柴)
1 戸屋 侑 (富岡)
1 南 祐雅 (六浦)
1 中江 建士 (大矢部)
1 中村 優希 (横須賀鴨居)
1 吉田地翔良 (永田)
1 金子 怜平 (笹下)
1 戸嶋 彗斗 (横須賀鴨居)
1 岩本 晴史 (永田)
1 吉田 廉 (田浦)
1 川口 青空 (富岡)
1 松原 涼真 (汐見台)
1 柳澤 拓 (汐見台)
☆1 兼子さくら (坂本)
☆1 重野 結 (横浜南が丘)

逗子葉山

逗子市桜山5－24－1
部長 吉川 佳吾
監督 宇野 祐士
3 折原 龍介 (横須賀神明)
◎3 鈴木 光惺 (武山)
3 鈴木慎一朗 (田浦)
3 鈴木 拓真 (長井)
3 前川 晄毅 (六浦)
3 石渡 巧海 (追浜)
3 横山 璃空 (小田)
3 富澤 優太 (大楠)
3 小林晃太朗 (久里浜)
3 上野 桜介 (玉縄)
2 大石 優真 (釜利谷)
2 小池 陽仁 (久里浜)
2 田島 功圀 (池上)
2 塚田 和来 (葉山)
2 渡邉 海人 (南郷)
☆2 益田 ココ (武山)
1 緒方 大輝 (常葉)
1 石毛 邑汰 (常葉)
1 岡部 久豊 (不入斗)
1 川名 凜生 (不入斗)
1 品竹 昊気 (常葉)
1 塩入 悠惺 (金沢)
1 三橋 快樹 (御成)
1 井上 佑京 (大津)
☆1 谷 鈴夏 (初声)
☆1 横山 琉衣 (小田)

津久井浜

横須賀市津久井4－4－1
部長 三井 高友
監督 三井 高友
3 後藤 晴輝 (不入斗)
3 髙瀬 磐石 (釜利谷)
3 菊池 陽喜 (六浦)
3 渡邊 麻礼 (不入斗)
3 大舘 優斗 (坂本)
3 森 護之 (公郷)

3 辻 恭平（横須賀鴨居）
3 榎園 昂晄（追浜）
3 荒木洸一郎（横須賀鴨居）
◎3 牧野 悠志（武山）
3 加瀬 俊輔（大津）
☆3 堀口奈月美（不入斗）
☆3 山本 優衣（衣笠）
2 南雲 晴希（田浦）
2 川瀬 航輝（大津）
2 工藤 秀真（不入斗）
2 佐野 嘉紀（追浜）
2 臼井 優宇（追浜）
2 左近 光希（大津）
2 相楽 梅太（大津）
2 竹内 蒼良（横須賀長沢）
☆2 関沢 美咲（横須賀鴨居）
☆2 河野 友海（武山）
1 佐藤 仁（岩戸）
1 岸 真優（田浦）
1 丸茂 舜弥（田浦）
1 伊藤 泰慎（田浦）
1 安西 海翔（常葉）
1 加藤 咲翔（葉山）
1 工藤 駿太（横須賀長沢）
☆1 薮田 優菜（大矢部）

横須賀南

横須賀市佐原4－20－1
部長 髙橋 謙一
監督 中西 謙人
◎2 斉藤 豊友（衣笠）

横須賀大津

横須賀市大津町4－17－1
部長 嶋 健一郎
監督 佐々木 瑛
◎3 石川 優太（六浦）
3 岡 知輝（横須賀長沢）
3 長澤 優太（野比）
3 早瀬 孝介（逗子）
3 山崎 開智（衣笠）
3 大川 海人（横浜南）
2 白石 敏也（大津）
2 横田 一平（常葉）
2 関根 賢汰（永田）
2 石川 遥也（田浦）
☆2 奥薗 麗（野比）
☆2 新明美らの（馬堀）
1 大久保耀太（追浜）
1 松田 樹一（久里浜）
1 野中 悠生（釜利谷）
1 鈴木 惺也（武山）
1 福田 悠人（浦賀）
1 川島悠太郎（逗子）
1 堀 哲海（釜利谷）
1 岩井 律樹（坂本）
☆1 川越由季乃（長沢）
☆1 森田 由奈（衣笠）

海洋科学

横須賀市長坂1－2－1
部長 石井 英城
監督 相澤 怜
◎3 佐々木諒之介（逗子）
1 小松 大洋（六ツ川）
1 津田 優磨（上郷）
1 森 優稀（座間東）

県横須賀工

横須賀市公郷町4－10
部長 東川 航己
監督 奥津 雄太
3 髙橋 優希（初声）
3 谷口 大飛（大道）
◎3 長谷 大我（大津）
☆3 出口 由來（初声）
2 赤平 蓮（久里浜）
2 五十川悠斗（横須賀長沢）
2 梅澤 翔（池上）
2 川村 海斗（久里浜）
2 京 真之助（長井）
2 竹内 悠人（衣笠）
2 早川 尚輝（大津）
2 原田 颯（久里浜）
2 柳田 陸翔（久里浜）
1 相澤 翼（衣笠）
1 石黒 龍馬（三崎）
1 大谷 陸貴（追浜）
1 清水浩太郎（大津）
1 髙橋 駿介（武山）
1 永井 駿（横須賀鴨居）
1 長岡 柊汰（北下浦）
1 藤崎 匠（久里浜）

横須賀総合

横須賀市久里浜6－1－1
部長 廣川 俊也
監督 久保翔太郎
3 相川 諒梧（六浦）
3 浅羽 颯太（浦賀）
3 伊藤 旬輝（金沢）
3 井上 孝陽（田浦）
3 岩崎 隼弥（大津）
3 上杉 陸斗（中田）
3 池谷 琉希（大津）
3 宇田川遥己（横須賀神明）
3 勝 将斗（西柴）
3 北出 巧音（鎌倉第二）
3 桐ケ谷奏大（浦賀）
◎3 小濱 遼太（浦賀）
3 佐藤 拓海（浦賀）
3 鈴木 淳平（富岡）
3 副島 啓志（久木）
3 藤樫 壮也（久里浜）
3 山本 大翔（常葉）
☆3 田中日向子（南郷）
2 秋本 駿（南下浦）
2 石橋 広陽（三崎）
2 石渡 海生（大矢部）
2 鬼丸 友也（坂本）
2 佐藤 慶季（浦賀）
2 日守 遥汰（横須賀長沢）
2 益子 力規（大矢部）
2 松尾 友勢（武山）
2 水戸 祐輝（武山）
2 水戸部祥大（舞岡）
2 山本 善（横須賀長沢）
2 渡辺 力斗（大津）
☆2 國井 美園（港南）
☆2 酒井日向子（並木）
1 相沢 潤（野比）
1 飯塚 太誠（富岡）
1 坂本 蒼空（浦賀）
1 長倉 昊輝（追浜）
☆1 五十嵐湖李（鎌倉第二）
☆1 村田 楓佳（浦賀）

逗子開成

逗子市新宿2－5－1
部長 大城 真
監督 牛久 順也
3 山田 旺輝（逗子開成）
3 寺嶋 大喜（逗子開成）
3 岡本 陵汰（逗子開成）
3 黒沼春之介（逗子開成）
3 末松 巧光（逗子開成）
◎3 青柳 柊汰（逗子開成）
3 江本 琢真（逗子開成）
2 五嶋 啓太（逗子開成）
2 飯田 昌徳（逗子開成）
2 宮本 琉惺（逗子開成）
2 大嶋 悠介（逗子開成）
2 沼田 昌樹（逗子開成）
2 蔡 晃成（逗子開成）
2 加藤 諒世（逗子開成）
1 梁井 瑛太（逗子開成）
1 臼井 琢真（逗子開成）
1 村田 康介（逗子開成）
1 笠井 潤（逗子開成）
1 秦 蔵人（逗子開成）
1 川名 珊碧（逗子開成）
1 安倍 孝輝（逗子開成）
1 板垣 大空（逗子開成）

三浦学苑

横須賀市衣笠栄町3－80
部長 阿部 昇
監督 樫平 剛
3 小松 隼人（中田）
3 金井 陽希（本郷）
3 原田 京雅（豊田）
3 岩崎 竜太（本郷）
3 齋藤 喜一（上郷）
3 今浦 涼雅（野比）
3 村山 来輝（南下浦）
3 阿部 竜牙（並木）
3 角田 連（上永谷）
3 德冨凜太郎（金沢）
3 宮川 大雅（錦台）
3 辻田 雅（金沢）
3 佐藤 夢真（港南）
3 田口 凌央（浜）
3 細川 椋冴（岩戸）
3 鈴木 恵翔（泉が丘）
3 布施 汰一（富岡）
3 直 泰駕（富岡東）
3 小菅 一然（日吉）
◎3 米田 昂太（浜須賀）
3 篠山 拓実（富岡）
3 星 翼（玉縄）
3 野本 茂伸（領家）
3 石井 翔大（豊田）
3 渡邊 武尊（浦島丘）
3 加来 武流（共進）
3 松本 伊織（港南第一）
3 宮本竜之介（浦賀）
3 吉岡 大和（横須賀長沢）
2 早川 健太（村岡）
2 高橋 航（永田）
2 横澤 幹太（丸山台）
2 木村 光崇（玉縄）
2 西元 龍（馬堀）
2 小鷹 郁人（赤羽根）
2 髙橋 哲平（横浜南）
2 呉 春樹（鶴嶺）
2 太巻 匡道（国大附属鎌倉）
2 江尻 颯太（豊田）
2 神邉 優輝（腰越）
2 増田 創太（久里浜）
2 原 蒼生（豊田）
2 髙橋 太輝（新羽）
2 渡邉 快聖（共進）
2 石井 駿太（日限山）
2 宮内 大德（芹が谷）
2 小山 涼晴（新羽）
2 小糠 佑貴（村岡）
2 岩野 寛己（浦賀）
2 瀧口 湘大（久木）
2 山田 涼輔（森）
2 鈴木 遼（大正）
2 鈴木 武琉（逗子）
2 宮下隼次郎（西本郷）
2 小柴龍之介（日野南）
☆2 中野 沙耶（上永谷）
1 吉澤 立樹（北下浦）
1 正 大成（横浜緑が丘）
1 脇本 峻（港南）
1 佐藤くうた（岩瀬）
1 森谷 光海（領家）
1 堀尾 康介（横浜旭）
1 萩原 太一（深沢）
1 柳澤 渉（岩瀬）
1 加藤 航将（浦島丘）
1 柴山 竜聖（鵠沼）
1 辻 希夢（横浜橘）
1 秋山 隼祐（東永谷）
1 田中 橙樹（上永谷）
1 森田 眞斗（笹下）
1 田原慎之助（横須賀長沢）
1 水上 冬空（南戸塚）
1 西澤 翼（御幸）
1 守 謙太（久里浜）
1 八巻宗太郎（坂本）
1 圷 翔矢（久里浜）
1 細川 桐輝（岩戸）
1 小見山瑠斗（久里浜）
☆1 吉田 夢叶（岡村）

横須賀学院

横須賀市稲岡町82
部長 鈴木 隼人
監督 河合 洸貴
◎3 萬代 陸斗（永田）
3 笹岡 亮太（六ツ川）
3 金井 涼（丸山台）
3 高見凛太朗（笹下）
3 榎本 健吾（釜利谷）
3 星野 涼太（富岡）
3 山内 隆介（池上）
3 伊藤 悟（湘南台）
3 井垣 陸斗（玉縄）
3 佐々木陸斗（国大附属鎌倉）
3 福本 悠希（手広）
3 根岸 凰芽（金沢）
3 伊勢 聡太（蒔田）
3 中村祐一郎（国大附属鎌倉）
3 熊本 大洋（丸山台）
3 手塚 航輔（上郷）
3 宮澤 樹（大津）
☆3 工藤 彩心（小田）
☆3 山崎 梓紗（田浦）
2 栄 遥登（境木）
2 金子 悠汰（横須賀学院）
2 袴田 悠斗（村岡）
2 湯田 成海（金沢）
2 瀬戸 悠翔（浦島丘）
2 高木竜之介（田浦）
2 齋藤 龍（並木）
2 長瀬 喜市（葉山）
2 磯島 珀（大鳥）
2 渡邊 颯（南郷）
2 坂下 和馬（早渕）
2 土屋 大志（追浜）
2 保坂 悠太（中和田）
2 金子 桂治（平戸）
2 石井 悠樹（高浜）
2 溝口 朔（根岸）
2 新川 創悠（日野南）
2 榊原 聖冬（深沢）
☆2 髙橋 果鈴（田浦）
☆2 西谷 美羽（三崎）
☆2 根岸 晴信（横須賀学院）
1 佐々木武流（茅ケ崎）
1 佐藤 大靖（金沢）
1 田巻 悠太（領家）
1 小島 晴輝（笹下）
1 新井 颯太（浜）
1 石橋 雄大（浜）
1 小野 治人（豊田）
1 細田 勇陽（笹下）
1 矢島 恵偉（岡村）
1 郡司 隼（日限山）
1 佐藤 寿弥（横浜南が丘）
1 久江田大成（深沢）
1 小林 拓己（森）
1 阿野 修（金沢）
1 小野田創太（大船）
1 原 悠太（汐見台）
1 安井 颯人（笹下）
1 蒲谷 奨太（北海道教育大附属函館）
☆1 小幡 千織（坂本）
☆1 藤原 果音（横須賀学院）
☆1 江田 優海（金沢）

湘南学院

横須賀市佐原2－2－20
部長 熊藪 茂紀
監督 本萱 昌義
3 飯田 一織（泉が丘）
3 泉山 翔（六ツ川）
3 伊藤 大翔（大楠）
3 大下 晃世（小山台）
3 大場 達哉（中和田）
3 荻原 大和（久里浜）
3 尾野 柊真（中和田）
3 貝原 悠斗（坂本）
3 加藤 大和（汐見台）
3 加藤 煌太（岡津）
3 川副 太陽（久里浜）
3 川野慎之介（大船）
◎3 蔵並 頼人（御成）
3 剣持 睦宜（武山）
3 越口 昰（南加瀬）
3 後藤 蛍汰（久里浜）
3 齊藤 優生（上郷）
3 笹田 典也（永田）
3 島﨑 歩夢（衣笠）
3 竹内 康太（秋葉）
3 成田 准斗（六浦）
3 西崎 陸（久里浜）
3 橋本 大樹（中島）
3 橋本 充希（保土ケ谷）
3 藤枝 幸祐（西金沢学園）
3 三浦 直輝（衣笠）
3 三宅 琉清（東永谷）
3 村田 大芽（寺尾）
3 柳川 将龍（三崎）
3 吉野 雅人（富岡）
2 相澤 悠翔（湘洋）
2 赤﨑浩太朗（笹下）
2 池田 誠（泉が丘）
2 石川 陽優（常葉）
2 小川 涼（浜）
2 籠島 京（中和田）
2 紙透 一葵（深谷）
2 菅野 克紀（中和田）
2 菊池 柊哉（池上）
2 北田 大翔（大津）
2 隈元 翔真（大矢部）
2 佐々木大輝（大矢部）
2 澤田 碧唯（東永谷）

2　杉若　峰真（寺尾）
2　辻　奏人（日野南）
2　手嶋小次朗（金沢）
2　畑　廣輝（横須賀長沢）
2　平林　岬大（上郷）
2　船越　大翔（富岡東）
2　松井　謙昌（不入斗）
2　松本　昂大（鶴ケ峯）
2　宮田　敏樹（桂台）
2　中村　大悟（笹下）
2　桝田　慧（汐見台）
2　佐藤　匠海（秋葉）
☆2　川島　徠愛（横須賀神明）
1　油田　瑛太（浜）
1　石川　響（三崎）
1　尾山　蓮（池上）
1　菊間虎太朗（高浜）
1　岸田修治郎（森）
1　五島　匡晴（久里浜）
1　齋藤　寿輝（森）
1　晒谷　圭蔵（平楽）
1　城野　雅旺（芹が谷）
1　種村　慈晏（本牧）
1　塚田　颯太（舞岡）
1　寺岡　謙盛（浜）
1　寺戸　大貴（久里浜）
1　直　瑛太（富岡東）
1　成瀬　優貴（馬堀）
1　早坂　修后（小田）
1　松井　太佑（不入斗）
1　松井　悠太（葉山）
1　宮本　柚希（茅ケ崎）
1　山﨑　蓮斗（横須賀鴨居）
1　市川　凌空（逗子）
1　森山　瑛旭（葉山）
1　山本　陽大（湘洋）
☆1　春日　美桜（衣笠）
☆1　齋藤　愛子（追浜）
☆1　鈴木　音（横浜国立大附属鎌倉）
☆1　山田　珠夕（東永谷）

北相地区

厚木

厚木市戸室2－24－1

部長　宮崎　誠也
監督　熊倉　周平
3　宇野　幸登（大谷）
◎3　岸　優希（鶴間）
3　堺　柊成（引地台）
3　田澤孝太郎（上鶴間）
3　田中　歩武（南毛利）
3　中村　宙（相模台）
3　服部　大地（奈良）
3　三俣　将義（相川）
3　森下　翔（相模）
3　矢崎　敦大（鶴巻）
3　矢島　裕貴（相陽）
3　安永　圭杜（座間西）
☆3　深田　未結（白山）
2　井ノ川　遼（麻生）
2　伊明フィラト（大野南）
2　内之浦壮太（白鳥）
2　武井　謙臣（山王）
2　玉木　康生（本町）
2　栗本　陸（田奈）
1　秋山　壮（南毛利）
1　井上　駆（依知）
1　植田　悠介（はるひ野）
1　加納　宙輝（大谷）
1　川本　悠史（厚木）
1　小松慎之介（海老名有馬）
1　佐伯　陸翔（大庭）
1　新嵜　陽斗（成瀬）
1　成田駿太郎（奈良）
1　比奈地善成（希望が丘）
1　星名　哲朗（今泉）
1　山北　拓真（厚木）
1　和田　佳士（厚木）
☆1　小島　羽華（睦合）
☆1　星野　惺奈（西高津）
☆1　増田　有咲（麻生）

秦野

秦野市下大槻113

部長　横溝　康弘
監督　松山　大介
3　加藤　壮真（江陽）
3　関川　裕樹（秦野北）
3　前川　治男（秦野本町）
◎3　宮村　碧波（中島）
☆3　井上奏陽花（江陽）
☆3　岩田　和花（大野）
☆3　武　真奈美（金目）
☆3　矢後　美涼（南足柄）
2　井上　英大（秦野西）
2　江藤　悠人（金目）
2　椎野　広大（平塚中原）
2　塩沢　尚大（秦野南）
2　清水　一輝（秦野南）
2　下野　洸（金旭）
2　田辺　琉衣（平塚中原）
2　椰木　海晴（伊勢原）
2　日下田淳哉（浜岳）
2　持田　翔汰（文命）
1　安藤　玄樹（春日野）
1　加藤　旺佑（大谷）
1　後藤　光（春日野）
1　原　幸太郎（足柄台）
1　深谷　天真（伊勢原中沢）
1　富永　駿太（海老名）

津久井

相模原市緑区三ケ木272－1

部長　舟久保健人
監督　雨宮　隆浩
◎3　永田　雄大（小山）
☆2　齋藤　彩楓（串川）
1　梅澤　颯（内出）
1　落合　大翔（内出）
1　加藤　春樹（内出）
1　田島　勇樹（愛川）
1　渡邉　颯雅（相模丘）
1　井坂　繁仁（内出）
1　比留間　羚（相模原旭）
☆1　坂元　萌依（上溝南）

相原

相模原市緑区橋本台4－2－1

部長　坂水　元也
監督　那須野恭昂
3　佐藤　光希（内出）
3　鈴木　海生（小出）
◎3　重原　然（内出）
3　土肥翔太郎（大野北）
3　藤波　凛太（中央）
2　池田　統一（相模原旭）
2　桐生　翔世（上溝）
2　古川　泰地（相模原旭）
2　渡邉　弘樹（小山）
☆2　田村　小晴（大沢）
1　齋藤　陽人（内出）
1　須甲　有（相模原旭）
1　角野　真人（中央）
1　関根　颯斗（小山）
1　田島　里矩（中央）
1　中田　隆裕（相原）
☆1　平川　璃帆（鵜野森）

県相模原

相模原市中央区横山１丁目7番20号

部長　荻野恭仁子
監督　佐相　眞澄
3　新盛　陽大（金程）
3　池田龍ノ介（旭が丘）
3　石川　佳汰（大谷）
3　岩橋　侍衛（十日市場）
3　榎本　大輔（太洋）
3　大澤　優斗（新町）
3　大塚真一郎（大師）
3　岡本　健吾（成瀬）
3　川瀬　康熙（南河原）
3　木村　哲也（中島）
3　金城　咲（茅ケ崎第一）
3　黒川　直澄（座間南）
3　小林　理瑛（岩崎）
3　小室　慧伍（南林間）
3　近藤　優樹（鶴が台）
◎3　佐藤　航成（渋沢）
3　柴田　侑人（今泉）
3　白保　瑞希（新町）
3　新垣　帆人（相模原旭）
3　杉﨑　勁仁（霧が丘学園）
3　杉本　敬（大綱）
3　杉山　瞭（新町）
3　鈴木　諒（はるひ野）
3　関　航太朗（藤ケ岡）
3　田上　瑛大（睦合東）
3　中澤　秀太（引地台）
3　馬場　巧弥（小山）
3　早﨑　航（茅ケ崎）
3　平原　優紀（今泉）
3　福田竜之介（岩瀬）
3　藤野　巧真（六角橋）
3　前田　明宏（相模原旭）
3　益子　喜宇（秦野西）
3　本部　健斗（小山）
3　山本　楽（中川）
3　吉田　太陽（渋沢）
☆3　小石川佳湖（上鶴間）
☆3　東　麻菜花（西生田）
2　阿部　武（名瀬）
2　犬塚　陸斗（若草）
2　上保　純成（相模原旭）
2　大塚　壮太（霧が丘学園）
2　小松　世（南希望が丘）
2　杉崎　莉玖（大庭）
2　杉本　望（萩園）
2　鈴木　瑛大（相模原旭）
2　正木　涼太（大野北）
2　増田　北斗（麻溝台）
2　三好　悠介（宮前平）
2　矢藤　海輝（萩園）
2　吉本　健太（はるひ野）
2　若松　優太（西谷）
2　和田　圭滋（松林）
☆2　白石　優依（相原）
☆2　山口　真央（柿生）
1　植竹　春登（相模原旭）
1　小池　史樹（東鴨居）
1　香田　椋平（宮前平）
1　佐々木亮太（名瀬）
1　佐生　峻埜（宮前平）
1　柴田　壮真（今泉）
1　柴田　怜真（今泉）
1　鈴木　晶翔（共和）
1　高田真ノ助（鶴巻）
1　田仲　優春（戸塚）
1　田中　勇真（大野北）
1　中野　涼太（相模）
1　花井　太知（大野台）
1　花上　寿一（相陽）
1　平野　孝亮（大谷）
1　眞鍋翔太郎（大野南）
1　三浦　幹太（希望が丘）
1　若林　湊（共和）
☆1　都丸　絢加（大野北）
☆1　中田　和花（瀬谷）

大和

大和市つきみ野3－4

部長　池島　亮
監督　古川　竜三
3　内田　将晴（谷口）
3　柴田健太郎（下福田）
3　渋谷　昊太（引地台）
◎3　杉本　渚（光丘）
3　出口　優喜（下福田）
3　本間央二郎（高倉）
3　松﨑　光佑（谷本）
☆3　田中　理穂（谷口）
2　浅田　健太（谷本）
2　浅場　駿稀（瀬谷）
2　稲垣充一郎（厚木）
2　北原　郁己（茅ケ崎）
2　三宅　駿仁（麻生）
2　安成　遼平（宮前平）
2　山藤　哲（光丘）
☆2　浦口　紗季（中山）
☆2　鈴木　日菜（新町）
1　太田　陽歩（谷口）
1　小高　佑友（十日市場）
1　佐藤　充（宮崎）
1　種村　晴飛（座間）
1　水越　翔太（谷本）
1　横山　良輔（市ケ尾）
1　杉山　智哉（大和）
☆1　長谷川夏帆（光丘）

座間

座間市入谷西5－11－1

部長　齊藤　翔
監督　浜田　雅弘
3　荒井　真介（睦合）
3　香川　善祐（海西）
◎3　川口　慶悟（伊勢原）
3　野崎　奏人（大沢）
☆3　飯田　浬（相模台）
2　会田　太一（今泉）
2　内田　颯真（下福田）
2　菅田　泰陽（麻溝台）
2　平尾　智哉（相武台）
2　三澤輪太朗（下福田）
1　菊地　悠馬（相原）
1　鈴木　文太（鶴が台）
1　瀧田　東瑚（相原）
1　中川　達翔（座間西）
1　長山　昊岳（岡本）
1　藤井勘太郎（谷口）
1　森下　陽（相模）
☆1　今若　麻美（森の里）

麻溝台

相模原市南区北里2－11－1

部長　中島　弘貴
監督　阿川　弘之
3　井　涼真（由野台）
3　中越　祐人（上鶴間）
◎3　座間　祥大（相陽）
3　飯出　海人（小山）
3　北川　陸弥（相原）
3　愛沢　悠介（座間相模）
3　西原　太郎（栗原）
3　谷津　遥登（共和）
3　髙木　健太（相模台）
☆3　島田　杏乃（内出）
2　杉山　寛太（麻溝台）
2　富澤実来乃（共和）
2　平井　隆太（麻溝台）
2　廣瀬　宥介（東林）
2　野本　優（大野台）
2　松本　佳大（若草）
2　土屋洸太朗（大野台）
2　加々美優人（上溝）
2　牟田口大暉（大野北）
2　齋藤　隼磨（相陽）
2　中村　蒼大（上溝）
2　篠原　大智（秦野南）
2　保坂　龍剣（相武台）
2　稲野　健斗（相武台）
2　荒井　快飛（相武台）
2　畑野　夏希（大野北）
2　小俣　慧昌（鳥屋）
2　荒川　颯矢（大野南）
2　富岡　煌陽（相模台）
☆2　山口　沙奈（藤野）
1　内田　爽太（大野南）
1　奥山　大輝（座間相模）
1　佐藤　圭悟（高津）
1　田口　蒼翔（中央）
1　立浪　侑弥（鵜野森）
1　露木　太晟（座間西）
1　中村　晴親（由野台）
1　堀江　亮太（鵜野森）
1　本多　晴渡（大野南）
1　村松　慎仁（鵜野森）
1　山田　航駕（座間西）
1　横田　大貴（相模台）
☆1　佐藤　美羽（大野南）
☆1　竹澤　遥（相武台）
☆1　花畑　楓（田名）
☆1　渡邊　莉奏（大野台）

相模原城山

相模原市緑区城山1－26－1

部長　吉田　達哉
監督　平田　和也
◎3　浅井　琉玖（相模丘）
3　市川　朝大（相原）
3　井上　翔和（相原）
3　大谷　蒼生（小山）
3　大森　楽久（弥栄）
3　岡部　琉聖（由野台）
3　今野　和哉（大沢）
3　髙橋　大樹（田名）
3　永井　空知（内出）
3　馬場　大翔（大沢）
3　森元　亮太（田名）
3　山口　遼（大沢）
☆3　菊地原芽衣（田名）
☆3　宮元　真衣（小山）
2　井上　聖己（相模丘）
2　川村　柊史（相模原旭）
2　相馬　光汰（上溝）
2　竹内　優太（大沢）
2　小野　悠汰（相原）

☆2 中島 璃子 （相模丘）
1 井上 暖翔 （相模原緑が丘）
1 岡田 勇崇 （大沢）
1 金井 一斗 （大沢）
1 川村 遥汰 （相模原旭）
1 今野 知哉 （大沢）
1 櫻田 大翔 （大沢）
1 田倉 正薫 （中野）
1 古木名広翔 （中野）
1 宮浦 裕大 （大野南）
1 安田 暖翔 （相模丘）
1 山崎 楓生 （上溝）
☆1 伊世帆乃香 （相模原旭）
☆1 芳賀 心音 （大沢）

上鶴間

相模原市南区上鶴間本町9－31－1
部長 須藤 皓治
監督 髙橋 直人
3 矢田部翔瑠 （瀬谷）
3 中島 一真 （鶴間）
3 大野 悠 （麻溝台）
3 本間 一成 （中央）
3 髙橋 隼天 （上鶴間）
3 脇坂 円優 （瀬谷）
3 齋藤 七海 （大野台）
2 小林 大飛 （鶴間）
2 櫻田 竜馬 （上鶴間）
2 清野 豪偲 （大野南）
2 福田 桜斗 （上鶴間）
◎2 瀧田 一遥 （相模原緑が丘）
2 山田 倫崇 （大野北）
2 渡邉 朱悠 （大野台）
1 太田 翼 （相模原緑が丘）
1 大野 幸泰 （新町）
1 熊田 成汰 （麻溝台）
1 神戸 雄生 （相陽）
1 鈴木 達 （相武台）
1 鈴木 陽斗 （上鶴間）
1 友井 柊太 （田奈）
1 福田 柊真 （上鶴間）
1 養田 泰成 （相模）
☆1 樫山 優海 （共和）
☆1 本部 愛莉 （小山）

上溝南

相模原市中央区上溝269
部長 中村 浩司
監督 浅井 彬宏
3 飯沼 寛大 （弥栄）
◎3 大島 隼翔 （座間東）
3 大洞 飛駕 （相原）
3 久保 知輝 （座間西）
3 小林 育人 （弥栄）
3 佐藤 巧明 （小山）
3 志済 蒼良 （愛川中原）
3 関 高佑 （大野北）
3 中村 和輝 （内出）
3 松元 壮志 （相模原緑が丘）
3 山口 翔大 （相原）
3 山口 颯汰 （大沢）
3 渡會 裕友 （大沢）
☆3 上野ひなた （若草）
2 阿部 遥斗 （大野北）
2 大井 心吾 （大野北）
2 大谷 仁 （相原）
2 金山 楓汰 （相陽）
2 神戸 栄輝 （相陽）
2 関 秀仁 （座間西）
2 芹澤 正俊 （相陽）
2 曾我 憲晟 （相陽）
2 髙橋 佑吏 （相武台）
2 中川 諒悟 （上溝南）
2 中村 峻也 （大野北）
2 萩原 陶冶 （相模原旭）
☆2 時岡 奈央 （相原）
1 石井 結梓 （萩園）
1 大河原祥太 （相模原旭）
1 小山 翔太 （相陽）
1 齊藤 大幹 （愛川中原）
1 櫻井 翼 （田名）
1 富樫 敏也 （大野北）
1 鴇田 優輝 （共和）
1 德岡 伶志 （共和）
1 中井 友哉 （大野北）
1 新倉幸太郎 （上溝）
1 古市 洸太 （小山）
1 本多 空翔 （大沢）
1 宮下 舜平 （相武台）
☆1 荻原 天空 （田名）
☆1 川瀬 七菜 （大谷）

伊志田

伊勢原市石田1356－1
部長 渡邉 亮
監督 佐々木章太
3 西ケ谷琉太 （金目）
3 今園 晴久 （睦合東）
3 村上 祥太 （今泉）
3 福原 駈 （伊勢原）
3 松岡 輝 （大谷）
3 間部 元翔 （秦野北）
3 椙立 登晴 （岡本）
3 池田 宝 （秦野南）
3 阿部 泰和 （成瀬）
3 菊池 俊佑 （秦野西）
3 越路 颯 （秦野南が丘）
◎3 三浦 琉空 （山王）
2 市川 蓮 （藤塚）
2 松野 雅也 （山王）
2 山崎 真輝 （東名）
2 笹島 優吾 （厚木）
☆2 田上百合夏 （本町）
1 鳥海 颯真 （伊勢原）
1 牧石 楓 （渋沢）
1 熊澤 翔太 （渋沢）
1 杉本 光希 （渋沢）
1 川瀬 琉矢 （玉川）
1 吉沼 仁 （山王）
1 福留 徳哉 （本町）
1 遠藤 千隼 （渋沢）
1 常磐 颯亜 （旭が丘）
1 伊藤 航平 （大野）
1 堀江 智幸 （秦野南）
1 船本 武弘 （成瀬）
1 中座 琉斗 （南ケ丘）
1 岡崎 颯伍 （成瀬）
1 齋藤 義真 （泉）
☆1 石川 愛菜 （大谷）

綾瀬

綾瀬市寺尾南1－4－1
部長 武藤 健太
監督 北岡 克明
3 井本 颯武 （今泉）
3 飯田 結伍 （長後）
3 清藤 煌太 （海西）
3 大木 海音 （栗原）
3 櫻井 祐太 （春日台）
3 比留川聡大 （綾瀬）
3 佐藤 龍志 （つきみ野）
3 谷口 航大 （西浜）
3 山崎究里主 （六会）
3 平賀 佑弥 （柏ケ谷）
3 島田 優 （秋葉台）
◎3 丸井 善幸 （南林間）
3 大島 慶三 （綾瀬）
☆3 杉﨑 里奈 （座間）
☆3 黒川 美希 （下瀬谷）
☆3 神澤 真菜 （共和）
2 佐藤慎之助 （綾瀬）
2 冨山真之介 （上溝南）
2 渡辺 恵介 （北の台）
2 佐藤 康平 （御所見）
2 河合 翼 （柏ケ谷）
2 伊藤 拓音 （相模）
2 原 拓真 （海老名）
2 池田 聖那 （高倉）
☆2 篠原 瑠花 （下瀬谷）
1 内野 佳斗 （海老名）
1 落合 海渡 （引地台）
1 新倉 諒馬 （綾北）
1 中澤 琉生 （綾北）
1 前田 隼弥 （上鶴間）
1 髙橋 勇也 （柏ケ谷）
1 望月 悠太 （柏ケ谷）
1 初瀬尾伊織 （下福田）
1 金輪 誠人 （鶴間）
1 久保田椋叶 （大谷）
1 土志田暁翔 （下福田）
1 和田 駿太 （旭が丘）
1 邊見 晴汰 （綾瀬）
1 吉田 秀虎 （鶴間）
☆1 依田 栞和 （相陽）
☆1 萩野舞奈香 （鶴間）
☆1 木城 愛梨 （都岡）

大和南

大和市上和田2557
部長 葛西 栄治
監督 肥後 光真
3 今津 凱莉 （光丘）
3 川西 大気 （善行）
3 栗野 音生 （善行）
◎3 菅村 洸喜 （下瀬谷）
3 成田 巧斗 （東野）
☆3 山崎 雅夏 （東野）
2 朝倉 秀哉 （東林）
2 今井 弥 （光丘）
2 佐藤 徹平 （鶴間）
2 髙瀬 悠吏 （下福田）
2 諸根 楓太 （六会）
2 渡邊 稜馬 （東野）
1 青木 峻汰 （六会）
1 佐藤 宙衣 （御所見）
1 谷岡 聖俊 （瀬谷）
☆1 阿部 泉咲 （六会）
☆1 今津未莉亜 （光丘）

厚木北

厚木市下荻野886
部長 福冨 洋祐
監督 森山 純一
3 阿部 珀斗 （依知）
3 阿部龍之介 （綾瀬城山）
3 石井 優汰 （神田）
3 石川 洸樹 （相陽）
3 宇山 大登 （北の台）
3 大谷 健人 （麻溝台）
3 岸田 悠汰 （小鮎）
3 北川 律 （藤塚）
3 佐藤 俊介 （相陽）
3 高岸 颯也 （相模台）
3 二瓶 岳 （愛川）
3 牧方 優人 （厚木）
3 丸山 海 （睦合）
3 村沢 拳梧 （林）
3 森見愼一朗 （新町）
◎3 山田 蓮 （北の台）
3 山本 怜央 （愛川東）
☆3 竹内 楓花 （愛川中原）
2 猪狩 逞 （睦合東）
2 池田 蒼眞 （藤塚）
2 石橋 徹 （厚木）
2 一力 光 （相陽）
2 伊藤 駿也 （座間）
2 伊波 翔天 （今泉）
2 井上 拓人 （山王）
2 上田 愛翔 （睦合東）
2 大知里司苑 （北の台）
2 小田嶋俐空 （上和田）
2 鏡 翔史 （田名）
2 木藤 青空 （愛川）
2 佐藤 聖真 （睦合東）
2 武田 啓悟 （柏ケ谷）
2 坪井 隼人 （小鮎）
2 村田 聖 （相陽）
2 横山 晃己 （成瀬）
☆2 阿部 愛莉 （依知）
☆2 山田 咲綾 （南瀬谷）
1 市村 優誠 （荻野）
1 井上 優我 （麻溝台）
1 井上 侑弥 （原）
1 イフティカルウマル （海西）
1 岩本 鉄生 （愛川中原）
1 大野 逸樹 （睦合）
1 小國聡一郎 （椚町）
1 尾田 偉吹 （海老名有馬）
1 落合 一真 （林）
1 梶田 秀斗 （神田）
1 上澤 紘人 （森の里）
1 岸 星輝 （神田）
1 近藤 剛 （栗原）
1 佐々木 光 （愛川東）
1 鈴木 皓大 （愛川）
1 鈴木 祐太 （鵜野森）
1 戸嶋 諄哉 （相模）
1 原田 帆凪 （愛川中原）
1 平山 太晄 （愛川東）
1 廣井 心優 （座間南）
1 福富 優斗 （綾瀬城山）
1 牧方 柊人 （厚木）
1 見井田佳吾 （上鶴間）
1 皆川 倖汰 （海老名有馬）
1 山縣 幹汰 （大野北）
1 渡邊 桜介 （内出）

橋本

相模原市緑区橋本8－8－1
部長 降矢 郷平
監督 降矢 郷平
☆3 吉村 めい （大沢）
☆3 川崎日菜子 （谷口）
◎2 今井 淳聖 （弥栄）
1 原 悠善 （相模原旭）
1 宮成 皇汰 （相陽）

海老名

海老名市中新田1丁目26番1号
部長 小峰 翔太
監督 川﨑 真一
3 大堀 康継 （相模）
3 小幡 魁河 （柏ケ谷）
3 工藤 隆生 （伊勢原中沢）
3 後藤 宏基 （麻溝台）
3 小山 源輝 （長後）
3 斉藤 澪生 （藤嶺藤沢）
3 佐藤 緑和 （座間）
◎3 髙井 朔斗 （南林間）
3 髙橋 遥翔 （今泉）
3 友永 敦也 （荻野）
☆3 大原 優 （明治）
2 佐久間智也 （北の台）
2 菊池 琥雲 （はるひ野）
2 角谷 楓太 （東名）
2 髙橋 昇吾 （鶴巻）
2 松浦 成 （秦野東）
2 鈴木 望夢 （光丘）
2 野崎 愛斗 （南毛利）
2 橋本 優司 （はるひ野）
2 森 優太 （林）
2 綿貫 広大 （綾北）
2 梶原 海友 （本町）
☆2 塙 旻 （長後）
☆2 古郡 千穂 （荻野）
1 佐藤 哲平 （森の里）
1 梅澤 宣考 （睦合）
1 髙山 慶次 （渋沢）
1 鈴木 大翔 （海西）
1 間部 朔士 （秦野北）
1 若林 優樹 （座間西）

相模原弥栄

相模原市中央区弥栄3－1－8
部長 丸橋 健人
監督 鶴岡 英一
3 赤間 慈人 （相模原緑が丘）
3 荒井 睦人 （小山）
3 安藤 成雄 （霧が丘学園）
3 井上 向陽 （相原）
3 尾崎 悠世 （綾北）
◎3 角方 琉音 （中川）
3 川越健太郎 （小山）
3 川瀬 慧純 （大谷）
3 川村 亮太 （鵜野森）
3 木持 快成 （綾瀬城山）
3 児玉匠太郎 （成瀬）
3 笹川 陵 （香港日本人）
3 重田 輝 （共和）
3 鈴木 崇史 （相原）
3 髙橋 翔吾 （大野台）
3 千田 優成 （海老名）
3 富樫 一球 （相陽）
3 長峰 光 （東林）
3 松田 凪翔 （萩園）
☆3 西久保和子 （西生田）
☆3 舩山 結衣 （中央）
2 伊藤 裕介 （新町）
2 岩瀬 慧悟 （大野北）
2 大川内瑠太 （大野南）
2 大和田優芽 （田名）
2 落合 海音 （弥栄）
2 菅野 琢弥 （上溝）
2 坂上 祐作 （大野南）
2 佐々木恵悟 （大沢）
2 須藤 駿太 （共和）
2 田久保真叶 （新町）
2 野﨑 空翔 （田名）
2 福地 政紀 （弥栄）
2 八木 璃久 （上溝南）
2 柳橋 奏汰 （大沢）
2 山﨑 葵 （青和学園）
2 山中 翔人 （大野台）
☆2 梶 彩香 （金目）
1 青木 佑弥 （浜）
1 明石 太輝 （明治）
1 飯田 誠大 （長後）
1 市川 駆 （はるひ野）
1 小林 天翔 （中山）
1 斎藤 隼太 （はるひ野）
1 真藤 智徳 （成瀬）
1 髙橋 祐樹 （依知）

1 高森　樹 (愛川中原)
1 塚本ヤリク (相陽)
1 仲　龍聖 (麻溝台)
1 中澤　湊吾 (睦合東)
1 野村　勇太 (引地台)
1 福士　悠太 (新田)
1 増田　龍聖 (山内)
1 三橋　凰輝 (田名)
1 村田　望 (金程)
1 八木　将悟 (大沢)
☆1 川口　夢花 (相陽)
☆1 本多　令 (弥栄)

厚木清南

厚木市岡田1丁目12－1
部長 永瀬　尊典
監督 高津　優希
◎2 岡本　璃久 (座間)
1 神邉　来未 (藤塚)

秦野総合

秦野市南が丘1－4－1
部長 石岡　拓朗
監督 玉置　大祐
3 上田琉希也 (本町)
3 梅原　隼翔 (鶴巻)
3 小川　裕翔 (伊勢原中沢)
3 笹川　青空 (秦野西)
◎3 竹下　優希 (秦野東)
☆3 三川　楓夏 (厚木玉川)
2 石井　良成 (秦野東)
2 大木　翔太 (秦野南)
2 大倉　千海 (山王)
2 阪本　綜悟 (伊勢原中沢)
2 中村　健斗 (今泉)
☆2 大矢根舞桜 (本町)
1 眞下　拓弥 (本町)
1 森田隆之介 (小田原橘)
1 木村　悠雅 (伊勢原中沢)

大和東

大和市深見1760
部長 金森　聖
監督 五味　弘介
3 小杉　和也 (万騎が原)
3 亀井　亮成 (東林)
◎3 土屋　陸斗 (大和)
3 牧　隼 (南戸塚)
3 穴澤　希海 (南林間)
3 海老塚　樹 (つきみ野)
2 大内　望生 (高倉)
2 安藤　伶海 (瀬谷)
2 高畑　陸人 (万騎が原)
2 府川　宙夢 (田名)
2 山内　元輝 (いずみ野)
2 鈴木　悠太 (原)
2 上野　悠 (麻溝台)
1 新井倖大郎 (谷口)
1 津野悠優ルーカス (柏ケ谷)
1 吉成　樹頼 (田名)
☆1 佐藤まあや (大和)
☆1 友野このは (城山)

座間総合

座間市栗原2487
部長 松本　優陽
監督 棟近　康平
3 井手尾周汰 (成瀬)
3 佐野　慧太 (成瀬)
◎3 舘本　琉生 (上溝)
3 山口　壱誠 (弥栄)
2 菅原　凌哉 (相模)
2 諏訪　陽大 (相模台)
2 力丸　春樹 (上溝)
1 池田　快治 (麻溝台)
1 井上　裕樹 (相陽)
1 奥島　蕾翔 (栗原)
1 加藤　桜介 (座間東)
1 金子　敦哉 (南林間)
1 後藤　龍季 (相模)
1 佐藤　風太 (大野南)
1 武井　陸 (栗原)
1 良知　直幸 (座間)
☆1 白井　心結 (田名)
☆1 田澤　有陽 (若草)
☆1 舘本　梨里 (上溝)

厚木東

厚木市王子1－1－1
部長 藤本　真司
監督 和田　晃
3 土橋　広聖 (南林間)
2 曾根慎乃佑 (荻野)
◎2 鈴木　空 (小鮎)
2 深瀬　桜晴 (睦合東)
2 井萱　海 (小鮎)
2 森屋　晴仁 (荻野)
2 木本　涼平 (北の台)
1 安齋　彰 (厚木)
1 鈴木　貴博 (南毛利)
1 添田　健永 (林)
1 原田琥太郎 (厚木)
1 小坂　光紀 (依知)
☆1 福井　優芽 (小鮎)

伊勢原

伊勢原市田中1008－3
部長 髙木　伸
監督 篠田　将史
3 内野　裕文 (今泉)
3 内山　琉矢 (成瀬)
◎3 露木　琉稀 (足柄台)
3 徳田　一沙 (成瀬)
3 山本　瑛隼 (南毛利)
3 相川　聖 (伊勢原)
3 伊藤　聖太 (大野)
3 小山内孝幸 (座間西)
3 佐藤　颯祐 (荻野)
2 安倍　玲耶 (睦合東)
2 塚原　輝 (渋沢)
2 山口虎太朗 (秦野北)
☆2 和田　珠鈴 (林)
1 藤原　大貴 (秦野西)

綾瀬西

綾瀬市早川1485番地の1
部長 吉田　大育
監督 為田　恭兵
3 寺田　豊 (座間)
3 福田　天隆 (藤塚)
3 片倉　響 (相武台)
3 大塚　勘太 (睦合東)
3 佐々木悠翔 (座間西)
3 瀧川　陸斗 (綾北)
◎3 和智　達也 (相武台)
2 青柳　星矢 (麻溝台)
2 平井　康太 (相武台)
2 古市　拓海 (麻溝台)
2 細谷　侑希 (麻溝台)
2 森田　聖翔 (綾瀬)
2 川添　耀斗 (今泉)
☆2 青木　春菜 (伊勢原)
☆2 鈴木　しほ (伊勢原)
1 獅々倉日馬 (厚木玉川)
1 秋元　龍賀 (綾北)
1 加藤　漣 (今泉)
1 土井　崇生 (綾北)
1 齊藤真那斗 (藤沢第一)
1 佐藤　陸斗 (綾北)
1 朴　ハラム (綾瀬)
1 小林　未来 (旭が丘)
1 西川　遼祐 (座間東)
1 二瓶　拓磨 (上溝)
1 一色　絢平 (睦合東)
1 井上　響也 (鶴間)
1 河原　歩睦 (座間)
☆1 フラワーズ暖菜 (綾北)

有馬

海老名市社家5－27－1
部長 中嶋　洋介
監督 中川　裕志
3 赤木　優太 (旭が丘)
◎3 川邊虎之助 (今泉)
3 小越　光 (海老名有馬)
3 髙塚　友彰 (海老名有馬)
3 野原ジャラルディーン紗海瑠 (相模)
3 藤村　純希 (伊勢原中沢)
3 村上　海智 (海老原有馬)
3 和田　悠汰 (今泉)
☆3 寺澤穂乃果 (秦野東)
☆3 安田　奈未 (神田)
☆3 山田　瑞希 (神田)
☆3 横溝　梓 (伊勢原中沢)
2 石川　慶斗 (座間西)
2 菊池　倖成 (柏ケ谷)
2 佐藤　圭祐 (南林間)
2 土田　陽生 (今泉)
2 並木諒太郎 (伊勢原中沢)
2 蜂巣　有理 (大和)
2 諸星　良 (渋沢)
☆2 早川　和沙 (梅田)
1 出縄　駿 (山王)
1 太田　壮祐 (伊勢原中沢)
1 友松　優斗 (相武台)
1 永井　大喜 (相川)
1 長井　優太 (綾北)
1 秀　侑成 (相川)
1 森　琉音 (依知)
☆1 扇原　優姫 (光丘)
☆1 中島さゆり (相武台)

上溝

相模原市中央区上溝6－5－1
部長 飯島　佑紀
監督 山口　剛志
3 梶山　陽登 (座間)
◎3 鈴木　温大 (麻溝台)
3 菅原　碧流 (大沢)
3 星野　暖 (大沢)
☆3 水越　美咲 (相模原中原)
2 鈴木　涼真 (大沢)
2 大谷　誠人 (麻溝台)
1 工藤　澄晴 (清新)
1 佐々木康汰 (麻溝台)
1 島田　達矢 (若草)
1 箕輪　知輝 (大谷)
1 山下　育大 (藤塚)

愛川

愛甲郡愛川町三増822－1
部長 千葉　祐貴
監督 大内　直人
◎3 金田　匠翔 (大野北)
3 伊藤　成咲 (上溝)
☆3 廣瀬　愛美 (愛川東)
2 千葉　優 (睦合)
2 渋谷海夏人 (愛川東)
2 坪井　柊二 (愛川中原)
☆1 モチヅキフレイシ (愛川中原)

厚木西

厚木市森の里青山12－1
部長 高橋　佳希
監督 岩本　茂之
3 天野　迅人 (睦合東)
3 井上　史哉 (依知)
3 小田島素晴 (伊勢原中沢)
◎3 影山　惟生 (伊勢原中沢)
3 黒田　蒼天 (成瀬)
3 堺　圭汰 (依知)
3 高尾　明葵 (森の里)
3 林　健想 (睦合東)
☆3 北村　紅 (大根)
2 小城　太志 (南毛利)
2 花井　結斗 (山王)
2 八子　陸斗 (荻野)
☆2 佐々木日向 (文命)
1 栗林　一翔 (睦合東)
1 毛利　駿太 (相川)
1 三橋　柊良 (森の里)
1 水野　佑太 (森の里)
1 伊従　貴哉 (厚木)
1 石田　涼太 (厚木玉川)
1 濱田　結斗 (厚木玉川)
☆1 多田　来美 (厚木)

大和西

大和市南林間9－5－1
部長 肝付　兼輝
監督 安部川真孝
3 池田　広務 (原)
3 伊藤　幹 (光丘)
3 井上　隼斗 (相模)
3 内田　勇吾 (綾瀬城山)
3 田口ジョシュア (南林間)
3 多田　琉稀 (下福田)
◎3 中田　智大 (金程)
3 町田　康晟 (大野台)
☆3 阿佐野　樂 (引地台)
☆3 川合　あゆ (引地台)
2 和田　茂樹 (下福田)
2 松村　広宣 (大和)
2 坂井　光稀 (下福田)
2 大石　智也 (今泉)
2 木村　拓大 (座間南)
2 齊藤　春 (東林)
2 西片　悠人 (鶴間)
2 子島　碧以 (鶴間)
☆2 山崎　虹香 (六会)
1 岡田　明空 (つきみ野)
1 河田　遼平 (はるひ野)
1 田中　凛 (相模)
1 樋田　恭吾 (綾北)
1 中村　謙心 (つきみ野)
1 酒井　陽斗 (相模)
1 大畠　颯太 (相模)
1 早川　尚吾 (光丘)
1 上野　健心 (麻溝台)
☆1 秋山　晴香 (つきみ野)
☆1 長谷　海愛 (生田)

秦野曽屋

秦野市曽屋3613番地の1
部長 北野　崇之
監督 川島　聡
3 片岡　奏汰 (渋沢)
3 山口　廉人 (渋沢)
3 守屋俊之介 (鶴巻)
◎3 橋本　祥 (本町)
3 神山　拓海 (土沢)
☆3 小澤　理依 (城北)
2 門脇　大哉 (本町)
2 加藤由里夏 (睦合東)
1 岡本　啓利 (渋沢)
1 小室　海斗 (渋沢)
1 佐藤　光希 (大根)
1 長谷川拓也 (本町)
1 額田　脩 (大野)
1 大塚　健友 (秦野南が丘)
1 村上　優弥 (山王)

相模田名

相模原市中央区田名6786－1
部長 菊地　悠真
監督 竹林　和史
3 小椋　大地 (弥栄)
3 髙橋　飛燕 (上溝南)
3 石居　優士 (弥栄)
3 目黒　翔也 (弥栄)
◎3 田中隆之介 (田名)
2 小山　琉聖 (田名)
2 千葉壮太朗 (小山)
2 大柿　貴哉 (田名)
2 野坂　武玄 (相模原旭)
2 安部　智則 (田名)
☆2 丹羽　華鈴 (田名)
☆2 青木　優來 (田名)
1 駒谷　幸介 (大野台)
1 山浦　光翔 (相模丘)
1 堀井　昌哉 (大野北)
1 小林　快人 (大野北)
1 安部　颯 (弥栄)
1 石井　大翔 (田名)
1 小室　瑛慈 (田名)
1 小林　咲満 (小山)
☆1 加藤花蓮子 (田名)

相模原中等

相模原市南区相模大野4－1－1
部長 中山　昭次
監督 鈴木　翔
◎3 小南　彰悟 (相模原中等)
3 林　悠弥 (相模原中等)
3 高杉　政輝 (相模原中等)
3 畠山　葵 (相模原中等)
☆3 山田怜美莉 (相模原中等)
2 伊藤　克暁 (相模原中等)
2 伊藤　秀朗 (相模原中等)
2 篠原　基 (相模原中等)
2 西辻　学飛 (相模原中等)
2 松野　開 (相模原中等)
2 吉田　悠馬 (相模原中等)

2 肆矢 春空（相模原中等）
1 佐々木健太（相模原中等）
1 野口 真之（相模原中等）
1 神山 空（相模原中等）
1 原口幸太朗（相模原中等）
1 三木 雄悟（相模原中等）
1 木河 拓士（相模原中等）
1 吉澤真央璃（相模原中等）

中央農

海老名市中新田4－12－1
部長 川上 智一
監督 秋山 大樹
◎3 高野山皇輝（矢向）

神奈川総産

相模原市南区文京1丁目11番1号
部長 大坂 進
監督 高橋 知希
3 長山 岳歩（岡本）
3 清宮 大輝（枡形）
3 増田 暁潤（大野南）
3 松村マーロン（大和）
3 川俣 友哉（相模）
◎3 田邊 佳知（明治）
3 内藤 蓮（南瀬谷）
3 蕪木 優（もえぎ野）
2 宮崎 道智（伊勢原中沢）
2 木下 雄貴（田名）
2 田倉 広大（大野台）
2 座間 光琉（相陽）
☆2 齋藤 穂多（鵜野森）
1 伊藤 天馬（柿生）
1 山田 廉（上溝）

相模向陽館

座間市ひばりが丘3－58－1
部長 吉井 大樹
監督 西堀 彰剛
◎3 大野驍太朗（栗原）
3 秋田谷勇斗（犬蔵）
3 志田 悠輔（内出）
3 塩津 允（滝の沢）
☆3 西田 彩乃（本町）
☆3 西田 雪乃（本町）
2 ｱﾌﾞﾄﾞﾙ ﾗﾃｨﾌ ﾅｲｾﾞﾙ ｱﾙｶﾑ（ザヒラ カレッジ）
2 小澤 勇太（栗原）
2 髙松 勝翔（依知）
2 中田 藍斗（新井）
☆2 門倉未沙来（睦合東）
1 上村 泰（今泉）
1 在原 大斗（座間西）
1 真柳 千夏（柏ケ谷）

東海大相模

相模原市南区相南3－33－1
部長 和泉 淳一
監督 原 俊介
3 安達 琉希（山王）
3 石寺 啓人（東海大相模）
3 板垣 拓心（海西）
◎3 及川 将吾（千葉・大和田）
3 小笠原馳大（東海大相模）
3 子安 秀弥（千葉・茂原東）
3 鈴木晟一朗（秋田・横手名峰）
3 高清水慧吾（静岡・稲梓）
3 中村 桜也（三重・尾鷲）
3 松本ジョセフ（横浜橘）
3 持丸 春聡（豊田）
3 百井 隼人（南林間）
3 山内 教輔（埼玉・和光大和）
3 吉本 陽斗（玉縄）
3 渡邉 優斗（東海大相模）
2 木村 海達（広島・向陽）
2 才田 和空（兵庫・鳴尾）
2 真田新ノ介（高田）
2 高橋 侑雅（滋賀・瀬田）
2 滝川 颯人（南林間）
2 塚本 空輝（福岡・飯塚第一）
2 長尾 幸誠（広島・城南）
2 日高 颯太（宮崎・本郷）
2 藤田 琉生（羽鳥）
2 宮野 想生（滋賀・彦根東）
2 和田 勇騎（上の宮）
☆2 岡村 日和（三重・鼓ケ浦）
1 伊師 誠人（東海大相模）
1 石原吉之助（栗田谷）
1 市礒 輝大（東京・学芸大附属世田谷）
1 宇野 魁（東京・府中第八）
1 大津 耀生（東海大相模）
1 岡山 泰生（愛知・長久手北）
1 金本 寛汰（兵庫・大成）
1 河田 武（大阪・野田）
1 川本 叶生（鳥取・東山）
1 菅野 悠（栃木・小山第三）
1 小林 弘之（万騎が原）
1 小山 義輝（東京・瑞穂）
1 近藤 拓（新井）
1 佐藤 惇人（埼玉・大宮東）
1 柴田 元気（千葉・岬）
1 柴田 成（金目）
1 島村 宏斗（寺尾）
1 高野 海要（桜本）
1 田中 和泉（鳥取・桜が丘）
1 中川 皓聖（千葉・千種）
1 中村龍之介（座間南）
1 西山 瑛太（東海大相模）
1 萩原 優真（東京・稲城第三）
1 羽田野マツ（日限山）
1 日賀 琉斗（沖縄・港川）
1 福田 拓人（兵庫・魚住東）
1 山口 寛太（東京・町田南）
1 森 晴太郎（大阪・孔舎衙）
1 山本 暁人（静岡・岳洋）
1 三浦 誠登（大谷）
1 山口 想生（東海大相模）

向上

伊勢原市見附島411番
部長 坂本 雄一
監督 平田 隆康
3 安達 海斗（相武台）
3 飯田 碧斗（篠原）
3 石井春富海（相陽）
3 石居 眞音（谷口）
3 井上 颯太（引地台）
3 庵原 宗師（大沢）
◎3 遠藤 稔弥（成瀬）
3 小野 誠弥（松林）
3 香川 悠成（大住）
3 金子 陽太（綾瀬城山）
3 木村 大峰（二宮西）
3 小泉 智也（高浜）
3 寒河江敦也（相陽）
3 佐野 嘉哉（国大附属鎌倉）
3 鈴木 太基（相陽）
3 関 斗和（川和）
3 武富 航佑（大野北）
3 竹之下絆成（伊勢原）
3 津嘉山大礎（御幸）
3 辻 純平（川崎長沢）
3 冨舛 愁介（今泉）
3 西野 響世（高浜）
3 西松聡一郎（今泉）
3 二宮 涼太（土沢）
3 平井 貫太（中川）
3 廣田 悠馬（末吉）
3 細野 蒼汰（東名）
3 前泊 煌（御幸）
3 松沢 優太（浜須賀）
3 水島 偉悠（綾瀬城山）
3 山口 真輝（平）
3 吉永 塁都（神田）
☆3 福島 那津（大和）
2 赤阪 拓真（成瀬）
2 阿部 陸（横浜緑が丘）
2 五十嵐清純（小田）
2 池田 龍太（綾北）
2 石井 敦也（軽井沢）
2 石井 櫻介（睦合東）
2 石川 友理（鵜野森）
2 井芹 響（鶴巻）
2 稲葉 響也（平塚中原）
2 今井龍太郎（あざみ野）
2 上原 大斗（川崎長沢）
2 梅田 悠圭（伊勢原）
2 大森逢沙斗（共和）
2 小野悠之佑（万騎が原）
2 北野 龍彦（塚越）
2 木本 勇樹（栗田谷）
2 河内 修太（湘洋）
2 小林 漣（王禅寺中央）
2 小松 愛希（相陽）
2 齋藤禅之輔（中田）
2 酒井 愛斗（座間西）
2 坂野 大翔（旭北）
2 里井悠太郎（あざみ野）
2 猿山 由翔（東京・つくし野）
2 杉山 優生（伊勢原）
2 曽根岡誠也（上鶴間）
2 田中 悠雅（谷口）
2 千葉 海太（はるひ野）
2 富澤 創平（中央）
2 林 忠信（西高津）
2 桧原 佳威（東山田）
2 平本上太朗（原）
2 松根 葉流（南毛利）
2 松本 大生（相川）
2 見汐 大空（大和）
2 本宮 翔人（谷口）
2 百瀬 匠（つきみ野）
2 山田 士温（西中原）
2 大和虎太郎（林）
☆2 荏原あおい（南菅）
☆2 大淵 杏奈（若草）
☆2 清水 花美（山王）
☆2 柳澤 若葉（瀬谷）
1 市川 幹大（横浜西）
1 井上 晴哉（新町）
1 大友 敦裕（はるひ野）
1 大貫 晶豊（相川）
1 岡田 寛大（上溝南）
1 加藤 僚（二宮）
1 金澤 佑飛（小鮎）
1 上石 祥平（岩瀬）
1 行徳 和也（稲田）
1 小泉 和希（綾瀬城山）
1 輿水 遥斗（相模原旭）
1 古知屋航平（厚木）
1 今 勇佑（羽鳥）
1 佐藤 陽成（成瀬）
1 塩島 奏太（瀬谷）
1 志賀 恒太（中山）
1 白石 貴之（はるひ野）
1 末吉 煌弥（瀬谷）
1 鈴木 陽之（すすき野）
1 鈴木 道心（南毛利）
1 諏訪 太郎（本町）
1 関塚 礼（相武台）
1 瀬戸 大輝（座間西）
1 高橋 快知（六会）
1 田中 淳平（東名）
1 中丸 幸輔（栗田谷）
1 穂坂 徳紀（千代）
1 掘 颯士郎（国府）
1 松浦 里輝（相模）
1 三橋 隆徳（岡村）
1 守屋 蓮次（上溝南）
1 柳澤 葦惺（岩崎）
1 山崎 拓真（川和）
1 横川 結大（大野北）
1 横川 竣太（大野北）
1 横沢匠汰朗（東京・清明学園）
1 阿部 健吾（渋沢）
1 金子 蓮司（生麦）
1 遠山 湊右（小鮎）
1 松永 陽葵（清新）
☆1 三浦 鶯陽（老松）

光明相模原

相模原市南区当麻856
部長 松崎 元
監督 芝崎 広之
◎3 明智 煌大（小山台）
3 ｴｾﾞ ｼﾞｮｻｲｱ 礼（引地台）
3 佐藤 玲允（湘洋）
3 髙橋 聖斗（相模）
3 中津 拓也（相模）
3 原嶋 快斗（東京・楢原）
3 藤原 健聖（光丘）
3 伊藤 颯哉（東京・御堂）
3 河野 瑛介（荻野）
3 髙橋 洸貴（瀬谷）
3 露崎 浬久（枡形）
3 西野 太喜（鵜野森）
3 諸岡 吏雄（海老名有馬）
3 崎浜 秀樹（神田）
3 馬場 照人（田奈）
3 林崎 翔太（相陽）
3 福浦 創太（相模）
3 三浦 蒼海（大正）
3 向出 友海（浜須賀）
2 髙橋 洸惺（六会）
2 ﾊﾟｰｻﾝ ﾁｪｲｽ（綾瀬城山）
2 小田切真人（綾瀬城山）
2 近成 龍善（上溝）
2 宮川 謙信（相武台）
2 河野 快晟（大沢）
2 杉原 翔馬（相原）
2 松本 歩大（海老名有馬）
2 岡部 勘助（弥栄）
2 柏原 隼（海西）
2 冨岡 陽生（相模台）
2 阿部 進（高浜）
2 小畑孝太郎（相武台）
2 田上 将成（東京・南大谷）
2 宮村 煌大（綾北）
1 大野 翼（愛川東）
1 佐藤 幹起（錦台）
1 鶴島 和真（海老名有馬）
1 矢地 亜漣（引地台）
1 山舘 亮太（あかね台）
1 山本 隼平（大正）
1 沖村 昊（湘洋）
1 鈴木 太心（東京・打越）
1 廣澤 尚怜（成瀬）
1 藤原 望有（光丘）
1 三ツ谷悠史（綾瀬城山）
1 湯川海優志（上和田）
1 林 溜偉（綾瀬城山）
1 尾上 雅人（東京・日野第二）
1 佐々木 幹（東京・七生）

麻布大付

相模原市中央区淵野辺1－17－50
部長 杉崎 貴宏
監督 中尾 大志
◎3 関口 勇人（小山）
3 谷﨑 大地（六角橋）
3 山田 寛起（睦合東）
3 飯沼 輝優（大野南）
3 榎本 悠直（内出）
3 中川 耀太（青葉台）
3 吉野 聡太（下福田）
3 黒川 歩夢（大野南）
3 松岡 優太（鶴川）
3 児島 亮太（大野北）
3 鈴木 颯真（大沢）
3 佐藤 滉紀（麻溝台）
3 福留 広志（新町）
3 若本 圭介（つきみ野）
☆3 髙澤みなみ（南毛利）
☆3 石田 三桜（もえぎ野）
☆3 松本 彩華（日吉台）
☆3 澤村向日葵（相模）
2 稲田 憲信（高津）
2 井上 洸希（市ケ尾）
2 渡邊 航生（犬蔵）
2 井上 侑大（上溝）
2 岡田 友輝（新町）
2 志浦 寛大（菅）
2 島田 匡（中山）
2 山口 修輝（篠原）
2 渡邊 悠生（犬蔵）
2 岡 怜士（大野北）
2 齊藤 大翔（大野北）
2 庄司 秋惺（野川）
2 田中 理琥（みなみ野）
2 小玉 晃久（南大谷）
2 稲垣 巧樹（上溝）
2 秋本晄太郎（海西）
☆2 中山 真桜（南林間）
☆2 中島 佑海（奈良）
1 小山 健太（清新）
1 野木 耀（菅）
1 井口聡一郎（東山田）
1 稲津 遼（今井）
1 峯岸 秀多（東京・和田）
1 沖野 陽季（上鶴間）
☆1 一丸結衣花（荻野）
☆1 新垣 亜幸（相模原旭）
☆1 田中くるみ（麻生）

柏木学園

大和市深見西4－4－22
部長 渡邉 弘二
監督 上原 幸太
3 小舘 龍太（藤塚）
◎3 長嶋 颯汰（伊勢原）
3 花井 和航（北の台）
3 前田 航希（上鶴間）
3 大内 勇輝（北の台）
3 太田 章仁（今泉）
3 三橋 英信（汲沢）
2 金子 日陽（座間）
2 宮川 将（金程）
2 松本 奏（東京・町田第三）
2 石井 来南（いずみ野）
2 上島 優晴（相模原旭）
2 太田 陽斗（東京・町田第三）
2 大坪 龍斗（東京・町田南）
2 常定 大輝（岡津）
2 髙田 航平（東鴨居）
2 村田 貴哉（桐蔭中等）

2 梶原 塁士 (六会)
2 竹迫 晴翔 (原)
1 芦野 羽玖 (六会)
1 天野 颯太 (横浜吉田)
1 池田 悠人 (東鴨居)
1 井澤 優斗 (南林間)
1 石野 絢心 (新井)
1 片倉 和総 (山内)
1 齊藤 優輝 (上飯田)
1 田中 彰馬 (十日市場)
1 德田 拳人 (東京・町田南)
1 長嶋 拓実 (伊勢原)
1 長野 優和 (戸塚)
1 林 昂佑 (万騎が原)
1 升田 結 (東永谷)
1 山田 駿 (すすき野)
1 吉川 優太 (旭北)
1 及川 昊 (南毛利)

西湘地区

大磯

中郡大磯町東町2－9－1
部長 加藤 理志
監督 加藤 理志
3 鈴木 峻介 (松林)
3 山中 寛太 (江陽)
3 後藤虎太朗 (国府)
3 佐藤 拓海 (湯河原)
3 鈴木 祐世 (平塚神明)
3 藤田 脩也 (山城)
3 山田 佳樹 (城北)
◎3 藤平 航佑 (山城)
3 今田 貴史 (春日野)
2 高村 修哉 (寒川東)
☆2 森 美南 (平塚神明)
☆2 石井 洋音 (大野)
1 箕輪 勇希 (土沢)
1 石田 陽 (金旭)
1 岩田 隼椰 (二宮)
1 八田 翔太 (平塚神明)
1 鈴木 雄士 (旭陵)
1 髙木健史郎 (二宮西)
1 石田 航基 (春日野)
1 櫛田 通 (平塚神明)
1 日和田 陽 (平塚中原)
1 矢吹 圭吾 (旭陵)
☆1 清田 美如 (春日野)
☆1 永山 愛桜 (城北)

小田原

小田原市城山3－26－1
部長 山口 真也
監督 篭橋 航平
3 古賀 駿平 (浜岳)
3 竹平 克輝 (二宮)
3 田淵咲太朗 (二宮)
◎3 原田 拓夢 (国府津)
3 森山 晴智 (秦野南)
3 鷲谷 璃子 (南足柄)
2 伊藤 太喜 (足柄台)
2 近藤壮一郎 (文命)
2 松尾 智紀 (鶴が台)
2 森 翔大 (秦野南)
☆2 矢後 心音 (白鴎)
1 上田 晶嵩 (伊勢原)
1 森 飛鳥 (茅ケ崎第一)
1 照井 理仁 (南足柄)
1 山本 翔太 (中井)
1 須藤 浬 (浜須賀)
1 德増 宏紀 (深沢)
1 金尾 康司 (秦野西)
☆1 長谷川 紗 (小田原橘)
☆1 重野 色紗 (秦野南)

山北

足柄上郡山北町向原2370
部長 小澤 和之
監督 安藤 史朗
3 久保谷琉夏 (南足柄)
◎3 小宮 翔悟 (足柄台)
3 栃久保 湊 (足柄台)
3 波多野太星 (海西)
3 服部 志庵 (鴨宮)
3 升澤 来心 (松田)
3 松﨑 悠真 (国府津)
☆3 加藤 汐音 (足柄台)
☆3 本多 倖帆 (千代)
☆3 村山 夏凛 (鴨宮)
2 伊藤 駿 (国府津)
2 江藤 幸輝 (白山)
2 鬼﨑 祐輝 (鴨宮)
2 河野 太一 (文命)
2 北村 聡大 (湘光)
2 桐生惺史郎 (渋沢)
2 近藤 凌汰 (秦野北)
2 府川 大和 (文命)
2 山口淳之介 (秦野西)
1 池谷 優星 (城北)
1 石井 優太 (南足柄)
1 熊澤 晃佑 (本町)
1 河野 有泰 (湯河原)
1 齋藤 和輝 (鴨宮)
☆1 菊川 乃愛 (千代)
☆1 鈴木 優来 (酒匂)

平塚湘風

平塚市田村三丁目13番1号
部長 堀籠 康介
監督 中田 良紀
3 遠藤 真斗 (北陽)
3 河﨑 翔大 (相川)
3 田口 佳吾 (平塚神明)
3 三澤 琉生 (荻野)
◎3 山本紅史朗 (南毛利)
2 葛西 陽大 (金旭)
2 剣持 竜也 (睦合)
2 齋木 康誠 (伊勢原)
2 関屋 良志 (厚木)
2 中島 怜也 (伊勢原)
2 中山 愛翔 (栃木・東原)
2 西脇 遥斗 (十日市場)
2 深澤 孝太 (相川)
2 八巻 拓也 (伊勢原)
1 清野 圭音 (睦合)
1 髙田海琥斗 (金旭)
1 波多野来太 (海西)
1 松岡 翔馬 (明治)
1 山口 凰太 (睦合)

二宮

中郡二宮町一色1363
部長 飯川 裕太
監督 村中 優大
3 谷中 遼 (旭が丘)
3 鈴木 陽登 (松波)
◎3 堀部 優希 (寒川東)
3 小楠あゆむ (白山)
3 曽我 海斗 (中井)
3 白井 膳 (二宮西)
2 安藤 汰一 (寒川東)
2 森川 賢輔 (酒匂)
2 熊谷斗海也 (旭が丘)
2 若林 陽向 (神田)
1 小松 海斗 (国府)
1 渡部 真翔 (山城)

足柄

南足柄市怒田860
部長 髙橋 正彰
監督 塩﨑 和
3 池田 佳生 (泉)
◎3 石井 大雅 (文命)
3 奥村 柊大 (文命)
3 髙井 琉希 (泉)
3 高山 昴星 (湯河原)
3 内藤 智也 (松田)
3 西尾 康汰 (文命)
3 依田 莉茉 (文命)
☆3 菅生 萌夏 (白山)
☆3 表野 歩実 (小田原橘)
2 石綿 冠太 (城北)
2 岩田 琉碧 (文命)
2 小野 翔汰 (湘光)
2 樺島 大樹 (文命)
2 小熊浩太朗 (鴨宮)
2 小島 涼太 (文命)
2 間瀬 征洋 (湘光)
☆2 鈴木美都紗 (泉)
☆2 高橋 愛響 (千代)
☆2 中村 二葉 (泉)
1 内田 瑛太 (南足柄)
1 勝又 元気 (岡本)
1 梶田 直人 (泉)
1 小柳賢太郎 (鴨宮)
1 佐野 和雅 (文命)
1 瀬戸 大雅 (足柄台)
1 竹内 悠希 (足柄台)
☆1 池谷 梨花 (山北)

西湘

小田原市酒匂1－3－1
部長 河野 裕太
監督 内海 直也
3 安居院諒哉 (本町)
3 池谷 彰馬 (山北)
3 稲垣 航野 (湘光)
◎3 内藤 雄也 (松田)
3 内藤 陽 (平塚神明)
☆3 武井 亜海 (中井)
☆3 鳥居 和奏 (文命)
2 石河 来威 (太洋)
2 白倉 大幹 (浜岳)
2 熊沢 駿太 (文命)
2 髙橋 拓磨 (湯河原)
2 金村 龍大 (城北)
2 西 叶夢 (伊勢原)
2 松平 佑貴 (白山)
2 片倉 恭汰 (浜岳)
2 杉山 美龍 (松田)
☆2 安藤由依菜 (太洋)
☆2 田中 琴葉 (国府)
1 秋山 煌介 (鴨宮)
1 天野 颯 (松田)
1 伊藤 大喜 (鴨宮)
1 浦 悠大郎 (国府)
1 菊川 瑶平 (鴨宮)
1 新保 知志 (足柄台)
1 平塚 恭介 (白山)
1 道平 翔亮 (鴨宮)
☆1 麻生 美羽 (文命)
☆1 安藤理緒奈 (白鴎)

大井

足柄上郡大井町西大井984－1
部長 柳下 優也
監督 木村 拓也
◎3 澁谷 悠介 (相陽)
3 大溝 明広 (寒川東)
3 秋山 慶太 (本町)
2 吉川 昂良 (白山)
2 齊藤楓羽馬 (湘光)
2 松栄 優輝 (伊勢原・中沢)
2 小倉 颯太 (本町)
1 田中 陸翔 (中井)
1 餘舛 晴人 (南足柄)
1 小島 春晃 (鴨宮)
1 加瀬 柾人 (相陽)
1 柴田 倖輝 (足柄台)
1 相川 颯斗 (成瀬)
1 鈴木 大翔 (千代)
1 椿 楓 (泉)
1 長野 邦也 (酒匂)

高浜

平塚市高浜台8－1
部長 鈴木 翔一
監督 川端 満
3 石田 歩 (中島)
◎3 山下 修聖 (春日野)
3 堀江 虹介 (神田)
3 杉山 功晟 (山城)
3 清水 一冴 (寒川東)
2 笹子 隆太 (旭陵)
2 角 耕太郎 (春日野)
2 簑島虎太朗 (鶴が台)
2 山本 翔太 (江陽)
2 山田 雄斗 (太洋)
2 柳田 健汰 (春日野)
1 安藤 光輝 (山城)
1 岡 陽翔 (大野)
1 佐々木優翔 (大野)
1 瀬谷 翔亜 (山城)
1 新倉慎之助 (山城)
1 藤本 敦也 (山城)
1 宮川 陽斗 (山城)
☆1 笹田 粋菜 (大磯)

平塚江南

平塚市諏訪町5－1
部長 加藤 文章
監督 中山 拓哉
3 小澤 創 (国府)
◎3 柿田 諒 (秦野南)
3 菊池 生真 (下福田)
3 倉島 歩夢 (村岡)
3 越地 雄基 (西浜)
3 鯖江 凱 (横内)
3 荘司 雅祥 (秦野南が丘)
3 豊田 陽貴 (松林)
3 中井川誠人 (伊勢原)
3 平野 佑樹 (茅ケ崎第一)
3 吉田 岳大 (藤沢第一)
3 渡辺 皓輝 (鶴嶺)
2 寳子山夢実 (泉)
2 安斎 匠海 (秦野南が丘)
2 香川 裕亮 (平塚中原)
2 秋山 幹弥 (渋沢)
2 遠藤 慧斗 (大野)
2 植田 克稀 (湘南台)
2 瀬戸 晴楓 (山北)
2 堂埜 快太 (大磯)
2 濵田 大成 (旭陵)
2 長田 亘平 (北陽)
1 西川 雄太 (高浜)
1 青木 陽杜 (成瀬)
1 佐藤 格 (春日野)
1 野平 紋汰 (旭陵)
1 野本 龍空 (藤ケ岡)
1 森 康真 (旭が丘)
1 大塚 崇斗 (萩園)
1 濵田 平梧 (山城)
1 佐野 陽生 (伊勢原中沢)
☆1 樋口 栞里 (大住)
☆1 金子 心郁 (大野)
☆1 竹平 愛梨 (二宮)

平塚工科

平塚市黒部丘12－7
部長 佐藤 豪
監督 中嶋 肇
◎3 鈴木真那斗 (大住)
3 橋爪 渚 (太洋)
3 長谷川竜馬 (金旭)
3 吉田 健吾 (旭が丘)
3 涌井 晃人 (金旭)
3 小澤 颯太 (金目)
2 小川陽朗也 (太洋)
2 北川 大地 (岡本)
2 立野 大地 (横内)
2 手塚 宥佑 (大野)
2 信太 大弥 (大野)
2 内田 航成 (太洋)
2 平野 脩治 (平塚中原)
1 谷口 佑樹 (金目)
1 小澤 陸都 (金目)
1 萩生田直人 (平塚中原)
1 原 凜 (平塚中原)
1 福島 涼我 (赤羽根)
1 佐藤 修一 (大磯)
1 鈴木 陸 (旭陵)
1 岩瀬 雄汰 (土沢)
1 鈴木 隼人 (浜岳)

小田原城北工

小田原市栢山200番地
部長 加藤 頼暉
監督 吉泉 翔太
◎3 高橋 虹希 (白鴎)
3 東出 夏希 (中井)
3 新屋敷陸斗 (秦野南)
3 今井 佳祐 (箱根)
2 碓井 百春 (白鴎)
2 小竹 星龍 (岡本)
2 石本 真斗 (国府)
2 小山 修史 (小鮎)
1 田﨑 雄大 (渋沢)
1 菅原太駈斗 (松田)
1 古根村大空 (森の里)

平塚農商

平塚市達上ケ丘10－10
部長 土屋 力一

監督 三村 俊資
◎3 與那覇海音 （御成）

相洋

小田原市城山4－13－33

部長 吉成 徹
監督 高橋 伸明
3 相澤 煌心 （泉）
3 浅岡 拓海 （鶴が台）
3 長田 裕海 （鶴が台）
3 小野 暉宗 （泉）
3 川嶋 大輝 （北陽）
3 栗城 颯 （伊勢原中沢）
3 高麗 勇輝 （千代）
3 小西 逸輝 （白山）
3 近藤 歩 （白山）
3 佐藤 哉汰 （横須賀神明）
3 佐藤 優大 （南毛利）
3 白幡 凌侍 （鴨宮）
3 高芝 聡太 （伊勢原中沢）
3 田川 倖愛 （善行）
3 土屋 晴聖 （高津）
3 中澤 想太 （松田）
3 永野 悟史 （相原）
3 西村 大夢 （保土ケ谷）
3 馬場 寛太 （春日野）
3 福井 晄人 （厚木玉川）
3 本多 立幹 （都岡）
3 松尾 希一 （奈良）
◎3 渡邊 怜斗 （上郷）
3 福田 大斗 （湘洋）
2 大久保俐郁 （平戸）
2 大谷 祇人 （湘南台）
2 大場 智仁 （本牧）
2 小林 竜也 （伊勢原中沢）
2 佐々木陸斗 （平戸）
2 鈴木 恒洋 （大鳥）
2 鈴木 誠吾 （浜岳）
2 関本 愛斗 （藤が丘）
2 田中 光明 （泉）
2 中島 翔人 （南毛利）
2 鳴海 勇希 （江陽）
2 二宮 陽斗 （酒匂）
2 松島 正春 （大磯）
2 結城 海里 （旭陵）
2 ローサスマモル・エンジェル （千代）
1 秋山 悠斗 （南足柄）
1 甘粕 健太 （国府津）
1 市川颯一郎 （相陽）
1 加藤颯太郎 （伊勢原）
1 清田 英来 （旭陵）
1 小林 歩夢 （小田原橘）
1 佐藤 蓮斗 （南足柄）
1 杉山 僚太 （成瀬）
1 鈴木 英雄 （東京・南葛西）
1 鈴木 快斗 （浜岳）
1 長野 暉平 （西浜）
1 中島 拓人 （南毛利）
1 星野 麗央 （小田原橘）
1 村山虎士朗 （伊勢原中沢）
1 柳下 清虎 （二宮）
1 有隈海空斗 （鶴嶺）
☆1 岸田 伊央 （江陽）

立花学園

足柄上郡松田町松田惣領307－2

部長 塚田 将喜
監督 志賀 正啓
3 荒瀬 征雄 （山城）
3 伊藤 遙 （相陽）
3 今井 健悟 （東林）
3 宇都宮蓮翔 （東京・山崎）
3 及川 昭太 （大野）
3 大橋 慶也 （相武台）
3 川嶋 應牙 （城北）
3 河原 智宣 （海老名有馬）
3 菅野 希歩 （今泉）
3 菅野 琉寅 （瀬谷）
3 北沢 桜雅 （大野台）
3 木頭 颯太 （秦野南が丘）
3 櫻井 快永 （柏ケ谷）
3 笹尾 駿介 （平塚中原）
3 佐藤 汰祐 （荻野）
3 佐藤 里薫 （荻野）
3 清水 将智 （瀬谷）
3 杉田 優大 （東京・鶴川第二）
3 鈴木 優雅 （岡本）
3 関水 悠真 （野川）
3 前後 雅 （伊勢原）
3 竹下 友喜 （今宿）
3 戸澤 漱司 （座間西）
3 西坂 翔 （山城）
3 萩原 雅 （大沢）
3 萩原 大和 （伊勢原中沢）
3 服部 亘 （浜岳）
3 浜﨑 絆斗 （相模）
3 平戸 孝侑 （厚木）
3 深瀬 飛茉 （城南）
3 福澤 真優 （足柄台）
3 前原 拓仁 （秦野西）
◎3 三浦 颯太 （大根）
3 山田 晄大 （平塚中原）
3 山本 大暉 （平塚中原）
3 吉川 瑠稀 （神田）
3 渡邉 優樹 （小山）
☆3 小島みどり （東京・南大谷）
2 明田 裕貴 （大阪・賢明学院）
2 阿蒜 朝彦 （野川）
2 阿部 聖 （東京・町田第一）
2 甘﨑 功恭 （茅ケ崎第一）
2 安東 圭太 （東京・鶴川）
2 家接 夏輝 （大綱）
2 稲木 王雅 （城北）
2 猪野 昊介 （泉）
2 上野 倖星 （山王）
2 上野 涼大 （篠原）
2 大野 響 （土沢）
2 大矢 健心 （伊勢原）
2 小鹿 功稀 （愛知・今池）
2 菊池 一翔 （瀬谷）
2 岸山 拓真 （伊勢原中沢）
2 小石川晟瑠 （萩園）
2 小長谷琉偉 （泉）
2 小西 猛 （山王）
2 小松原鴻希 （綾北）
2 小松原遥輝 （綾北）
2 西條 莉介 （南毛利）
2 佐藤 彪真 （大沢）
2 坂本 貴俊 （山梨・猿橋）
2 鈴木 蒼 （希望が丘）
2 鈴木 幹康 （小田原橘）
2 髙木 豹護 （綾瀬城山）
2 千田 拓生 （相模）
2 延足 謙度 （荻野）
2 馬場 滉斗 （荻野）
2 濱川 隼 （柏ケ谷）
2 雛田 優空 （相川）
2 福永 真稀 （荻野）
2 寳代 一斗 （綾瀬城山）
2 松橋 歩大 （滝の沢）
2 三澤 友也 （川和）
2 御幡 勇成 （白鳥）
2 山口 慧 （山梨・上野原西）
2 山口 大翔 （千代）
2 吉田 寛太 （渋谷）
☆2 大田 舞 （旭陵）
☆2 佐々治美歩 （南が丘）
☆2 辰巳 凛 （厚木）
☆2 原田 恵愛 （伊勢原・中沢）
☆2 山内 麻衣 （綾北）
1 芦川 颯一 （鶴巻）
1 足立 侑太 （成瀬）
1 伊藤 結羽 （綾北）
1 今井 翔也 （大谷）
1 上野 祥弘 （土沢）
1 内田 涼平 （林）
1 大西 悠吏 （本町）
1 荻野 大翔 （東京・鶴川第二）
1 越智進之介 （柿生）
1 落合 奏翔 （睦合）
1 金子 尚哉 （南林間）
1 上嶋 琉聖 （秋葉台）
1 閘間 祐斗 （泉）
1 久慈 凌平 （東京・町田南）
1 斎藤 柚樹 （秋葉台）
1 佐藤 快 （秦野東）
1 佐藤 樟馬 （中川）
1 澤田 夢和 （つきみ野）
1 柴田 翔太 （潮田）
1 島 快斗 （綾北）
1 島村 響 （旭が丘）
1 清水 大智 （鶴嶺）
1 鈴木 啓斗 （中川）
1 鈴木 駿太 （山王）
1 須田 悠月 （綾北）
1 髙橋 大道 （南足柄）
1 武田 聖斗 （座間）
1 田中 眞仁 （みたけ台）
1 田畑 智大 （座間西）
1 野倉 大幹 （今泉）
1 濱田 優斗 （小田原橘）
1 原 寿桜 （秦野北）
1 平田 一朗 （江陽）
1 平本 岬斗 （萩園）
1 松本 琉羽 （つきみ野）
1 村上 大翔 （海西）
1 山浦 龍雅 （大住）
1 横山 雄飛 （神田）
1 渡邉 諒 （睦合東）
☆1 飯島 莉奈 （生田）
☆1 神田 夢生 （引地台）

平塚学園

平塚市高浜台31－19

部長 篠竹晃二朗
監督 八木 崇文
3 海老原颯馬 （東京・高島第二）
3 隈部 善太 （兵庫・灘）
3 駒井 秀成 （引地台）
3 美登 祐介 （梅田）
3 田部 岳 （南林間）
3 松田 龍児 （こてはし台）
3 小原 昇羽 （南河原）
3 風間 裕幸 （御所見）
3 榊原 祐輝 （下福田）
◎3 石井 暸成 （本宿）
3 京極 陽斗 （円蔵）
3 加藤 翔 （釜利谷）
3 難波 元希 （浜須賀）
3 網代 瑠人 （富士見）
3 小野寺秀太 （高浜）
☆3 岩本 真緒 （春日野）
2 澤田 慧磨 （本郷）
2 玉木 遼哉 （平塚中原）
2 飯田 礼翔 （西中原）
2 三浦 一太 （旭が丘）
2 西井 快乙 （小山台）
2 井上 翔太 （原）
2 山下 真慧 （平）
2 獅子倉 廉 （平）
2 浅野 秀宇 （日野南）
2 杉田 玲 （秦野南が丘）
2 直井 拓馬 （森）
2 三村晃次郎 （兵庫・御津）
2 酒井 皓誠 （東京・打越）
2 松本 煌弥 （鵠野森）
2 黒柳 翔友 （城北）
2 清水虎太朗 （埼玉・黒浜）
2 堀田康ノ介 （東京・神田一橋）
2 佐野 一真 （山梨・六郷）
2 竹中 涼太 （東京・日野第一）
☆2 和田みなみ （村岡）
1 松本 梗吾 （鵠野森）
1 木曽 元貴 （東京・つくし野）
1 中嶋 諒稀 （野川）
1 藤原 レイ （藤沢第一）
1 八木 由真 （大磯）
1 深石 奏悟 （萩園）
1 松野 晟空 （今井）
1 古門 洋人 （浜須賀）
1 森 春樹 （小鮎）
1 望月 海璃 （静岡・富士宮第三）
1 藤田 大蔵 （東京・板橋第二）
1 石塚 蒼生 （生田）
1 武井 寛悟 （柏ケ谷）
1 後藤 大我 （兵庫・伊川谷）
1 石塚 晃世 （東京・宮前）
1 小橋弘太郎 （不入斗）
1 石川 詠士 （足柄台）

旭丘

小田原市城内1－13

部長 鈴木龍之介
監督 平野 正貴
3 綾部 大智 （森の里）
◎3 須藤 大翔 （大野南）
3 髙橋 湘汰 （金旭）
3 二宮 功樹 （金旭）
2 木下 太凱 （依知）
2 家城 大夢 （秦野西）
2 塩田虎太郎 （金目）
2 鈴木 陽斗 （秦野西）
2 田中 悠介 （鵠野森）
2 落合 将太 （鶴が台）
2 藤川 真也 （伊勢原）
2 石川 嘉紋 （横内）
2 伊東 大地 （深谷）
2 沖野 祐斗 （泉）
2 川村 千之 （岡本）
2 中嶌将翔太 （今泉）
2 齋藤 大峨 （大谷）
2 南 鼓太郎 （二宮西）
2 須賀 琉桜 （東京・町田第二）
2 髙橋 昊 （海老名有馬）
2 森内 謙仁 （東名）
2 高井 好誠 （睦合）
2 長崎 陽友 （鶴嶺）
2 諸星 光輝 （成瀬）
2 黒澤 爽音 （浜須賀）
☆2 後藤 望夢 （山王）
1 井田 翔太 （岡津）
1 上田 琉生 （藤沢第一）
1 上原 暉矢 （藤沢第一）
1 久保田大陽 （大野北）
1 齋藤 光一 （泉）
1 清水 優 （伊勢原中沢）
1 鈴木 星哉 （海老名有馬）
1 須藤 大智 （二宮西）
1 髙橋 琉希 （新町）
1 竹田 楓希 （相模原緑が丘）
1 田邊 謙斗 （平塚神明）
1 富永遼太朗 （海老名有馬）
1 長島 和輝 （江陽）
1 西川 陸 （海西）
1 藤森 愛希 （横内）
1 堀川 洸生 （戸塚）
1 美濃島圭汰 （千代）

星槎国際湘南

中郡大磯町国府本郷1805－2

部長 根岸 聡
監督 土屋恵三郎
3 石川 桜聖 （村岡）
3 磯﨑 櫂 （足柄台）
3 歌川遵之佑 （追浜）
3 大川 純平 （港南台第一）
3 川井 崇徳 （港）
3 姜 亜秀 （横浜隼人）
◎3 近藤 弦己 （王禅寺中央）
3 佐藤 海翔 （依知）
3 鈴木 颯真 （岡津）
3 髙木 優人 （すすき野）
3 武内 亮太 （舞岡）
3 土屋 麗希 （横浜鴨居）
2 加藤 陸 （星槎）
2 上林 悠羽 （市場）
2 鯨岡 海陽 （茨木・緑岡）
2 久保倉裕人 （川崎長沢）
2 柴田 涼 （都岡）
2 下村 武琉 （浜岳）
2 瀬川 一聖 （犬蔵）
2 成井 佑太 （常葉）
2 根来 瑠輝 （大庭）
2 橋口 純希 （睦合）
2 人長 大輝 （十日市場）
2 宮澤 義満 （渋谷）
2 山田 一輝 （桂台）
2 油原 英心 （金沢）
2 吉原 壮宏 （芹が谷）
2 吉牟田真吾 （原）
2 黒澤 賢一 （埼玉・高篠）
1 阿部 凱将 （平戸）
1 飯田 一可 （鴨宮）
1 池ノ谷琉星 （泉）
1 臼田 陸人 （川崎長沢）
1 梅木 好誠 （東京・大泉西）
1 江藤 童僧 （静岡・金岡）
1 河浦 颯翼 （千葉・葛飾）
1 工藤 瑠海 （松浪）
1 三宮 滉晴 （鴨宮）
1 芝田 大悟 （相模原旭）
1 髙橋 壮輔 （静岡・西）
1 千里 清心 （埼玉・狭山ケ丘）
1 二田水悠翔 （東京・明保）
1 土生 蓮人 （久里浜）
1 星野 温太 （相武台）

合同5チームを含む167校が参加した開会式

戻ってきた光景　球児闘志
最高の夏　主役は自分

167チームが元気よく行進　開会式　7月7日・横浜スタジアム

司会を務めた立花学園・小島みどりさん

4年ぶりにベンチ入り全選手が参加した開会式

167校を拍手で迎える大会役員ら

あいさつする黒岩祐治知事

球児にエールを送る永瀬哲高野連会長

球児の行進を見守る審判団

6校563人の合同ブラスバンドが
入場行進を盛り上げた

全力プレー後押し 4年ぶり声出し応援

多摩

相洋

湘南台

横浜瀬谷

法政二

津久井浜

茅ケ崎北陵

川　和

藤沢翔陵

アレセイア

大　和

相模原弥栄

伊 志 田

川崎総合科学

県 商 工

塚江南

金　沢

逗子開成

大　磯

川崎工科

間

湘南工大付

神奈川総産

横浜栄

横浜緑ケ丘

柏木学

県横須

鶴嶺

荏田

秦野

桜　丘

県相模原

日　大

三浦学苑

塚学園

鎌　倉

上　溝

麻溝台

麻生

湘南

森村学園

足柄

横須賀総合

藤沢清流

関東学院

桐光学園

横浜創学館

旭

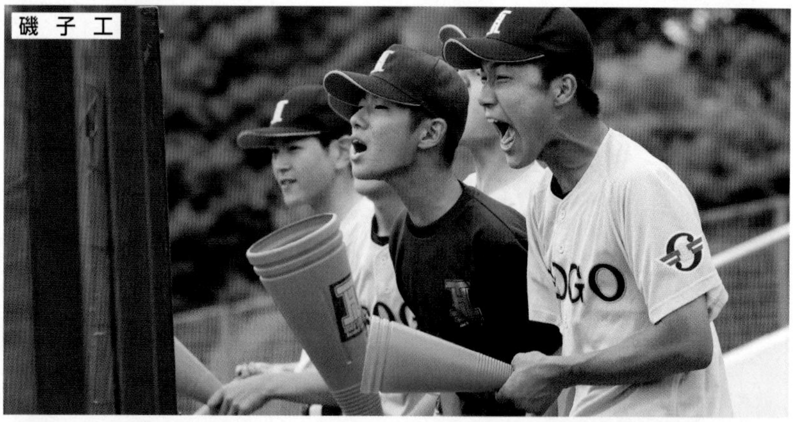

磯子工

木

戸　塚

舞　岡

横浜商

東

全国屈指の激戦区
神奈川の
熱き選手たち

全出場182校（167チーム）

川崎北

県川崎・幸

百合丘

多摩

生田東

生田

川崎工科

住吉

向の岡工

大師

橘

菅

高津・新栄

麻生

横浜翠嵐

川崎総合科学

横浜緑ケ丘

法政二

横浜立野

桐光学園

横浜平沼

希望ケ丘

柏陽

川和

横浜瀬谷

鶴見

市ケ尾

横浜南陵

金井

港北

白山

旭

舞岡

霧が丘

松陽

金沢総合

田奈・釜利谷・永谷・横浜明朋・横須賀南・海洋科学・平塚農商

横浜栄

横浜緑園・横浜旭陵・藤沢総合

横浜氷取沢

荏田

新羽

横浜桜陽

横浜清陵

岸根

保土ケ谷

光陵

元石川

城郷

横浜商

南

県商工

桜丘

神奈川工

戸塚

磯子工

東

金沢

武相

横浜サイエンスフロンティア

横浜商大

上矢部

慶応

浅野

横浜

関東学院

横浜創学館

関東六浦

横浜隼人

桐蔭学園

山手学院

日大

横浜学園

森村学園

橘学苑

神奈川大付

鶴見大付

秀英

横浜翠陵

サレジオ

湘南

中大付横浜

藤沢西

茅ケ崎

鶴嶺

茅ケ崎北陵

寒川

鎌倉

七里ガ浜

藤沢清流

湘南台

茅ケ崎西浜

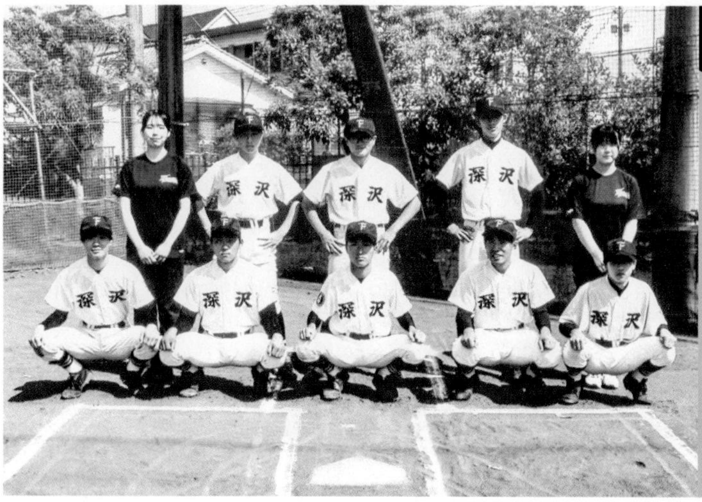

深沢

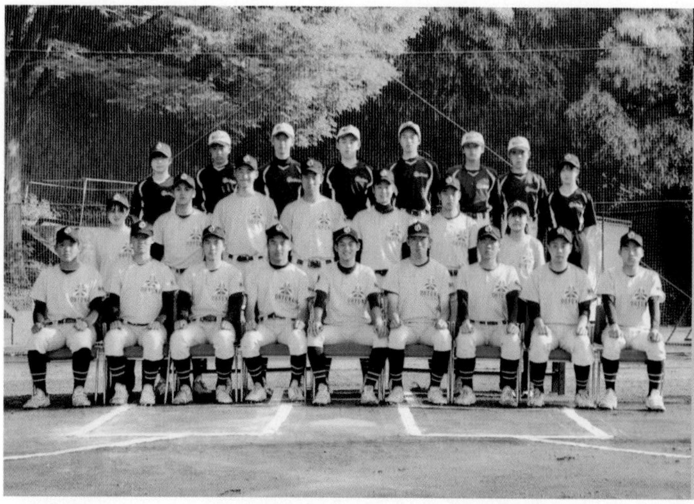

大船

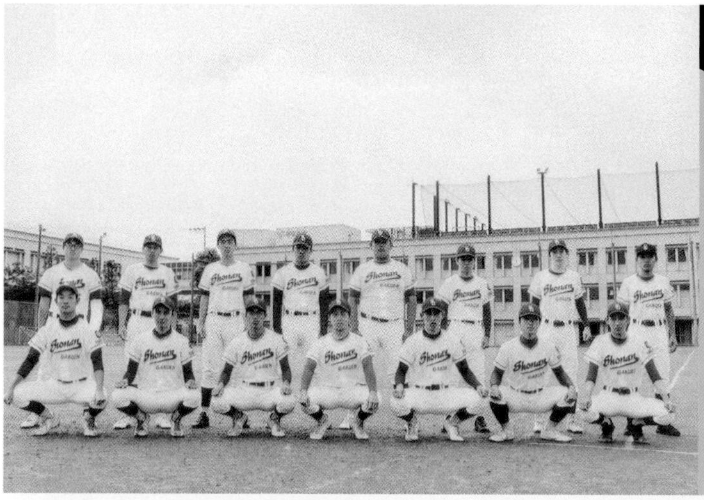

湘南学園

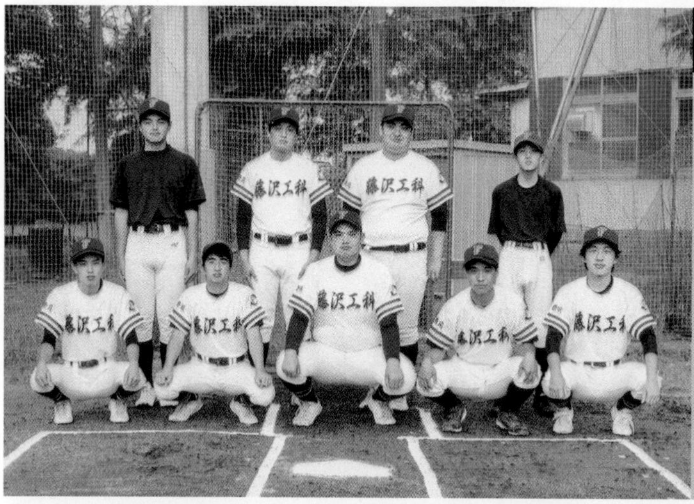

藤沢工科

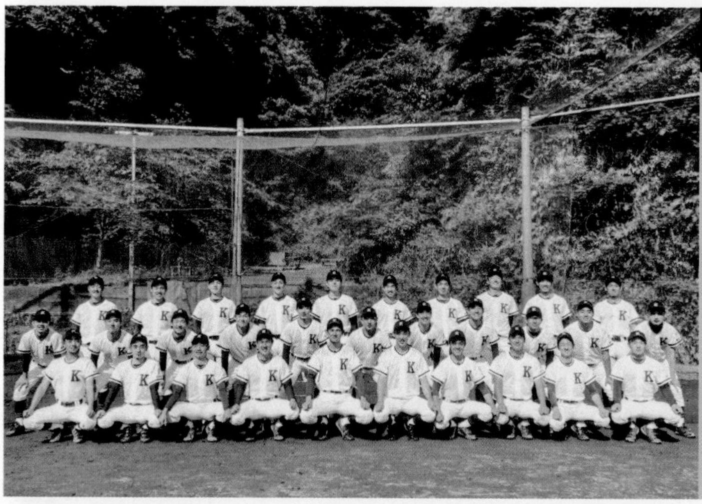

鎌倉学園

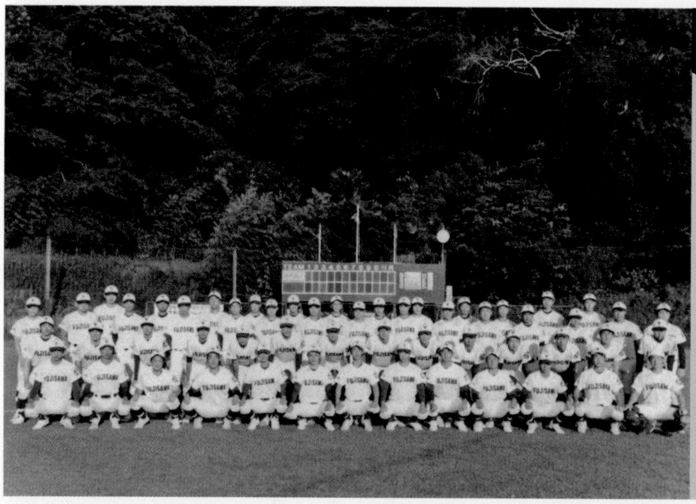

藤嶺藤沢

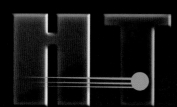

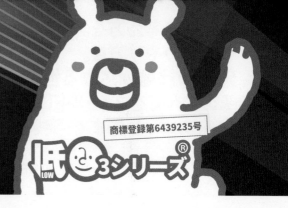

湘南工大付

藤沢翔陵

慶応藤沢

日大藤沢

逗子葉山

アレセイア

津久井浜

県横須賀

横須賀大津

追浜

横須賀学院

県横須賀工

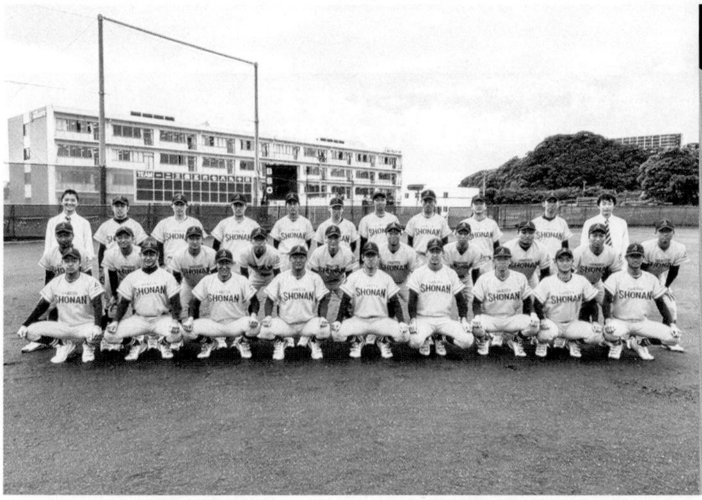

湘南学院

横須賀総合

厚木

逗子開成

秦野

三浦学苑

大和

大和西

座間

相原

麻溝台

県相模原

綾瀬

相模原城山

大和南

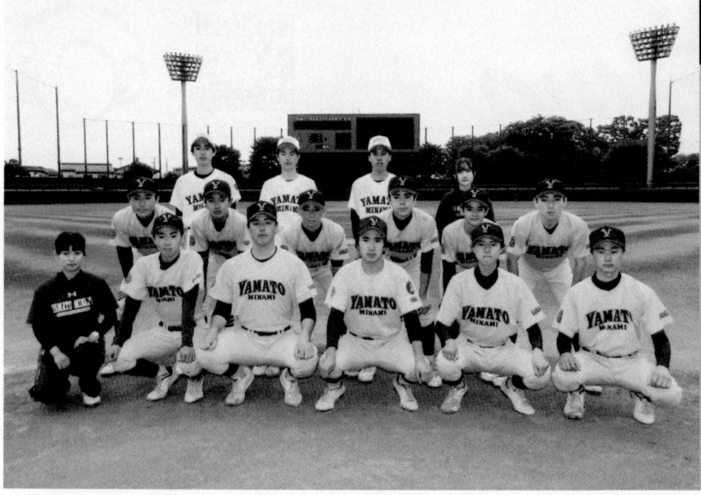

上鶴間

厚木北

上溝南

海老名

伊志田

厚木東

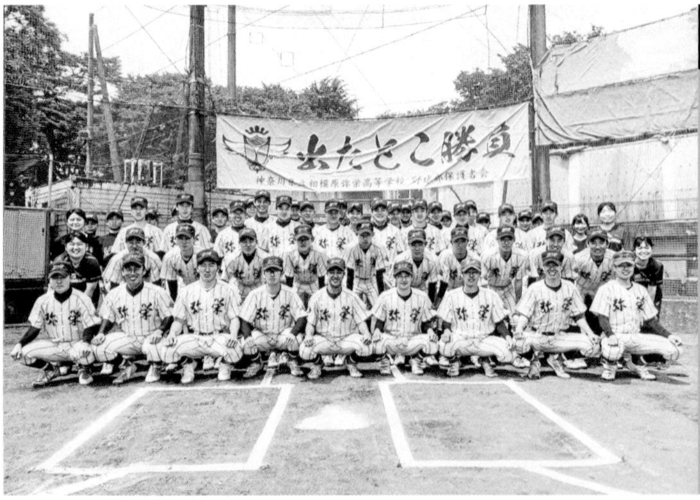

相模原弥栄

栄和産業

伊勢原

秦野総合

綾瀬西

大和東

有馬

座間総合

相模田名

上溝

相模原中等

厚木西

神奈川総産

津久井・橋本・厚木清南・愛川・中央農・相模向陽館

TOKAI SAGAMI
東海大相模

秦野曽屋

柏木学園

ALL OUT
向上

旭丘

光明相模原

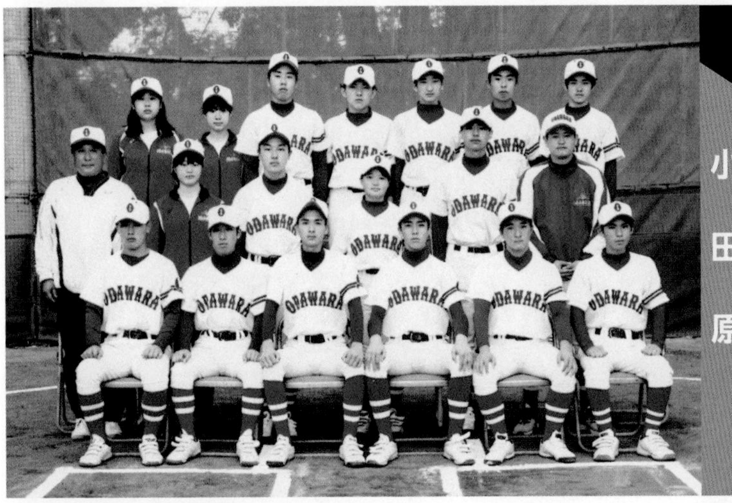

小田原

麻布大付

足柄

山北

西湘

星槎国際湘南

大井

二宮

小田原城北工

高浜

相洋

平塚江南

平塚工科

平塚学園

立花学園

大磯

平塚湘風

さぁ
行こう、
僕らの夢へ

高校野球神奈川グラフ2023

読者アンケートご協力のお願い

高校野球神奈川グラフ2023をお買い上げいただき、誠にありがとうございます。
今後の誌面作成の参考にさせていただくため、アンケートへのご協力をお願いいたします。
アンケートにお答えいただいた方、下記クイズにお答えいただいた正解者の方の中から
抽選で1名様に、株式会社ハイゴールドご提供の**硬式用グラブ**（左投・外野手用）を**プレゼント**いたします。
官製はがきに右下の応募券を貼り、住所・氏名・年齢を明記し、**アンケート**と**クイズ**の答えをご記入の上ご応募ください。

▶応募締め切り　2023年9月4日（月）

応募先	〒231-8445 横浜市中区太田町2-23 神奈川新聞社「高校野球神奈川グラフ2023」宛

アンケート

A…高校野球神奈川グラフ2023をお求めになった場所は？

B…高校野球神奈川グラフを毎年購入されていますか？

C…今年の神奈川県大会で印象に残る試合をお書きください。

クイズ

Q1 夏の選手権記念大会で第90回と第100回大会に神奈川代表となった２校は次のうちどれか？

①横浜商業、慶応　②横浜、東海大相模
③横浜、慶応　④横浜、桐光学園

Q2 1991年～1993年の夏の神奈川大会で３年連続準優勝となった学校は？

①横浜商大　②横　浜　③桐蔭学園　④東海大相模

Q3 2009年の第91回大会で初優勝した横浜隼人。県大会初戦の相手は？

①横浜立野　②桜丘　③日大　④厚木東

Q4 東海大相模が春・夏甲子園で優勝した回数は？

①5回　②4回　③3回　④2回

硬式用グラブをプレゼント

抽選で1名様

HI-GOLD 硬式用

WKG-1088（左投）外野手用
ナチュラルイエロー

最高級の素材と匠の技が融合したフラグシップモデル。
最高級シリーズの左投・外野手用グラブです。

※当選者の方のお名前が刺しゅうで入ります。

素材：北欧ステア極プロレザー（ナチュラルイエロー）
平裏：プレミアムソフトレザー（ブラック）
紐：ブラック（中白）

※プレゼント当選者の発表は、商品の発送をもってかえさせていただきます。
プレゼント商品の返品は一切受けつけません。
※ご応募いただいた方の個人情報につきましては、プレゼントの抽選、発送にのみ利用させていただき、発送後すべての個人情報を消去させていただきます。

住所
氏名
年齢
A…
B…　アンケート
C…
Q1
Q2　クイズの答え
Q3
Q4
高校野球神奈川グラフ プレゼント 応募券

◀ハガキのウラ面の書き方

高校野球神奈川グラフ
プレゼント
応募券

広告一覧

ADVERTISEMENT INDEX

[あ　行]

アサヒスポーツ、アサヒスポーツ工業

株式会社ありあけ

アンドウスポーツ

Wizちがさき駅前整骨院

株式会社栄和産業

[か　行]

神奈川県高校野球OB連合

かながわ信用金庫

神奈川新聞フォトサービス

神奈川創価学会

株式会社鴨居自動車学校

桔梗屋紙商事株式会社

工藤建設

[さ　行]

ジェイ・ブルー

湘南ケーブルネットワーク株式会社

損害保険ジャパン株式会社

一般社団法人進交会

相洋高等学校

[た　行]

タイヤ館 瀬谷

田中薬局

ツルミ印刷株式会社

凸版印刷

[は　行]

株式会社ハイゴールド

浜土地株式会社

文化堂印刷

ベースボールジム株式会社

[や　行]

横浜スタジアム

横浜メディア・ビジネスセンター建物管理JV

横浜隼人中学・高等学校

カメラマン：田中論、遠山洋一、番場一浩、田中伸弥、萩原昭紀、長尾亜紀、中原義史、金子悟、知念駿太、石井啓祐、窪田亮、伊東臣、吉田太一、木田亜紀彦、立石祐志、花輪久
編集：神奈川新聞社統合編集局運動部
神奈川新聞社統合編集局映像編集部
神奈川新聞社クロスメディア営業局デジタルビジネス部アーカイブ担当
神奈川新聞社クロスメディア営業局出版メディア部